JAMES BROWN

JAMES BROWN

Sua Vida Sua Música

RJ SMITH

Tradução
Luis Reyes Gil

LeYa

Título original: *The one: the life and music of James Brown*

Diretor editorial: Pascoal Soto
Editora: Mariana Rolier
Produtora editorial: Sonnini Ruiz
Assistente editorial: Carolina Pereira da Rocha

Revisão: Entrelinhas Editorial
Projeto gráfico, diagramação: Scintilla Lima
Imagem de capa: NBCUniversal /GettyImages
Capa: Gabinete de Artes

Dados Internacionais de Catalogação na Publicação (CIP)
(Câmara Brasileira do Livro, SP, Brasil)

Smith, R. J.
James Brown : sua vida, sua música / R. J. Smith ; tradução Luís Reyes Gil. -- São Paulo : Leya, 2012.

Título original: The one : the life and music of James Brown.
ISBN 978-85-8044-456-8

1. Brown, James, 1933-2006 2. Músicos norte-americanos - Biografia I. Título.

12-04081 CDD-782.421644092

Índices para catálogo sistemático:

1. Músicos norte-americanos : Biografia 782.421644092

Texto Editores Ltda.
Uma editora do Grupo LeYa
Rua Desembargador Paulo Passaláqua, 86
01248-010 – Pacaembu – São Paulo - SP
www.leya.com

Para Jenny
"É preciso haver dois para que fique maravilhoso."

Sumário

VAMOS DAR UM POUCO DE ESPAÇO PARA O BATERISTA!

Introdução

Era o dia de folga dos escravos. Tudo começou num domingo, 9 de setembro de 1793, quando vinte deles arrombaram um armazém a uns trinta quilômetros ao sul de Charlestown, Carolina do Sul, pegando armas e pólvora e atirando nos vigias que apareciam pelo caminho. Eram escravos nascidos na África, com memórias da vida anterior no Reino do Congo (as atuais Angola, Cabinda e República do Congo). Muitos haviam sido soldados angolanos. Agora eram soldados de novo.

Eles marcharam do rio Stono em direção ao sul, à Flórida espanhola, onde outros escravos fugidos haviam tido liberdade decretada. Pelo caminho, foram juntando armas e tambores. A cadência que produziam naqueles tambores atraiu mais gente para as suas fileiras, assim como suas canções e as bandeiras que carregavam. Atiravam nos brancos que viam pela frente, pouparam um dono de taberna que havia sido bom com seus escravos e queimaram fazendas. Os rebeldes, no entanto, não puderam matar todos os seus algozes. O vice-governador escapou de seu ataque e voltou com uma brigada de plantadores e milicianos. A rebelião, inferiorizada em número e tendo perdido o elemento surpresa, foi derrotada por volta do domingo seguinte. Mais de quarenta negros e vinte brancos morreram nesta que foi chamada de Rebelião de Stono. Foi a maior revolta de escravos nas colônias durante o século XVIII.

Depois que terminou, o governador da Geórgia colonial, expressando preocupação com a insurreição vizinha, fez um relatório formal a um representante da Coroa:

No dia 9 de setembro passado, um domingo, que é o dia em que os Plantadores deixam os escravos trabalharem para eles mesmos, alguns negros de Angola se reuniram, em número de vinte... Vários outros negros se juntaram a eles, gritando por liberdade, marcharam ostentando bandeiras coloridas e percutindo dois tambores, e perseguiram todos os brancos que encontravam pelo caminho, matando homens, mulheres e crianças... Aumentavam de número a cada minuto com os novos negros que se juntavam a eles, de modo que eram mais de sessenta, alguns dizem que chegavam a cem, até que pararam num campo e começaram a dançar, cantar e bater tambores, para atrair mais negros para eles, achando que eram então vitoriosos sobre toda a Província, depois de terem marchado dez milhas e queimado tudo que viram pela frente sem encontrar resistência...

Dançar, cantar e bater tambores: uma unidade expressa numa performance. Os tambores comunicavam além do alcance da voz, e para além de onde a vista alcança. Eles movimentavam o corpo para se unirem em fraternidade.

Após a rebelião de Stono, a Carolina do Sul parou de trazer escravos nascidos na África. Eram difíceis demais de controlar. O hiato durou dez anos, e quando a colônia se aventurou no comércio de novo, evitou os escravos da região congolesa-angolana. Legisladores coloniais apressaram-se em aprovar o Código de Escravidão de 1740, proibindo os escravos de usarem ou mesmo possuírem tambores. A lei geral proibia tanto tambores quanto espadas, deixando claro de que modo a Carolina do Sul via o instrumento: como uma arma.

Era assim que os colonos brancos julgavam o tambor. Tinham sua própria tradição de percussão militar, e, com base nela, entendiam a música dos escravos como um grito de guerra.

Mas para os negros da Carolina, os ritmos de Stono significavam não só guerra, mas muito mais. Bater tambor era uma maneira de se expressar pessoalmente como uma força imponente, uma maneira de exigir respeito. Como expresso pelo historiador Richard Cullen Rath, "A tradição da corte [congolesa], que se manifestava nos tambores e na dança que tanto intimidavam os plantadores, era um meio direto de manifestar e exibir poder... [Era] talvez uma forma original de radiodifusão".

A proibição de tambores na Carolina do Sul ficou no texto da lei por mais de um século, até a Proclamação da Emancipação. Mas a legislação colonial, com sua incompreensão do uso africano do instrumento, conquistou um objetivo insignificante. O ritmo continuou por meios alternativos. Um dos legados do Código de Escravidão foi que os escravos encontraram outras maneiras de manter os ritmos vivos sem um tambor: os escritores da época registraram a habilidade dos escravos em bater em diferentes partes do corpo, no chão e nas paredes com pedaços de pau, com cliques e pancadas, e acima de tudo sua habilidade para dançar. Esse bater, batucar e dançar fluía pelo corpo como fluía também com certeza a partir dele; era absorvido e transmitido aos que chegavam. Houve uma espécie de florescimento secreto depois de 1740, um compartilhamento de habilidades que tornou o tambor desnecessário, ao mesmo tempo que tornava a percussão rítmica presente em toda parte. O ritmo criava a comunidade. Ele anunciava as novidades.

Isso aconteceu repetidas vezes, em vários lugares.

Quase oitenta anos depois de Stono, escravos vieram marchando e cruzando o rio Savannah, em direção a Augusta, Geórgia. Vinham da Carolina do Sul, batendo tambores e com pedaços de pau nos ombros, o que dava a impressão de que estavam carregando mosquetes. Era 1817, e embora tivessem sido proscritos, lá estavam de novo os tambores.

A distância, deve ter dado a impressão de alguma encrenca. Embora fosse "ilegal" trazer escravos de outro estado para vender na Geórgia, lá estavam eles, sob o olhar de um comerciante de escravos, com "toda a pompa e circunstância do triunfo ilegal", como alguém descreveu numa carta enviada ao *Augusta Chronicle*.

Após sua chegada ao centro de Augusta, os escravos se espalharam. Alguém lembrou ao comerciante de escravos que esse tipo de importação era ilegal, e ele fez cara de surpresa, chocado com o fato de que alguém pudesse imaginar que estava traficando. Os tambores, no entanto, não mentiam. Eles também se espalharam, indo para todos os lugares onde os escravos iam parar.

Seguindo em frente: estamos em 1843, e o editor do *New York Evening Post*, William Cullen Bryant, está visitando Barnwell, Carolina do Sul. Ele vai assistir a uma debulhação do milho feita por negros, uma folia a cargo dos escravos da fazenda. Uma fogueira feita de longos galhos de pinheiro solta uma resina que faz as chamas arrebentarem no ar. Uma pilha de milho está reunida num canto, onde os escravos tiram as cascas reunidos, cantando canções que Bryant relata como "provavelmente de origem africana".

Depois do trabalho feito, a festa se muda para uma ampla cozinha. Bryant descreve que "Um deles assume o lugar como músico, assobiando e batendo o tempo com dois pedaços de pau no chão. Vários dos homens se adiantam e executam algumas danças, dando cambalhotas, saracoteando e batendo o ritmo com o calcanhar e a ponta do pé no chão, com uma agilidade e obstinação impressionantes, apesar de todos eles já terem realizado suas tarefas diárias e trabalhado a noite inteira".

Os debulhadores de milho então fizeram um desfile militar em círculo pelo aposento e representaram discursos cômicos, imitando a oratória dos sulistas brancos. Era uma brincadeira que escondia algo por trás, alguma coisa que aqueles que marchavam e dançavam e batucavam talvez soubessem bem do que se tratava. Ou quem sabe estavam apenas aproveitando a ocasião para se divertir. Não importa, a diversão e a música representavam alguma coisa, algum costume que havia passado de geração a geração até chegar àquela cozinha.

Eu não vou revelar o segredo a vocês, James Brown dizia às pessoas que lhe perguntavam a respeito do Um[1], *mas*... E então ele começava a falar.

Brown recusava-se a revelar o mistério por uma razão simples: o Um era segredo profissional. Continuaria como enigma porque quanto mais mística aquilo acumulasse, mais mística *ele*, Brown, teria, e mística era algo bom para os negócios.

O Um era uma maneira de você se achar dentro da música, uma maneira de os percussionistas se harmonizarem entre eles. Era um pequeno elemento na obra de uma vida, mas assim como o gotejar de tinta para Jackson Pollock ou a nota de rodapé para David Foster Wallace, para Brown o Um era maior do que a ninharia que parecia ser à primeira vista, e expressava o mundo que ele havia criado.

Talvez, mais do que tudo, para James Brown o Um era uma âncora, algo positivo que o colocava em contato com seu passado e com aquilo que ele havia se tornado.

Como ele explicou uma vez: "O 'Um' é algo que vem da própria Terra, do chão, dos pinheiros da minha juventude. E o mais importante de tudo, ele é aqui em cima, no 'upbeat', o tempo não acentuado – UM dois TRÊS quatro – não embaixo, no 'downbeat' ou tempo acentuado, um DOIS três QUATRO, que é o jeito como a maioria dos blues soa. Olhe, eu sei do que estou falando! Eu nasci no 'downbeat', e posso lhe dizer sem dúvida alguma que isso não é orgulho para ninguém. O 'upbeat' é rico, o 'downbeat' é pobre. Só se consegue dar uma ênfase

---

1 Trata-se de uma ênfase no primeiro tempo de cada compasso ao se executar a música. (N. do T.)

imponente no agressivo 'Um,' não no passivo Dois, e nunca no fraco 'downbeat'. Afinal de contas, não estamos falando de música – estamos falando da vida".

Para Brown, o UM era uma batida do coração que o conectava aos dançarinos e cantores e com todos aqueles batedores de tempo que haviam vindo antes dele. O Um o colocava numa linha do tempo, se bem que o jeito com que ele falava da batida o situava no final dessa linha: como a última expressão de uma herança.

Ele não ia lhe mostrar o segredo. Mas se você prestasse atenção ao ouvir...

UMA CERTA SELVAGERIA ELEMENTAR

Capítulo Um

Barnwell, Carolina do Sul, onde Bryant assistiu à animada debulhação do milho, foi onde nasceu James Brown. A área rural em volta de Barnwell, no século XIX chamada de Distrito de Barnwell, era de cultivo de algodão, legumes e verduras, embora tais cultivos já estivessem praticamente extintos quando Brown veio ao mundo. Havia lagoinhas na área, e numa delas, eufemisticamente chamada de Mar Vermelho, reuniam-se afro-americanos do mundo todo. Eles tiravam os sapatos e com os pés chutavam e arrastavam o lodo do fundo da lagoa."Revirar lama para pegar peixe", era como eles chamavam a manobra, e para arrastar o lodo com os pés andavam em círculos concêntricos, cada vez mais fechados, até que a lagoinha ficava toda turva de lama, exceto no centro. Ali, os sapateadores terminavam seu trabalho, pegando com a mão os peixes que se amontoavam no meio. É uma prática muito antiga, que alguns dizem remontar à África.

A família de James Brown espalhou-se a partir dessa região em círculos cada vez maiores. Seu pai chamava-se Joe Gardner, mas adotou o sobrenome *Brown*, da mulher que o criou. Ele era de Elko, a quinze quilômetros de Barnwell. Havia músicos na sua família, Joe declarou, como um tio que ganhou um concurso de rabeca na Carolina do Norte.

A mãe de James Brown, Susie Behling, era de Fishpond, uma área que não consta mais no mapa, mas que ficava uns quinze quilômetros ao sul da cidade de Bamberg. Há bastantes negros e brancos com sobrenome Behling vivendo em Bamberg e Barnwell, assim como em Colleton,

Williston e Smoaks, cidades pequenas da região. Alguns brancos daqui remetem suas origens a uma família alemã proprietária de terras de Hanover, liderada por Lüder Friedrich Behling, nascido em 1815. Behling herdou a Fazenda Bella Vista, em Goose Creek, Carolina do Sul, da família de sua mulher; a Bella Vista tinha doze escravos. É possível que a família de Susie Behling tenha tomado seu nome dos Behling, proprietários de escravos da área, mas ninguém sabe ao certo.

Eis o que James Brown queria que soubéssemos a respeito do seu nascimento em 3 de maio de 1933: "As pessoas não achavam que eu estivesse vivo. Sabe, eu fui um bebê natimorto". Duas tias ajudaram no parto, numa cabana rodeada de pinheiros. Quando James nasceu, assim lhe contaram, ele estava imóvel e em silêncio. Susie chorava, mas a tia Minnie não desistiu, e assoprou ar bem forte nos pulmões dele, até que, após infindáveis minutos, ele reviveu.

"Eu fui um bebê natimorto." Isso ajuda a compreender James: ele nasceu morto, e lutou para entrar neste mundo. É uma entrada devastadora, que o marca para sempre como alguém diferente. Também é algo impossível, porque um bebê natimorto já está morto no útero. Mas Brown *sentia* as coisas de um jeito diferente, e talvez algo fora do normal tenha de fato ocorrido na hora do seu nascimento. Ele viu seu início como bebê natimorto como o momento em que sua singularidade se revelava ao mundo pela primeira vez.

Uma coisa boa do fato de você acreditar que nasceu morto é que acaba sentindo que nada pode matá-lo. Essa crença ajudou Brown a se manter vivo.

Brown descreve suas raízes familiares com certo exagero. Ele afirmava ser cheroqui, japonês, indiano. Sua filha, Deanna Brown-Thomas, brincava que, toda vez que ele ia até um país e sentia amor por ele, percebia uma conexão genética com aquela terra. Para um entrevistador de Milwaukee, ele explicou: "Eu sou meio apache, meio asteca. O apelido do meu pai era Coochi, diminutivo de cochise. E eu tenho fotos de Jerônimo onde ele aparece idêntico a todos os meus filhos. Não prestei muita atenção nesse fato de início, mas é isso mesmo. Eu tenho muito cabelo e tudo mais. O dele [cabelo] ficava caído que nem o meu fica de manhã cedo".

Susie contou a Deanna que ela tinha família na Flórida. Joe tinha parentes na Carolina do Norte e na Filadélfia. São alguns pequenos indícios que apontam em algumas direções. Mas a única linhagem registrada nunca foge muito do distrito de Barnwell. São tias e tios e primos, uma rede de parentes, todos nos arredores dos lagos e pinheiros de Barnwell. Brown nunca desenhou uma árvore genealógica em sua Bíblia, e também não iria desenhar uma para os seus filhos. "Ele era uma pessoa reservada e algumas coisas ele não queria que viessem à tona", disse Roosevelt Johnson, que foi assistente pessoal de Brown por longo tempo.

Certa vez, num momento de descontração, ele contou a um amigo que lhe perguntara sobre seus ancestrais: "Eu nunca vou dizer o que estou pensando, porque poderia ser desrespeitoso para com a minha família. Vamos dizer apenas que muito tempo atrás alguma coisa manchou a brancura do leite".

Joe e Susie se conheceram em 1929 quando ela visitava parentes. Susie Behling era batista, e tinha o cabelo comprido e liso, que segundo seu filho era evidência das suas raízes "*geechee*". Esse é o termo com o qual os negros da região do rio Savannah se referem às suas raízes na cultura Gullah, povo que viveu nas planícies costeiras e nas ilhas marítimas da Carolina do Sul e da Geórgia. Eram descendentes de escravos, e seu isolamento cultural e geográfico permitiu-lhes manter identidade e tradições africanas de maneira bem mais sólida em comparação com as demais comunidades de escravos. A crença familiar é de que Susie herdara o cabelo liso e outros traços de uma linhagem sanguínea de indígenas americanos, e James disse que uma bisavó do lado de Susie era claramente indígena americana.

Joe teve instrução de segundo grau, e Susie abandonou os estudos na escola primária. Eles moravam juntos numa cabana de madeira com um pequeno fogão para aquecimento e sem água encanada. As janelas eram vazadas, sem vidros; quando ventava muito ou chovia, Joe punha umas portas velhas encostadas às janelas. Isso fazia com que a casa ficasse escura e assustadora para James, que passava o máximo de tempo possível fora dela. Joe às vezes se ausentava por vários dias, e James ficava sozinho dia e noite. Como companhia, tinha o que chamava de seus amigos, os insetos que moravam atrás da cabana. Criança doente, James contraiu febre reumática três vezes antes dos oito anos. Como não havia médico na vizinhança, seus pais tratavam da doença com remédios caseiros, como chá de sassafrás.

Barnwell fica na parte oeste na planície costeira interior da Carolina do Sul, entre o Atlântico a leste e os altiplanos do Piedmont. Geologicamente é uma imensa praia, de onde o oceano recuou para o leste há milhões de anos.

Na Carolina do Sul, prevaleceram duas culturas. As terras baixas, ao longo do litoral, foram dominadas por Charleston e colonizadas a partir do mar no final do século XVII. As terras altas eram de alemães e escoceses-irlandeses, e foram povoadas a partir do norte, no início do século XVIII. Nas terras baixas, eles deixavam de pronunciar os "erres" e emendavam as palavras; erigiram uma fachada de colunas brancas e de vida boa, e acreditavam apaixonadamente no seu charme e nos seus modos, que ostentam com orgulho até hoje. Os do Piedmont eram irrequietos, criados numa cultura de trabalho árduo e discussões em voz alta. Sua maneira de falar era cheia de pronúncias elisabetanas e palavras arcaicas.

Na planície fértil entre esses dois universos havia uma região menos povoada, e menos definida, que aos poucos vinha sendo aberta a partir do norte. Uma proclamação real de 1763 traçou uma linha que descia pelos montes Apalaches, e proibiu assentamentos do lado oeste. Os pioneiros haviam avançado para oeste a partir de Maryland, Pensilvânia e Virgínia, mas, depois que a lei foi decretada, migraram pelos vales dos Apalaches, avançando pelo interior não povoado das Carolinas e da Geórgia. Era o espaço vazio entre as grandes cidades de Augusta e Savannah, e nessas cidades as pessoas demonstravam notável desprezo pelos novos imigrantes. Talvez devido ao som que os chicotes dos recém-chegados faziam quando eles tocavam seu gado, ganharam um nome que se manteve desde então: *crackers* ["estaladores"]. Eles naturalmente foram expulsos de lá. Um representante da coroa disse que os recém-chegados estavam se fixando para fazer com a sua amada Geórgia o que os hunos haviam feito com a Europa. Um missionário anglicano que passava pelo interior disse que os índios tinham modos melhores do que os daquela laia, que não possuíam "os menores rudimentos de religião, instrução e modos (exceto o vício)".

Esses eram os forasteiros que se instalaram na pouco povoada área em torno de Barnwell. E que a definiram. Conforme a região cresceu, mergulhou na violência, um aspecto que é lamentado, mas na mesmíssima medida é também aceito. Entre os que o aceitaram está Ben Robertson. Em seu livro de 1942, *Red Hills and Cotton*, Robertson apresenta sua visão do povo da Carolina ao resto do país num tom que pretende ao mesmo tempo chocar e justificar. Ele explica o impacto de todo aquele isolamento, uma existência à parte, que marcou negros e brancos e que caracterizou a região onde Brown nasceu.

"Vivemos nos campos, entre o algodão viçoso e o milho verde, e estamos cara a cara com nós mesmos, com toda a eternidade e seus problemas. Tentamos conseguir uma explicação para o vento e o sol e a vida e a morte, o aqui e agora e o futuro. Não soubemos encontrar explicação, então nos voltamos do natural para o sobrenatural. Na solidão, chegamos às nossas próprias conclusões. Chegamos a muitas coisas sozinhos. Por isso somos pessoais, somos emocionais, aprendemos a sonhar, somos românticos. E porque existe orgulho dentro de nós e uma certa selvageria elementar, às vezes perdemos as estribeiras. Alguns de nós, antes que pudessem se dar conta disso, acabaram disparando um tiro, cortando alguém com uma faca. Devemos tentar controlar-nos, devemos estar em guarda contra nós mesmos."

Questões de honra e de respeito descambavam facilmente para a ira. "Como regra, a gente não atira em alguém por questões de propriedade; quando o fazemos é no fervor da paixão", explica Robertson. "Atiramos no calor do momento e dificilmente premeditamos uma morte. Com frequência atirar é um bom método – atirar no calor do momento; limpa o ar, como um trovão."

No final do século XIX, na época em que os pais de Brown nasceram, um ato de violência no meio dos ciprestes podia desencadear muitos outros. Um ladrão havia invadido a Igreja de São Miguel. Ele roubara uma Bíblia, e talvez uma peça de mobília. Ninguém foi acusado do crime, mas, aos poucos, as suspeitas recaíram sobre Isham Kearse, descrito na imprensa como "um jovem negro de disposição errante que não procurava emprego regular, e que provavelmente não levava a vida de maneira honesta". Alguns homens brancos de Barnwell pediram uma acareação, e na noite de 2 de dezembro tiveram a oportunidade. Kearse, que vinha se mantendo à sombra, foi descoberto logo depois da fronteira do condado de Colleton, visitando a mãe.

Quatro brancos de Barnwell o capturaram quando ele saía da casa dela, e amarraram-lhe as mãos bem apertado. A corda foi enrolada em volta do pescoço de Kearse, e depois amarrada à traseira de uma carroça puxada por cavalo. Os que dirigiam a carroça saíram a uma boa velocidade em direção a Broxton Bridge, que ficava ao lado de um brejo. Kearse correu atrás da carroça até que tropeçou em raízes e pedras e caiu, e então foi arrastado. Outros homens do grupo foram mandados atrás de Hannah Walker, a mãe de Kearse, e da mulher dele, Rosa, de dezessete anos de idade. Sob a alegação de que ela sabia da Bíblia roubada, Rosa foi também amarrada e puxada por uma corda pelas trilhas do campo.

Num lugar perto do rio Salkehatchie, os três afro-americanos foram brutalmente interrogados. Isham Kearse negou o roubo e as mulheres disseram que não sabiam de nada. Os prisioneiros tiveram a roupa rasgada e foram desnudados pelos brancos, que faziam isso enquanto tomavam uísque; foram surrados com um arreio novo de carroça, uma peça dura de couro usada para prender os cavalos à carruagem. Kearse foi amarrado a uma árvore e chicoteado cento e cinquenta vezes, até que implorou aos homens que atirassem nele. As mulheres fugiram – Walker correndo pelo pântano, Rosa na outra direção. Quando Isham caiu inconsciente, os brancos atiraram seu casaco rasgado em cima dele e foram para a casa em Barnwell. Seu corpo foi encontrado mais tarde naquela manhã. Como o filho dela, Walker morreu em decorrência da surra. Foi achada com o rosto para baixo, os braços estendidos, caída sob trinta centímetros de água. Rosa conseguiu chegar em casa, onde ficou entre a vida e a morte.

Não havia mistério quanto aos quatro perpetradores; todo mundo sabia o nome deles, que não negaram a abdução. Em dois julgamentos, um para cada assassinato, os réus foram inocentados de todas as acusações. Um júri em Colleton comprou o argumento da defesa de que Walker morrera afogada, como se fosse um acidente que ela mesma tivesse provocado ao cair no brejo.

O linchamento triplo era incomum, mas não era nada extraordinário. Barnwell conhecera um linchamento óctuplo em 1889; embora as vítimas tivessem sido tiradas da cadeia de Barnwell, foram enforcadas depois dos limites da cidade, para que o prefeito pudesse dizer que o crime não era problema dele.

Que esta era uma área de violência impressionante é algo aceito por muitos que estudaram a região, mas a *razão* disso intrigou os historiadores. Alguns destacaram o número particularmente alto de linchamentos ao longo da fronteira entre a Geórgia e a Carolina do Sul, como se a geografia pudesse matar. Outros sugeriram que em lugares como Barnwell a combinação, no meio do estado, de protestantes do Piedmont, mais esquentados, e batistas mais altivos do litoral criou um choque de culturas explosivo. Mas a teoria mais provável é de que a violência racial tenha decorrido dos esforços organizados dos brancos, descontentes com os ganhos obtidos pelos negros com a Emancipação. Para que as forças antirrepublicanas tivessem sucesso na Carolina do Sul, os afro-americanos teriam que perder seus direitos políticos e ser submetidos à força.

Não poderiam ter feito isso sem Barnwell. Os eleitores republicanos dali eram expulsos dos locais de votação, e os poucos negros indicados a cargos políticos eram alvejados a tiros e fustigados de outras formas. No mesmo ano em que Isham Kearse e Hannah Walker foram assassinados no brejo, a Carolina do Sul aprovou uma revisão da Constituição do Estado, um projeto que visava reconstruir o poder dos brancos. Para essa nova ordem foi crucial o imposto de votação, aplicado a todos os eleitores registrados. Quem se registrasse tinha que ser capaz de ler e escrever um parágrafo da Constituição, uma medida que buscava neutralizar o poder de voto da maioria negra. A partir da Constituição de 1895, não demorou para que os brancos votantes obtivessem maioria em toda a Carolina do Sul, e para que fossem aprovadas várias leis que, juntas, construíram a segregação.

Quando James tinha quatro anos de idade, ouviu seus pais brigando. "Leve o seu filho", disse Joe, jogando a responsabilidade em cima de Susie. "Você é que fica com ele, Joe, porque eu não posso *trabalhar* para sustentá-lo", respondeu ela. Então Susie foi embora.

James tinha poucas lembranças da sua mãe em seus primeiros anos. Depois que ela foi embora, Joe e James ficaram mudando de um lugar para o outro pelos arredores, conforme Joe encontrava e perdia trabalho. Quando ele ia trabalhar abrindo estradas ou colhendo legumes numa fazenda, James ficava com as tias ou com alguma das namoradas de Joe. Mais tarde, James falaria sobre a sua solidão nos montes de areia e nos brejos com pinheiros da área, quase como se fosse um presente. A maioria das pessoas, explicou ele, já são ensinadas desde cedo sobre o que não devem fazer – ele saía para passear pelos bosques por conta própria, e não recebeu essa lição. Aprendeu a ouvir seus próprios instintos e a confiar na sua própria razão.

No início da década de 1930, Joe trabalhava como peão no setor de terebintina, colhendo a resina de pinheiros. Era um trabalho especialmente duro, que datava da era colonial, quando se usava pixe para calafetar navios. Acabava com as mãos, os joelhos e as costas; seus métodos não haviam evoluído desde antes da Guerra Civil. Uma tarefa geralmente feita por homens negros. Eram chamados de "negros de terebintina" pelos brancos educados. Cada trabalhador ficava encarregado de uma "pilha" de árvores, mais ou menos umas cinco mil; Joe provavelmente usava um machado para remover a casca dos pinheiros.

Os trabalhadores eram destinados a acampamentos, núcleos primitivos, com cabanas de madeira, casas rústicas e galpões, que abrigavam até várias centenas de homens. A vida nesses acampamentos tinha suas próprias regras, que eram vistas com maus olhos pelos residentes negros das cidades. Os homens da terebintina abriam fendas nas árvores com ácido, que também corroía suas impressões digitais, e por causa destas e outras coisas, esses homens eram individualistas ferrenhos, que se afastavam da sociedade. Autossuficientes e sem liberdade, ostentavam uma arrogância e certo desespero; mostravam uma justificável inclinação à farra. O historiador I. A. Newby escreveu que a segregação na Carolina do Sul era tão completamente destrutiva que "as comunidades negras do estado nunca se organizaram. Na verdade, não eram comunidades, no real sentido da palavra". Isso não se aplicava tanto aos acampamentos de terebintina, onde se percebia um sentimento de identidade.

Os homens construíram oficinas de fabricação e conserto de barris, estábulos e abrigos de ferreiros nos acampamentos. Havia igreja para quem quisesse. "Aqueles que acreditavam em cultos religiosos podiam se reunir em volta de casa, sentar e falar sobre a Bíblia e coisas assim", lembra Anthony Green, um peão da terebintina. "Aqueles que não acreditavam, se gostassem de cachaça se reuniam e bebiam. Jogavam dados, faziam apostas e esse tipo de coisas." Costumava haver um piano e violões, e músicos de blues itinerantes que viajavam pela região fazendo espetáculos pagos e que também tocavam por uns trocados.

Tudo isso acontecia aos sábados à noite no boteco do lugar. Em geral era um estabelecimento pequeno, dirigido por um peão mais ambicioso do acampamento e que não morava nas instalações do boteco. Vendiam-se peixe, hambúrgueres e cachaça, e podia haver mulheres à disposição. Os botecos ofereciam lazer para aqueles que trabalhavam catorze horas por dia e eram um lugar propício para descarregar energias. Também eram lugares violentos, onde homens jogavam e brigavam a socos, ou com facas e armas de fogo.

Nos acampamentos, Joe Brown aprendeu todas as formas pelas quais os homens podem ganhar e perder dinheiro com dados, e levaria esse saber com ele ao partir. Sabia como fazer aguardente de maçã, que ele vendia nas horas vagas. Joe sabia manejar bem uma faca e tocava um pouco de gaita. Cantava canções de Sonny Terry e Blind Boy Fuller, blueseiros da Carolina do Norte que passavam por ali, e tocou violão, talvez junto com Tampa Red, um dos músicos itinerantes que frequentavam a região. *Bluesman* da Geórgia e um dos grandes tocadores de violão "bottleneck", Red se apresentava nos acampamentos e chegou a compor uma música chamada *Turpentine Blues* ["Blues da Terebintina"]:

Turpentine's all right, provided that wages are good
Turpentine's all right, provided that wages are good
But I can make more money now, by somewhere choppin' hardwood

Turpentine business ain't like it used to be
Turpentine business ain't like it used to be
I can't make enough money now, to even get on a spree... [1]

---

1 Terebentina, tudo bem, desde que a paga seja boa/Terebentina, tudo

Como Red conseguia bem ver, as florestas da Carolina estavam sendo dizimadas; as árvores se enfraqueciam de tanto ser cortadas e lascadas, o que obrigava a derrubá-las e mandá-las para as serrarias.

Para os peões da terebintina, a temporada começava em abril ou maio e se estendia até novembro. James Brown nasceu no início da temporada da terebintina, em maio. Se as coisas seguissem seu curso usual, o filho não demoraria a arrumar emprego no acampamento junto com o pai. Só que a indústria naval vinha decaindo, e a Depressão estava em vigor.

Barnwell prosperara com a agricultura, e a agricultura vinha proporcionando o sustento da família Brown há gerações. Mas agora a própria terra estava doente. O algodão era um cultivo regional importante, mas os preços haviam caído verticalmente, de trinta e nove centavos a libra em 1919 para dez centavos por volta de 1930. Pior ainda, a praga do gorgulho infestava os campos de algodão, arruinando as plantas. Os fazendeiros negros eram excluídos dos negócios, e o Estado dava-lhes pouca assistência. Em 1938, o Departamento de Bem-Estar Público do Condado de Barnwell emitiu um relatório expondo os problemas do condado. "O rendimento da agricultura decresceu durante os últimos dez anos... Devido ao fato de a agricultura como um todo ter sido um fracasso durante tantos anos e ao fato de que nosso condado oferece muito pouco emprego industrial, estamos com muitas famílias passando necessidade."

As pessoas comiam o que encontravam. O milho era descascado, os grãos do milho lavados e cozidos em lixívia. Depois de enxaguados, os grãos embranquecidos eram fritos com banha e temperados a gosto.

---

bem, desde que a paga seja boa/ Mas posso ganhar mais agora cortando lenha em algum lugar/ O negócio da terebintina não é mais como era, O negócio da terebintina não é mais como era/ Agora não consigo ganhar dinheiro suficiente, nem para encher a cara... (N. do T.)

Fazia-se um mingau cozinhando a cabeça, os pés e às vezes uma queixada de porco num caldo salgado. Acrescentava-se o milho, e a mistura era então frita, para engrossar. Isso era o que os escravos comiam antigamente numa fazenda, mas na Carolina do Sul da era da Depressão, eram os brancos pobres que comiam isso e achavam ótimo.

A pelagra estava muito disseminada no distrito. As pessoas do campo que dependiam de uma dieta à base de pão de milho, carne de porco e melado não conseguiam vitaminas suficientes, e o Estado começou a distribuir levedo para os pobres como suplemento. Mas, conforme a Depressão piorou, o programa antipelagra foi reduzido a suprimentos de sementes de algodão, a serem misturadas com a sopa ou com água quente.

A um escritor, James disse que ele e seu pai se mudaram para Augusta, Geórgia, em 1938; a outro, declarou que foi na segunda metade de 1939. As colheitas estavam morrendo, a resina já não era extraída na mesma proporção de antes, e Susie tinha ido embora. Para Joe Brown, era tempo de partir atrás de algo melhor. Bem mais tarde, Joe colocaria uma moldura em volta desse quadro. "Os brancos, alguns brancos jovens, eles dão o fora da América. Eles envergonham. Os negros, eles correm para todo lado, para o Norte, para toda parte, tentando *entrar na* América." Joe e seu filho estavam saindo de Barnwell a pé, andando em *direção à* América. Mas, antes que Joe e o filho, que começara a chamá-lo de "Pops", pudessem tentar chegar lá, tinham que entrar no século XX. Isso significava abandonar os pinheiros. Eles tinham que romper com tudo aquilo – aquela imutável negação rural de cidadania e aquele revirar de lama para pegar peixe e a escravidão com outro nome que era o acampamento de terebintina.

Para trás ficavam a pobreza e o trabalho medieval, que aferravam a pessoa à precariedade. Adiante, podia-se entrever uma herança da qual era possível sentir orgulho, o império asteca, o trono de Jerônimo, os clãs guerreiros dos cheroquis.

Agora eram Joe, James e Minnie Walker, a tia de Joe, aquela que estivera presente na hora em que James nasceu. Eles carregaram tudo o que tinham, e andaram a pé os sessenta e cinco quilômetros até Augusta.

O TERRY

Capítulo Dois

Georgialina, como é chamada. Um nativo que conhecia o lugar melhor que ninguém uma vez deu uma definição sucinta nos Anais do Congresso: "Uma região do vale do rio Savannah que inclui certo número de cidades e vilas de ambos os lados da fronteira entre os estados da Carolina do Sul e da Geórgia". O político que tão vividamente a definiu, Strom Thurmond, era o líder eleito de Georgialina. Isso o definiu tanto quanto definiu a região. Mas, atravessando a pé a ponte sobre o rio Savannah num notável dia por volta de 1939, havia alguém que viria a ser o cidadão mais famoso de Georgialina. Exceto por alguns poucos anos em que viveu em Nova York, James Brown nunca se afastou de Georgialina. Ela era o que era, e ele conhecia cada centímetro dela. Sabia o que as pessoas de lá – brancos e negros – pensavam, e por que faziam as coisas que faziam. Sabia onde você podia comer um bom filé e o endereço da "Caskets & More"[1]. Conhecia as ruas secundárias pelas quais você conseguia driblar o xerife. Conhecia até Strom Thurmond.

Quando se menciona Augusta, as pessoas do mundo todo pensam em James Brown, e talvez também no Torneio Masters de Golfe. Ele nem sempre amou a cidade, e quanto ao povo de Augusta, bem, muitas pessoas dali não gostam de Brown. Mas, como ele disse mil vezes, Augusta era um lar.

1 Conhecida empresa funerária dos Estados Unidos. (N. do T.)

Augusta parece um biscuit dentro de uma travessa de molho. Elevando-se acima do resto está "*the Hill*", o bairro de elite com suas grandes mansões e o charme do Velho Sul, e em volta ficam as terras baixas abrindo-se em leque em direção ao rio Savannah. A diferença de altitude marca uma diferença no caráter da cidade. "A cidade é um caso fascinante de esquizofrenia", escreveu Dorothy Kilgallen. "É belíssima, com telhados inclinados em dois lances e grades de ferro trabalhado, videiras sinuosas e pórticos coloniais; e é atrevida, com muito jazz e roletas, jogos de dados e máquinas caça-níqueis e stripteasers, e um desrespeito de fala macia pelas leis que as pessoas não aprovam."

Lá em cima na Hill ficava o Augusta National Golf Club, sede do Masters, e o Partridge Inn, um símbolo do esplendor de Augusta. James Brown morava embaixo, onde o molho era mais ralo.

Pops, Minnie e James mudaram-se para a casa de um parente na Twiggs Street. Era na parte afro-americana de Augusta, um bairro chamado "o Terry". Os moradores de Augusta na década de 1930 usaram o termo como uma abreviação de "Território Negro", mas originalmente era um enclave irlandês chamado Verdery's Territory. Depois da Guerra Civil, quando o Freedman's Bureau transferiu os escravos emancipados para o bairro, o nome mudou, mas o território continuou mais ou menos o mesmo. Por volta de 1933, o Terry abrangia talvez cinquenta quarteirões; ali e nos bairros vizinhos da parte sudeste da cidade vivia a maioria dos vinte mil negros de Augusta, que compunham cerca de 30% da população total. Havia também uma pequena comunidade chinesa no Terry, que datava da época da construção dos canais de Augusta no século XIX.

A vitrine da comunidade eram os Golden Blocks, um corredor no cruzamento das ruas Ninth e Gwinnett, que compunha o distrito comercial afro-americano. A Penny Savings and Loan Company, de propriedade de negros, e o Haines Normal and Industrial Institute, um bastião da educação negra, ficavam ambos nos Blocks. Perto ficava o Del Mar Casino, de propriedade de John "Slow Drag" Crim, jogador, financista, provedor. Bem junto à Gwinnett na Ninth Street ficava o luxuoso Lenox Theatre, construído por um quarteto de homens de negócios negros cansados do tratamento que lhes era dispensado nos teatros de propriedade de brancos de Augusta, e projetado por G. Lloyd Preacher, um dos melhores arquitetos brancos do Sul.

Construído em 1921, o Lenox era o posto avançado ao norte daqueles nove Golden Blocks, um edifício elegante de estilo greco-romano, cujo palco exibia a nata do *show business* negro. Os cartazes do Lenox anunciavam "É o seu teatro"; daquele palco, soldados negros eram mandados para a Primeira Guerra Mundial com banda de música e hurras, e negros realizavam reuniões públicas ali para discutir direitos civis. Mas, se por um lado era uma inspiração, por outro o Lenox ficava também a curta distância a pé das casinhas empobrecidas que também definiam o Terry. As ruas do bairro eram sem asfalto, de areia e terra, e cortadas por pequenas ruelas com nomes interessantes: Thank God Alley, Electric Light Alley, Slopjar Alley. Diante das estreitas casinhas térreas, ipomeias trepavam por cercas de madeira desbotadas e sobre os pórticos. Atrás das casinhas havia edículas, galinheiros, pilhas de lenha e quase com certeza uma panela de ferro descansando em cima de um fogão escavado no chão. As refeições do dia eram cozinhadas ali; depois, fazia-se lixívia misturando cinzas de madeira e gordura animal, e com essa lixívia as mulheres iam lavar a roupa dos brancos que lhes davam serviço.

Sábado era dia de compras no Terry, e os negros da zona rural vinham adquirir suprimentos. Sitiantes apregoavam seus produtos, e nas ruas podia-se comprar sassafrás, amendoim, queijo de pé de porco, sorgo, sapatos, ervas medicinais. O domingo não era exatamente um dia de descanso: as missas começavam às duas horas da tarde para que as mulheres pudessem primeiro fazer o almoço para os seus patrões brancos. Augusta tinha muitos locais de culto para afro-americanos, com cinco igrejas negras que datavam de antes do fim da Guerra Civil.

Perto da casa da Twiggs ficava a United House of Prayer for All People, um grande edifício simples, com papel crepom dependurado das vigas e uma placa sobre a porta proclamando: "Muita Alegria! Venha à House of Prayer e esqueça seus problemas". Havia também um Templo da Ciência Moura, uma expressão sulista do nascente nacionalismo negro islâmico. Os membros chegavam a mais de trezentos, e deviam usar o fez e o turbante típicos; os homens ostentavam longas barbas.

Havia líderes competentes na Augusta negra, empresários e clérigos que os brancos não sentiam ter absolutamente nenhum motivo para reconhecer, a não ser numa emergência. O poder de compra dos afro-americanos era pequeno, a propriedade de casas quase uma aberração; em 1940, das 7.718 casas que abrigavam negros, menos de 19% eram de seus moradores. Apenas 2% dos negros de Augusta eram classificados como profissionais, e mais de 90% destes eram professores. O poder político afro-americano havia sido tornado ilegal graças ao sistema branco das primárias, que manteve os negros fora das eleições durante décadas.

No início da década de 1930, as restrições ao voto estavam funcionando bem demais, a ponto de muitos brancos naquela cidade de 60.342 habitantes se queixarem de que eles também haviam ficado de fora das listas de registro de eleitores por não ter pago o imposto de propriedade (uma das restrições criadas com o intuito de excluir os negros). Barrados do processo político, os cidadãos de Terry tinham pouca esperança de que os inspetores de moradia, por exemplo, ou a Secretaria de Saúde, pudessem ser de alguma valia. O poder negro era um poder apolítico, ele fluía daqueles que eram capazes de ganhar e de gastar dinheiro na comunidade. A marca de um homem de negócios negro de respeito era ter montado um centro de recreação ou financiado a reforma de uma igreja ou um Boy's Club, pois aqui o sucesso significava estender a riqueza à vizinhança.

Há uma foto de James Brown aos nove anos, retocada à mão com tinta. Ele parece ter acabado de cortar o cabelo, seu crânio é uma cúpula, lisa e dura. Sua expressão é impressionante para um garoto da sua idade, os olhos semicerrados, a boca sem sorrir, a cabeça inclinada num ângulo que transmite uma mensagem – você tem algo para mim? Esse círculo ancora-se nos ombros, achata seu pescoço. O garoto parece desconfortável naquelas roupas, a camisa listrada de manga comprida, calça, um cinto fino em volta da cintura magra.

Segundo a lembrança que Brown tem da foto, Joe o deixara na casa de uma parente que ele chamava de Tia Honey. O nome dela era Hansone Washington, embora muitos erradamente entendessem seu nome como Handsome. O endereço dela era Twiggs Street, 944. A nova US Highway 1 passava junto à casa, por isso quem olhava pela janela podia ver pessoas indo de carro da Flórida para Nova York e além. Na Twiggs havia paradas de caminhões e postos de combustível e pensões que alugavam quartos para caminhoneiros e viajantes. Forasteiros indo e vindo. Era um lugar onde uma pessoa esperta teria montado um prostíbulo. Tia Honey era suficientemente esperta.

A proibição estava em vigor e Honey vendia também uísque contrabandeado, que ficava guardado num vão sob o piso de madeira da casa. Os clientes o apelidaram de "ferro-velho", porque era feito em tambores galvanizados e tinha um gosto metálico.

Às vezes havia até catorze ou quinze homens hospedados na casa, e Honey alugava quartos para garotas de programa e seus clientes. Honey às vezes cozinhava para o menino um bolo de batata, porque sabia que ele adorava, e ele comia o bolo inteiro sozinho. Mas Honey tinha um negócio para tocar em frente, e um parente travesso era um obstáculo para o lucro. Tia Honey batia em James e dizia que ele era feio, e mandava-o esconder-se no armário depois que os homens terminavam. O irmão de Honey, Melvin Scott, era um contrabandista de bebida alcoólica mal-humorado, que estava sempre por ali. A polícia uma vez deu uma batida no lugar e Scott achou que tinha sido Brown que dera a dica; enfiou então o garoto dentro de um saco, dependurou-o no teto e bateu nele com um cinto.

Joe continuou presente, trazendo dinheiro quando podia, sempre atrás de trabalho. Ele estava por perto, mas não dentro de casa: na maioria das vezes era Tia Minnie que tomava conta de James, além de Honey.

Uma parte importante da história de Brown, um detalhe que ele contava repetidas vezes e colocava no seu material para a imprensa, era que a sua mãe havia abandonado a família em Barnwell, e que o filho não ficaria sem vê-la de novo por décadas.

Essa era a lembrança que James Brown tinha. No entanto, para complicar – e aprofundar – suas memórias, há forte evidência sugerindo que Susie Brown *veio* para Augusta, e que ela, Joe e James viveram sob o mesmo teto durante certo tempo. Antes de mais nada, existe a informação que consta das listas telefônicas anuais de Augusta.

Essas listam registram quem morava em cada endereço da cidade. As listas de 1947-48 e 1949 informam todas elas que uma Susie Brown "negra" morava com Joseph em Augusta. Nos registros de 1947-48 consta que esse Joseph tem emprego de peão num posto de combustível, e a ocupação regular de Joe por vários anos foi a de frentista de posto de combustível. Segundo a lista de 1947-48, também vivia nesse endereço Minnie Walker, a mulher que soprou vida no combalido recém-nascido.

Num texto de 2009, Don Rhodes, jornalista de Augusta, cita conversas mantidas por ele com dois parceiros de longa data de Browm, que lembravam de Susie e Joe morando juntos. Segundo o que um amigo de Brown de Augusta declarou a Rhodes, Susie "não abandonou por vontade própria a família". Então o que aconteceu com Susie? Uma fonte diz que Joe a atirou pela janela do segundo ou terceiro andar da casa da Twiggs, no meio de uma briga. Ameaçou matá-la, e Susie saiu de lá.

Talvez o garoto tenha escolhido a história contada pelo pai; talvez até acreditasse nela. "Pops tinha uma versão a respeito de por que eles não ficaram juntos, e ela foi passada ao senhor Brown", disse Emma Austin, uma amiga da família que cresceu no Terry.

Joe com certeza era violento; batia regularmente em James, que disse que seu pai era "perigoso". Era mais fácil falar em abandono do que nas surras que levava, e assistia, das mãos do pai que o vinha criando. Tão logo se viu com uma história de vida que os outros estavam dispostos a ouvir, Brown passou a trabalhá-la para adequá-la a suas necessidades emocionais. É mais simples, mais claro, falar em ter sido abandonado, do que falar da violência que Brown experimentou e não tinha como evitar.

Outra inferência pode ser extraída primeiro da história de Brown. A violência de Pops era algo que seu filho podia perdoar. Mas o abandono pela mãe, isso era insuportável. O que a vida ensinou a Brown é que os homens batem nas pessoas, e que os homens batem nas mulheres, e que uma surra era algo a ser suportado.

O lar era o lugar para onde você ia quando não havia mais para onde ir. Em vez de ficar em casa, Brown corria por todo o bairro do Terry. O trecho do sistema de canais de Augusta que passava atrás da casa era um marco, um escoadouro onde ele encontrava peixes para comer. Ele podia pular na água e se esconder dos tiras, e jogar dados debaixo de uma ponte do canal.

Nas ruas do Terry, Brown aprendeu todo tipo de coisa, como brigar com faca na maneira tradicional da Carolina. "Os caras eram realmente maus ali", ele lembra. "Eles costumavam se atracar com outro cara e cortá-lo. O cara tinha uma faca, você tinha uma faca, vocês dois se atracavam e um cortava o outro. Até que um caía." Jeffrey Lockett, que morava perto na Ninth Street, resumiu a mentalidade das ruas de Terry: "Se você quiser ser homem, precisa brigar para conseguir respeito. Agora as pessoas me conhecem, e sabem que eu não levo desaforo de ninguém. Mas, se alguém vem me encher, eu já disparo na hora. Assim mesmo, *bam*. Melhor o cara morto do que eu".

Brown aprendeu também observando o pai, que punha banca de durão no Terry. Joe se aliava a um primo para roubar armas, usando um recurso rude e eficaz: Eles abordavam um estranho, e pediam que ele ou passasse sua arma ou disparasse neles, e, se o cara não atirava, eles levavam a arma dele. As coisas tinham levado ambos a esse ponto.

Brown se juntou a uma gangue e era chamado de Little Junior nas ruas; seu primo Willie Glenn, que morava com ele, era menor. Em pouco tempo, só otários ou parentes de sangue se metiam com ele. Diante de violência ou insultos, Brown ficava mais forte. Acabou conhecido nas redondezas. "Fiquem longe dele, as pessoas diziam, porque ele está sempre metido em encrenca", disse seu amigo de infância Allyn Lee.

Ele se considerava um bandido, e copiava o estilo bandido: boné de beisebol, jeans com bolsos do lado e um lenço amarrado caindo do bolso, tênis revirado, amarrado bem apertado. Ele e sua gangue escreviam palavras na própria roupa com alvejante Clorox.

Um dia, uma tia o viu atrás da casa, com um saco de ração para galinha de quinze centavos, que ela ia usar. "Garoto, é melhor largar essa ração", ela disse, "a não ser que você queira levar uma chicotada na bunda". Ele pediu 25 centavos por ela. Ela não lhe deu o dinheiro, e repetiu sua ameaça. Então o garoto virou-se e despejou o saco todo no dique. Ela bateu nele com o chicote, e ele não chorou. E quando tudo acabou ele disse à tia que estava pronto para levar outra surra. James Brown não tinha medo.

Brown era miúdo, não tinha uma compleição forte, mas compensava isso com uma maneira de se movimentar que emitia ondas de energia. Mesmo adolescente, era capaz de chamar a atenção simplesmente ao passar; ele comunicava que não era para se mexer com ele, nem tentar enrolá-lo. Era alguém com quem se devia ter cuidado.

A novíssima Silas X. Floyd Elementary era uma escola segregada de 1.600 estudantes e sete séries, um edifício de tijolo vermelho no estilo da Geórgia, com colunas brancas na fachada. A Floyd tinha o nome de um famoso pastor local negro, educador e poeta, que uma vez escreveu: “Augusta é um bom lugar para viver e Augusta é um bom lugar para morrer. Vivendo ou morrendo, eu amo Augusta”.

A Augusta branca não correspondia ao entusiasmo de Floyd. A Floyd School, como era chamada, havia sido construída contra a vontade da Augusta branca; a cidade concordou apenas em erguer a tão necessária instalação quando os New Dealers de Washington deram dinheiro a Augusta para uma escola de negros por meio da Lei de Recuperação Nacional. Augusta havia gasto vinte vezes mais com escolas para brancos do que com escolas para negros, e, embora o edifício já estivesse erguido, a comunidade negra teve que levantar dinheiro para manter as obras em andamento. A Floyd era a maior escola pública no condado de Richmond, mas tinha apenas trinta professores e um bedel. A primeira série tinha quatrocentos alunos, mas poucos deles chegavam à sétima série; simplesmente eram importantes demais para a família, que precisava da renda que o trabalho deles proporcionava. A média nas últimas séries era de cem alunos.

Ele rapidamente causou uma impressão. Um estudante chamado Henry Stallings percebeu Brown pela primeira vez quando o pegou tentando roubar seu lanche. Os pais de Stallings o mandavam à escola com lanche dentro de uma lata de banha, o que ele achava tão embaraçoso que a escondia dentro de uma abertura de ventilação. Mas Brown estava de olho e pegou a comida. Eles tiveram uma briga por causa do lanche, mas acabaram amigos.

No meio de um corpo de alunos pobres às voltas com a Depressão, Brown se destacava. No primeiro dia de aula, os alunos pegaram seu casaco e o dependuraram numa árvore. No outro dia, ele foi mandado de volta para casa por estar “com roupa insuficiente”. “Rapaz, ele dava pena”, disse Stallings. “Não dá nem pra dizer o que ele parecia na época do inverno – as solas dos sapatos desgrudadas, meleca escorrendo pelo nariz, nunca vestia nenhuma jaqueta. Estava *sempre* com frio.

"Ele me via indo pra escola com aqueles sapatos sempre engraxados, meus pais faziam questão que eu fosse bem alinhado. Ele gostava do jeito que eles me mandavam para a escola, todo arrumado, nos trinques, roupa bem passada. Ele só usava um guarda-pó."

Laura Garvin era uma dedicada professora da Floyd School que tinha um interesse especial por Brown. Junto com o diretor Yewston Myers, via o menino com simpatia. "Nenhum de nós dois o chamava de James ou de Brown. Era sempre James Brown. Parecia o jeito mais natural", Garvin disse. Ela cuidava dele, dando-lhe o tipo de atenção que o garoto não recebia em casa. "Eu sabia que ele era um pobre largado nas ruas de Augusta, e que fazia coisas que ele nunca deveria ter feito, também", lembrou ela mais tarde. Mas ele não era um menino que amedrontasse; era respeitoso, divertido – Garvin acima de tudo via um menino que mesmo naquela época já tinha carisma e uma franqueza comovente, tão abertamente ele *mesmo* que era difícil não sorrir. "Nada podia fazer você desgostar dele", lembra ela. Ela também percebeu logo o quanto o menino gostava de cantar, e procurou fazer com que ele pusesse isso para fora.

Os funcionários da escola pediam a Brown para cantar o hino nacional antes do início das aulas. Garvin promovia apresentações regulares na sua sala, cobrando cinco centavos para quem quisesse ver Brown cantar. Quando a notícia se espalhou e um monte de gente lotava a sala, ela transferiu os shows para a biblioteca, onde havia um piano. Brown então dançava e cantava "coisas de blues – eu cantava bastante blues naquela época". Alguns estudantes zombavam dele por ter a pele muito escura, e muitos também por suas roupas surradas. Mas Garvin proporcionava-lhe um meio de angariar respeito. Para Brown, essas apresentações foram os momentos mais felizes da sua infância.

Augusta no final da década de 1940 era famosa por suas grandes vozes. Havia o aristocrático Swanee Quintet, que nascera no final da década de 1930 como o Hallelujah Gospel Quartet. Na época em que mudaram de nome em meados da década de 1940, já lotavam igrejas locais e teatros e tinham até seu programa de rádio, seis noites por semana na WGAC. Os Swanees faziam um som de quarteto rural, bem country, e ostentavam-no orgulhosamente numa época em que a moda era um estilo de grupo mais urbano, de harmonias vocais mais fechadas e jazzísticas e ritmos mais elaborados. Eles defendiam com orgulho valores antigos, com uma determinação teimosa que os sulistas apreciavam.

Eles eram estrelas no Terry, tinham seu próprio negócio, uma lavanderia na Steed Street (décadas depois, a Steed mudaria de nome para Swanee Quintet Boulevard). No final da década de 1940, o cantor e cofundador James "Big Red" Anderson ficou amigo de um adolescente que engraxava sapatos na frente da emissora de rádio WGAC, na Broad Street, no centro. Foi o início de uma amizade que durou a vida inteira entre James Brown e os Swanees. O grupo sairia em turnê com Brown em 1966, e ele produziu vários de seus discos.

A voz mais famosa de Augusta na época, Arthur Lee Simpkins, começou como cantor de gospel; uma crítica de 1934 no *Augusta Chronicle* chamou-o de "um moço com voz adocicada por melancias, batatinhas e casulos de algodão". A voz de Simpkins era cortês, desarmando os ouvintes brancos, e subia uma oitava numa única sílaba no seu quente registro de tenor. Augusta também tinha muitos pregadores de rua e gente que oferecia produtos aos gritos, e Brown deve tê-los ouvido. O cantor de blues itinerante Blind Willie McTell viajou por Augusta e gravou na cidade. As santificadas cantoras de blues do Two Gospel Keys moraram em Augusta; enquanto os Swanees *optavam* por uma simplicidade rústica, as Two Gospel Keys eram praticamente cruas, e de uma maneira maravilhosa. Por volta do final da década de 1940, o influente programa de rádio gospel *Parade of Quartets* começou a ser transmitido (ainda existe, como um programa de tevê semanal numa afiliada da rede ABC).

Um som que começara nos bancos da igreja ganhava as ruas de Augusta e de outros lugares, uma fusão de igreja com barbearia (paraísos seguros onde os homens negros podiam se reunir), um novo estilo vocal que misturava o sacro e o profano, carregando uma dimensão espiritual que não era exatamente definida por ele. Esse novo som era audível em grupos vocais americanos como os Ink Spots e os Mills Brothers, nas chamadas orquestras humanas e nos primeiros grupos do estilo *doo-wop*. A música gospel negra estava sendo programada nas rádios em cidades do país inteiro, e esta era uma consequência não premeditada – quando você ouve essa música em seu tempo de lazer, o gospel torna-se um som profano, social, não mais restrito ao púlpito. De qualquer modo, o gospel *já* era social, pois a igreja negra fazia parte da vida, mesmo daqueles que não frequentavam a igreja. Esse estilo vocal era uma música da rua – de pessoas para as quais a igreja constituía uma parte subentendida da vida, mais do que a própria vida. Uma música feita por pessoas em pé nas esquinas, reunidas em barbearias, em bancas de engraxates. Igrejas pequenas apertadas entre lojas comerciais ilustravam a maneira como a música entrava no dia a dia, do mesmo modo que cantores de gospel em pé, em cima de uma caixa num cruzamento movimentado. Brown circulava por essas mesmas ruas na década de 1940 em Augusta, ouvindo e aprendendo. Ele também ia à igreja e observava os pastores, que então imitava, não porque fosse particularmente religioso – de menino, ele não era –, mas porque admirava a força deles.

Ele cantava canções pop, e aprendia também rudimentos de música instrumental. Quando foi empregado de uma loja de móveis, Joe ganhou um órgão meio quebrado, com pernas de madeira. Num intervalo para o almoço, levou o instrumento para casa e deu-o ao menino, deixando-o apoiado sobre uma caixa de queijo. O órgão era o instrumento que Brown manejava melhor; seu amigo de vizinhança Leon Austin ensinou-lhe o básico do teclado e outro amigo, Robert Graham, também lhe deu aulas. Tampa Red, o músico de blues itinerante, estava namorando uma das meninas da Tia Honey. Ficou amigo de Brown e ensinou-lhe a sequência de acordes do clássico de Red "It's Tight Like That", no violão. Brown estava conseguindo fazer música de ouvido, na marra, mas já demonstrava talento e começava a ostentá-lo. Acreditava nele mesmo, e dizia aos amigos, sem arrogância, que eles ainda iriam ouvir falar no nome dele. "Ele sempre dizia, você pode cantar melhor do que eu, mas, quando eu começar a despejar discos na sua cabeça, você não vai nem chegar perto", conta Leon Austin.

Logo Brown formou seu próprio grupo vocal com Graham, misturando aquela música gospel das ruas com pop e blues, canções de Amos Milburn, Roy Brown, Wynonie Harris e Red Norvo e Mildred Bailey. Eles chamavam o grupo deles de Cremona Trio, porque um deles tocava um violão Cremona. O Trio sentou na primeira fileira do Lenox na noite dos talentos, subiu ao palco e cantou uma versão da música de Louis Jordan, "Caledonia", ganhando o primeiro lugar. Eles duraram uns três ou quatro anos, e ganhavam cinquenta dólares por noite fazendo shows para oficiais brancos na vizinha base do exército de Camp Gordon.

Dias depois que Pearl Harbor foi atacada, a cidade colocou guardas armados na ponte que Pops e James haviam atravessado a pé. O Lenox Theatre acrescentou o show de Abbott e Costello, *In the Navy*, à sua programação. Mas um impacto maior da Segunda Guerra Mundial no Terry, e em toda Augusta, ocorreu quando, quarenta e oito horas depois do ataque, Camp Gordon foi oficialmente inaugurado. Uma imensa base militar, Camp Gordon nasceu graças aos esforços do prefeito de Augusta, do diretor da Câmara de Comércio, e de um jovem juiz da vara cível da Carolina do Sul – Strom Thurmond –, que fizeram lobby junto à administração Roosevelt para a construção da base em Augusta, tendo em vista a guerra que se avizinhava. As obras começaram em 1941, e logo uma área deteriorada chamada Tobacco Road – o tema da novela de Erskine Caldwell, com sua extensão ocupada por brancos pobres que eram então um incômodo nacional para Augusta – foi varrida do mapa. Em seu lugar, havia agora um local de treinamento de mais de 20 mil hectares, sede de três divisões na Segunda Guerra Mundial, a 4ª de Infantaria, a 26ª de Infantaria e 10ª de Blindados. Camp Gordon transformou o Terry. Havia emprego na construção civil para negros, e de repente milhares de soldados chegavam à estação de trem no limite do bairro, com dinheiro no bolso.

A Ninth Street ficou iluminada com clubes e botecos, oferecendo aos soldados um lugar para beber e se divertir. Tia Honey e outros empresários locais estavam prontos para capitalizar isso. O Terry não era mais um lugar que a velha Augusta branca pudesse se dar ao luxo de ignorar, porque havia muitos visitantes brancos que não tinham por que ignorá-lo. Augusta já havia sido bastante tolerante com a prostituição e a bebida antes da guerra, e o influxo de homens jovens fez com que a cidade perdesse suas últimas inibições. Para compensar, a cidade flertava com o sistema francês de controle de doenças venéreas entre os soldados, registrando as prostitutas e exigindo que passassem por exames médicos periódicos. Infelizmente, as autoridades locais decidiram registrar apenas as prostitutas negras, e o resultado foi uma emergência de saúde pública, além de reclamações racistas que colocavam as prostitutas negras como bode expiatório.

Um relatório no *Chicago Defender* em 1941 observava que "Pelo que se diz, soldados brancos lotados aqui aos milhares estão seguindo um velho costume sulista de procurar 'igualdade social' com mulheres negras 'pôr do sol', e o ávido desejo de misturar-se por parte dos brancos está ao que parece causando infindáveis problemas para os encarregados da administração da cidade". A polícia começou a deter soldados afro-americanos vistos com mulheres; isso levou à detenção de famílias inteiras que estavam inocentemente passeando pelos arredores. Soldados negros do norte começaram a se rebelar contra esse assédio, e relatos de distúrbios raciais no Terry chegaram às páginas da imprensa negra do país.

Enquanto isso, os negros observavam prisioneiros alemães alojados em Camp Gordon sendo pagos para trabalhar no terreno do Augusta National Golf Course, e para colher amendoim, milho e batata ao longo do rio Savannah. "Eles cantam e assobiam, parecem gostar do trabalho", declarava o *Augusta Chronicle*. "Os fazendeiros estão adorando." Tais notícias deixaram um gosto amargo na boca dos negros de Augusta, que sentiam que o governo estava fazendo mais pelo inimigo do que se dispunha a fazer por eles.

Políticos do sul e o exército estavam tão preocupados com a agitação, como mostram registros militares disponibilizados ao público, que foi elaborado secretamente um plano militar para o caso de os distúrbios raciais escaparem ao controle das autoridades civis. Um relatório intitulado "Secret District Nº. 4 Fourth Service Command Racial Disturbances Plan City of Augusta, GA", redigido por oficiais do exército não lotados em Fort Benning, preocupava-se com a estabilidade do governo eleito de Augusta. Os planos incluíam usar soldados de Camp Gordon e da Guarda Estatal da Geórgia para fechar o cerco ao Terry. No final, tudo aquilo fracassou – acusar as negras de Augusta colocando-as como bodes expiatórios na transmissão de doenças venéreas, os confrontos raciais, o cordão sanitário em volta do gueto. É difícil policiar a curiosidade, e havia muito dinheiro em jogo nessa mistura racial; os prostíbulos e bares continuavam lotados, os brancos continuavam a vir para o Terry à procura de companhia. E o jovem James Brown aproveitava como podia a visita deles. Ele e Willie Glenn levavam sanduíches e Red Rock Cream Soda para os soldados; por sua conta, Brown trabalhava como agenciador, pegando dinheiro dos recrutas e encaminhando-os para o bordel da Tia Honey.

Alguns garotos aprendem sobre o mundo lendo: mas este aprendeu vendo o dinheiro se movimentar. Eis alguns dos trabalhos que Brown teve antes dos dezesseis anos: ele colheu algodão, cortou cana, recolheu tampinhas de garrafa, foi garoto de recados, entregou bebida alcoólica, engraxou sapatos, arrumava as bolas num salão de bilhar, e foi ajudante de um armazém chinês. Nenhum desses empregos ensinou-lhe algo que ele já não soubesse pelo fato de morar num prostíbulo. Brown acabou vendo que não havia muita coisa que um punhado de notas verdes não pudesse comprar, e seja lá o que fosse, por definição não era algo que valesse muito a pena ter.

Brown projetava uma forte determinação. Ele podia levar um soco e revidar com outro. Acreditava nele mesmo. Como seu amigo de infância colocou: "Se ninguém mais gostasse dele, ele gostava".

Quando era bem novinho, a tia Honey dava-lhe banho, e uma vez, enquanto ela lavava os braços dele, viu os pelinhos formando um padrão "cruzado". Ficou muito animada, porque viu nisso um sinal místico de que ele estava marcado. "Quer que eu lhe diga do que ela estava falando?", Brown lembrou. "Ela disse: 'Olhe o sinal'. Ela disse que eu ia ser realmente rico."

Coisas boas, coisas ruins, fosse como fosse, os eventos conseguiam deixar uma impressão. Quando James tinha sete anos, Pops e um amigo dele deixaram o menino bêbado com gim de menta. Depois de quase meia garrafa, James ficou tão mal que os adultos tiraram a roupa dele, deixaram-no nu e o puseram dentro de uma fonte batismal de uma pequena igreja, "para que voltasse à vida", contou Brown. Ele olhava para a própria vida e o que via não era sofrimento nem zombaria: na sua mente consciente, Brown transformava tudo aquilo numa marca de diferença. Ele podia ser torturado, mas, ao sobreviver a isso, brandia essa sobrevivência como um sinal de que era especial. *Qualquer um* de nós teria morrido, mas não James Brown. Ele já havia nascido morto.

Ele estava com o pai um dia no posto de combustível onde Pops trabalhava, andando por uma cabana com chão de terra batida que tinha um velho compressor de ar num canto. O dique dos fundos mantinha o chão molhado. Enquanto Joe trocava pneus e alguns rapazes brancos estavam sentados em caixas, tagarelando, James, com doze ou treze anos, observava. Ele queria ouvir o que os caras estavam dizendo, e quando se inclinou para apoiar-se no compressor de ar, primeiro com uma mão e depois com a outra, um curto-circuito na máquina mandou uma corrente elétrica que atravessou seu corpo. Seus sapatos começaram a fumegar. Ele não conseguia se soltar. Parecia que transcorriam minutos sem que os homens mexessem um dedo. Sua mente foi parar num lugar além da agonia, e ele sentiu uma moleza, uma sensação como se um balão estivesse enchendo dentro dele. A sensação que teve não foi dolorosa; ele se viu invadido por uma sensação de invulnerabilidade.

Os rapazes acabaram conseguindo desligar a máquina, e Brown sentia cheiro de cabelo queimado, e seus ouvidos zumbiam. Os homens tentaram tirar os tênis dele, mas estavam grudados nos pés. Quatro minutos – é o tempo que ele conta ter ficado eletrocutado. Quatro minutos que foram muito comentados na vizinhança, e deixaram nele a impressão de que nada podia detê-lo, que ele não podia ser morto.

Diziam que ele era feio, que era pequeno, ele não tinha sequer um par de calças compridas comprado em loja. Não era como os outros garotos. Trazia uma marca, e muito cedo aprendeu a decifrá-la. Brown pegou a pior coisa que havia acontecido com ele – ser eletrocutado enquanto um bando de tagarelas tomava Coca-Cola – e viu nisso uma bênção. “Eu sabia de uma coisa – que eu era diferente”, é como ele coloca as coisas. “As pessoas pagavam dez centavos para me ver dançar porque eu era diferente.”

A MALA PRETA

Capítulo Três

"O Bon Air contempla, como a Esfinge, a cidade de Augusta", Dan Jenkins escreveu. O hotel tem esse nome devido às brisas frescas que circulam por entre os montes de areia acima da cidade, e tinha mais de trezentos quartos, trilhas de equitação e um campo de minigolfe de nove buracos. Uma banda tocava dixieland na entrada, no andar de cima rolava música da era do swing e havia um piano no bar.

Da sacada, a vista era incrível. Dentro, no salão de baile, numa noite de fevereiro do final da década de 1940, grupos de homens de paletó branco sentavam-se ao redor das mesas. Este era um clássico salão de fumantes do sul, e, enquanto esperavam pelo entretenimento da noite, os homens curtiam charutos e deixavam os garçons malucos com seus pedidos de bebidas.

A principal atração da noite, montada sob lâmpadas de iluminação expostas dependuradas do teto, era uma *battle royal*. Um entretenimento característico do sul, a *battle royal* costumava abrir ou fechar uma programação de boxe, e às vezes era um evento por si. O conceito era simples: um punhado de jovens negros entrava num ringue de boxe. Eles eram vendados e então todo mundo começava a lutar ferozmente. O vencedor era o último que conseguisse ficar em pé. Se você ganhasse, eis o que eles lhe davam: uma chuva de moedas, que você enfiava todas nos bolsos, e talvez um farfalhar de notas do homem que apresentava.

Vamos ouvir agora o vencedor da noite, um valente brigador senegâmbio que compensa com sua mão esquerda o que lhe falta em altura: Jimmy Brown!

Um sino amassado, emprestado para a ocasião, era percutido com um martelo, e a luta começava. O propósito subjacente: assistir a uma carnificina do tipo sobrevivência do mais apto, e humilhar a hombridade dos negros jovens da cidade. Os negros locais não precisavam ver a coisa por esse prisma. "Eu ficava lá cambaleando, gingando que nem um louco, e ouvindo as pessoas rirem", Brown declararia encantado mais tarde. "Eu não sabia que estava sendo explorado; tudo o que eu sabia é que estavam me pagando um dólar e que eu estava me divertindo." Os lutadores eram retirados do Bon Air pela entrada de serviço do hotel.

As *battle royals* eram um maneira de levantar algum trocado, mas nelas um aspirante a boxeador também podia chamar a atenção dos promotores de lutas. E Brown era um boxeador iniciante talentoso, um homem cujas lutas eram comentadas no jornal local.

Segundo um redator de boxe de Augusta, era "um ótimo meio-médio jabeador" que possuía "uma excelente esquerda, que, bem orientada, podia virar uma arma muito destrutiva". Esse "especialista em jabs de esquerda" pesava 63,5 quilos. Começou a lutar boxe quando tinha treze anos – uma revelação –, e tinha um treinador e se enfiava num carro com outros garotos e ia dirigindo por Augusta, Aiken, Carolina do Sul e cidades ao longo do rio Savannah, protagonizando lutas de poucos assaltos. O promotor de Augusta, Sam Gantt, lembra de Brown como "um bom pugilista para o seu peso. Se tivesse continuado, teria sido uma obra-prima. Ele dava para a coisa: tinha coragem, vontade e fazia tudo o que você lhe dissesse para fazer. Quando tomava uma, nunca ficava alterado. Mantinha a calma".

Quando adolescente, Brown observava as pessoas à sua volta. "O senhor Brown gostava de ter ídolos", disse Emma Austin, que cresceu no Terry. "Alguém que ele pudesse se esforçar para ser igual. Estava sempre procurando." Havia na década de 1940 um modelo inspirador para qualquer um de Augusta que tivesse sobrevivido a uma *battle royal*. Seu nome era Beau Jack. Brown observava-o, e às vezes declarava que Jack o havia treinado. Não era verdade, mas para ele, que queria tomar alguém como modelo, não havia ninguém melhor no seu campo de visão do que Beau Jack.

Nascido em 1921 numa fazenda da Geórgia a quatro quilômetros de Augusta, Sidney Walker tinha oito meses de idade quando seus pais o abandonaram, deixando-o com uma avó, que por razões ignoradas deu-lhe um novo nome. Quando tinha oito anos, Beau Jack acordava todo dia às cinco, ia a pé até Augusta e ficava plantado no centro, na esquina da Ninth com a Broad. Era onde os fazendeiros de algodão se reuniam, a melhor esquina que um engraxate podia encontrar. Mas para trabalhar naquela esquina você tinha que ser capaz de tomar posse dela. Logo uma gangue deu uma surra em Jack e levou seu dinheiro. Quando ele foi a pé para casa naquela noite, a avó rasgou sua roupa e bateu nele. "Você precisa lutar até que escorra sangue pelos sapatos deles", ela lhe disse. Então, no dia seguinte, ele foi de novo até a sua esquina. Acertou a cabeça do agressor contra a calçada, e a partir de então conseguiu voltar à esquina todos os dias.

Mais tarde, iria ganhar uma ótima reputação de vencedor, mas na Augusta negra ele já tinha um nome, e uma lição fundamental já havia sido aprendida: a Vida é trabalho e você nunca para de lutar.

O pequeno Jack tomou gosto por brigas e se inscreveu para as *battle royals* do Bon Air. Depois de vê-lo lutar no Bon Air em 1940, o golfista Bobby Jones e outros frequentadores habituais do Augusta National contrataram um treinador para lançá-lo na carreira do boxe. Em poucos anos, Jack já havia sido duas vezes campeão dos leves. Sua luta de 1944 com Bob Montgomery levantou mais de trinta e cinco milhões de dólares em bônus de guerra; ele lotou o Madison Square Garden quatro vezes num mês, e foi eleito o pugilista do ano pela *The Ring Magazine*.

Os feitos de Jack eram ensinados na escola Silas X. Floyd e eram tema de conversa onde quer que os negros se reunissem. Alguns o conheciam do tempo em que era engraxate, e sabiam o que podia acontecer se você tivesse uma ética de trabalho truculenta, e também se você lutasse do jeito certo. "Beau Jack foi o primeiro lutador negro a fazer um milhão de dólares no Madison Square Garden", disse James Edward Carter, III, historiador da Augusta negra. "Ele ganhou muito mais dinheiro do que gente como Jack Johnson. Quando Beau Jack saía na rua, era rodeado por garotos negros, a gente só queria ficar em volta e encostar a mão nele. A gente acompanhava as lutas dele pelo rádio, e quando Beau Jack lutava era como se houvesse um toque de recolher, um silêncio – não havia crimes, não acontecia nada nas ruas. Os negros ficavam sentados junto ao rádio. E quando ele ganhava, o pessoal aqui saía na rua dançando."

Entre os que celebravam estava James Brown. O pessoal na Twiggs tinha um rádio de pilha, no qual ouviam as lutas. Ele herdou a banca de engraxate de Jack na esquina da Ninth Street com Broad. Com certeza, tinha também que brigar para poder mantê-la.

Fora do ringue, Jack fazia o papel de "bom moço", e ficou conhecido por perguntar após cada luta se os fãs tinham achado a luta decente e gostado do que haviam visto. "Eu ganho dinheiro com isso", ele disse ao seu treinador. "Tenho que lhes dar o melhor de mim." Contava-se que ele havia ganhado muito mais dinheiro do que chegara a ver; que seu *manager* enchia um travesseiro com notas de um dólar e o esvaziava em cima de uma mesa – olha como você está rico! Para negros de toda parte, Jack deve ter traduzido uma situação familiar. Permitiam-lhe exibir um certo talento e poder porque ele não ameaçava os poderes constituídos. Ele lutava do "jeito certo", colocando toda a sua violência num vetor. Seu dilema era que ele também precisava continuar vencendo – não só para manter o fluxo de dinheiro, mas porque isso tirava de cima dele o rótulo de Pai Tomás. Esse era o destino dos heróis negros que permaneciam vivos na década de 1940.

Brown acompanhava-o, desde a época de engraxate, assistindo às *battle royals* e às suas lutas no ringue de boxe. Queria que as pessoas o pusessem em contato com Jack, um ícone. Na verdade, Brown não precisou fazer muita força para isso. Ele também aprendeu em Augusta a lutar até ver sair sangue dos sapatos dos outros.

Beau Jack era uma das duas figuras negras de Augusta que tiveram influência decisiva em James Brown, no final da década de 1930 e ao longo da década de 1940. O segundo modelo exemplar também foi, a seu modo, um lutador, que encontrou uma maneira de esquivar-se da raiva dos brancos. Diziam que ele tinha o poder de curar os doentes. Suas unhas tinham dez centímetros de comprimento e eram pintadas de vermelho, branco e azul.

Sweet Daddy Grace também nascera com outro nome. Quando veio ao mundo, em 1881, nas Ilhas Cabo Verde, ao longo da costa da África Ocidental, seu nome era Marcelino Manuel da Graça. Na época em que ergueu sua primeira igreja, a United House of Prayer for All People, em Massachusetts, em 1919, havia americanizado seu nome para Charles M. Grace. Mas para seus seguidores, que eram milhares, era conhecido como Sweet Daddy.

Ele veio para Augusta em 1927, decidido a estabelecer uma base de operações na Geórgia. Levantou uma tenda na Wrightsboro Road, à beira do Terry, e promoveu um despertar religioso que durou meses. A tenda acomodava 2.500 seguidores, mas o dobro disso aparecia para ouvir Grace com seu estilo teatral atacar as igrejas negras estabelecidas e vê-lo restaurar milagrosamente a saúde dos doentes. Falando a pessoas que eram novas na cidade, desenraizadas pela Depressão ou desconectadas de tudo pela pobreza, Grace oferecia uma mensagem de autoajuda e um sentido de comunidade construído em torno de atividades sociais, música e comida. A prosperidade era o seu tema e o seu apelo, e logo ele conseguiu dinheiro suficiente para comprar um terreno em Augusta e construir uma House of Prayer adequada.

As frequentes idas de Grace a Augusta eram manchete de primeira página nos jornais. Ele tinha uma presença fascinante, misteriosa, falava com um sotaque exótico e tinha um cabelo preto liso até os ombros, um bigodinho ralo e um cavanhaque elegante. "No conjunto", um repórter local comentou, "seu semblante é como o de um delicado oriental".

Os trabalhadores do Terry enfiavam dólares nos bolsos de Grace enquanto ele andava pelo palco; seus assistentes faziam um trabalho de vendas mais direto ou mais sutil, e vendiam exemplares da *Grace*, a revista, em todas as sessões de culto. Ele também vendia pó facial, biscoitos, papel de carta, bótons, crachás, espadas, bastões e bengalas. Até os inspetores de saúde de Augusta interromperem suas atividades, ele chegou a engarrafar a água usada da pia batismal, alegando que tinha propriedades milagrosas. Beau Jack media o sucesso pelo suor que vertia no ringue; Grace literalmente vendia sua transpiração.

O dinheiro era difícil de aparecer na vida diária, mas, na United House of Prayer, podia-se chegar perto de alguém que o havia dominado, e que pelo menos estava exposto ao seu resplendor. Era uma fé com base em moeda forte. "Se o anjo do céu desce e diz que precisa de outro par de asas, não acredite nele", dizia Grace. "Diga que você hoje em dia não tem tempo para contabilidade. Ele vai ter que pagar em *cash*." Talvez sua melhor realização tenha sido aliviar um pouco o tormento que o poder do dinheiro exercia sobre as pessoas, fazendo-o, improvavelmente, parecer menos real.

Ele dizia com uma expressão de rosto tranquila: "Nunca sofri discriminação ou segregação de qualquer tipo. Não ligo para essas coisas. Os brancos me amam e os negros me amam. Não fico falando sobre preconceito ou discriminação, porque não sou político. Eu falo com Deus. Eu sou filho de Deus. E Deus não tem cor". Grace deslocava-se pelo sul, um homem que definia a si mesmo e que considerava todos os julgamentos e descrições, todas as coisas que a América branca podia tentar fazer contra ele, como coisas insignificantes. Era algo que um negro pobre de Augusta podia almejar.

Conforme sua imagem foi ganhando corpo, o mesmo acontecia com a música que vinha da United House of Prayer. Grace deu uma ênfase aos tambores dentro do âmbito Pentecostal que ninguém havia dado antes, e incorporou fortemente o ritmo aos seus cultos. Em Augusta havia uma banda de cordas, uma banda de pandeiros, uma banda de metais; grupos como o Gold Eagle e o Blue Ribbon tocavam em desfiles e eventos.

A plateia desses desfiles era tanto de brancos como de negros de Augusta, de religiosos e céticos. Eram eventos. Seções de tambores e porta-bandeiras, pajens e damas com flores, todos faziam parte do espetáculo, assim como a música – "na verdade, bandas de '*swing*', que se faziam passar por aquelas bandas da era do jazz 'de rua'", elogiou um jornalista para o jornal negro *Atlanta Daily World* numa visita a Augusta. "Um trombonista de uma das várias bandas, tocando bem alto, levantou a multidão em seu improviso rasgado pela avenida. Alguns poucos irmãos e irmãs visivelmente 'jingavam' ao ritmo da música em sua passagem."

James Brown adorava o que da Graça construiu em Augusta – não como uma religião *per se*, mas como espetáculo, como uma expressão do faça você mesmo, uma lição de dinheirologia, uma coisa incrível. Décadas depois, quando era um adulto morando de novo em Augusta, Brown vinha de carro com seu secretário-assistente, reverendo Al Sharpton. Ouviam a cantoria e estacionavam o carro em frente à House of Prayer.

"Ele disse: 'eu aprendi ritmo com a banda da House of Prayer'", contou Sharpton. "Ele decididamente adorava Daddy Grace e moldou algumas das coisas de sua banda inspirado nas bandas de Daddy Grace."

"Nós fomos lá mais de uma noite, ficávamos sentados dentro do carro umas quatro horas, ouvindo a House of Prayer. Ele me dava tapas no joelho e dizia e repetia: 'ouça essa bateria'. Ele ia à igreja, ouvia o culto, só para poder ouvir a banda."

Ao longo das décadas de 1930 e 1940, durante a juventude de Brown em Augusta, a cidade era dirigida por um movimento político nascido lá, com um nome que funcionava como seu cartão de visitas: o Partido Cracker. Os seus partidários eram os descendentes daqueles imigrantes que haviam se deslocado pelos Apalaches até o interior da Geórgia e da Carolina na era colonial. Um século depois, eles eram o núcleo de um explosivo movimento social liderado pelo populista agrário Tom Watson. No final do século XIX, Watson organizou-os em Augusta, e quase chegou ao poder também, com uma inebriante mistura de moralismo puritano, abstenção de bebida alcoólica e supremacia branca – até que outra parte de sua plataforma, o anticatolicismo, o fez perder votos demais.

Por volta do século XX, seus próprios descendentes usavam o termo *cracker* ["estalador"] corriqueiramente. A classe operária branca vinha em peso para Augusta à medida que a Depressão e a praga do caruncho no algodão arruinavam a zona rural. Os líderes políticos do Partido Cracker eram espertos o suficiente para adotar o nome dos eleitores que estavam caçando e transformar um termo depreciativo numa expressão de orgulho.

Por grande parte da primeira metade do século XX, os crackers governaram Augusta como se fosse praticamente uma ditadura de partido único. Eram afáveis, loquazes, maquinadores, políticos eficazes que prosperavam ao manipular um sistema de tutelagem que tinha alcance em todos os bairros. Mas, acima de tudo, o legado cracker mostrava-se na politicagem e na má administração que caracterizam todo governo de partido único. Como observou o historiador James C. Cobb, todo cidadão de Augusta sabia da "mala preta", aquele lendário cofre para o qual todos os empregados da cidade e do condado tinham que contribuir para o partido. Tão firme era a influência dele em Augusta que, em 1937, a eleição local foi cancelada – todos os candidatos eram crackers, e portanto tinham sua eleição garantida, então para que a eleição? Jogo, bebida ilegal e prostituição, tudo isso existia em Augusta com o beneplácito – e o incentivo – dos crackers. O partido manteve a proibição da bebida mesmo depois que ela foi rejeitada em nível federal, não por causa de alguma objeção moral ao álcool, mas porque eles perderiam uma montanha de propinas quando o Estado voltasse a colocar a bebida na legalidade.

Eles se mantinham no poder graças às primárias brancas, que excluíam os negros da votação nas eleições preliminares e portanto fechavam-lhes as portas ao processo político. Mas havia aspectos cruciais da vida negra aos quais os crackers prestavam bastante atenção, que eram todos aqueles onde houvesse um negro contrabandista de bebidas ou promovendo apostas ou a prostituição.

Todos estavam na mão da polícia, que recolhia propinas deles em nome do partido. O comércio ilegal de bebidas e a prostituição em que tia Honey se envolvera não teriam durado muito tempo se ela não tivesse feito regularmente suas contribuições para a estrutura política. Os crackers estavam por cima, mas no período da Segunda Guerra Mundial uma corrente subterrânea de mudança vinha dissolvendo sua base. A Suprema Corte proibiu as primárias dos brancos em 1944, e de repente passou a haver concorrência de candidatos apoiados por negros. Ao mesmo tempo, os soldados que voltavam dos campos de batalha da Europa alimentavam um movimento por reformas. Os crackers estavam em queda, e então vieram investigações abrangentes sobre cobrança de comissões por parte da polícia e do serviço público, que eram pagas por aqueles que comandavam as atividades ilegais, o que finalmente trouxe à tona a imensa rede de propinas. Na primavera de 1949, dois membros do serviço público – um capitão da polícia e um sargento da polícia – e um dono de bar foram todos indiciados por desviar o lucro do jogo para autoridades locais. Tais expurgos haviam acontecido antes, mas agora o público via uma real possibilidade de mudança e tinha sede de processos judiciais.

Um procurador exaltado e ambicioso liderou o caso contra os funcionários públicos, o maior golpe já sofrido pela velha ordem política. No final, porém, o caso não foi adiante, e o único bandido que permaneceu na sua rede foi um adolescente negro desconhecido chamado James Brown.

As forças armadas haviam fechado o bordel de tia Honey, acabando com uma fonte de renda de Brown. Pops estava na Marinha, servindo num navio no Pacífico, de 1943 a 1945, e durante esse período James abandonou a Floyd School. Ele às vezes saltava de trem em trem para dar uma olhada nos arredores de Augusta, onde colhia algodão e cortava cana até suas mãos sangrarem. Mas Augusta era o lugar que ele conhecia. Instalado na velha esquina de Beau Jack na Broad Street, Brown conseguia sentir os fluxo das marés da vida da cidade e observar tudo.

Mas enquanto isso outros o observavam; ele sabia que a polícia estava atrás dele. Já tinha uma reputação entre os policiais, e mais de uma vez Brown havia roubado uma empresa de petróleo na Twiggs. "Ele roubava qualquer coisa que estivesse dando sopa", lembrou James Carter. Ele trabalhava quando conseguia trabalho e arrumava coisas pelas ruas quando precisava. Seja lá o que for que ele arranjasse, ele gastava logo. Ele não tinha nada.

Um amigo diz que Brown contou a ele que a polícia o achava suspeito de um crime brutal, e que quando viram que não conseguiriam provar isso passaram a se contentar com menos. Em 7 de maio de 1949, ele foi pego arrombando quatro carros, perseguido pelo centro e encurralado numa ruela. O que selou sua sorte foram os bens encontrados com ele. Eis o patético resultado da sua pilhagem, conforme registrado num tribunal:

1) "uma (1) valise de pano, no valor de US$34,65"

2) "um (1) casacão, no valor de US$44,00, e um (1) terno marrom, no valor de US$59,00"

3) "dois (2) uniformes da academia Richmond no valor de US$50."

4) "Um terno azul-escuro no valor de US$25,00; um (1) par de calças verdes de gabardine no valor de US$5,00"

Talvez nada ressalte melhor a condição de Brown do que esse lastimável apanhado de roupas masculinas. Para um garoto que cresceu usando cuecas feitas a partir de sacos velhos de farinha, isso era um tesouro. Um garoto negro roubando brancos não tinha probabilidade de encontrar muita indulgência da parte de um tribunal, mas no final não foram os atos de Brown que selaram sua sorte. Foi a mala preta.

Sua detenção foi registrada no jornal local, com o pequeno furto e a fuga do suspeito relegados à página interna; a primeira página destacava as últimas sobre o grande assunto, os políticos do Cracker processados pelo ambicioso procurador George Haines. Quando Haines julgou os crackers, o *Augusta Chronicle* disse que a sala do tribunal seria assombrada pelo "fantasma do passado político de Augusta".

Depois o jornal se superou, chamando o julgamento da corrupção de "o caso mais sensacional da cidade talvez em toda a sua história".

Após numerosos adiamentos, em 13 de junho, o julgamento da corrupção aconteceu finalmente. O tribunal estava lotado de observadores interessados que enchiam o térreo; os negros lotavam as galerias. Com todos os assentos tomados, os membros da imprensa local ficaram em pé nos corredores. Então, uma reviravolta. Haines surpreendeu a todos pedindo novo adiamento. Desapontando a cidade inteira, o juiz postergou o julgamento.

Mas com uma sala cheia de repórteres e observadores, talvez Haines tenha sentido que precisava oferecer a um público ávido de compensações alguma coisa pelo tempo perdido. Deixar a sala esvaziar naquela oportunidade teria equivalido a deixar escapar o ar de um balão depois de ter passado semanas assoprando para enchê-lo. Antes que a imprensa saísse da sala, o procurador rapidamente trouxe o próximo item para a apreciação do juiz. Era um processo contra quatro negros, com seus casos irrisórios agrupados, para poupar tempo. Quando seu nome foi chamado, Brown ficou em pé e declarou-se culpado.

Se ele esperava obter um acordo, não conseguiu. Brown disse que não tinha representante legal; os registros do tribunal citam o nome de um jovem advogado, especializado em divórcios. Diante do olhar impaciente da cidade, Brown recebeu uma sentença de dois a quatro anos para cada um de seus quatro itens, a serem computados consecutivamente. Ele foi encaminhado a uma penitenciária do estado, e a punição que Haines pediu exigia trabalho forçado.

"Conte para o pai, tente me tirar disso", Brown pressionou seu primo, Willie Glenn, no dia seguinte. Uma certa quantia de dinheiro para o procurador, acreditava ele, poderia assegurar sua liberdade. Pelos quatro meses seguintes, Brown foi mantido numa sombria instalação do centro, um adolescente trancafiado com adultos.

Haines impôs-lhe trabalho forçado, mas depois o deixou meses na cadeia do centro. James tinha a forte sensação de que estava na cadeia apenas porque Haines estava esperando uma propina *pro forma*. Mas Joe sequer depositou uma fiança para James, e tampouco ofereceu pagamento ao procurador. Depois de meses na cadeia do condado de Richmond, Brown foi finalmente despachado – não para alguma turma de obras de estrada que a sentença de trabalhos forçados tivesse designado, mas para um reformatório de menores, com rapazes da sua idade e mais novos.

Brown nunca esqueceu a ausência de qualquer providência da parte do pai. "Ele amava o pai. Seu pai o amava. Seu pai simplesmente cometeu um erro", disse Glenn. "Ele podia ter feito um monte de coisas por ele e não fez. Podia ter-lhe dado um monte de coisas e não deu." Ele entrou como um garoto de dezesseis anos, mas, quando saiu da detenção, Brown estava por sua conta, era seu próprio pai.

TOCCOA

Capítulo Quatro

Eugene Talmadge parou de comer ovos pochê. No seu caso, isso equivalia a mandar seus médicos para o inferno. Ele sabia mais que eles. O homem que uma vez dissera de si mesmo ser "tão mau quanto bosta de gato" estava de novo em 1946 com a oportunidade de ser governador da Geórgia, e exatamente naquele momento seu estômago começou a ter uma hemorragia violenta. Os médicos colocaram Talmadge numa dieta rigorosa à base de ovos pochê e parecia estar funcionando. Mas depois ele colocou seus suspensórios vermelhos, mandou fechar a conta e saiu do hospital da Flórida; e foi dirigindo até a Geórgia para o Dia de Ação de Graças, onde se permitiu peru, presunto cru, pãezinhos, molho de carne e canjica. Uma semana depois o governador caiu morto. Talmadge havia sido duro com os negros da Geórgia, e duro também com os presidiários. Os críticos dele em Washington chamavam-no de "Sua Excelência dos Bandos Acorrentados", e ele tinha uma sólida reputação de ordenar correntes e trabalhos forçados para negros, líderes sindicais e qualquer outra pessoa de quem não gostasse. A prática da Geórgia de acorrentar os presos todos juntos e mandá-los para campos de trabalho rurais, explicou Talmadge, "mantinha os homens ao ar livre no campo aberto de Deus, onde podiam apreciar o canto dos pássaros e o belo nascer e pôr do sol".

Agora o líder havia partido, e o filho dele, Herman, queria o cargo. Ele o conseguiu, assumindo como governador no lugar do pai em 1948. Mas Herman não era uma cópia carbono do velho homem. Ele queria muito mudar a imagem do seu estado. O livro *I Am a Fugitive From a Georgia Chain Gang* (e o filme, no qual a palavra "Georgia" foi suprimida do título) havia manchado o nome do estado no norte, e embora Eugene pudesse ter ficado deleitado com o retrato, o filho estava interessado em reformar o sistema, e por meio disso obter dólares federais.

Era por isso que o jovem Talmadge estava em pé diante de uma multidão de repórteres em Rome, Geórgia, atraindo atenção para um de seus projetos favoritos. O Battey State Hospital era um imenso complexo médico em Rome, com dois mil leitos para pacientes de tuberculose. A Geórgia usava parte do antigo hospital do exército como uma instalação para criminosos não violentos menores de dezoito anos. Era chamado de Georgia Juvenile Training Institute, e tinha muita importância para o governador.

Em Rome, naquele dia de 1949, o governador, talvez vestindo um de seus ternos riscados de azul e branco e com seu chapéu-panamá protegendo-o do sol, fez um longo discurso no jardim do instituto. Ele escolheu aquele cenário para destacar sua filosofia de crime e castigo, e expressar seu interesse em reformar o sistema de justiça juvenil da Geórgia. Justamente nisso havia algo de novo, pois até aquele momento praticamente não existira um sistema judiciário juvenil que abrangesse o estado da Geórgia. Os condados maiores tinham seus próprios tribunais para jovens, além de centros de reabilitação, financiados por fundos do condado e por doações privadas. Condados menores não dispunham de quaisquer provisões para isso, e mandavam os infratores para a prisão estatal junto com a população adulta. Cerca de 20% da população carcerária da Geórgia tinha menos de dezoito anos, e ficava alojada com criminosos adultos, com frequência violentos.

"Sem dúvida, é sabido que o crime cresce ou decresce conforme as condições da economia variam, e que os desempregados e os ociosos abastecem-nos com a maior parte da população carcerária adulta", Talmadge disse em Rome. Sua crença de que a falta de trabalho fomentava o crime levou Talmadge a montar essa escola vocacional, onde os internos tinham aulas e podiam trabalhar numa pequena fazenda, produzindo leite e legumes para os pacientes do hospital. O Juvenile Training Institute era a primeira tentativa da Geórgia de separar jovens infratores dos adultos e dar-lhes atenção especial. "Sinto orgulho do papel que me ficou reservado neste programa", disse o governador de trinta e seis anos de idade.

O cenário do discurso de Talmadge incluía os edifícios compridos de dois andares dos alojamentos, onde ficavam os reclusos. Entre eles havia um jovem negro, talvez jogando bola, ou treinando boxe sozinho. James Brown havia sido mandado para Rome em 1949, como um dos prisioneiros da "lista de honra" da Geórgia alojados nas instalações do hospital estatal.

Os bandos acorrentados haviam sido proibidos, assim como os uniformes listrados dos presos e as algemas nos pés. O governador queria reformas, mas era preciso investir dinheiro, e o público não estava necessariamente apoiando a ideia. Havia caos na estrutura, com certeza, já que os jovens compunham uma categoria que o estado mal reconhecia alguns anos antes. Mas também havia reformas voltadas para ela, e Brown colheu os benefícios tanto da mudança quanto do caos. Se tivesse sido considerado culpado alguns anos antes, Brown talvez fosse mandado para as instalações do condado de Richmond para jovens negros, uma instituição particular, onde uma média de trinta garotos ficavam confinados à noite num quarto com onze camas de palha, janelas gradeadas, e uma porta trancada a cadeado. A estrutura de madeira, com um aquecedor precário, era uma armadilha pronta a pegar fogo a qualquer momento.

Embora tenha escapado disso e dos bandos acorrentados, os anos de Brown como prisioneiro da Geórgia não devem ter sido fáceis. No entanto, a experiência foi bem diferente da imagem que muitos leitores modernos têm das prisões sulistas. Em Rome, os guardas não andavam armados e os internos ficavam por sua conta e tinham alguma liberdade de movimento. Era feito um esforço para separar os jovens dos criminosos adultos dentro das instalações. Mas as punições podiam ser cruéis: em Rome, uma vez quando uma faca foi encontrada num quarto que abrigava oito negros, todos os oito jovens foram mandados para "o buraco", deixados apenas de roupa íntima, obrigados a dormir sem cobertores num chão de concreto, e alimentados apenas a pão e água por dez dias. Dois foram hospitalizados por gangrena e tiveram partes dos pés amputadas. Mesmo assim, a Geórgia estava se afastando de seu passado medieval. O instituto de recuperação de menores em Rome era uma vitrine, mas não continuou assim por muito tempo. Depois de ter condições de separar os contraventores menores dos adultos e para dar-lhes atenção especial, o estado começou a prender jovens em número cada vez maior. Era preciso, portanto, um estabelecimento maior. Em novembro de 1951, James Brown e cerca de cento e quarenta adolescentes da instituição de Rome foram transferidos para um acampamento perto da cidade de Toccoa, na fronteira norte com a Carolina do Sul. Chamado de Boys Industrial Training Institute, o local oferecia mais espaço, e não colocava os menores em contato com criminosos experientes.

Um menino de Augusta que de repente se visse em Toccoa imaginaria, ao se ver ao ar livre no meio do acampamento, que aquele lugar era muito afastado. Dava para ver a montanha Currahee e as encostas que compunham o final dos Apalaches; dava para sentir o ar fresco, gélido, diferente da umidade calorenta do sul. Havia verde por aqui, espaço, e silêncio. As instalações ocupavam os restos de uma antiga base do exército para soldados paraquedistas com 110 hectares. Apenas parte dela, uma área no centro do acampamento, abrigava prisioneiros, e em volta havia alojamentos militares abandonados, áreas de tiro e armazéns. Em Rome, você era espremido por todos os lados; aqui havia uma brisa.

O Industrial Training Institute ocupava um grupo de edifícios de concreto caiados, no meio de uma cidade fantasma. A cantina do acampamento estava em ruínas, o posto de correio, caindo aos pedaços. As ruas no perímetro da base, em ângulo reto, mostravam-se esburacadas e sombriamente vazias. Em edifícios mais afastados do centro, um certo número de famílias locais tentava se estabelecer. Havia menos infraestrutura do que em Rome, não havia professores ou livros escolares quando os prisioneiros chegaram, e eles tampouco tinham muito o que fazer. Os internos inventavam jogos e ficavam vagando pelo lugar, escavando peças de artilharia do exército espalhadas por ali.

Brown e outros garotos encontravam balas velhas enterradas na terra, enfiavam-nas em canos de chumbo e construíam armas improvisadas com elas. O sistema prisional da Geórgia estava passando de uma negligência perversa, como colocar adolescentes em roupas listradas e correntes e mandá-los cortar pedras, para uma mera negligência, como deixá-los vestir jeans e explorar um acampamento militar decaído que não custara nada ao estado e demandava quase nada para operar.

O superintendente tanto do estabelecimento de Rome como do de Toccoa, Walter Matthews, fez um esforço para cumprir com a missão de treinamento da instituição, lutando sem muito sucesso para conseguir professores e livros. Com certeza, Matthews proveu o máximo de ordem que Brown já experimentara na vida. Brown adorava o superintendente; "Verdade, ele foi a pessoa que me criou", disse ele. Matthews bateu em Brown apenas uma vez, contou Brown a título de explicação, e foi com a mão aberta.

Tampouco havia guardas armados ali. Garotos da cidade de Toccoa, que ficava a dez quilômetros de distância, às vezes vinham fazer uma visita com grupos da igreja ou da escola, ou então vinham apenas para explorar os edifícios vazios. "Quando conheci James... a gente costumava subir lá e brincar", disse Bobby Byrd, um nativo de Toccoa. "Mas não havia cerca, era uma linha imaginária. Todo mundo sabia até onde se deveria avançar."

Era um sistema de honra, e o que evitava que os prisioneiros fugissem era o tempo adicional de pena que eles pegariam se fossem capturados.

É claro que alguns escapavam, e quando isso acontecia um grupo de incumbidos, Brown entre eles, acompanhava os guardas em tocaias pelos bosques à procura dos fugidos. Brown passou mais de uma noite nos bosques, esquadrinhando e curtindo sua liberdade.

Um garoto de Atlanta chamado Johnny Terry virou o melhor amigo de Brown. Quando Terry recebia um bolo ou torta, dividia com Brown, que nunca esqueceu isso. Uma vez Brown deixou cair o rádio de Terry, que ficou em pedaços, mas seu companheiro o perdoou na hora. Segundo Bobby Roach, mais tarde membro da banda de Brown, "Johnny tinha matado um cara, era por isso que estava recluso, tinha matado um cara no Peacock, um salão de baile em Atlanta. O cara ficou provocando Johnny, não parava de provocar. Johnny não podia encarar a briga, mas com uma faca... Rapaz, como ele era rápido com ela – tinha até um canivete daqueles que abrem com um botão, e mantinha um fósforo dentro, e podia dar um toquinho nele e acender o fósforo. Dizem que acertou o cara no alto da escada, e que quando o cara rolou pelo último degrau já tinha ido embora".

Terry era direto, tranquilo, mas escolhia as palavras com muito cuidado; Brown intimidava com palavras, ele as usava para crescer em cima de você e desarmá-lo. Formavam um bom par. Depois de se conhecer em Rome e formar um quarteto de gospel, continuaram cantando em Toccoa, e conseguiram certa reputação para o grupo, que se espalhou além do perímetro.

Os garotos deram um apelido a Brown, que tinha a ver com o jeito de ele ficar grudado no seu rádio e fazer do canto o ponto central da sua vida: *Music Box* ["Caixinha de Música"]. A emissora de rádio de Toccoa, a WLET, transmitia um programa de música gospel negra destacando The MellowTones, o quarteto mais famoso da área. A WLAC de Nashville era uma importante estação de rádio com um sinal muito claro, que se estendia muito além do sul; foi uma das primeiras a tocar *rhythm and blues*. Brown adorava o jeito com que o rádio o tirava dele mesmo. Sendo uma pessoa analítica, deve ter meditado a respeito da experiência e compreendido que o rádio trazia novas canções, novas vozes, novos sentimentos para ouvintes a centenas de quilômetros de distância. O rádio era capaz de inspirá-lo.

Quando Brown falava do gospel que ele cantava na prisão, destacava o modo como ele se sentia ao cantar. Havia algo importante que ele aprendera quando seu quarteto cantava "Our Father" para um grupo de pacientes de tuberculose em Rome, algo eletrizante que ele não conseguia tirar da cabeça. Conforme cantava, percebia que aqueles à sua volta ficavam comovidos, choravam, e então ele se surpreendia ao se ver chorando também. Quando você derruba um oponente no ringue as pessoas comemoram, mas esse era um poder maior. O gospel ensinou-lhe lições importantes sobre como as canções eram compostas, sobre como contar toda uma história com os dotes vocais que ele tinha, e a respeito do modo como as várias partes de uma canção funcionam. Ele era um prisioneiro, e a música, tanto a profana quanto a religiosa, chegava até ele do mesmo jeito – por meio de melodias que os outros presos traziam com eles, por meio daquilo que saía da sua caixinha de música. Por isso era natural que começasse a pensar no que "Caledonia" de Louis Jordan e "Our Father" tinham em comum, pensar nas duas como influências a serem exploradas, analisadas e absorvidas. "Cantar gospel é uma boa maneira de aprender sobre música em geral", ele explicou. "Existe um formato para o gospel; você aprende as diversas partes, e depois começa a juntá-las..."

Bobby Byrd morava em Toccoa com a mãe, a avó e seus irmãos. Os Byrds eram uma família destacada da cidade, cuja importância não tinha a ver com o que eles possuíam – eles se viravam bem, mesmo depois que o pai de Bobby, que trabalhava na Southern Railroad, morreu nos trilhos em Duluth. O acidente deixou a esposa, Zarah, com a responsabilidade toda, e ela tomou as rédeas com uma disposição e um otimismo que todo mundo na cidade admirava. Era uma motivadora, que inspirava todos ao redor. Zarah trabalhava como empregada de um médico importante, era ativa na igreja e incentivava os filhos a terem instrução superior. Ela cantava gospel com as partituras escritas em notação básica e fez as filhas terem aulas de canto com ela. Passou seu amor pela música a todos os filhos. Seu filho Bobby havia se formado, e fora o orador da turma no colégio da Whitman Street. Era um bom atleta e ativo na igreja batista de Monte Sião. Na verdade, era tão bom seguidor que foi o único membro do sexo masculino da New Homemakers Association em toda a Geórgia. Sua mãe ensinara-o a tocar piano, e Byrd sabia que era bom nisso. Ele tocava e cantava em vários grupos de gospel e pop que montava sem muito planejamento ou organização, fazendo parte de vários ao mesmo tempo.

Byrd tinha um grupo de amigos com os quais tocava regularmente, cantando um repertório ora pop, ora de música sacra, em grupos com nomes como os Avons, os Impalas, os Trimiers e outros – eram tantos grupos que os locais às vezes simplesmente chamavam todos eles de "A Banda de Toccoa" ou "A Banda do Bobby Byrd". De todos os grupos em que cantava, no entanto, o mais importante e o maior de Toccoa era o Gospel Starlighters. Eles cantavam em escolas e igrejas e abriam a maior parte das principais atrações gospel que vinham à cidade. Os Starlighters eram influenciados pelo Swanee Quintet, que nessa época trazia a rústica voz açucarada de Ruben Willingham, e pelos Blind Boys of Alabama. Grupos de Toccoa visitavam regularmente o acampamento da juventude, e um dia, em 1952, os Gospel Starlighters cantaram para os reclusos. Depois que eles terminaram, alguém disse ao líder dos Starlighters que ele cantava muito bem, mas que eles tinham alguém que também cantava muito. Um colega chamado Music Box. Infelizmente, Music Box devia estar confinado por alguma punição e não pôde conhecer Byrd. O nome, porém, ficou na cabeça de Byrd.

Não demorou para que o nome surgisse de novo. Byrd estava voltando para casa de uma viagem a Atlanta com seu coral da escola, uma excursão que o fizera perder um jogo de basquete na cidade contra os reclusos do Instituto. Mas ele soube das notícias sobre o jogo, é claro: Um dos garotos não só havia se destacado na quadra com suas jogadas, como depois foi até o piano do centro recreativo de Toccoa e ficou entretendo os dois times. Music Box.

"Bem, eu era o melhor pianista de Toccoa, Geórgia", Byrd lembra, "e quando alguém diz que há outro cara que talvez toque melhor do que você, você se interessa..." Tornou-se imperioso para ele conhecer aquele garoto, de uma vez por todas. E mostrar-lhe como é que se toca piano.

Finalmente, os dois se encontraram. O time de beisebol do Instituto estava jogando contra o time do condado, e Brown era quem lançava a bola. Byrd acertou uma tacada e estava correndo para a Terceira base quando o batedor tentou acertá-lo enquanto ele corria – e a colisão derrubou os dois. Brown estendeu sua mão, os dois riram, e Byrd finalmente descobriu quem era Music Box. Eles começaram a conversar. Brown disse a Byrd que ele teria condições de sair do Instituto – que o Instituto poderia liberá-lo para morar com uma família local se ela concordasse em acolhê-lo. À mesma época, o dono de uma revenda local da Oldsmobile, S. C. Lawson, estava transportando lajes de concreto do acampamento para um pequeno lago que ele decidira construir. Lawson e o filho, Howell, estavam conversando com um guarda que supervisionava os reclusos enquanto estes carregavam o caminhão de Lawson. O guarda apontou na direção de Brown. "Aquele lá com certeza é um bom trabalhador, trabalha duro", disse ele. "Na verdade, ele nem deveria estar preso. Se fosse o seu filho que tivesse aprontado [cometido o crime de Brown], ele provavelmente só teria levado uma sova." Music Box podia conseguir liberdade condicional se tivesse uma promessa de emprego por dois anos, disse o guarda. Isso fez Lawson pensar, e não demorou para que ele oferecesse um emprego a Brown, para lavar carros e fazer faxina na revenda. Lá em Toccoa, Bobby Byrd havia falado com a mãe sobre o rapaz de voz suave que podia ser solto, bastava que tivesse uma família para dar o aval. Zarah decidiu envolver sua igreja, assim como outras igrejas negras da cidade, e apresentou a petição com cerca de quatrocentas assinaturas ao superintendente do acampamento. O acordo de concessão de liberdade condicional declarava que Brown não deveria pôr os pés em Augusta por mais de uma noite nos próximos dez anos e que teria de manter um emprego e ir à igreja aos domingos. Em 14 de junho de 1952, ele saiu do acampamento a pé, desceu a montanha e andou dez quilômetros até a cidade. Carregava uma mochila e tinha o endereço da casa de Byrd. (Brown mais tarde declarou ter escrito uma deslumbrante carta que chamou a atenção da comissão de concessão da condicional e que lhe teria assegurado a liberdade.)

Num sentido estrito, Brown estava entrando em Toccoa; na realidade, porém, ele estava entrando num lugar que o poeta Frank X. Walker chamou de "Affrilachia" [uma fusão de África com Apalaches]. Essa região montanhosa não havia sido tocada pelo sistema de cultivo extensivo que definira as relações raciais mais ao sul, e em Toccoa, embora tensas, as relações entre as raças eram vistas por alguns como menos violentas do que em outras partes do sul. Foi em locais montanhosos como Toccoa que os brancos aprenderam a tocar banjo, um instrumento africano, ouvindo os negros. Em Affrilachia, melodias de banjo e rabeca eram a música da maioria das festas, de brancos ou negros, e quando o violão chegou na década de 1920 trazido pelas equipes de construção de ferrovias, e com ele o blues, o som dos bailes e churrascos e festas em casa não mudou radicalmente, só se expandiu. Affrilachia era um pouco diferente, um lugar onde ao longo das décadas de 1920 e 1930 os banjos e rabecas coexistiram com violões e gaitas. Não era o mesmo som de Augusta.

Assim que foi solto, Brown morou com os Byrds, dormindo na cozinha, atrás de uma cortina. Na casa havia também três garotas; dois garotos; Zarah; e a avó, Adeline Hickman, conhecida como Big Mama. Big Mama não ficou lá muito satisfeita com o recém-chegado. "Minha avó, ela não queria aquele presidiário dentro de casa! Ela não podia nem vê-lo", lembra Sarah Byrd Giglio, irmã de Bobby. "Mas minha mãe, sendo como era, disse: 'Mama, nós vamos deixá-lo ficar aqui por um tempo."

"Minha mãe adorava James Brown", disse Giglio. "Sempre o chamava de filho dela." Era fácil gostar dele, aquele jovem franco, que falava como se fosse realizar logo muitas coisas. Brown logo fez seu nome, e nem sempre era um bom nome. Os amigos aconselhavam Byrd a ficar de olho no garoto, dizendo que era um sentenciado de Augusta e que iria levar vantagem em cima dele. Alguns amigos até pararam de falar com Byrd quando ele se recusou a cortar relações com Brown. Ele acreditava no garoto, e percebera seu talento em formação, que poderia com certeza ajudar os grupos que Byrd estava levando adiante.

Toccoa era uma cidade linda, um cartão-postal, e um cartão-postal pequeno: quando Clyde McPhatter and the Drifters passaram por Toccoa – não para se apresentar, só para abastecer o carro de combustível – a notícia correu e uma pequena multidão de fãs negros encheu o posto antes que o grupo vocal abastecesse seu carro e partisse para o próximo show.

Nas tardes de domingo em Boyd Field, grupos de garotos se reuniam para jogar futebol, e o recém-chegado não demorou a se destacar. "James estava sempre lá. Ele era especialmente bom no futebol americano", lembrou alguém da cidade. "Ele podia ir e voltar umas dez ou quinze vezes do seu campo para o do adversário, e ninguém conseguia pegá-lo, de tão rápido que era."

Na sua vida diária, Brown abria caminho superando obstáculos e pessoas, sem perceber muito bem como fazer para que seu forte impulso trabalhasse a seu favor. Ele se metia em brigas e feria suscetibilidades. Não entendia a dinâmica de Toccoa: uma aldeia onde todo mundo conhecia todo mundo, onde aquilo que você dizia reservadamente não demorava a se tornar público, onde a namorada que você magoava tinha um irmão que trabalhava do seu lado, e o garoto que você esmurrava tinha um primo na sua banda. Talvez fosse isso que muitos em Toccoa, incluindo a mãe de Bobby Byrd, admiravam em James Brown: ele era ingênuo e sem malícia, uma promessa, alguém que precisava de ajuda.

Alguns relatos dão conta de Brown mexendo pauzinhos para entrar nos Gospel Starlighters; outros dizem que era Byrd que estava desesperado para colocar o recém-chegado no grupo. Seja como for, Byrd apresentou-o aos seus colegas: Doyle Oglesby, Fred Pulliam, Sylvester Keels, Nashplende Knox e o guitarrista Nafloyd Scott. Os rapazes de Byrd tinham todos eles raízes na maneira de fazer música da região montanhosa. Eles começaram harmonizando juntos, com Brown, Keels e Byrd todos se revezando nos teclados, e todo mundo exceto Scott revezando-se nos solos vocais.

Brown já conhecia a irmã de Bobby, Sarah, que ele estava namorando e com quem cantava ao piano na sala de estar de Byrd. Ela cantava com as Zioneers, um grupo da igreja batista de Monte Sião. Brown entrou para o grupo dela. Sarah também cantava no Coro da Comunidade. Brown também entrou para esse grupo. Sarah e James tinham todo tipo de afinidade.

"James nunca gostava que alguém sobressaísse mais que ele, mesmo então", ela lembra. "Ele sempre dizia, 'não tente cantar mais alto do que eu'. E depois que a gente fazia nosso pequeno dueto, ele dizia 'Sarah você está tentando aparecer mais do que eu cantando e eu não gosto disso'. Em música gospel, ele dizia coisas do tipo 'ninguém faz melhor do que James Brown'. Até que um dia Big Mama baixou um decreto e Sarah e James tomaram caminhos separados.

Brown entrou com Sarah nos Gospel Starlighters, e Bobby Byrd e Brown começaram a fazer música juntos pelo resto da vida. A verdade é que, se não fosse por Bobby Byrd, nunca teria havido um James Brown.

Os Gospel Starlighters viraram os Avons, começaram a cantar pop, e foram contratados para cantar no centro, no Collier's Tea Room, um lugar onde as senhoras brancas faziam seu lanche da tarde. Eram garotos negros cantando através de uma treliça de decoro, que agora encaixavam docilmente algumas músicas pop – canções de crooners, como "The White Cliffs of Dover" e "Prisoner of Love"– entre seus spirituals. As senhoras adoravam, mas não eram elas que tinham a última palavra. Quem tinha era a mãe de Bobby e Sarah, Zarah, e Zarah não se incomodava com a mistura de gospel com pop. Por ela, não havia problema.

"Minha mãe não ligava! Para minha mãe e minha avó a questão era apenas 'não queremos ouvir essa música do demônio dentro de casa'. Elas deixavam todos nós muito embaraçados", ria Sarah.

Um embaraço maior ainda surgiu quando Byrd e Brown, ambos membros da igreja batista de Monte Sião, foram convocados pelos líderes da igreja para um aconselhamento e orientação de emergência. Levados até o porão, foram informados de que poderiam tocar blues ou música gospel, mas nunca os dois. Escolham. Byrd não revelou seus planos na hora, mas fatos eram fatos – eles estavam sendo pagos pela música pop e virando celebridades locais. Eles fizeram sua reverência, e, assim que saíram do porão, já haviam feito a escolha: música pop.

Agora tinham que imaginar como preencher esse cenário repentinamente esvaziado. Uma viagem a Greenville, Carolina do Sul, foi útil para recuperarem o aprumo. No Greenville Textile Center, Byrd, Brown e companhia conseguiram abrir o show de *rhythm and blues* estrelado pelos "5" Royales e por Hank Ballard and the Midnighters. Os "5" Royales foram o primeiro grande grupo vocal a levar a harmonização gospel para o mercado pop, e além disso traziam com eles um guitarrista extremamente hábil, Lowman "El" Pauling. Ele tinha um som incrível e sua performance de palco era melhor ainda: ele afrouxava a correia da guitarra de modo que o instrumento ficasse à altura dos joelhos, e fazia um balanço sedutor e bandido. O resto do grupo cantava harmonias ousadas sobre melodias bem definidas, que eram a antítese do que as moças gostavam de ouvir no Collier's Tea Room. Algumas dessas canções eram suspeitamente parecidas com as melodias de igreja que Byrd cantava, só que com uma nova letra, mais melodramática. Os Midnighters, bem, estes eram simplesmente de uma *obscenidade* ostensiva, com canções sobre fazer bebês e balançar o traseiro, acompanhando as músicas com movimentos ginásticos e terminando a noite com as calças nos tornozelos e as vozes no teto. Eles, também, soavam um pouco como os grupos de igreja, se bem que os pensamentos próprios da igreja passavam bem longe nesse caso.

Depois de Greenville, Toccoa continuou a cidade de sempre, mas Byrd, Sarah, Brown e o grupo experimentaram uma repolarização cataclísmica. "Estávamos muito, mas muito entusiasmados depois desse show, acho que nunca mais cantamos gospel depois disso", disse Bobby. "Queríamos virar cantores de *rhythm and blues*, e ficamos acordados e falando sobre isso a noite inteira."

Eles se voltaram para canções aprendidas do rádio: "Goodnite Sweetheart Goodnite", dos Spaniels, "Baby Don't Do It", dos "5" Royales, e "One Mint Julep", dos Clovers, que era seu número final. Cada um tinha um astro que imitava em seus shows: para Brown eram Roy Brown e Wynonie Harris. Eles se revezavam no vocal solo, e, embora formalmente a banda fosse de Byrd, na prática era um coletivo em que cada um tinha sua hora de solar e fazer algum tipo de intervenção divertida.

Além de seu emprego na Lawson Motors, Brown era bedel na Toccoa High School, uma escola branca. Ele limpava o auditório, e, quando não havia ninguém por perto, deixava de lado o escovão, subia ao palco e tocava o piano. A Toccoa High tinha uma programação semanal chamada Capela de Sexta-feira, na qual os estudantes ofereciam um pouco de entretenimento. Em uma dessas sextas, o diretor disse aos que estavam lá reunidos no auditório que havia preparado uma surpresa especial para aquela semana, e, quando a cortina abriu lá estava no palco o grupo de Byrd, com o bedel da Toccoa High School fazendo o solo vocal. "Eles cantaram umas sete ou oito músicas e deixaram todos boquiabertos", disse M. Tabor, uma estudante da Toccoa High. A partir de então, o grupo voltou para se apresentar várias vezes nessas sextas-feiras.

Eles incluíam músicas novas ou cortavam as que estavam no repertório à mesma velocidade com que as plateias reagiam. A instrumentação se expandiu: Brown construiu um baixo de tina que na prática ele espancava, tocava também um pouco de gaita e até brincava com um washboard, esfregado com metal para fazer um som percussivo mais estridente. Aquilo era bem o tom expansivo e festeiro affrilachiano. Eles incluíam e tiravam coisas de suas apresentações, mas alguns elementos básicos do mundo gospel eram constantes – bater palmas e o pé para marcar o ritmo; Byrd cantando a parte do baixo como nos quartetos gospel; Byrd e Brown vocalizando as partes dos metais, e improvisando no estilo dos grupos gospel mais modernos, como o Golden Gate Quartet.

Eles tinham um novo nome, que superava todos os anteriores e ao qual eles finalmente se mantiveram fiéis: os Flames. Alguns dizem que a inspiração foi o grupo da costa oeste, Four Blazes, ou talvez tenha sido a turma dos Hollywood Flames. Outros sugerem que a inspiração foi o grupo gospel Torches. O guitarrista Nafloyd Scott tinha sua visão pessoal. Quando lhe perguntaram por que eles se autodenominavam os Flames, disse: "Porque acho que nós éramos quentes!". E eles eram. Uma loja local de roupa masculina deixou-os comprar roupas bem vistosas a prestações. Eles encomendaram roupas coloridas, ternos com ombreiras, calças bem folgadas e apertadas em baixo. Estavam causando uma impressão inconfundível nos habitantes da cidade.

Brown saiu da Lawson Motors e arrumou emprego em outra revendedora de automóveis. Precisava trabalhar porque estava montando uma família. Havia conhecido Velma Warren, uma colega de classe de Bobby Byrd no colégio batista, e depois de seis meses de namoro casaram-se, em 27 de junho de 1953. Ela era filha de um carpinteiro de Birmingham, Alabama, e trabalhava de doméstica para uma família branca. "Eu conseguia perceber que ele queria conquistar alguma coisa. Era muito ambicioso. Não queria voltar para a pobreza, e sabia que comigo não voltaria para a pobreza", disse Velma. Logo Brown arrumou emprego num cotonifício e alugou uma casa na Summer Hill para ele e a esposa. Mas havia muitas interferências, e entre empregos e shows ele ficava fora grande parte do tempo. Velma compreendeu que precisava ir aos shows dos Flames não só para ver o marido, mas para poder conservá-lo. "Eu ia lá para evitar um monte de coisas", disse ela. "Ele era assim mesmo." Seus três filhos (Teddy, Terry e Larry) nasceram nos cinco anos seguintes.

Após um curto período trabalhando numa fábrica de plásticos, Brown fabricou um prato de bateria para os Flames; alguém arrumou um velho tambor de fanfarra da Whitman High, e pronto, os Flames já tinham uma bateria. Brown era seu principal baterista, a tal ponto que em pouco tempo todos acharam que ele era baterista, e não cantor. O show deles, enquanto isso, ia ficando mais interessante. Eles pararam de tocar só as músicas de sucesso que todo mundo queria ouvir e viraram uma banda dançante. Todos os cantores se revezavam à frente do palco, já que tinham apenas um microfone e um amplificador de três válvulas, eram plugados o microfone e a guitarra. Todo mundo ficava em constante movimento – passando da bateria para o teclado, dançando e incentivando o público. No dia 13 de novembro de 1952, o nome do grupo apareceu impresso pela primeira vez. Eles tocavam no intervalo do cinema Ritz. O *Toccoa Record* anunciou que o filme era *A Casa de Drácula*, acompanhado por:

"Atração adicional – Show Somente na Última Sessão."
"The Flames - Banda Negra Local – No Nosso Palco."

Passaram a se apresentar regularmente no Ritz, onde os brancos sentavam na plateia e os negros na galeria. Os garotos brancos, lembrou Nafloyd Scott, atiravam moedas para o grupo. "Eles tinham que se esquivar das moedas de um dólar e cinquenta centavos", lembrou ele. Brown logo percebeu a vantagem de ir para a frente do palco em certos momentos: Ele ficava lá, agachado, catando os trocados sem interromper o número.

Outro lugar onde eles tinham trabalho regular era o Berry's Recreation Center, um salão de bilhar e café de dois andares, dirigido por Berry Trimier, um empresário que tinha uma frota de táxis e à noite gerenciava o local. Trimier podia contar que o grupo de Byrd traria público, e agora com Brown se destacando eles estavam realmente lotando o Recreation Center. Trimier começou a empresariar os Flames em 1954, agendando-os para o *chitlin circuito*, o circuito negro de clubes nos arredores de Lavonia e Cornelia, e também para shows em faculdades brancas de Athens e Clemson.

O grupo agora podia tocar canções country e pop leve para plateias brancas, assim como R&B. Nativos negros de Toccoa como Scott haviam crescido com *country and western*, que eles consideravam sua própria música. "Era com isso que a gente havia crescido – Ernest Tubb, Roy Acuff, coisas assim, era tudo o que a gente conhecia", Scott contou ao historiador Fred Hay. Os Flames haviam trabalhado uma versão animada de "Hey Good Lookin", de Hank Williams. "Rapaz, a gente conseguiu deixar aquela música bem pop!", Scott lembra. Devido à sua performance de palco e versatilidade, o grupo continuava solicitado, e eles faziam shows em colégios de brancos em Toccoa e em turnês pelo norte da Geórgia até as Carolinas. Na verdade, Trimier agendava tantos shows que dividiu a banda em dois ou três grupos diferentes, todos eles anunciados como The Flames, acrescentando outros garotos que Byrd e Brown conheciam. Johnny Terry, amigo de Brown desde a prisão, estava agora solto e foi somado ao grupo – ele não cantava, mas era um dançarino excelente, e tinha um carisma que Brown apreciava.

Havia outra coisa que fazia com que fossem requisitados. Segundo Byrd, Brown estava tão empenhado em derrubar a concorrência, que ele definia como qualquer um que pegasse os shows que ele não havia pego, que comunicou aos donos de casas noturnas que os Flames fariam seus shows por uma paga menor. Isso rebaixou o grupo, mas Brown imaginou que a longo prazo traria mais fãs e aumentaria as chances de emprego.

Seus ternos espalhafatosos, a banca que eles botavam, a maneira com que transformaram o som da igreja no som da diversão – nas cidades pequenas em que os Flames se apresentavam, tudo isso comunicava um sentido de algo grande, uma extravagância que as plateias adoravam. Para uma banda que cada vez mais destacava um cara que fazia faxina num colégio de brancos, que seus fãs sabiam muito bem que era um bom emprego, contar as moedas atiradas era uma maneira de contar o quanto de liberdade você tinha.

Imagem, principalmente, era o ponto forte dos Flames. Mesmo com pouco dinheiro e contando apenas com uma perua ou outra não muito confiável, eles estavam decididos a manter essa imagem. Quando entravam numa cidade dentro de um veículo sem ar-condicionado, mesmo nos dias quentes de verão, Brown insistia para que mantivessem os vidros do carro levantados, para que os fãs *achassem* que estavam bem fresquinhos lá dentro. Eles saíam da cidade em carros que às vezes tinham grande dificuldade para dar a partida; o motorista ficava dirigindo devagar em círculos na parte de trás do local do show gritando para os membros desgarrados que era melhor eles correrem se quisessem voltar de carro para casa, porque a ignição podia não funcionar duas vezes.

Uma noite, num trajeto de volta depois de um show, os freios falharam e eles tiveram alguns momentos daqueles que mudam a vida para sempre, descendo à toda pelas montanhas. Conseguiram parar o carro em segurança fora da estrada, passaram um jarro e todo mundo urinou dentro, e a banda usou isso como fluido de freio. Conseguiram chegar em casa. "Na época a gente não ligava muito – era tipo 'Uau. Estamos indo para cá! Estamos indo para lá!'. Andar espremido naquela perua era muito divertido. A gente simplesmente tocava em frente...", disse Sarah Byrd Giglio.

Eles estavam se saindo muito bem nas cidades menores, mas encararam um tribunal mais rigoroso quando chegaram a Atlanta. James Shaw, um garoto da cidade grande que depois virou cantor e compositor, lembra de um show que eles fizeram no porão do John Eagan Homes, um grande condomínio residencial público. "Eles não tinham banda, ficavam lá só batendo o ritmo com as mãos nas pernas. Era meia--boca. Eles não eram artistas de fato, tinham só um guitarrista, nem baterista tinham. Vestiam ternos verdes e brancos – verdes de um lado e brancos do outro. Sem banda, cantando a capela." Ele deu uma risadinha. "Cara, eles achavam que estavam arrasando."

Byrd estava achando tudo ótimo, mas Brown, o homem de família, tinha necessidade de cada dólar que conseguisse pegar. Uma noite, Byrd recebeu um telefonema às quatro da manhã. Brown se metera em encrenca de novo: estava depenando um carro na Carolina do Sul quando o dono o pegou em flagrante. Segundo a visão de Byrd, Brown era bom cantando, mas sem dúvida era bom mesmo depenando um carro – ele podia depená-lo em vinte minutos, quando as rodas, parachoques, frisos – e o autor do furto – já estariam bem longe há tempos.

Mas naquela noite na Carolina, alguém achou os para-choques, calotas e parte do motor no banco de trás do carro de Brown. Byrd e um grupo dos seus amigos foram todos de carro até a Carolina do Sul para resgatá-lo no meio da noite. Provavelmente, com alguma combinação de boa lábia e dinheiro conseguiram libertar o amigo e voltaram para Toccoa.

Os rapazes já conheciam os xerifes ao longo da fronteira entre a Geórgia e a Carolina. Esse conhecimento foi proporcionado pela experiência que Byrd, Brown e outro Flame, Doyle Oglesby, tinham de rodar à noite pelo interior da Carolina do Norte até Toccoa.

Skully, era como eles chamavam a bebida em Toccoa, e havia sempre uma sede sem fim por ela no condado de Stephens, onde vigorava a lei seca. Toccoa fica a cerca de 160 quilômetros de Brevard, Carolina do Norte, dirigindo pelos Apalaches. Havia lugares mais próximos para consegui-la, mas os caras em Brevard não pediam dinheiro adiantado. Byrd trazia uma muda de roupa para essas madrugadas em claro, e ia direto para a escola na manhã seguinte. Eles fizeram isso duas vezes por semana durante quinze meses.

Os comerciantes de bebida ilegal tinham uma estrutura incrível, uma verdadeira "Cidade ao Luar", nas palavras de Byrd. Havia uma pequena vila escondida atrás de uma passagem secreta, e depois que você passava pelo portão havia bares e lojas e mulheres – tudo o que você quisesse. Os Flames às vezes chegavam a usar seus shows como fachada para essas atividades ilegais. Levavam a bebida ilegal até o local, e depois faziam um show cujo cachê não chegava a pagar o mesmo que ganhavam com o contrabando da bebida.

O Bill's Rendezvous era uma casa noturna numa parte mal-encarada de Toccoa, que seus habitantes chamavam de Little Korea. De dia era relativamente normal; a Whitman High School dava para a parte de trás do café, e na hora do almoço os estudantes trepavam num galho de árvore, entravam pela porta de trás e dançavam ao som do jukebox. Era uma sala simples, grande, com um palco e uma cafeteria. À noite havia música, e a calçada da frente ficava cheia. Havia brigas de faca, e foi lá que o pai de Nafloyd Scott matou sua segunda esposa, em 1956.

Uma noite, um pianista de Macon estava tocando no Bill's, um cara novo chamado Little Richard. Logo depois ele ficaria famoso, mas naquele momento o Bill's só comprovava como a estrada para a fama era de fato longa. Assim, quando os Flames viram o cara no palco e perguntaram lá de baixo se ele dividiria o palco com eles, Richard sabia que dividir seu palco provavelmente não o ajudaria a chegar a lugar algum. Ele disse que não, mas os deixou tocar alguns números durante o intervalo. Richard ficou de olho neles e era grande o suficiente para admitir que estava adorando o que via. Perguntou se eles tinham empresário, e eles mencionaram Berry Tremier. Bem, disse Richard, *meu* agente em Macon é o Clint Brantley, e eu acho que vocês deviam ligar para ele.

Muitos dos colegas que eles conheciam haviam passado a vida inteira em Toccoa. Mas eles já haviam estado em Cornelia, Clemson, e tinham visto *Atlanta*. Bem, foda-se, eles também haviam visto a "Cidade do Luar", e praticamente tinham a chave do lugar. Mas feche os olhos e ouça Little Richard, simplesmente sinta a atmosfera em volta do cara, e você já sente aqueles lugares estimulantes, turbulentos, bem à frente de Toccoa.

Richard pediu a Lucas "Fats" Gonder, seu assistente durante as turnês, para ligar. E quando Gonder pôs os Flames na linha com Brantley, o homem de negócios de Macon sugeriu que eles fossem até lá para um teste.

Eles farejaram a possibilidade e rumaram para Macon.

UMA LOCOMOTIVA "CHOO-CHOO" DE NEW ORLEANS

Capítulo Cinco

Clint Brantley era um homem de pele clara, que dizia muitos palavrões e usava uns óculos que pareciam antiquados mesmo em 1955. Brantley nascera em Sandersville, Geórgia, e segundo se dizia chegara a Macon depois da Segunda Guerra Mundial com seu amigo Elijah Poole, que mais tarde mudaria de nome para Elijah Muhammad. Brantley abriu uma barbearia, e na década de 1940 era o principal promotor de shows de negros na cidade. Sujeito durão e prático, Brantley tinha dois caras enormes na sua lista de pagamento, que ficavam encostados à parede para dar aquela nota de seriedade enquanto ele conduzia seus negócios.

Era de manhã cedo quando os Flames foram até o clube de Brantley, o Two Spot, para seu teste. Cedo demais. Na noite anterior ele estivera bebendo, e de manhã não tinha interesse em ouvir ninguém cantando merda nenhuma de canção. "Pode apostar que são uns caipiras", ele bufou. Provavelmente, isso era no final de 1955. Johnny Terry fez as apresentações, explicando que se tratava de um grupo vocal procurando empresário, e Brantley dispensou-os de mau humor. Não estava interessado. "Certo, senhor, não tem problema", disse Terry, e foram todos para a porta. Mas, aí – Ah, tá bom, merda. Um tiquinho de culpa, ou talvez ele quisesse apenas se divertir um pouco antes de mandá-los de volta para Toccoa.

Brantley hesitou. O que é que vocês cantam, afinal?, ele perguntou. "A gente canta rock and roll, canta blues, podemos cantar spirituals, também."

"Cantem um spiritual para mim – não estou me sentindo muito bem hoje e talvez isso ajude a me animar um pouco." E não é que eles cantaram um *monte* de spirituals, do jeito mais bonito que conseguiam? Terminaram com uma canção que virara um número fixo nos shows, "Looking for My Mother", uma música pungente, com Brown representando a história de um menino pobre e órfão que depois de muito tempo encontra a mãe no paraíso – Brown chorava e se arrastava pela casa noturna de Brantley, por debaixo das mesas e cadeiras, com as mãos e os joelhos no chão, cantando que não iria desistir enquanto não encontrasse a mãe. Quando terminou, eles já tinham um empresário. Umas duas semanas depois disso, os Flames se mudaram para Macon.

Macon tinha altitude menor que Toccoa, era mais úmida, e a Macon negra era mais metropolitana e mais endinheirada. Era uma cidade de ferrovia, com a Southern, a Georgia Central, a Atlantic Coast e as linhas Macon, Dublin e Savannah formando uma intersecção no centro da cidade. Macon era suficientemente progressista para se orgulhar de seu Douglass Theatre, um local de espetáculos que era um marco, de propriedade de negros, a poucas quadras da estação de trem. E era também suficientemente reacionária a ponto de um homem negro suspeito de assassinato ter sido arrancado de dentro de um trem e linchado em 1922, com os brancos arrastando seu corpo pela rua e atirando-o no saguão do Douglass como uma mensagem à comunidade.

A família proprietária do Douglass tinha laços de casamento com a família que gerenciava o maior show negro em turnê pelo país, o Silas Green de New Orleans, que não tinha ninguém chamado Silas Green e tampouco era da Louisiana. Macon tornou-se a cidade-sede do show. Os cantores, dançarinos e comediantes que se apresentavam no circuito permaneciam em Macon entre os compromissos profissionais, e muitos daqueles que pretendiam entrar para o showbiz se deslocavam até a cidade. Até a estação Greyhound entrava nisso; dizia-se que tinha o único restaurante da cidade onde um negro podia pedir um filé T-bone e sentar no ar-condicionado. Na cozinha, na época em que os Flames chegaram, trabalhava uma das pessoas mais conhecidas da cidade. A mãe dele queria ter lhe colocado o nome de Ricardo, mas acabou escolhendo Richard Penniman; mas os amigos o chamavam de Little Richard.

Os Flames queriam ser tão bons quanto Richard. Ele usava gravatas incríveis, cujo nó a sua amorosa mãe cuidava de ajeitar, e se empapava de perfume Tweed. Richard arrasava em festas particulares, casas de shows de estrada, no American Legion Hall e até fazendo os shows de abertura no Douglass, que eram agendados por Brantley. Enquanto isso, Brown tinha um emprego na estação Greyhound, e passava o tempo andando com o pessoal dos espetáculos na barbearia de Brantley.

Brantley via uma promessa no jovem ex-presidiário, um cara que iria dar tudo de si para conseguir se dar bem na vida. Ele estava empresariando Little Richard, e agora os Flames, e às vezes as duas atrações se apresentavam juntas no Two Spot. Nos dias de semana, Lucas "Fats" Gonder, um pianista que todo mundo chamava de "Big Black Luke", promovia festas de chili. Os Flames, a banda de Richard e quem mais quisesse aparecia, comia e tocava discos a noite toda.

Em geral, os músicos que não estivessem trabalhando se encontravam e formavam uma banda improvisada, que tocava o que fosse. Um dos músicos com quem Brown tocava nessas ocasiões era Charles Connor, o baterista do show de Richard. Connor foi o primeiro baterista de verdade com quem Brown tocou. Magrelo, de gravata, pescoço curto, Connor nasceu no bairro francês de New Orleans. Seu pai era da República Dominicana e havia morado em Kingston, Jamaica, antes de chegar à Louisiana, e sua mãe era uma descendente de franceses nativa da Louisiana. A casa deles ficava de frente para a Dauphine Street, e era frequente os funerais desfilarem por ali. A música tocada enquanto a procissão rumava para o funeral era triste, cânticos sacros, mas, na volta, os participantes engrossavam a banda, e começava uma festa, alimentada pelos instrumentos de percussão que formavam o que era chamado de "segunda linha".

Os ritmos dessa segunda linha eram mais fluentes, gingados, derivavam naturalmente dos passos que os músicos davam aos desfilar pelas ruas. E talvez porque seus corpos já estivessem mantendo o ritmo essencial, os ritmos dessa segunda linha costumavam recair fora dos tempos básicos, dialogando com eles em vez de reforçá-los. Em suma, esses ritmos da segunda linha acabavam fazendo com que as pessoas dançassem em vez de andar.

"Minha mãe, quando estava grávida de seis meses, dizia: 'Toda vez que passa um funeral por aqui esse bebê fica chutando minha barriga! Eu acho que ele ouve a música'", conta Connor.

Seu pai lhe disse que, se aprendesse a tocar aqueles tambores, eles iriam fazê-lo rodar o mundo. E disse ainda que, se Charles continuasse praticando na bateria, teria sempre um monte de mulheres em volta dele. "E ele estava certo, porque eu dormi com mais de 1.500 mulheres na minha vida, de todas as nacionalidades."

Connor e o saxofonista Wilbert Smith (também conhecido como Lee Diamond) estavam em Nashville tocando com Shirley & Lee quando Little Richard convidou-os para entrar na nova banda dele em Macon. Talvez fosse a incrível habilidade de convencimento de Richard, talvez seu perfume Tweed, o caso é que logo os dois estavam também em Macon, hospedados num hotel cheio de prostitutas e sendo moldados e formatados por seu líder. Richard levou Connor até a estação de trem com sua bateria e mandou-o ouvir – "Quero que a sua bateria soe como uma locomotiva *choo-choo*"[1], disse. Connor tocava junto com as locomotivas que entravam na estação desde que começava a ouvi-las a quase um quilômetro de distância.

---

1 A choo-choo era a antiga locomotiva a vapor, a nossa maria-fumaça. (N. do T.)

O grupo adotou um nome: The Upsetters ["Os Arruaceiros"]. "Nossa banda era uma espécie de ameaça", Connor explicou. "A gente ia até a sua cidade e bagunçava *todo mundo*."

Richard queria que os músicos se vestissem e penteassem o cabelo do jeito dele – roupas ousadas, paródicas, cabelo enrolado numa chuca bem alta, uma maquiagem chamada Pancake 31 no rosto. Os garotos começaram a fazer sucesso. A aparência buscava em parte desconcertar os sulistas brancos, que temiam que os homens negros tivessem contato com suas mulheres. E em parte seguia uma tradição. Richard era fruto de uma cena underground pouco conhecida, extravagante. Como muitos outros artistas, começou fazendo "números de circo": roupa meio de homem, meio de mulher, com música e dança dirigidas para plateias negras. De adolescente, Richard atuava como travesti e era anunciado como "Princesa LaVonne", equilibrando uma cadeira no queixo, no show de Vaudeville de Sugarfoot Sam.

Antes de Richard, havia uma figura ainda mais maluca chamada SQ Reeder, ou Eskew Reeder, ou Esquerita, que também se apresentava no circuito de travestis. Esquerita e Richard se conheceram no banheiro da estação de ônibus de Greenville, Carolina do Sul, e ficaram amigos. Esquerita ensinou a Richard seu estilo de piano agressivo. E o fato de ele usar o cabelo estilo pompadour bem alto e frisado também não passou despercebido para Richard.

Outra influência, reconhecida várias vezes por Richard, era a do grande cantor de blues Billy Wright. Nascido em 1932, Wright viajou com circos por todo o sul e meio-oeste, cantando e dançando travestido num coro. Richard assistiu a esse show no The Royal Peacock, em Atlanta, e observou bem todos os detalhes – como Wright se vestia, andava. Richard conseguiu até um Pancake 31 de Wright. Ele chamava Wright de "meu ídolo", e seus primeiros discos têm acentuada semelhança com os dos sucessos de seu modelo.

A cultura dos shows de circo deve ter sido algo impressionante de se assistir, e ela precisa ainda ser mais bem estudada. Enquanto esteve em plena vigência, James Brown procurou observá-la da melhor maneira possível. Pois embora Brown sempre se apresentasse como homem-homem, era esperto o suficiente para aprender muito sobre cabelo e também sobre personagens de palco incríveis, como as drag queens dos shows de circo.

Depois de conviver com Richard em Macon, Brown adotou um novo estilo de penteado. "Eu sentava no salão de beleza com o James Brown e a gente enrolava o cabelo", lembra Charles Connor. "Eu estou sentado aqui com um charuto e do meu lado está o James. Eles sabiam que não éramos gays, a gente estava simplesmente cansado do mesmo processo – se você mantiver essa loção no seu cabelo por tempo demais vai acabar queimando o couro cabeludo." Brown queria o que Wright e Richard tinham: a capacidade de atrair todos os olhares quando entravam em algum ambiente. E o cabelo grande também acrescentava alguns centímetros à sua baixa estatura: várias vezes ele declarou que fazia isso "para que as pessoas não dissessem '*onde* ele está?' e sim '*lá* está ele'". Brown adotou um cabelo que comunicava uma coisa nos shows de gays, mas que constituía um símbolo de quem ele era.

Em 1955, porém, as duas atrações de Clint Brantley eram estritamente locais. Richard havia gravado discos para a RCA Victor e a Peacock, que haviam sido um fracasso. No desespero, acelerou mais a sua música, adotando um som de trem de carga e uma fanfarronice chocante que ele não ousava colocar no vinil. Ele mandava o baterista ir para a frente da banda, para enfatizar a batida. A banda ainda não tinha baixista, e Richard fez Connor bater o bumbo no tempo para criar uma linha de baixo – "quase num estilo discoteque", comentou ele.

Connor estava subdividindo o bom e velho quatro por quatro, transformando o grupo todo numa locomotiva *choo-choo* de New Orleans. "Eu precisei criar uma batida bem mais poderosa, *expressiva*, mais sulista. Richard queria semicolcheias e fusas no chimbal ou no prato, e não queria apenas aquela batida de contratempo simples no aro da caixa, e sim semicolcheias e fusas na caixa." No chimbal ele tocava um estilo saltitante que ele diz ter trazido de New Orleans e do professor Longhair, um famoso pianista com quem ele havia tocado antes de Richard. Eram os ritmos daquelas segundas linhas, os ritmos complexos e deslocados que fluíam dos corpos que se moviam pelas ruas e que haviam se fundido há muito tempo à música de New Orleans. Agora, por meio de Connor, esse ritmo mudava o som de Macon.

Richard garantia apresentações para a banda quatro noites por semana, de quinta a domingo, e em outras noites Connor e Wilbert Smith, que também tocava teclado e saxofones e cantava, podiam estar em bandas improvisadas junto com Brown, em algum clube da American Legion ou em casas noturnas de beira de estrada. Connor lembra: "Um dia a gente estava tocando num daqueles clubes de beira de estrada à noite com o James Brown e aí eu faço uma segunda linha, e James lá cantando, e então ele olha para mim e começa a sorrir. Por que raios ele está sorrindo pra mim? Ele disse, 'Isso soou muito bem, cara, faça isso de novo!'. Eu estava fazendo uma síncopa no meu bumbo, uma daquelas segundas linhas de New Orleans. Acho que a música que a gente estava tocando era 'Good Rocking Tonight', do Roy Brown".

O barulho de trem de carga estava ficando mais alto: no final de 1955, um disco que Little Richard havia gravado, *Tutti Frutti*, vinha subindo nas paradas. Convocado para ir até Los Angeles a fim de gravar outras coisas, Richard deixou o seu empresário de Macon com vários compromissos agendados e sem poder contar com ele por algumas semanas. Brantley ainda tinha os Upsetters com ele – Richard geralmente usava músicos de estúdio para gravar. Ele tinha os locais agendados. Agora só precisava de alguém na frente da banda, e por acaso ele tinha sob contrato alguém que conhecia o show de Richard de cor.

Durante as semanas seguintes de shows pelo sul, Fats Gonder pegava o microfone e berrava com a sua voz de peito de apresentador: "Senhoras e senhores, apresento agora o cara que mais trabalha no *show business*: LITTLE RICHARD!". E então entrava no palco James Brown, o cabelo penteado bem alto, fazendo sua melhor imitação possível daquele maluco.

Podia dar certo. E acabava *dando* certo muitas vezes. Richard estava à beira do estrelato, mas não havia muita gente que conhecesse sua aparência. Aqueles que conheciam só tornaram o desafio maior, que Brown tinha que superar, e ele adorava desafios. Em pé diante de uma mistura dos seus Flames com Connor e os Upsetters, ele chegava e perguntava à plateia: "Vocês querem Little Richard? Eu vou apresentar um show que vai fazer vocês esquecerem totalmente aquele filhinho de mamãe". "Nunca vi um cara se empenhar tanto na minha vida. Ele fazia o diabo", lembra Byrd. "Ele simplesmente enlouquecia, enlouquecia, enlouquecia. A gente comentava, 'O que há de errado com você? Na hora em que a gente for tentar gravar um disco, você já vai ter se matado'."

Às vezes, as pessoas cochichavam, "esse cara não é o Little Richard, ele é bem mais escuro". No Alabama, a armação foi descoberta e a plateia começou a gritar "queremos o Richard, queremos o Richard". Foi o que bastou. Brown não hesitou em enlouquecer pelo palco, dando cambalhotas para trás, saltos, trepando em cima do piano e pulando de volta para deslizar até o chão com as pernas abertas. Quando terminou, a galera estava delirando com o impostor.

Os shows ensinaram a Brown como era se apresentar com uma banda grande e um baterista que o empurrava para a frente. Pois, se Connor não estava no mesmo nível de Earl Palmer – o baterista com quem Richard gravava –, ele era muito bom também (e foi o próprio Connor que tocou a inesquecível parte de bateria na gravação de Richard de "Keep A-Knockin'"). Ele havia virado a cabeça de Brown, e anos mais tarde Brown declararia que Connor foi o primeiro a "colocar o funk na música".

Uma palavra estranha: *funk*. Significava o cheiro de sexo para os músicos de New Orleans. Era o cheiro forte de algo sujo – bosta rolando pelo esgoto, disse Earl Palmer. Seja lá o que mais signifique, na música era o repositório de sentimentos obscenos, coisas que gente educada mantinha trancada no inconsciente. Connor tinha a sua definição, e disse ter chegado a ela observando dançarinos. "Funk é imaginação. Você pode ver uma mulher gorda andando, ela tem uma bunda enorme balançando para lá e para cá, como se estivesse transando.

"Você olha para a bunda delas, é de onde eu tiro meu estilo de ritmo. Eu olho para a pista de dança, para alguma mulher chacoalhando a bunda, e então eu *toco* – três ou quatro compassos da minha levada – e observo a linguagem corporal dela." Uma prática muito antiga, transportada para a nova era. Bateristas e dançarinos trocando coisas. Conversando.

Em algum momento de 1955, Brown e uns dois ou três dos Flames foram até a estação de rádio WIBB, que estava dedicando algumas horas da tarde à "música da raça", como era chamada. Eles foram fazer uma demo de uma música, algo para ser usado como cartão de visita para conseguir algum contrato de gravação. O estúdio era tão pequeno que dois ou três dos Flames tiveram que ficar na sala de espera, enquanto Brown cantava desde a cabina do DJ. Quem estava gravando a música era um funcionário da WIBB chamado Charles "Big Saul" Green. Percebendo que Brown era baixinho, Big Saul puxou o microfone que estava dependurado do teto até o mais baixo possível, e colocou uma caixa de Coca-Cola para Brown subir em cima – foi o único jeito de Brown conseguir alcançar o microfone.

A música era "Please, Please, Please", uma canção que eles já cantavam desde os dias de Toccoa. Todos os caminhos até "Please, Please, Please" passam por uma canção chamada "Baby Please Don't Go", um lamento transformado em sucesso em 1935 pelo cantor de blues do Delta Big Joe Williams, mas que com certeza remonta a antes dele. *Essa* música não teve um impacto discernível nos Flames, mas com certeza teve para Sonny Til and the Orioles, um dos grupos vocais fundadores do R&B. Eles fizeram sucesso com "Baby Please Don't Go" em 1953; os Flames adoravam os Orioles e conheciam a versão deles. Mas uma inspiração maior para "Please, Please, Please" estava bem mais perto de casa. Em 1951, o blueseiro, antigo artista de circo, Billy Wright, refez "Baby Please Don't Go" como "Turn Your Lamp Down Low", um lamento hipnótico. Os Flames descartaram tudo menos o gancho instrumental, que se tornou a melodia de "Please". Eles se inspiraram na canção de Wright, mas o que realmente tocou o grupo foi uma versão da canção que eles conheceram numa turnê por Augusta. A visita ali significava uma violação da condicional, mas Brown e os Flames foram até lá e ouviram o melhor grupo local, Bill Johnson and the Four Steps of Rhythm. Os Four Steps of Rhythm eram contemporâneos dos Flames, e Johnson era de Terry; eles faziam uma versão cantada, dançada e harmonizada de "Baby" que ficava bem distante da mais melodiosa dos Orioles, e apontava para algo mais malandro.

Era uma melodia que valia o risco de ir para a cadeia. "Quando ouvimos pela primeira vez [a versão dos Four Steps], a gente disse 'Rapaz! Desse jeito fica bem melhor'. Ou seja, aquilo era uma canção", disse Bobby Byrd. "Quero dizer, a canção ficava mais fácil, todo mundo podia cantá-la." Era quase como se a viagem para Augusta tivesse ajeitado algo na cabeça deles. Os Flames não iriam mais ser uma coisa mística como os Orioles, eles não iriam convencer as pessoas com a beleza, a dignidade e a decência. Eram uma banda operária, que engatinhava pelo chão, que suava a camisa em shows ao vivo como os Four Steps of Rhythm. Às vezes é bom deixar as coisas mais claras.

Eles escreveram outra letra para a música de Johnson, e mudaram o nome para "Please, Please, Please". Essa melodia era um número muito forte, muito carregado de *emoção*, que permitia a Brown evocar a igreja (na submissão daquele "Please") e ao mesmo tempo comunicar um abandono que todo mundo era capaz de compreender. Cada refrão tinha uma configuração rítmica diferente, que fazia com que a canção, muito simples, continuasse interessante e comunicasse também o tumulto anímico, tentando isso, tentando aquilo, percorrendo todas as avenidas possíveis para trazer o amor de volta. As harmonias fechadas dos Flames brilhavam como nuances de vitrais, enquanto a voz principal começava como um pássaro aceitando ser capturado e terminando quase com a cabeça esmagada nas grades da gaiola. "Please, Please, Please" era um refrão que aos poucos ia se avolumando, que soava velho antes mesmo de ser ouvido, que estava construído com peças encontradas que remontavam a décadas e que era animado por uma banda voluntariosa, que tentava seduzir uma plateia, conseguir mais uma noite de trabalho, avançar um pouco mais na estrada. Uma gaiola bem antiga... com um pássaro novo, estranho.

Eles a gravaram em andamento rápido na WIBB, num só take. Levaram a demo até a WBML, onde Hamp Swain, primeiro DJ negro de Macon, a colocou para rodar. Swain tinha sido líder de banda, e Little Richard até cantou com os seus Hamp Tones por um tempo, mas Swain, com sua voz melosa, fez mais sucesso na WBML. Ele começou a tocar "Please, Please, Please" no final de 1955, e a reação foi imediata. "Para dizer a verdade, não achei a melodia lá grande coisa no início", disse Swain. "Mas na mesma hora a gente já começou a receber pedidos para tocar de novo a música, tinha que tocar duas ou três vezes por hora. Não aceitávamos pedidos por telefone naquele tempo, mas o telefone não parou de tocar e então a gente dava um jeito de quebrar as regras e tocava a música de novo." Pelo correio chegavam mais pedidos da música.

Da primeira vez que ele ouviu sua música na WBML, conta Brown, "Eu senti que havia sido salvo". Não salvo no sentido da sobrevivência; ele já tinha algum dinheiro no bolso, o pior já havia passado. Ele queria dizer *salvo* mais no sentido religioso. Tivera uma experiência muito intensa tempos atrás em Rome, ao cantar gospel para pacientes de tuberculose e descobrir a maneira poderosa com que ele conseguia chegar até eles – as lágrimas dos pacientes levavam-*no* às lágrimas também.

Ver-se projetado nos outros estimulava Brown, era algo que o animava como nenhuma outra coisa na vida. Ouvir sua voz saindo pelo rádio reacendeu aquele encontro casual em Rome, a aceitação por parte da multidão, projetou-o através da cidade grande de Macon. Tornou-o especial, diferente, e com fome de mais. W. E. B. Du Bois: "...uma espécie de sétimo filho, nascido com um véu, e dotado de segunda visão neste mundo americano –, um mundo que não lhe dá nenhuma autoconsciência, mas que só lhe permite ver a si mesmo através da revelação do outro mundo...".

Brantley colocou Brown sob sua asa e tentou guiá-lo. Fez o grupo acrescentar "Famous" ao seu nome, o que lhe deu maior destaque. Nos dias de folga do Two Spot, ele instruía o cantor sobre a importância da pontualidade e sobre como ler um contrato. *Eu vou lhe contar uma coisa importante, é bom você prestar atenção*, Brantley dizia. Quando o dono de uma casa noturna pagar você, conte junto com ele. *Estenda sua mão*, ele ordenava, contando as cinquenta notas individuais dentro delas. *E aí, quantos dólares você ganhou?* "Eu contei, senhor Brantley, são cinquenta", Brown dizia. E então Brantley contava as notas de novo, mais devagar desta vez. Eram 49; ele mostrava de que jeito havia subtraído uma nota. *Quando você vai para a estrada, você precisa olhar bem para as mãos.*

Brantley tomava conta de Brown. Dirigindo como um doido entre sua família em Toccoa e Macon, uma noite Brown bateu num trator, guiado por um fazendeiro branco. Irado, o cantor pulou fora do carro e agrediu o fazendeiro. Isso fez com que tivesse que passar uma noite na delegacia, uma violação da condicional que poderia tê-lo levado de volta à prisão. Mas Brantley sabia como atenuar as coisas. Ligou para a cadeia e fingiu que era um empresário branco, que estava furioso precisando dos "meus pretos" de volta para um trabalho importante. Graças a Brantley, Brown se livrou de várias encrencas.

Os Famous Flames estavam esperando que alguma coisa acontecesse; James estava tentando *fazer* algo acontecer. Ele conhecia uma mulher, uma espécie de mãe de santo, chamada Catherine Thornton, que morava na periferia de Macon. Antes de um show no Two Spot, ele contou a Byrd e a Johnny Terry que aquela mulher estava dando a eles uma chance de terem sucesso na música. Ele devia encontrar com ela numa clareira da zona rural, em determinada noite. Brown convidou seus colegas da banda para irem com ele. "Vocês querem vir comigo? Eles vão me trazer de volta amanhã à noite." Ele não especificou quem eram *eles*. "A gente não quis ir", Terry lembrou rindo. Brown foi dirigindo sozinho até a periferia de Macon junto com a mãe de santo, até chegar a uns bosques fora da cidade, e sumiu, diz Byrd, durante alguns dias. Ele deve ter voltado a pé, porque, quando o encontraram de novo, um ou dois dias depois, estava suando muito, quase ofegante e desgrenhado. "Eu não *sei* o que foi que ele viu", disse Terry encolhendo os ombros, mas, depois que voltou, Byrd disse que Brown havia adotado outra atitude, uma nova convicção, mais tranquila: "É só vocês montarem nas minhas costas e partirem para o sucesso". Terry também sentiu algo novo. "De muitas maneiras diferentes", disse ele. "Veja, ele falou que faria qualquer coisa para obter sucesso. E nós estávamos fazendo muito sucesso."

O sucesso local de "Please, Please, Please" e a mudança de Little Richard para Los Angeles fez deles a principal atração da cidade. Brantley mandou fitas da canção para algumas das gravadoras mais importantes do país: a Specialty de Los Angeles, a Chess de Chicago, a Peacock de Houston e a King Records, de Cincinnati. Exceto a Specialty, todas se mostraram interessadas. Leonard Chess, coproprietário da Chess Records, enviou pelo correio a Brantley um contrato e disse que estava voando até Macon. A King Records já sabia dos Flames antes de "Please, Please, Please": Hank Ballard and the Midnighters haviam gravado para a King, e Ballard já comentara com o dono do selo, Syd Nathan, que ele deveria contratar os garotos de Macon que ele ouvira em turnê.

Nathan ligou para o chefe da subsidiária da King, a DeLuxe, que era um homem da indústria do disco de Miami chamado Henry Stone.

"Henry, você precisa entrar no seu Buick e ir até Macon – tem um disco lá que está começando a fazer sucesso e eu quero que você o consiga para o seu selo", disse Nathan a Stone. Sem o conhecimento de Stone, um caçador de talentos da King chamado Ralph Bass ouviu a música no escritório de Atlanta da King e decidiu na hora que queria o grupo para a filial da King que ele dirigia, a Federal. "Please, Please, Please" soava estranha – *diferente* – para Bass, e isso já era motivo suficiente. Era muito bom ter talento, mas ser diferente – era isso que fazia uma música ter sucesso. O fato de a King ter dois representantes disputando Brown para subsidiárias rivais testemunhava o imenso apetite de Nathan: Quando ele queria alguma coisa, ele queria *mesmo*, e não iria perdê-la porque alguém não conseguia achar o caminho até Macon.

Havia se iniciado uma corrida – nenhum dos competidores sabia exatamente quem estava nela, mas eles já haviam perdido sucessos inúmeras vezes, e sabiam que era melhor não desperdiçar tempo. Leonard Chess estava a caminho de Macon quando uma tempestade muito forte impediu seu avião de decolar. Stone já estava na estrada, mas Atlanta fica a apenas 130 quilômetros de Macon, e Bass chegou lá primeiro.

Bass era um músico de jazz ruivo que adorava a cultura negra. Quando estava em turnê ficava em hotéis de negros, e quando contratava uma banda era porque *ele* gostava dela – "Eu não me importava nem um pouco se os brancos iam gostar ou não". Assim que chegou a Macon, ele soube que tinha que pisar devagar, porque "um branco de fora podia se meter em encrenca com facilidade naquele tempo", explicou Bass. Ele foi dirigindo até Macon acompanhado por um DJ negro de rádio de Atlanta, que conhecia os meandros raciais. Não demorou para que fosse arranjado um encontro com Brantley. Os brancos ficavam de olho nos chamados agitadores externos que vinham conversar com os "seus" negros, e Brantley sabia muito bem que Bass não podia simplesmente entrar e ir cumprimentando todo mundo. Ele deu ao homem da gravadora as instruções: estacione diante da barbearia e aguarde o sinal. Se tudo parecer em ordem, às oito da noite você vai ver as luzes se acenderem e as persianas serem abaixadas. Este era o sinal de que Bass podia entrar. Virando-se para o DJ no seu carro, ele disse: "Olha aí, cara, se eu não voltar, se acontecer alguma coisa comigo, entre lá e vá me buscar". Brantley estava firme na negociação; ele tinha na mão o contrato da Chess e perguntou a Bass o que ele vinha oferecer. Bass contou duzentos dólares e disse: "Clint, isso é para você. Mas eu quero assinar com eles agora". "Fechado", disse Brantley.

Bass queria ter certeza de que estava assinando com o grupo que ouvira na fita, e Brantley disse que eles iam cantar perto dali aquela noite. O show a que Bass assistiu pode ter sido bom ou ruim, mas o que ficou na mente do caçador de talentos foi simplesmente o jeito com que o cantor principal corria e se arrastava enquanto gritava a palavra "please". Aquele garoto era mesmo *diferente*.

Uma semana depois disso, os Flames estavam dirigindo para Cincinnati para a sua primeira sessão de gravação na Federal, no estúdio da King. Na manhã de 4 de fevereiro de 1956, um engenheiro de som da King, Hal Neely, chegou ao trabalho por volta das oito horas de uma manhã muito fria. Viu uma perua Ford velha com um contrabaixo amarrado em cima e estacionada junto ao prédio, e dentro dele seis ou sete caras dormindo. Quando acordaram, contaram a Neely que haviam dirigido a noite toda desde Macon para o compromisso de gravação.

Neely deu a eles algum dinheiro e explicou que Syd Nathan, o dono, não chegaria antes do meio-dia. Mandou a banda para o Manse Hotel, onde as atrações negras se hospedavam, e disse para voltarem à tarde.

Ao chegarem, a seção rítmica do estúdio estava trabalhando em alguma coisa, por isso os Flames ficaram no corredor, aguardando a hora de gravar. Os músicos experientes fizeram uma pausa e ficaram por ali dando uma espiada na nova atração. "Acho que havia uns três garotos com o James quando eles estavam lá cantando 'Please, Please, Please'", disse Philip Paul, baterista da King. Na cabine de controle, por trás do vidro duplo, Nathan olhava fixo para aquela cena. "Eles estavam no chão, e James berrava, e então ouvi o Syd Nathan gritar: 'Que merda é essa que está acontecendo aí dentro? Meu Deus, isso é horrível'." Ele interrompeu antes mesmo de eles terminarem a primeira música, voltando-se para Bass e maldizendo a sua avaliação. Nathan era famoso por deixar muito claro o que ele estava realmente pensando, mas os Flames acabavam de conhecer o sujeito, e acharam que tudo estava terminado antes mesmo de chegarem ao final da sua grande canção.

Aqueles que conheciam Nathan sabiam que ele precisava desabafar, mas naquela oportunidade muitos na sala compartilharam a opinião dele. "Eu e os outros músicos dissemos, 'O que é *isso*?'", lembrou Paul. "Um dos rapazes do estúdio comentou, 'se é essa a música que vem vindo...'. Todos nós demos risada. Aqueles rapazes todos eram realmente bons músicos, e, quando viram toda aquela gritaria, disseram, 'Mas que lixo é esse?'."

É difícil hoje localizar qual foi exatamente a estranheza de "Please, Please, Please" que atraiu Bass e que horrorizou músicos profissionais como Paul e o pianista Sonny Thompson. A King, que lançava os discos da Federal Records, reteve a música por cerca de um mês. Conforme relata Bass, ele estava outra vez na estrada procurando novas atrações para contratar, hospedado num hotel de negros em St. Louis, quando um vendedor regional da King lhe disse que era melhor ele ligar para o Nathan. Bass achou um telefone e ligou para o escritório. A voz de Nathan veio do outro lado sem qualquer introdução: "Você está despedido!" (era o jeito de Syd dizer "olá"). "Ele só canta uma palavra!" (na gravação, Brown repete "please" vinte e seis vezes). "Parece que o cara está gaguejando!" (ao fazer estalar seus "p's" na gravação, Brown parece estar cantando "peas, peas, peas"). Pelo menos agora Bass sabia de que disco o chefe estava falando. Nathan acabava de ouvir a prensagem de "Please, Please, Please". Bass começou a falar, mas Nathan encerrou a conversa: "Você está despedido".

Faça um teste com o disco, Bass sugeriu, lance-o numa cidade do sul como Atlanta e veja o que acontece. Mas, na mesma hora, a petulância de Nathan foi mais forte e ele disse: "Eu vou lhe mostrar". Aumentando a aposta de Bass, Nathan retrucou: "Quer saber? Foda-se. Eu vou lançá-lo no país inteiro só para provar a você que essa música é uma merda mesmo".

Os Flames haviam gravado outras três músicas em Cincinnati, e voltaram de carro para Macon duvidando de que alguma delas fosse lançada um dia. Segundo Byrd, alguns fizeram até planos de voltar para Toccoa. "Levou tanto tempo para a música finalmente ser lançada que estávamos já dispostos a voltar para o nosso emprego normal. Nós pensamos, 'Bem, é provável mesmo que eles não lancem o disco. Afinal, o homem não gostou nada, nada'."

Mas ainda ficaram em Macon mais um mês, e então Nathan lançou "Please, Please, Please" em 3 de março de 1956. As rádios do sul demoraram a tocar, e dois DJs da WLAC em Gallatin, Tennessee, John R. e Hoss Allen receberam os créditos como os primeiros a tocá-la.

Aos poucos, começou a aparecer uma reação do público, e na realidade os rapazes estavam contentes pelo simples fato de *alguém* estar tocando aquilo. Mas havia algo engraçado com o rótulo do disco. Quando os demais Famous Flames receberam sua partida de discos, seguraram a cópia na mão e leram as palavras impressas na etiqueta: "James Brown with the Famous Flames". Eles achavam que era uma democracia, que todos fossem um Flame. Isso era uma novidade.

Ganhando terreno aos poucos, "Please, Please, Please" apareceu como a "Compra da Semana" na *Billboard* na primeira semana de abril. Por volta do fim do mês estava subindo nas paradas de R&B, e alcançava o quinto lugar. Não chegou ao topo das paradas, mas muitos garotos brancos que conseguiam ouvir uma emissora potente como a WLAC podiam dirigir para a zona rural, ligar o rádio do carro e esperar ouvir a música. "Please, Please, Please" saiu de algumas paradas em setembro, mas dois meses mais tarde ainda ocupava boas posições em St. Louis.

"Please, Please, Please" tornou-se a música mais característica do show de Brown, e ele a transformou nisso, com sua pantomima de um ato de submissão. Tanto assim que quando o cantor de blues Howlin' Wolf viu a apresentação dos Flames aconselhou Brown, dizendo que se quisesse continuar trabalhando naquelas casas noturnas era melhor parar de ficar rastejando e olhando por baixo da saia das mulheres enquanto cantava a música.

Publicamente, Nathan começou a dizer às pessoas que era *ele* o responsável por "Please, Please, Please". Reservadamente, admitiu que havia mudado de opinião em relação aos Flames. Como Nathan explicou a Bass, havia apenas dois tipos de música: o tipo que fazia o sangue subir pelo seu braço, e o tipo que não fazia. E aqueles garotos faziam o sangue circular bem quente.

Foi marcada às pressas outra sessão de gravação, e James Brown com os Famous Flames foram de novo de carro para Cincinnati.

COBERTURA DE BANANA

Capítulo Seis

Quando a King Records se mudou para seu edifício na Brewster Avenue, em Cincinnati, as pessoas que trabalhavam no novo selo imediatamente se viram caindo no *funk*. O cheiro fez seus pés escorregarem e grudou em suas mãos, joelhos e cabelo. Era meados da década de 1940 e eles estavam reformando um edifício antes ocupado pela Fries & Fries, um fabricante de extratos de sabores comestíveis de Cincinnati. Quando o pessoal da gravadora chegou e começou a derrubar paredes e abrir buracos para o encanamento, descobriu charcos de extratos grudentos: de banana, cereja, morango, conhaque, nozes e do principal produto da Fries & Fries, a baunilha.

Todos os cheiros antigos precisaram ir embora, para que os novos aromas pudessem preencher o ar. A King Records instalou-se e cresceu numa construção indefinida, de edifícios industriais e comerciais. Os donos trouxeram máquinas de prensar discos e impressoras e construíram um estúdio de gravação que era ótimo para captar sons ao vivo. Era uma sala pequena com um pé-direito de quase oito metros de altura que os músicos consideravam muito boa. O engenheiro de som, os caçadores de talentos e os visitantes sentavam-se todos numa sala em cima do estúdio, olhando para baixo como torcedores num campo de futebol. Um balde com cerveja e uma travessa de frios ficavam numa mesa lateral, para evitar que os talentos se dispersassem.

Presidindo tudo isso, limpando o xarope de *root beer* que embaçava as grossas lentes de seus óculos, estava o homem que construíra a King,

Syd Nathan. Syd era uma maravilha, uma verdadeira obra de arte. Outras pessoas que estiveram onde Brown esteve pela primeira vez em 1956 confirmam sem hesitar a imagem do homem. Quando Alton Delmore, do duo de música country Delmore Brothers, veio para a King, achou Nathan parecido com "uma marmota que acabava de sair da toca". Para o baterista Nelson Burton, ele era um "judeu baixinho, gorducho, com sapatos sem lustrar e manchas de molho de pimenta na gravata". Apesar de asmático, adorava charutos e até posava com eles nas fotos de publicidade. Quase cego, Nathan usava umas lentes grossas e circulares, como escotilhas de submarino. Era redondo no meio e redondo no alto; quando sorria, parecia um pouco demente, e quando estava de mau humor não era nem um pouco gentil.

Na Brewster Avenue, ele estava construindo um modelo totalmente novo de selo independente, montado segundo sua própria visão da maneira certa de fazer as coisas. A King e suas afiliadas – Queen, Federal, DeLuxe – eram empresas autônomas sob o mesmo teto, o que nenhuma gravadora independente fizera antes. Eles gravavam a música e levavam a fita até a sala onde era prensado o vinil. O departamento de arte desenhava e imprimia as capas e então os discos eram empacotados e despachados no setor de carga. Um artista da King podia gravar uma música de manhã e sair à noite com uma pilha de singles debaixo do braço. "Aquela era a independente de todas as independentes", diz Seymour Stein, que trabalhou na King na década de 1950 e depois foi criar seu próprio selo de gravação, o Sire. "Todos nós gostamos de pensar que somos independents, mas Sydney era o mais independente de todos."

Ele chamava a si mesmo de "O Chefão". Por todas as instalações da King, Nathan colocou alto-falantes, o melhor jeito de divulgar suas ordens até os cantos mais afastados da fábrica. Uma mensagem era fundamental: Não fique à vontade demais.

Ele zoava com você. O líder de um quarteto local de rock and roll que estava sendo sondado pela King veio uma vez para discutir um contrato.

"Como é vocês querem ser chamados?"

O garoto pensou e respondeu: "Eles".

"Pera aí, isso não vai funcionar. Vocês são em quantos?"

"Quatro, senhor."

"Quatro? Por que vocês não colocam Os Quatro Fodedores." Naquele dia o jovem ganhou uma valiosa lição de relações humanas.

Judeu da classe trabalhadora, que fazia negócios com negros e músicos country há anos, Nathan era um cara de fora que não tinha paciência com racismo. A King era provavelmente a única empresa que contratava tanto negros quanto brancos em Cincinnati no final da década de 1940; havia promovido integração racial nas festas de Natal e nos piqueniques. Durante a Segunda Guerra Mundial, eles contrataram americanos japoneses para operar as máquinas, conseguindo mantê-los, assim, fora dos campos de concentração. Nathan contratara Henry Glover como executivo, e deu a esse afro-americano poder de fato para tomar decisões criativas e de negócios. Os artistas da King eram recebidos na sala de visitas de Nathan; um dia em que Hank Ballard estava com ele, alguém atirou uma pedra pela sua janela da frente. "Ele achou graça", lembra Stein. "Syd não era racista."

Não era um tipo de integração racial movida por ideologia, era algo instintivo. Nathan contratava atrações de música country (*hillbilly*) e de R&B, e punha-as para gravar uma atrás da outra no estúdio. Tinha músicos negros de estúdio tocando com astros brancos do country, e cantores de R&B fazendo música country. "Não sou nenhum gênio, nem tenho gênios trabalhando para mim", Nathan dizia. "Nós trabalhamos com isso como se fosse uma funerária, um comércio de máquinas ou qualquer outro negócio. Ele tem que se pagar." Sua visão das raças, sua visão da América, estavam baseadas na capacidade de ganhar dólares e foi isso que fez de Nathan um gênio criativo e um pioneiro dos direitos civis. Com manchas de molho de pimenta na gravata.

Nos dois anos seguintes à gravação de "Please, Please, Please", Brown gravou mais quatro vezes pela King Records, ansioso para repetir o sucesso de sua primeira sessão de gravação. Em suas muitas visitas à cidade, acabou bem familizarizado com Cincinnati, fazendo dela e do Manse Hotel seu segundo lar.

Quando Brown não estava em Cincinnati, estava na estrada, fazendo o melhor possível a partir de um único sucesso e de canções que ou soavam como sucessos de outras pessoas ou eram de fato covers de sucessos da época. Ele e os Famous Flames estavam tocando em pequenos locais para negros do sul, que faziam parte do chamado *chitlin circuit* ["circuito das tripas de porco"]. O nome surgiu porque, como acontecia com as tripas de porco, também era possível extrair prazer de coisas improváveis. Num país segregado, o *chitlin circuit* era onde os músicos negros conseguiam receber por seu trabalho e se abastecer de combustível para chegar à cidade seguinte. O *chitlin circuit* não tinha nada a ver com os grandes teatros negros como o Regal em Chicago ou o Apollo de Nova York. Esses eram o filé-mignon. Os do *chitlin circuit* eram casas de beira de estrada e quiosques de frango assado, celeiros de tabaco e galpões. Clint Brantley conhecia um monte desses lugares, de Macon até a Flórida, e é para onde mandava os Famous Flames atrás de uma justificativa para o "Famous" que havia acrescentado ao nome deles.

"Eu conheci bem a batalha, o feijão rajado e os sanduíches baratos e os refrigerantes de segunda linha, e depois as fases sem comida nenhuma, por dois ou três dias", lembra Bobby Byrd. "Foi esse tipo de coisa que a gente passou junto." A maioria dos hotéis não lhes dava um quarto, e no início eles não podiam pagar nem os hotéis para negros. Comiam o que encontravam pela frente, indo até a porta de trás dos restaurantes pedir comida. Às vezes tinham que comprar uma torta inteira, mesmo que quisessem comer apenas um pedaço. E havia o xerife esperando para escoltá-los até a fronteira do condado.

Essa divisão pela cor da pele era encarada como algo que era assim e pronto, porque era desse jeito que era possível sobreviver. Provavelmente eles eram a única atração da cidade para a plateia negra naquela determinada noite. Alguns lugares deixavam os negros tocarem para brancos se eles ficassem confinados à galeria, ou numa sala separada, ou se numa emergência as raças fossem divididas por uma linha ou uma corda estendida na pista de dança.

No final de 1956, os Famous Flames assinaram um contrato com a Universal Attractions, uma agência sediada em Nova York e chefiada por Ben Bart. Brantley ainda cuidava dos shows em sua região por enquanto, mas Bart, um veterano branco do *show business*, era capaz de arrumar datas no Oeste e no Norte do país. Como empresário, Bart gostava de agendas lotadas, acreditava no trabalho e gostava de artistas que também tivessem o mesmo pique que ele. Sua programação intensa era estimulante para Brown, mas fatigante para os outros. Não fazia muito tempo que haviam assinado contrato, e um dia os Famous Flames vinham dirigindo de um show em Pensacola para o Novo México. Em algum ponto do Colorado, no meio da noite, todo mundo vinha dormindo exceto o motorista. Enquanto dormiam, começaram a tossir, e pouco depois estavam todos vomitando; o monóxido de carbono começou a vazar para dentro do carro às cinco da manhã. Para Nafloyd Scott foi a gota d'água. "Eu paro por aqui", declarou ele na viagem de volta para Toccoa.

Não foi só ele. Em março de 1957 fazia um ano que "Please, Please, Please" havia lançado o grupo, e eles ainda não tinham uma sequência viável de trabalho. Estavam à deriva, com a King sugerindo-lhes canções, indo atrás de uma música tipo doo-wop aqui, um rock and roll gritado ali. Afinal, o que eles queriam ser?

Bart cancelou os shows marcados e convocou todos ao seu escritório de Manhattan. Chamou Brown de lado e conversaram durante um tempo, e quando Bart se dirigiu ao resto do grupo, sua mensagem foi brutal. Brown era a estrela do show. Era *ele* que as pessoas pagavam para ver.

Não fazia sentido eles continuarem com seu arranjo anterior, dividindo o dinheiro entre todos e fingindo que todos eram iguais. A decisão tinha a ver com economizar dinheiro, mas também com a admissão do óbvio: um dos rapazes estava liderando aquilo. Como Brown ficou em silêncio, Bart ofereceu aos Famous Flames um novo arranjo: eles receberiam um salário fixo e mais trinta e cinco dólares por show; Brown ficaria com os royalties dos discos. Esse era o acerto, e se eles não aceitassem seriam substituídos. No início de março, os demais Famous Flames disseram que não aceitavam o acordo. Eles iriam cumprir as datas que os levariam de volta ao Sul e então cairiam fora.

Bart acabou com quaisquer ilusões que ainda restassem a respeito de os Famous Flames serem um grupo igualitário, tendo Brown como o primeiro dos iguais. A declaração de Bart encerrou o assunto, mas na verdade o fim já havia acontecido em março. Nenhum dos Flames se recuperara do golpe de pegar aquela primeira cópia de "Please, Please, Please" e ver a estranha apresentação da etiqueta da Federal, "JAMES BROWN with the Famous Flames".

"Ah, aquilo deixou todo mundo arrasado", conta Byrd. "Todas as coisas que havíamos passado juntos, toda a batalha para *chegar* até 'Please, Please, Please' e aí terminar com o nome de uma pessoa só para tudo aquilo. Não era justo, porque tudo aquilo não foi feito por uma pessoa só. Todos nós fizemos. Foi mesmo."

Brown não era um deles. Os Flames haviam crescido juntos, e encaravam aquilo como uma farra, uma aventura ao luar pelas montanhas, alguma coisa que permitisse ficar rodando até que terminasse e você tivesse que voltar para a sua família.

"James era diferente de nós. Ele não saía com a gente", Scott lembrou mais tarde. "James tinha sua maneira de ver as coisas, queria fazer algo diferente do resto. Queria traçar seu próprio caminho."

Para Byrd, a diversão acabou quando começaram as discussões sobre pagamento e porcentagens. "A melhor fase que tivemos foi quando éramos os Flames e todo mundo ganhava igual, fosse um dólar e vinte e cinco centavos, fossem apenas setenta e cinco centavos. Ah, vocês não podem imaginar que tempos eram aqueles. Era muito diferente, todo mundo com um sorriso, se divertindo... Para nós não era um trabalho, era uma farra."

Os Flames puseram a culpa da separação na ambição de Brown, na sua mesquinhez. Com certeza, Brown teve a sua parte nessas duas coisas. Mas o que separou os Famous Flames é que eles eram de Toccoa e Brown não. Para eles, era uma farra, um prazer inocente e gratuito. Eles voltavam para casa e cuidavam da família.

Sem vender discos desde a sua estreia. Sem um espetáculo montado. Sem provar que era capaz de compor uma música sua. Nove singles em seguida que ninguém quis ouvir. Brown partiu de novo para o circuito sem vento em popa para empurrá-lo. Era um artista solo no verão de 1957, acompanhado pelo pianista Fats Gonder, emprestado por Brantley. Ele pegou Thomas "Guitar" Gable, que tocava sentado com a guitarra deitada no colo, para uma série de shows. Além dos dois, Brown contratava os baixistas e bateristas que ia encontrando, tocando coisas que eles conhecessem, cantando seu único sucesso. Viajando com pouca bagagem. Naquele outono, um pequeno milagre aconteceu: Little Richard encontrou Deus. Ele havia entrado para a igreja Adventista do Sétimo Dia e pregava pelas esquinas de Los Angeles a abstinência e a iminente Segunda Vinda de nosso senhor. Havia sido contratado por uma agência religiosa de shows e anunciou que estava desistindo de seus compromissos seculares na América. Assim, mais uma vez Brown foi chamado, e como não havia muita coisa sobrando para ele, decidiu seguir uma vez mais em turnê com o Upsetters por várias semanas. Ao travar contato de novo com os prazeres de tocar com uma banda grande e com um bom baterista, passou a desejar montar um grupo próprio e levá-lo para Cincinnati para uma sessão de gravação que pudesse definir uma nova direção. Melhor ainda: para definir *uma* direção.

O problema era que Nathan continuava em pé junto à porta. Se você tivesse um sucesso, ele fazia você gravar o maior número possível de discos, e quando você estava por baixo, acontecia o inverso – Syd não tinha nada para você. Depois de mais uma sessão no outono de 1957, Nathan parou de retornar as ligações de Brown.

Uma coisa estava ficando clara, como ficaria clara para qualquer um que passasse algum tempo no enclave de tijolos marrons da King. O que importava para Nathan eram as canções. Ele entendia tão bem quanto qualquer outro dentro do setor que o dinheiro vinha mesmo da posse dos direitos autorais das composições. "Ele não grava a música de ninguém a não ser que tenha uma porcentagem", disse Henry Glover. "É por isso que ele tem tão poucas composições de fora em seus selos." Era um bom jeito de ganhar dinheiro, e era a principal razão pela qual Nathan fazia suas atrações brancas cantarem músicas das suas atrações negras e vice-versa: porque eles estavam interpretando canções das quais ele tinha uma porcentagem para plateias negras *e* brancas. "Eu quero saber da *música*", Nathan gritava numa reunião da sua equipe. Quanto ao cantor que interpretava aquela música, bem... "Se ele canta com lábio leporino, a gente fica com ele, a gente fica com a música, porque, afinal, a gente pode fazer um cover dele. Se ele..." – e agora Nathan fazia sua distorcida interpretação de como soaria um cantor com lábio leporino – "isso me serve, desde que o *material* seja bom."

Ele não tinha nenhum gosto particular por música. Nathan gostava do negócio, admirava espertalhões que sabiam fazer negócios com outros espertalhões. Trabalhara como empregado de uma banca de tiro ao alvo e como promotor de luta livre, dirigia uma gravadora e fora dono de uma loja de penhores. Esta última ocupação teve um destaque particular; os funcionários da King lembram que Nathan matava o tempo indo a pé até uma loja de penhor local, onde escolhia qualquer objeto em que ele não tivesse interesse nenhum em comprar, só para ver o quanto ele conseguia fazer o dono do penhor reduzir o preço.

O astro da música country Hank Penny foi uma das primeiras atrações de *hillbilly* da King, na década de 1940. Numa visita à gravadora, ele viu Nathan discutir furiosamente com um editor de música a respeito de um oitavo de centavo dos direitos de uma música. "Cara, eu nunca ouvi ninguém discutir naqueles termos a respeito de uma quantia tão pequena", disse Penny. Depois disso, foram todos jantar num restaurante caro e Nathan pagou a conta. "Eu perguntei como é que ele conseguia brigar tanto por causa de uma oitava parte de um centavo e depois pagava o jantar de todo mundo. Syd apenas riu e disse, 'Hoje de manhã eu era um *kike*[1], agora à noite sou um judeu elegante'."

"Isso era Syd, em resumo", disse Penny.

Brown tinha pouca capacidade para induzir a King a gravá-lo. O que Brown controlava eram os shows que fazia, as datas que sobravam porque ninguém queria pegar e que ele batalhava durante o outono e inverno de 1957. Depois que os shows com os Upsetters terminaram, ele manteve o grupo vocal de Richard, os Dominions, com ele. Eram Louis Madison, Bill Hollings, J. W. Archer, e agora eles é que eram os Famous Flames. Ele também pegou um novo guitarrista em Topeka, Kansas, um fanático por blues que tocava com um som encorpado, chamado Bobby Roach.

Não era uma situação em que Brown comandasse o show. Não era propriamente um show, e embora a paga dos músicos fosse menor que a dele, ninguém fazia reverência ao chefe. Em Indiana, duas mulheres na frente do palco estavam zombando da aparência dele, e logo os Famous Flames estavam também rindo com elas. No camarim, depois do show, Roach viu Brown chorando. Outra noite, no litoral da Carolina, os rapazes estavam todos jogando dados. Um dos Flames estava ganhando e Brown não. Ele não sabia perder. Houve uma briga e o cantor apanhou

1 Termo depreciativo para "judeu". (N. do T.)

bastante. "A gente precisou colocar bandagens, os olhos dele sangravam muito, ele colocou óculos escuros enormes. Fizemos o show, mas ele mal conseguia ficar em pé", disse Roach.

O grupo tocou na costa oeste em agosto, mas eles se instalaram na Flórida, onde Brown passou uns nove meses. Um local que os ajudou bastante foi uma terra de fantasia chamada Million Dollar Palms of Hallandale, a uns trinta e poucos quilômetros de Miami. O Palms era um antigo cinema drive-in que funcionava agora como casa noturna, onde você podia ficar andando ao lado do palco ou sentar no carro e ouvir gente como Roy Milton, Ray Charles e Earl Bostic. O Palms foi crescendo a partir do drive-in, e tinha uma churrascaria ao ar livre e um bar com trinta metros de comprimento. O dono, branco, dirigia um motel para negros a cerca de um quilômetro e meio dali, e tinha outro Palms em Jacksonville. O Palms agendava a banda por uma semana inteira, por isso era um oásis no meio daquela sequência de locais para tocar uma noite apenas que se estendia de Atlanta a New Orleans.

Uma noite no Palms, um rapaz cujo nome se perdeu no tempo cantou uma música que ele havia composto e que achava que Brown deveria gravar. A melodia ficou na cabeça de Brown enquanto ele dirigia pelo sul e para outra viagem pela Costa Oeste. "Stockton, Bakersfield, Fresno, Sacramento, lugares assim", disse Roach. "A gente não chamava público algum nesses lugares. Voltamos para Macon, Geórgia, e esse foi um rude golpe para James."

Roach assumiu o volante do carro, enquanto Brown descansava um pouco, e então dirigiu por um bom tempo, lembra Roach, "porque Brown ficou pensando na sua carreira e nas suas músicas". Eles pararam à noite numa pequena cidade do Alabama, e Brown pediu a Roach que pegasse seu instrumento; ele tinha uma música e queria colocar a parte de guitarra nela.

Era a música que Brown ouvira no Palms, e Roach sentiu que ela era como um apelo de Brown ao seu público, à sua gravadora, ao mundo:

Give me a chance. Dê-me uma chance, ouça o que tenho a dizer. Ele chamou os Famous Flames e começaram a trabalhar as harmonias, e a música que criaram lembrava um sucesso da época, "For Your Precious Love". Eles seguiram adiante em direção a Macon. Chegaram às duas da manhã e foram direto até a WIBB para gravá-la enquanto ainda estava fresca. Roach estava lá, junto com Fats Gonder e os Flames. Brown pagou ele mesmo a sessão de gravação, pois parecia ser o único jeito de ter a música gravada. Ele pediu para fazer cinco discos a partir da fita e mandou-os para os DJs do sul que ele conhecia. A música era "Try Me", uma frase muito usada pelos jovens negros da Geórgia, junto com uma linguagem corporal específica, para paquerar as garotas. A partir de vários ângulos, portanto, a música passava certo sentimento de urgência. Mas para que alguém pudesse chegar um dia a ouvir a música, Brown precisava primeiro convencer Nathan a deixá-lo voltar ao estúdio e gravá-la.

Mais tarde, Brown contaria que Nathan comunicara que ele, Brown, estava fora da gravadora de vez, e que só cedeu porque a demo de "Try Me" começara a gerar algum movimento entre os DJs do sul. Mas quando Nathan finalmente ouviu a música, teve de admitir que havia algo ali, e bancou a sessão em Nova York com um produtor de discos da pesada, Andy Gibson, e bons músicos de estúdio. A música logo subiu nas paradas de R&B enquanto Brown e os Famous Flames voltavam para a Costa Oeste, para tocar no L.A.'s 5-4 Ballroom em novembro e de novo em dezembro. No final de 1958, a canção chegou ao topo das paradas de R&B, e foi também a primeira música de Brown a entrar nos Hot 100 da Billboard – alcançando a 48ª posição na lista pop. A música era de qualidade, tinha um verniz, um acabamento profissional na gravação de estúdio; era o tipo de música que Nathan apreciava. Mas seu clima lacrimejante, meio na linha de "Please, Please, Please", não era o que Brown queria para o seu som, tampouco tinha a ver com o espírito de seus shows.

Desde a primeira vez que tocara com Charles Connor e os Upsetters, Brown vinha querendo uma banda própria, com músicos que ele pudesse levar em turnê e com os quais pudesse trabalhar novas músicas para gravá-las depois na King. A partir do sucesso de "Try Me", Brown podia bancar algo melhor, e tomou a decisão. Contratou J. C. Davis, um saxofonista de som agressivo que gostava de bebop, para ser o líder da sua banda. Davis era da Carolina do Norte e havia estado em Camp Gordon, Augusta, e tocado na Army Signal Corps Band por volta de 1953. Nos fins de semana, Davis ia para Terry e tocava com bandas locais. Foi assim que conheceu o baterista Nat Kendrick, amigo de juventude de Brown, e o baixista Hubert Perry, que tocava com os Four Steps of Rhythm. Quando saiu do exército, Davis voltou para Greensboro, onde liderou a banda da casa no clube ABA. Ele tocava com os astros quando eles passavam pela cidade, e, depois que Davis acompanhou Brown um dia, o cantor perguntou se ele queria ser o líder da sua banda. Então Davis trouxe Perry e Kendrick, a seção rítmica de Augusta, para o grupo. Com esses três, mais Fats Gonder nos teclados e Bobby Roach na guitarra, e com os Famous Flames cantando e dançando, Brown estava de volta aos palcos. Eles colocavam "Try Me" como parte central de seu show ao vivo, com os Flames dando passinhos para mostrar o que os garanhões da Geórgia faziam quando perguntavam às garotas se elas queriam "experimentar" ("*try me*") e concebendo outros passos e coreografias também.

De imediato, a aquisição mais importante foi Kendrick. Ele vinha com uma bagagem de rhythm and blues, e não tocava a bateria completa, preferindo manter uma batida simples de condução na caixa e um alicerce pesado no bumbo. "Não era um grande baterista, mas tinha muito sentimento, muita alma", disse Davis. "Ele não ficava tentando se exibir, dar uma de bom, simplesmente ia para a bateria e depois de alguns minutos de show a camisa dele e a roupa toda estavam brilhando de suor. Ele tinha um bumbo pesado, bem pesado – ele destacava a linha do baixo com aquele bumbo e era isso que James acompanhava ao dançar."

A energia de Kendrick ajudou a banda em outros aspectos. Uma vez Brown ficara jogando fliperama no clube de Brantley, e, enquanto os músicos iam de carro para Savannah cumprir um compromisso numa casa noturna, Brown ainda estava em Macon, tentando recuperar o que havia perdido. Na casa noturna, com o atraso, as pessoas começaram a arrebentar as mesas e atirar as cadeiras para o alto, então o grupo decidiu abrir o show, mesmo com Brown ausente. Como ele não chegava, a banda fechou as cortinas, e de repente Kendrick apareceu e tocou um solo de bateria, como se isso fosse um novo jeito de começar o show. Ficou lá tocando e tocando enquanto atrás da cortina os outros músicos punham todo o equipamento e instrumentos na perua; ele continuou tocando, enquanto eles davam partida no carro; então pegou seu kit e saiu correndo para o carro e dirigiu à toda enquanto a plateia se dava conta de que Brown não iria aparecer mesmo naquela noite.

Eles contratavam pessoal de sopros aqui e ali, e, conforme a banda foi se expandindo, o show também ficava maior. Primeiro, Davis e os músicos faziam um punhado de músicas instrumentais meio jazzísticas, enquanto Brown assistia e gritava da plateia. Então Fats Gonder entrava em cena, e com sua voz poderosa agitava a casa para a entrada dos Famous Flames, que cantavam alguns sucessos da época, e depois estimulava a plateia ainda mais, até Brown chegar ao palco.

Quando o clima esfriava, o grupo atacava com uma de suas coreografias bem ensaiadas. Eles faziam uma encenação de beisebol na qual Davis era o batedor que ficava na "base" balançando seu saxofone enquanto Brown atirava uma bola e um dos Flames comentava os erros e acertos. A música "The Bells" era uma novela, contando a história de um rapaz que não tratava bem a mulher – ele pega o carro e vai embora com raiva, e a próxima coisa que ouve é a polícia batendo na porta e perguntando pelo parente mais próximo. Nessa coreografia, os Flames empurravam pelo palco um carrinho de bebê com um boneco dentro, e, quando passavam por Brown, ele caía de joelhos e soluçava, e ia aos poucos entrando no clima da música "Please, Please, Please."

"A gente empurrava o carrinho de bebê e passava por ele, e então via que ele estava chorando de verdade", diz Davis. Chegou um ponto em que, se eles viessem tocar na cidade de novo e *não* fizessem o número do carrinho de bebê, tinha gente na plateia disposta a partir para a briga. "Ele era um cara determinado a se fazer notar. Estava decidido a virar 'o cara', tinha que fazer alguma coisa para que as pessoas lembrassem de nós, mesmo que fosse trepar nas vigas do teto e se atirar lá de cima e se matar. Ele tinha que ser lembrado."

Eles eram sinônimo de elegância e riqueza e comoviam a plateia. Era como queriam ser lembrados, mas sendo negros e representando aquelas qualidades podiam ser mortos durante as turnês. Era uma forma de arte toda própria: arrasando no palco, e depois fugindo até a próxima cidade.

Quando em turnê pelo Sul, se não conseguiam um quarto num motel de estrada eles ficavam em *tea houses*, espécies de prostíbulos, conta Davis. O trajeto inteiro, a polícia era uma presença a ser evitada, atenuada ou ludibriada. Uma vez, policiais mandaram a banda parar no acostamento numa estrada estatal em Waycross, Geórgia, e disseram ao motorista – Davis – que a luz traseira estava apagada. "Não, não está não", ele respondeu – era a sua perua novinha Kingswood. "Está nos chamando de mentirosos, rapaz?", perguntaram-lhe, e então bateram na cabeça dele com uma lanterna. Outra vez, vindo de um show numa região de cultivo de tabaco, estavam dirigindo para o compromisso seguinte quando clarões na estrada instruíram-nos a parar. A polícia prendeu todos e levou-os para a delegacia. Lá os bolsos dos músicos foram esvaziados, e tudo o que eles tinham foi tomado pela polícia. Negros dirigindo num automóvel bonito deviam ser do Norte e tinham que aprender a lição. Episódios como esses mostravam a eles que era improvável conseguir se safar fora da cidade se os policiais soubessem que você tinha um bom dinheiro e estava guiando um bom carro com placas de outro estado. A partir de então, colocaram a féria da noite em outro carro, um que aos olhos da lei parecesse mais adequado a ser dirigido por um negro.

Às vezes, os xerifes eram, mais do que qualquer outra coisa, engraçados. Alfred Corley era um adolescente que estudara saxofone na Flórida com Cannonball Adderley. Corley estava completamente bêbado na noite em que a polícia o tirou do ônibus e começou a interrogá-lo.

"Qual é o seu nome, rapaz?"

"Meu nome é Alfred Corley."

"Rapaz, não é assim que se deve falar com a gente por aqui – seu nome é *Corley*."

Corley virou-se para os garotos da banda e disse com toda a sua inocência de bêbado, "Gente, eu não sei mais nem como eu me chamo!".

Isso tirou a tensão da situação, e logo eles foram dispensados.

Este era um aspecto do *chitlin circuit* no final da década de 1950, um aspecto importante, mas havia outras cintilações emergindo da visão periférica. Uma vez a banda estava fazendo um show em Jacksonville, no Number Two Palms, por volta de 1959. Roach, Davis e os garotos estavam no camarim, brincando, esperando para começar, quando alguém que estava do lado de fora do camarim entrou parecendo muito nervoso. Havia quatro ou cinco pessoas que queriam muito falar com a banda, explicou ele. Eles entraram, dizendo que eram estudantes de faculdade, e então começaram a rir, admitindo que poderiam ter sido presos se fossem pegos naquele clube cheio de negros.

Depois de dizer isso, os estudantes tiraram os disfarces que estavam usando. "Eles tinham aquelas perucas naturais e maquiagem marrom de pancake no rosto", disse Roach. "Eu e James olhamos um para o outro, ficamos de boca aberta. James gritou, 'Esse pessoal é branco!'." Eram três garotas e dois rapazes, e disseram que o show era a melhor coisa que já tinham visto e que haviam decidido acompanhá-lo aonde fosse. "Tocamos em New Orleans e eles estavam lá, então foram para Miami, Carolina do Sul, eu os vi num monte de lugares, e eles faziam a mesma coisa aonde quer que a gente fosse."

Brancos e negros se misturando em locais de eventos podiam despertar o pior que havia nos agentes da lei locais, e era proibido mulheres brancas se misturarem com homens negros. Dois anos antes dos "Freedom Rides"[2], viam-se estudantes brancos de faculdade que de algum modo haviam tropeçado com o show de James Brown e haviam gostado tanto que se dispunham a viajar do jeito que fosse possível para ouvi-lo de novo.

Era um show de várias partes, com Gonder, Davis, os Famous Flames e Brown todos anunciados nos cartazes. As etiquetas dos discos e o valor dos cheques que vinham da Universal definiam que Brown era o astro. Mas isso era diferente de ter controle do show inteiro, ou de ter o respeito daqueles à sua volta. Fats Gonder o chamava de Monge Brown, e logo os outros garotos fizeram o mesmo: "Porque quando ele tirava a maquiagem e as roupas, parecia um pequeno monge", diz Davis. Os Flames tomavam gim White Satin e suco de limão, e ficavam provocando Brown dizendo que sempre conseguiam mais garotas do que ele. Havia uma baixa estima dos dois lados, que se manifestava em brigas de socos e respostas atravessadas e pequenas gozações que mostravam o ego de Brown em pleno inchaço. "James começou a dizer: 'Eu estou ficando importante e vocês aí não vão ser nada'. A gente vai andar pela rua e as pessoas vão olhar e dizer 'Lá vai o James Brown...'. Elas não vão nem

---

2 Os Freedom Rides eram passeios de ônibus com brancos e negros viajando juntos, realizados no início da década de 1960 nos Estados Unidos para contestar as leis que impediam a mistura de raças no transporte público. (N. do T.)

falar com vocês', lembra Davis. "Se uma garota der uma banana a vocês, Brown vai pegar o maior pedaço na hora. No dia seguinte, se alguém lhes der alguma coisa, ele ainda vai correr e pegar o maior pedaço. Ele não vai dizer 'Ontem eu peguei o maior pedaço, então agora é a vez de vocês'. Ele vai pegar o maior pedaço sempre."

Sem dúvida, havia muito ego nisso, a vaidade de um homem que acreditava nele mesmo quando ninguém mais acreditava. Mas havia mais que isso. Já que ele ia montar o show, ele queria deixar sua marca em cada aspecto da apresentação, ele precisava lutar para conseguir espaço dentro do seu próprio show. "Toda essa coisa de ficar bancando o durão era só uma fachada", Roach acreditava. "Ele dizia, 'Bobby, eu preciso agir desse jeito, porque se eu não fizer isso o show vai passar por cima de mim'." Ele era o astro, mas não era o líder – ele não dizia a Davis o que tocar ou por quanto tempo, e além disso os Flames não davam muita bola para o que ele dizia, e Gonder ficava na dele. O que ele confessava a Roach, que ficava no mesmo quarto que ele em Macon, era isto: "Ele estava tentando ganhar o controle da liderança".

Em março de 1959, o grupo partiu de novo para a Costa Oeste. Tinham muitos compromissos na Bay Area, muitos lugares para se apresentar. Segundo Byrd, Brown havia feito alguns agendamentos de shows de última hora por sua conta nessa viagem, sem o conhecimento da Universal Attractions. Depois de um desses shows fora do roteiro na área de Oakland, Brown enfiou no bolso o depósito do promotor do show, e o dinheiro que ele deveria dividir com o local do espetáculo e com a banda, e dirigiu de volta para Macon. Deixou a banda a ver navios no norte da Califórnia, sem pagar as três semanas de salário que lhes devia. Diante disso, aquela versão dos Flames – Louis Madison, Bill Hollings, J. W. Archer – caiu fora de vez no norte da Califórnia. Este é um dos relatos da história. Há outro segundo o qual Brown foi confrontado por um dos Flames numa rua chuvosa de Oakland sobre o dinheiro que lhes devia, tomou uma surra e então foi embora da cidade. Ele vivia o momento, e naquele momento ele deu o fora com o dinheiro, e sem os seus Flames. Pelo menos aqueles filhos da puta não iam mais chamá-lo de Monge Brown na sua cara por um bom tempo.

"Ele não era a manchete", diz Roach. "Ele era apenas parte do show, e estava lutando para ser o líder. Mas não era o líder na época. James se tornou de fato o líder do show quando os Flames saíram e ele assumiu." Brown tinha que voltar para Macon porque sua namorada, Dessie, estava passando por uma histerectomia. O sobrenome de Dessie era Brown, e, juntando isso com o fato de eles viverem juntos, as pessoas achavam que eram casados, quando na verdade James era casado ainda com Velma em Toccoa. "Ela era uma moça incrível, e eles eram como irmãos", lembra Roach. Os primeiros dez mil dólares que James juntou ele mandou não para Velma e os meninos, mas para Dessie, para que os dois pudessem comprar uma casa. Mas ela gastou tudo enquanto eles estavam em turnê. "Ela não era lá muito certa da cabeça", suspirou Roach.

Mas ainda sobrava um pouco de tempo para gastar na Geórgia, pois os Flames estavam agendados para estrear no Apollo Theater do Harlem em 24 de abril de 1959. Brown perdera sua banda, o que era um desafio, mas a essa altura já havia um padrão se consolidando: o sucesso vinha um minuto ou dois depois que tudo parecia acabado. Fosse apostando em "Try Me" quando Nathan não atendia mais o telefone, ou socando um fazendeiro branco numa estrada rural, as coisas funcionavam bem. Isso podia levar um cara a achar que era invulnerável.

Um novo grupo de Famous Flames precisava ser montado em poucos dias. Examinando os nomes com os quais podia contar, Brown chegou a Johnny Terry, que sempre estivera por perto do show desde o início. Havia Bobby Bennett, um grande dançarino que crescera a um quarteirão da casa de J. C. Davis em Greensboro, e "Baby" Lloyd Stallworth, um garoto muito doce que o show havia incorporado no Million Dollar Palms. "Era um garoto muito legal mesmo, muito sensível. Gostava de garotas e garotos", disse Bennett. "Ele iria conviver com homens. James levou-o junto em turnê quando ele tinha dezesseis anos de idade. A mãe dele mandou-o para a estrada para que ficasse com James – James disse que iria educá-lo."

Brown ainda precisava passar o show inteiro para esses garotos, e para essa tarefa ele chamou o homem que achava mais capaz de entender as necessidades de seu espetáculo: Bobby Byrd. Lá em Toccoa, Byrd engoliu em seco e disse a Brown que iria encontrar-se com ele no Harlem.

Brown alugou um espaço no porão do Cecil Hotel, e Byrd começou a ensinar os passos aos novos Famous Flames. Todo mundo sabia o quanto havia em jogo. O Apollo significava muita coisa importante para Bart e Brown: era a casa de shows mais badalada do país, tão diferente do Lenox em Augusta quanto Harry Belafonte era diferente dos Butterbeans and Susie[3]. O lugar significava brilho cosmopolita, e sabia-se que era frequentado pela plateia mais severa e de opinião mais especializada do país. Isso era controvertido para alguém que se apresentava no circuito do Sul, onde as pessoas podiam baleá-lo se você cantasse "The Bells" sem o carrinho de bebê, mas era verdadeiro o suficiente. Nova York era o Norte. Era onde o dinheiro estava, onde os grandes negócios aconteciam e onde Brown iria reclamar seus direitos.

Conforme se aproximava a hora de seu maior show e ainda por cima na cidade grande, todo mundo se sentiu pressionado por constatar que a própria aparência delatava sua origem. Eles se hospedaram num hotel que não tinham condições de pagar, e ficaram surpresos quando o porteiro abriu a porta do táxi, carregou a bagagem até o quarto deles e ficou esperando uma gorjeta. Eles não podiam nem lavar a própria roupa, porque e se alguém os visse fazendo isso? "Você tinha que desempenhar o papel, tendo ou não condições de bancá-lo", lembrou Davis.

3 Duo de comediantes negros de Vaudeville que fez sucesso popular nas décadas de 1930 e 1940. (N. do T.)

Eles usavam terno vermelho berrante que devia causar admiração no *chitlin circuit*. Brown e os dez rapazes que iriam subir no palco com ele ganharam 2.250 dólares pela semana, e eram o segundo nome no cartaz, depois de Little Willie John. O cantor de Macon era um admirador da atração principal. Willie tinha uma pele macia, de bebê, era um conversador admirável – podia falar sobre carpintaria, beisebol, o que fosse –, era um cara do tipo "deixe que a bebida é por minha conta". Bem, isso se ele estivesse a fim; do mesmo jeito, Little Willie John podia foder com você, atrapalhar sua vida, queimar seu filme na hora em que você estava, por exemplo, tentando passar uma cantada numa mulher no bar.

John era dois centímetros mais baixo do que o metro e sessenta e oito de Brown. Como Brown, era egoísta e ficava magoado com pouca coisa, orgulhoso e bom de briga. Só que John era bonito, e Brown o admirava, o que significava que também o invejava e queria tomar o lugar dele.

John era acompanhado pelos Upsetters, a antiga banda de Little Richard. O baterista Charles Connor havia acabado de receber um convite para tocar com Elvis Presley, mas o recusara para poder viajar com John. Depois os Upsetters iriam se apresentar acompanhando Sam Cooke – mas, para Connor, tudo isso era um anticlímax. "Elvis Presley é ótimo, mas, espera aí, cara. Eu estava com Little Willie John", disse Connor. "Eu já havia chegado ao topo da montanha."

"Tocar acompanhando Sam Cooke era como tocar para pessoas numa casa de repouso, para pessoas idosas", ele disse. "Era como tocar numa banda de enterro a caminho do cemitério." Os Upsetters, diz Connor, iriam ficar murmurando no palco: "Sim, eu vou fazer vocês ficarem bem!". "... Ele parece mais um Sam Crook!"[4] ... e "Eu iria atirar essa baqueta em cima do cabeção feio dele!"

4 Trocadilho aproveitando a similaridade entre o sobrenome Cooke e crook, "enganador" em inglês. (N. do T.)

Bem, era assim que estavam as coisas: Little Willie John era simplesmente melhor do que Sam Cooke e do que Elvis Presley. Esse era o cara a ser superado.

No Apollo, o desempenho dos Flames sublinhava, conforme descreveu Roach, de que maneira Brown tinha que lutar para conseguir o controle do palco. Uma crítica da *Variety* dizia que a apresentação "quase fez explodir as paredes, para o óbvio deleite da plateia". Mas também que "não se trata tanto de um grupo como de uma reunião de artistas – cantores e músicos –, que parece estarem por acaso no mesmo palco ao mesmo tempo... o resultado é uma quase anarquia, com cada homem balançando dentro do seu pequeno mundo rítmico". A crítica destacava ainda que "as plateias do Apollo provavelmente devem ter adorado, apesar de tudo".

Predominou uma lenda de que a primeira aparição de Brown no Apollo se deu antes desta, em meados da década de 1950, quando ele teria vencido um concurso de novos talentos. Brown, no entanto, sempre negou isso, e aqueles que têm acesso aos registros das turnês de Brown também. Não há nada a respeito nos arquivos do Apollo que estão no Smithsonian; e várias consultas feitas à equipe de publicidade do Apollo tampouco produziram dados novos.

A banda de Davis estava criando outra matriz para o show, baseada num blues contagiante, muscular, mais áspero, que soava como garotos do interior sulista fazendo estardalhaço na cidade grande. O fato de ficarem juntos durante as turnês e em corridas sessões de gravação tinha pouco a ver com *doo-wop* e com grupos vocais soltando *uuus* debaixo de postes de iluminação noturna pelas ruas. "Good Good Lovin'" dava o tom, um número animado do tipo para-e-vai, com um solo de sax de Davis com a duração certa. Duas outras músicas enfatizavam essa nova direção. Uma delas havia sido trazida pelo líder da banda, Davis, dos dias de Greensboro: um estremecedor arranjo de "Night Train". A banda ia muito bem nessa música; eles bricavam com o *groove* e inseriam trechos de coisas como "Corn Bread", de Hal Singer, "Hold It", de Bill Doggett, no meio da música. Brown gostava tanto de "Night Train" que às vezes pulava no palco e gritava, "E aí moçada, vamos mandar ver de novo esse 'Night Train' pra mim", e então ficava fazendo um rap em cima do solo de Davis.

O outro número forte da banda havia sido definido no Palms of Hallandale, aquele drive-in de tão boas lembranças para o grupo. Numa das vezes, o grupo percebeu como todo mundo na plateia estava dançando o mesmo passo; era o chamado "*mashed potatoes*" ["purê de batata"], segundo alguém lhes contou, e Miami endoidecia com aquilo. Davis criou uma música para tocar enquanto os garotos dançavam, e Brown, que ficava dançando também no meio da multidão, saltava para o palco e gritava "*Mashed potatoes, yeah, yeah, yeah*" e qualquer outra coisa que fizesse a coisa fluir. Eles começaram a fazer o número em outros lugares, e Brown ficou realmente bom em imitar aquele passo de dança com os pés virados para dentro.

O tempo de preparar o purê era agora. Nathan disse que não gostava do número – ah, Syd – e então Brown foi procurar Henry Stone, o produtor de discos de Miami que havia ido até Macon quase a tempo de contratá-lo. Eles continuavam mantendo contato, e agora Brown oferecia-lhe um disco em sintonia perfeita com o momento. Eles gravaram meio em segredo, com um DJ de Miami em outro canal gritando as bobagens que Brown vinha improvisando ao vivo. "(Do the) Mashed Potatoes" saiu pelo selo Dade, de Stone, em nome de Nat Kendrick and the Swans (para encobrir que Brown estava fugindo ao controle da King). A gravação fez sucesso onde a dança era popular, e ao mesmo tempo levou aquele passo a outras cidades. O sucesso de "(Do the) Mashed Potatoes" era a validação de que Brown sabia mais das coisas do que Nathan, e era também uma preocupação, porque, se a banda estava começando a comandar o show (a voz de Brown mal se ouve na gravação), isso podia ir contra Brown, também – ele não tocava bem nenhum instrumento e não sabia ler música. Na verdade, Brown não tinha capacidade para dar orientações musicais nos termos em que os músicos fazem entre eles. Este era um sucesso em que ele precisava estar no topo, e um dos recursos de que ele lançou mão para isso foi separar Nat Kendrick do grupo. De uma hora para a outra, ele passou a viajar com o baterista no seu carro e a falar apenas com ele antes ou depois de um show, ensaiando separadamente com Kendrick, sem a banda de Davis. Se a banda estava virando o motor do show, Brown por seu lado garantia que o motor da banda estivesse firme sob seu controle.

No final de 1959, a questão era justamente o controle. Brown conseguira chegar ao topo, e então lutava para dominar o show. O respeito que tinha por parte da sua banda era relativo. Aquela banda ganhava cada vez mais poder, e Brown tentava achar um jeito de ficar à frente daquele poder. Ele atingira o ponto mais alto do circuito afro-americano de shows, tinha mais datas agendadas no Apollo, mas pagava suas contas nas trincheiras do circuito. No início de uma nova década, estava cruzando o país com seu *mashed potatoes* e indo para outra turnê pela Costa Oeste, tocando nas maiores casas de eventos para negros da Califórnia.

Uma vez, estavam todos de carro, atravessando o Arizona, e eram quatro da manhã. "Rapaz, essas luzes claras vêm do nada", lembra Bobby Bennett. "Não havia nada no céu e de repente aquelas luzes aparecem no ar. Em toda a nossa volta, e elas nos seguiram durante toda a travessia do deserto."

Eles estavam sozinhos na rodovia, e a banda acabou vendo-se desviada da estrada pelas luzes. "Era assustador, todo mundo mergulhando e subindo pelo deserto – você apagava os faróis e ainda ficava tudo tão claro que dava para enxergar. As luzes nos seguiram a noite inteira."

Você podia acabar ficando louco tentando entender aquilo. Para um líder cada vez mais obcecado por sua autoridade, era um lembrete de que havia coisas totalmente além do nosso controle.

O VIAJANTE

Capítulo Sete

O show estava passando por Birmingham, Alabama, em maio de 1961. Brown queria comer alguma coisa e, sabendo que numa estação de ônibus convencional teria de ser servido na parte dos "colored", ele e alguns dos garotos foram até o terminal de ônibus interestaduais. Fizeram o pedido e sentaram para comer.

De repente, todos ouviram o burburinho que vinha do lado dos brancos. Uma divisão baixa separava as raças no café, e Brown ficou em pé para dar uma espiada. "Todas aquelas pessoas negras estavam em pé junto à porta esperando vagar um lugar na parte 'só para brancos'. A maioria tinha pinta de universitários, e havia uns poucos brancos com eles", Brown escreveu em sua autobiografia de 1986, *James Brown: The Godfather of Soul*. Era uma descrição do Dia das Mães, 14 de maio, quando o primeiro "Freedom Ride" tomou Birmingham de surpresa. A Suprema Corte decidira em 1946 que a segregação de assentos e instalações em linhas de ônibus interestaduais violava a lei federal. O Sul não obedecia a essa regulamentação e agora as organizações de direitos civis vinham testar a legalidade da sua recusa fazendo o que nunca se ouvira antes no passado – sentar ao lado de brancos e pedir para ser atendido.

Um homem negro sentou no balcão de almoço de Birmingham. O cliente branco ao lado dele disse: "O que você está fazendo sentado aqui, preto? Você não pode sentar do meu lado", e derrubou-o no chão com um soco. Outro afro-americano sentou no lugar vago. "Aí se abriram as portas do inferno", Brown lembrou. "As pessoas começaram a bater nos garotos, atirando coisas, destruindo o lugar."

É uma descrição impressionante, em parte porque não são feitos maiores comentários a respeito da cena, além de se mencionar sua momentânea singularidade. Brown não agrega nenhum sentido mais amplo a ela, e esse sentido era evidente: Birmingham foi uma confrontação histórica, e os noticiários sobre essa violência mostraram aos americanos a face de Bull Connor, o comissário de segurança pública de Birmingham, e a imagem real de uma segregação muito arraigada. Aqueles que tentavam transformar a estação num local integrado em termos raciais foram agredidos com correntes de bicicleta, tacos de beisebol e canos de chumbo. Connor havia dado quinze minutos à Klan, para que eles fizessem o que quisessem antes de ele mandar seus policiais intervirem. "A gente não sabia o que era um Freedom Rider", disse Brown. E compreensivelmente não era lá no terminal de ônibus que ele iria aprender. Os músicos correram para o seu carro e saíram guiando à toda, e a mesma coisa fizeram os manifestantes que conseguiram escapar dos agressores. O ônibus deles ultrapassou o carro de Brown na estrada, e de repente Brown viu-se ensanduichado entre os ativistas na frente e os racistas atrás, um comboio de defensores da supremacia branca que se aproximava cada vez mais em caminhões e carros, brandindo tacos e cabos de machado contra os negros mais próximos que conseguiam achar. Naquele momento, Brown disse mais tarde, o que ele sentiu foi algo diferente de qualquer tipo de solidariedade em relação aos ativistas. Ele ficou apavorado com a possibilidade de que ele e sua banda fossem confundidos pelos perseguidores com os manifestantes, os Freedom Riders.

Toda grande autobiografia contém passagens que podem ser lidas em mais de um nível, histórias que requerem um leitor capaz de se distanciar da corrente dos eventos para refletir a respeito das coisas que aquele que escreve está revelando sobre si mesmo. Na descrição de sua entrada acidental no meio dos ativistas de direitos civis e defensores da supremacia branca no terminal de Birmingham, talvez Brown esteja mostrando dois aspectos da mesma coisa – como ele via a si mesmo e como os outros o viam. Primeiro, ele quer que nós o encaremos como um indivíduo à parte das forças e categorias sociais. Ele era ele mesmo, e como declarou certa vez: "Eu faço o que eu quero e não o que alguém – branco ou negro – me diz para fazer". É esse o rapaz que observa por cima da divisória e depois corre até a porta. Mas os brancos do local tiveram uma visão diferente da mesma cena: para eles, Brown era indistinguível de um ativista pelos direitos civis, alguém a mais a ser caçado, e, se pego, espancado sanguinariamente.

"Da primeira vez que a gente ouviu falar naquilo", disse Bobby Roach referindo-se aos *sit-ins* e os Freedom Riders, "bom, a gente nem tinha muita chance de se envolver. Estávamos viajando, fazendo de setenta a mais de mil quilômetros num dia." Eles tinham um trabalho a levar adiante, e um protesto, sem falar numa confusão sangrenta, seria um obstáculo ao cumprimento dos compromissos.

Estava ficando mais díficil simplesmente entrincheirar-se e dirigir até o compromisso seguinte no sul. As agências de espetáculos do norte constatavam um grande declínio no agendamento de shows, já que os pais brancos mantinham seus filhos distantes de eventos que incluíssem artistas brancos e negros revezando-se no mesmo palco. Artistas negros também ficavam cada vez mais relutantes em se apresentar no Sul. Depois de ter sido insultada por um policial em Knoxville, Tennessee, a cantora Ruth Brown jurou nunca mais se apresentar ali. Clyde McPhatter e Sam Cooke tiveram que fugir de uma cidade sulista quando brancos viram as placas de outro estado em seu ônibus de turnê e confundiram-nos com agitadores de fora. Pelo menos, conseguiram entrar no ônibus e voltar para o Norte.

Um sistema antigo estava de repente sendo abertamente contestado. Brown, e muitos da geração dele, haviam se resignado àquilo, e chegado a uma espécie de compreensão que agora estava rapidamente se espalhando. A compreensão era de que se o sistema Jim Crow[1] mantinha negros afastados dos brancos, isso propiciava um mercado negro e outro branco, e às vezes um afro-americano batalhador podia ganhar a vida ligando-se a consumidores negros. Era assim que o *chitlin circuit* funcionava. Só que agora havia brancos que estavam endurecendo o jogo, e havia negros reivindicando integração.

Brown era um sulista negro que não aceitava seu "lugar" na sociedade, mas por temperamento não era de se filiar a nada, nem de marchar numa passeata. Tinha uma visão individualista e fatalista das coisas pelas quais valia a pena lutar – qualquer mudança que ele não pudesse afetar pessoalmente, com seus poderes de persuasão e seus punhos, ele achava que provavelmente não valia a pena ser tentada.

A vida lhe ensinara que só podia confiar nele mesmo, e ele desprezava a própria ideia de depender dos outros. Os outros acabariam decepcionando-o. Mas, depois de Birmingham, sua visão das coisas começou a mudar. Qualquer que fosse o julgamento que ele fizesse a seu respeito – como alguém à parte, independente –, aprendera muito bem que os outros o viam de outro modo, simplesmente como um negro a mais, a ser caçado e expulso da cidade. Prensado incomodamente entre Bull Connor e os ativistas, talvez Brown tenha sentido a necessidade de escolher, antes que os outros escolhessem por ele.

"I Don't Mind" era a música que Brown estava promovendo quando saiu de Birmingham, e tentar trabalhar um single de sucesso significava ter de visitar emissoras de rádio e ficar falando sobre a música. Quando chegou a Montgomery, Alabama, Brown lembrou que podia contar

1 Jim Crow era um termo depreciativo usado para se referir a um negro, a um segregado ou à segregação racial. (N. do T.)

com seu amigo de infância, Allyn Lee, que agora era DJ em Montgomery, Alabama, e tocava discos na WAPX.

Lee era novato no circuito do Sul. Mister Lee, como se autodenominava no ar, era um homem de negócios da cabeça aos pés, sempre disposto a tirar proveito quando uma situação se apresentasse. Lee dizia que onde quer que trabalhasse ele fazia o mesmo acordo com seus empregadores: "Os donos das emissoras de rádio diziam sempre 'Não posso lhe pagar tudo isso...'. E minha filosofia era – você não pode me pagar o que eu mereço. Mas eu vou fazer um acordo com você. Eu garanto que vou transformar meu horário no mais ouvido da emissora se você me deixar fazer meu negócio. 'E qual é o meu negócio?' É só você me deixar anunciar aquilo que me interessa – meus discos e meus restaurantes".

DJs, artistas e promotores de shows, todos eles dependiam uns dos outros, e ficavam explorando um ao outro, numa tentativa de ganhar a vida desse modo. Para gente de rádio como Lee, que com frequência não recebia nada ou apenas alguns trocados dos donos da emissora, a sobrevivência dependia de encontrar novos fluxos de receitas. As maiores fontes de renda eram o "jabá" e os acordos de negócios baseados no acesso aos ouvintes negros que Lee oferecia. Em Montgomery, Lee atraía clientes a um restaurante que ele abrira, o Mr. Lee's Chickadees, que ele anunciava no ar. Ele prometia que os artistas que ele tocava no rádio iriam estar lá. A partir do seu contato com as gravadoras que lhe forneciam novos produtos, Lee abriu uma loja de discos. Sua amizade com Brown também lhe era proveitosa, como Lee reconheceu. "Toda vez que James Brown vinha", explica ele, "apareciam DJs de um raio de duzentas milhas. E eles só iam embora depois que o empresário dava as caras e os cumprimentava. Porque James Brown sempre soltava um envelope de dinheiro. Sempre. Meu motorista – eles uma vez lhe deram um envelope de dinheiro. Eu disse, 'James, mas ele não é um DJ'. E ele respondeu, 'Ele pode ser na semana que vem'. Naquela época você tinha de quinze a vinte DJs na área, e dependendo da sua posição ali poderia haver de 50 a 500 dólares no envelope. Ele sempre ficava elogiando você por tocar os discos dele. 'Toque os meus discos, cara, faça com que as pessoas me ouçam!'"

Brown era particularmente adequado a uma vida desse tipo, baseada em dinheiro circulando. Quanto mais viajava, mais gente conhecia, e mais contatos fazia. Tinha uma compreensão inerente de que, mesmo quando você não se dá muito bem com alguém, é um erro deixar que esse desacordo atrapalhe a circulação de dinheiro entre ambos. Brown manteve contato com pessoas em todos os estágios da vida, por várias razões, entre elas sua abertura para os negócios.

Discos de sucesso colocavam gente nas salas de espetáculos, e isso significava que os DJs tinham que ser persuadidos a tocar seus discos. Selos independentes tinham aprimorado – alguns diziam inventado – a prática de pagar um dinheiro, o "jabá", aos DJs para que tocassem um disco. Quando foi convocado a depor diante de uma subcomissão do Senado que investigava o pagamento do "jabá", Syd Nathan não só admitiu orgulhosamente que fazia isso, como se gabava de dizer que mantinha recibos desses pagamentos, a fim de poder fazer seu registro contábil como despesas de negócios para efeitos de imposto de renda. Para gente branca da área de discos como Nathan, isso era simplesmente pensar no lucro. Para empresários negros era isso e muito mais – se o sistema Jim Crow era uma conspiração de brancos, criava conspiradores do outro lado também.

Uma grande emissora negra num lugar como Montgomery era uma espécie de gerenciador de poder entre pessoas cujo poder era restrito. Lee como promotor reservava um local em Montgomery, e pagava um depósito de metade dos honorários garantidos à agência de shows de Brown, a Universal Attractions. Eles tiravam dez por cento para eles, e o resto ficava com o artista. Depois do show, a outra metade era paga a Brown, no local, pelo promotor. Para um promotor, incluir os DJs era um bom negócio – agora eles tinham interesse em tocar o novo disco de Brown, já que isso traria mais gente para o show no qual eles tinham um interesse financeiro.

Brown não inventou a prática, ele apenas elevou o nível do jogo. Enquanto um monte de artistas faziam isso de um jeito deselegante, enfiando sorrateiramente cem ou duzentos dólares na mão do DJ e cochichando alguma coisa no seu ouvido, Brown transformou a prática numa oportunidade de negócios legítima. Bob Patton, um ex-DJ que trabalhou para Brown em meados da década de 1960, explicou: "É por isso que James Brown se tornou mais lendário do que o cara que punha alguma coisa na sua mão meio escondido. Ele tratava você como homem de negócios, não como uma puta". Seu agente, Ben Bart, ajudou muito Brown a compreender as necessidades e os desejos dos intermediários. Bart era famoso por um livro preto, compilado ao longo de décadas, que ele brandia como a Bíblia Metodista de quem trabalhava no circuito. Nele estavam os nomes, endereços e telefones de DJs, distribuidores de discos, donos de teatro e músicos em cada uma das cidades percorridas. Especificava os gostos pessoais e os pequenos vícios dessas pessoas, e continha os nomes de amigos de ambos os lados da lei ao longo do *chitlin circuit* que, com uma lubrificação adequada, podiam ajudar a tirar alguém de uma encrenca.

Quando James Brown entrou na vida dele, Bart era um dos maiores agentes de entretenimento negro do país. Neto de judeus poloneses, Bart cresceu no Brooklyn, onde gerenciava um bar chamado *Baloney Ben's* na década de 1930, agenciava lutadores de boxe e marcava shows para bandas de jazz para a Gale Agency, uma das maiores empresas de agendamento de shows em teatros. Em 1937, ele levou o líder de big band Tiny Bradshaw para sua primeira turnê pelo Sul, e também agenciou os célebres defensores da causa dos direitos civis, os Scottsboro Boys, numa série de apresentações no Norte. Um ano mais tarde, Bart realizou o que o *Pittsburgh Courier* chamou de uma jornada de 10 mil milhas pelo Dixie, "com o objetivo de obter informação de primeira mão sobre a situação da dança em cidades de todo o país".

O saxofonista tenor Arnett Cobb foi quem lhe deu seu apelido: "The Traveler" ["o Viajante"]. Bart formou sua própria agência, a Universal Attractions, em 1945, trabalhando com artistas como Dinah Washington, Bill Doggett, Wynonie Harris, Foxx and White e muitos outros. "Meu pai sempre dizia, 'Você precisa conhecer a estrada'", dizia seu filho Jack Bart, que mais tarde dirigiria a Universal. "Isso para que, ao voltar ao escritório e pegar o telefone, você soubesse com quem estava falando. Quando eles dissessem, 'Não posso pagar tudo isso porque minha sala só tem capacidade para trezentas pessoas', você poderia dizer então educadamente 'o senhor está querendo dizer 1.300 pessoas. E se quiser esse artista terá de pagar o preço dele.'"

O homem que empresariou Elvis Presley, coronel Tom Parker, era um mestre do sensacionalismo, que aplicou triunfalmente seus conhecimentos anteriores de circo aos reinos mais altos do *show business*. Ben Bart era o coronel Tom dos negros. Tinha um bom faro para conseguir espaço de graça na mídia e havia absorvido em seus ossos a crença de que não havia algo como publicidade ruim. Um dia em 1947, a polícia de Nova York e os jornais foram inundados por telefonemas; centenas de relatos de discos voadores estavam chegando, todos eles indicando que a concentração era uma ponte perto de Washington Heights. Viaturas foram enviadas ao local, onde a polícia encontrou quatro membros do grupo vocal Ravens, um recente acréscimo ao elenco de Bart, arremessando cópias de seu último lançamento, "Old Man River", no East River. "Eles e seu assessor de imprensa"– Bart – "quase acabaram na cadeia, via manicômio", relatou o *Pittsburgh Courier*.

Na época em que assinou contrato com Brown em 1956, Bart era uma figura formidável, que a cantora Etta James descreveu como "um cara branco já mais velho, que com um 45 enorme na cintura passeava pelo Harlem como se não tivesse medo de ninguém. Ben era uma lenda entre agentes e empresários, judeu até a alma". O rhythm and blues estava fazendo sucesso junto ao público branco, e os promotores de shows vinham agendando turnês com um pacote de artistas, uma prática que alguns dizem que foi ele que inventou no final da década de 1940. Bart levou Brown para o norte para apresentações em dezembro de 1956, e o apoiara durante os anos de fome depois de "Please, Please, Please". Sobre as bases daquilo que Brantley já havia ensinado a Brown, Bart deu-lhe um curso de pós-graduação sobre leitura e redação de contratos.

O que Bart fazia por seus artistas era em última análise bem simples: Ele os mantinha na estrada trabalhando e procurava garantir que fossem pagos. "Ele era o cara ideal para o James", disse Steve Alaimo, um artista e produtor. Ao longo do tempo, Bart foi abrindo mão de seus outros espetáculos e permaneceu com Brown. "Ele era um sujeito grandão, rude – não sei o quanto era honesto ou não, mas era um cara que James respeitava muito." Os discos mantinham seu nome em evidência, podiam encher uma sala, mas você não via o dinheiro vivo que eles geravam. Bart fez o dinheiro chegar até Brown, grandes caixas que Brown carregava junto com ele na estrada. "Tudo se resumia a Ben Bart enchendo as caixas de dinheiro", disse Alaimo. "Foi assim que ele fez a vida."

Se Brown estava num restaurante e começava a falar alto demais, Bart era o único que podia segurar as rédeas dele e tranquilizá-lo. O seu "Calma aí, Jimmie..." era suficiente para serenar o cantor. Apresentando-se aos demais como pai de Brown, Bart conseguia mantê-lo longe de encrencas, sabendo o quanto o cantor podia ser inconveniente às vezes.

Bart devia estar por trás quando Brown assinou um contrato de cinco anos com Nathan em 1º de julho de 1960, um documento que tirou Brown da subsidiária federal e colocou-o no alto da lista de nomes da King Records. A King era algo que Brown e Bart tinham em comum. Nathan tinha um advogado agressivo chamado Jack Pearl, e Pearl por acaso era casado com a irmã de Bart. Além de seu trabalho legal para a King, Pearl ajudara a dirigir um selo independente, a Hub Records, junto com Bart, no final da década de 1940. Pearl tinha sua própria editora de música, e fazia trabalhos jurídicos para a Universal Attractions e também para a King. Na época em que Brown estava trazendo um bom dinheiro para ambas, Bart tinha uma *houseboat* em Miami, onde tanto ele quanto Nathan passavam uma época do ano. Em Miami, Bart era "um verdadeiro viciado em corridas de automóveis", lembra Henry Stone, que frequentava o Gulfstream Park e a Hialeah Park Race Track com Bart.

Por duas vezes em cerca de uma década Bart fez circular o rumor de que o líder de banda Tiny Bradshaw havia morrido, o melhor jeito de conseguir espaço na mídia para dizer que na verdade Bradshaw ainda estava vivo e tinha vindo se apresentar numa cidade perto de você. Essa técnica de eficácia comprovada foi revivida para Brown. "Jimmie está morrendo!" era o grito que, segundo a revista *Jet*, havia sido lançado no Uptown Theater de Filadélfia, onde Brown supostamente teria morrido no palco. Ele não estava morrendo; a história dizia que ele estava apenas fatigado e voltaria à turnê na época em que você estivesse lendo isto.

Os sucessos vinham um atrás do outro: "Bewildered", "I Don't Mind" e "Baby, You're Right", todos eles conseguindo uma significativa exposição no rádio em 1961. O sucesso trazia publicidade, você podia plantar uma nota a respeito de qualquer coisa ou de quase nada, desde que tivesse um sucesso. Depois que uma fã alucinada de paixão atacou o cantor Jackie Wilson nos bastidores do palco, a imprensa negra soltou a notícia de que Brown estava contratando segurança adicional para protegê-lo de "outro incidente do tipo Jackie Wilson".

Brown deu um grande passo à frente em 19 de outubro de 1961, quando conseguiu sua primeira aparição nacional na tevê, no programa *American Bandstand*. Transmitido cinco vezes por semana entre quatro e cinco da tarde, *Bandstand* tinha uma audiência nacional de adolescentes e oferecia a possibilidade de contato com um público branco. O programa apresentava novos artistas aos telespectadores, novos passos de dança, e seus comerciais davam dicas de aparência para adolescentes.

Bandstand era uma espécie de passo a passo sobre como ser legal, e o artista apresentado com certeza iria ser assunto de conversa no dia seguinte na escola. Nesse sentido, esse foi um grande avanço para a carreira de Brown. Ele estava levando sua música até o maior público que conseguira até então, mas era um momento submetido a um estrito controle. A câmera de *Bandstand* quase não mostrava dançarinos negros, e os cantores negros não tinham permissão de se movimentar da maneira que o faziam normalmente no palco. E devido à política estrita de Bandstand de dublar o *playback*, Brown de qualquer modo não estava de fato fazendo uma apresentação autêntica.

Quando olhava para a câmera e através da tela da tevê, o que Brown via? Um público branco ainda fora de seu alcance. Seus discos tocavam nas rádios de música pop, mas poucos brancos do norte haviam assistido a um show seu. No sul, quando se registravam brancos na plateia, era em espetáculos onde havia segregação. Na maior parte do tempo, ele ainda tocava para plateias negras num circuito no qual se sentia mais à vontade, apesar de querer transcendê-lo. Olhando pela divisória que havia entre seu grupo e os milhões de garotos Clearasil[2], esse artista autoconfiante vislumbrou um público que ele *sabia* que podia alcançar, desde que pudesse pelo menos apresentar sua música mais recente diretamente, e não como um ventríloquo. Eles precisavam ver o show.

Por volta dessa época, Brown estava num estúdio de Miami, assistindo ao cantor branco Steve Alaimo gravar um disco. Os dois já se conheciam havia alguns anos. “Ele disse ‘Steve, eu gosto de você como um irmão. Mas eu o odeio, porque você é branco. Porque você consegue fazer as coisas que eu não consigo. Não posso gostar de você porque você é branco e eu sou negro’.” Os cidadãos brancos de Birmingham ainda estavam no seu encalço. Por mais rápido que andasse, seja lá o

---

2 Marca americana de pomada contra acne juvenil. (N. do T.)

que fizesse, quando olhavam para ele, ainda era um cara negro. Ele deu raiva de presente ao seu amigo.

No início de 1961, a banda acabava de tocar nas Bahamas e os músicos estavam descansando em Miami quando ouviram um som familiar no rádio. Era "Night Train", o número instrumental que J. C. Davis trouxe para o grupo e que era muito aplaudido nos shows. Vários grupos tocavam esse número na década de 1950, e provavelmente havia sido gravada como um número adicional, para preencher o tempo final de uma sessão de gravação. Davis disse que haviam garantido a ele que a música seria lançada sob o seu nome. Quando Davis descobriu que estava saindo como um disco de James Brown, ficou furioso. Para Davis, era uma repetição da sua experiência com o "(Do the) Mashed Potatoes", uma música que ele havia arranjado e aprimorado para vê-la lançada sob o nome de outro artista. Desta vez ele pegou seu irmão, e a arma de seu irmão, e foi tirar satisfações com Brown em Tampa. Depois disso, Davis estava fora do grupo.

Davis seguiu seu camnho e foi tocar com Etta James e gravar na Chess Records. Logo depois que ele saiu, o baterista Nat Kendrick também foi embora da banda. Brown teve que se virar para achar outro diretor musical para a banda, e acabou escolhendo St. Clair Pinckney, um saxofonista tenor de Augusta que ele conhecia da Floyd School.

Era o tipo da desarrumação com a qual Brown se sentia à vontade. Quando eles voltaram à Califórnia no verão de 1962, houve um evento que colocou Birmingham em evidência. Eles estavam agendados para um show no 5-4 Ballroom de Los Angeles, um dos locais-chave para eventos no corredor negro da Central Avenue de L.A.

Na mesma noite de abril em que os Famous Flames abriram sua temporada no 5-4 Ballroom, a apenas umas quadras dali a polícia de Los Angeles invadiu uma mesquita da Nation of Islam e, após uma confrontação, matou um membro e feriu seis outros, todos eles desarmados. Brown parece ter ficado marcado pela cena, porque duas décadas depois ele evocou a experiência do nada, numa entrevista. "Eles mataram nove muçulmanos", disse ele, cometendo um equívoco ao lembrar do número. "A cerca de quinze metros do 5-4 Ballroom, e eles não estavam incomodando ninguém, mas agora estavam lá deitados, mortos. Eu aprendi, então, que nós temos que ser respeitados..."

"Eu aprendi, então, que nós temos que ser respeitados": isso era algo que ele não teria dito há apenas um ano.

VIRANDO UM ASTRO

Capítulo Oito

Valia a pena lutar para chegar até o Apollo Theater. Da primeira vez que Brown se apresentou lá, em 24 de abril de 1959, ele discutiu com o dono, Frank Schiffman, pois queria ver seu nome no alto do cartaz e não o de Little Willie John. Da segunda vez que tocou ali, no final de 1959, Brown não quis subir ao palco acompanhado pela orquestra de Reuben Phillips. Ele sabia que usar a banda da casa iria diluí-lo na experiência geral do Apollo, e isso era o oposto do que ele desejava – destacar-se de todos os demais. O Apollo era onde ele merecia estar, sabia disso, e agora precisava fazer com que os outros também soubessem.

Sua estreia no Apollo havia sido caótica, sem rumo, e era difícil dizer quem é que comandava aquilo. Passo a passo, em repetidas visitas ao longo dos dois anos seguintes, Brown começou a colocar limites naquela anarquia. Por essa época, aquela torrente de diversão (canto, dança, músicos, humor) estava sendo mais bem controlada e colocada dentro da mistura, parte por parte. Ben Bart provavelmente sabia tanto sobre Vaudeville quanto qualquer outro caucasiano no país, e trabalhou com Brown para dar à tradição um formato mais ao gosto das plateias jovens, mais sofisticadas. O show de Brown tinha raízes no velho circuito teatral negro, mas Bart o ajeitou, removeu todos os pontos mortos e colocou os números fixos e as novidades extravagantes dentro de uma expressão fluente e contínua de ritmo. O Apollo Theater era o degrau mais alto onde vinham ter todas as tradições do Vaudeville negro, e com a orientação de Bart ele iria escolher alguns dos ícones anacrônicos da tradição – o clown com cara de borracha Pigmeat Markham, o volumoso blueseiro TV Mama com sua voz de peito – e levá-los para a estrada com ele. Gostava deles. Levar seu novo show ao Apollo era também levar algo para casa.

Mas, se o Apollo era um berço da tradição, era também um destruidor do passado, com suas plateias implacáveis que aniquilavam legados e tradições, acabando com qualquer coisa que se aproximasse do clichê. Você precisava conquistar sua admiração; não podia se acomodar e esperar que a coisa viesse até você. Da primeira vez que Brown tocou ali, ele fez o velho truque de atirar suas abotoaduras e gravata para a plateia. Mas quem diabos era aquele cara? A plateia do Apollo atirou-os de volta ao palco.

Em 1961, ele já era uma grande atração, não mais um novato. Tudo indicava que aos vinte e oito anos já viera tomar seu lugar numa prateleira logo abaixo da elite com a qual havia se fundido – composta por nomes como Sam Cooke e Jackie Wilson. Estes tinham uma presença urbana que lhes dera projeção nacional. O que Brown tinha, acima de tudo, era uma ética de trabalho sem paralelo. Era anunciado como "o cara que mais trabalha no show business", o cara que fazia trezentos shows por ano, vários espetáculos numa mesma noite, e tinha uma compreensão da reação das plateias que pouca gente conseguia igualar. Não era apenas uma atração, era agora um show.

O Apollo era o último estágio do circuito negro, que Brown dominava. A partir daí, o único lugar para onde poderia ir era de volta ao Apollo, ou então transpor de algum modo uma fronteira. Cinco meses após sua última aparição, no outono de 1962, Brown estava de volta. E desta vez ele queria gravar o show, ficar exposto a um público maior do que o que já tivera até então. Era difícil contar com os sucessos, especialmente quando o seu selo não fazia muita publicidade e podia deixar seus melhores trabalhos mofando nas prateleiras. Ele sabia como o seu show funcionava com plateias ao vivo. Se pudesse mostrá-lo a novos ouvintes, e fazer disso algo marcante, então o Apollo se tornaria um trampolim, não um ponto final.

Quando ele pediu a Nathan que a King gravasse seu show ao vivo, Nathan recusou enfaticamente. Suas objeções eram de que discos ao vivo raramente haviam dado certo (exceto uns dois álbuns de Ray Charles) e nunca tinham feito sucesso. Nathan disse que não poderia extrair nenhum single de uma gravação ao vivo, afinal todas as músicas já estariam disponíveis no álbum ao vivo, e declarou também que de qualquer modo não estava interessado em álbuns. Isso Brown já sabia, como todos aqueles que gravavam pela King. Para Nathan, álbuns eram uma segunda etapa, uma oportunidade de juntar canções que já haviam sido lançadas como singles. Nathan vivia de singles de sucesso.

"Ninguém acreditava em nós – nenhum dos executivos das gravadoras", disse Byrd. "Só que a gente estava lá, na linha de frente. A gente via a reação do público ao fazer os shows." Brown pegou o dinheiro que eles haviam reservado para uma turnê programada para o Sul (5.700 dólares) e torrou tudo no jogo numa só noite. Em geral, Brown multava sua banda em cinco ou dez dólares por erro cometido, mas, desta vez, ele fez circular a notícia de que, se você esbarrasse uma nota no Apollo, a multa seria de cinquenta a cem dólares.

A essa altura, ele e Syd tinham uma relação confortavelmente litigiosa. Brown visitava a casa de Nathan para falar de negócios, e deslizava uma *mezuzah* em volta do pescoço dele na esperança de cativar o homem e fazê-lo dobrar-se, enquanto Syd ficava lá sentado de roupa íntima, pronto para a guerra. Um precisava do outro. O rádio não tocava mais tanto R&B adulto da King quanto antes, e embora o rock and roll branco estivesse em alta, a King infelizmente não contava com nomes que tivessem apelo para os telespectadores do *American Bandstand*. Syd precisava dos seus fazedores de sucesso. Para Brown, Nathan era um obstáculo com o qual valia a pena trabalhar, pois ele propiciava algumas coisas que Brown queria: a oportunidade de fazer singles que o mantinham em turnê, e dinheiro, às vezes dos sucessos, às vezes de empréstimos do patrão. Talvez igualmente importante, Syd constituía uma figura paterna com a qual Brown podia dialogar.

Steve Halper, sobrinho de Nathan, viu os dois discutindo muitas vezes a respeito de dinheiro. Como Syd destacaria, ele sempre manteve James sob contrato, e um dos termos do seu contrato era que ele não cessaria enquanto Brown devesse a Nathan algum dinheiro. Brown sempre devia a Nathan entre vinte e cinco e trinta mil dólares.

Chuck Seitz era o principal engenheiro de som da King no início dos anos 1960. "Lembro que James chegou um dia e estava visivelmente num aperto, precisando de dinheiro, queria que Syd lhe desse cinco mil dólares", lembrou Seitz. "Syd respondeu: 'Eu vou lhe dar cinco mil dólares se você assinar comigo por mais cinco anos'. E James devia estar mesmo num aperto porque assinou por mais cinco anos. E foi durante esse período de cinco anos que aconteceram os shows do Apollo."

No ano anterior, os shows de Brown haviam apresentado Yvonne Fair, uma cantora que ele ouvira pela primeira vez com o grupo feminino Chantels. No show de Brown ela cantava algumas canções com a banda, fazia a plateia sentir que estava recebendo coisas em abundância. Uma pequena nota na revista *Jet* de julho insinuava que Brown estava trabalhando em alguma coisa de grande porte. "As pessoas estão falando... Sobre o projeto 'secreto' de James Brown, que é montar uma grande produção musical de rhythm and blues, estrelando ele e a bonita Yvonne Fair, e com planos de levá-la a várias grandes cidades na próxima primavera." Essa "grande produção musical de rhythm and blues" é o que Brown apresentou no Apollo em outubro de 1962. A temporada de uma semana, na qual o grupo fez cinco shows por dia, iria dar grande impulso ao rhythm and blues.

Então agora, senhoras e senhores, é a hora do astro. Estão todos prontos? Quando Fats Gonder veio até o microfone para dar prosseguimento ao show, a banda já havia tocado alguns números. Os lanterninhas do teatro estavam a postos, a plateia já estava aquecida.

Muito, muitíssimo obrigado. É realmente um grande prazer apresentar a vocês este que é conhecido, em nível nacional e internacional, como o cara que mais trabalha no show business, *o homem que cantou "I'll Go Crazy"*– as palavras de Gonder vibravam em seu peito, numa proclamação abertamente sensacionalista. A banda ataca um acorde dos metais, a plateia enlouquece.

"Try Me!"

"You've Got the Power!"

Cada frase que ele grita é acompanhada por um acorde poderoso e depois por silêncio. É como alguém balançando uma joia na sua frente, e depois escondendo-a, várias vezes seguidas.

"Think!"

"If You Want Me!"

"I Don't Mind!"

"BeWILdered!"

"A que vendeu um milhão de dólares, 'Lost Someone'!"

"O mais recente lançamento, 'Night Train'!"

"Vamos lá, todo mundo, 'Shout and Shimmy'!"

"O Senhor Dinamite, o incrível Senhor 'Please, Please, Please' em pessoa, o astro do show, James Brown e os Famous Flames" – E de repente os sopros fazem a contagem do tempo – wah-wah-wah-wah – e a guitarra rústica de Les Buie nos arranca da beira da calçada onde estávamos estacionados e nos enfia no meio do trânsito.

Brown: "Olá pessoal, sabem de uma coisa, eu estou me sentindo ótimo". Pausa. "Eu me sinto ótimo, crianças, eu me sinto óóóótimo!" Ele grita com um vibrato. Isso não é fácil. As primeiras quatro músicas exploram a distância entre "don't go" e "please come back."

"I'll Go Crazy": Uma afirmação – se você me deixar eu vou enlouquecer.

"Try Me": Um pedido – Eu preciso tanto…

"Think": Uma sugestão – você ficou doida? Eu sou a solução para os seus problemas.

"I Don't Mind": A verdade – você vai sentir falta de mim quando eu for embora.

As quatro primeiras canções definem um clima. Lembranças de relacionamentos, ou talvez de um só, jazem estilhaçadas em cem pedaços – um espelho partido pelo chão, o cantor vendo a própria solidão onde quer que olhe. E antes dessa sua reflexão, ele comenta.

Ele parece bem, não?

A música de destaque dessa parte do show é "Lost Someone", uma balada cujos acordes evoluem como um balão semicheio, acordes que quase caem no chão, sobem um pouco mais alto, caem de novo... É um namoro, com a plateia, levado adiante totalmente aos gritos. "I'll looove you tomorrow", grita ele, colocando um vibrato na voz. É impressionante ouvir um grito com esse vibrato, e mostra o controle que Brown tem sobre a técnica, que com frequência serve para compensar uma falta de controle.

O grito é algo que vem da igreja negra; durante os últimos cem anos, em que outro lugar um homem negro podia gritar assim em público a não ser numa igreja? Onde mais não teria ele sido açoitado, ou submetido à lei ou colocado à margem por ter feito os sons que Brown agora faz com exuberância nesse momento dentro do Apollo? É um grito ativado pela igreja mas que não vem dela, um grito que é um agente de mudança.

O grito: É um som agressivo, sempre foi. Brown espalhava-o por todo o Apollo, fazendo-o ecoar pela espiral ascendente e descendente de "Lost Someone" e estendendo-o por dez minutos, transformando a música numa viagem em que os gritos marcam nosso avanço. Ele constrói um universo de gritos, um universo que não é só dele: "*I'm not singing a song for myself, now/ I'm singing it for you, too!*" ["Não estou cantando uma música para mim, agora/ Estou cantando pra vocês também"!]. É uma agressividade que ele joga em cima da plateia e quer receber de volta.

Ele canta "*When I sing that little part that might sting you in your heart, I want to hear you scream*" ["Quando eu canto aquele trecho que pode ir direto ao seu coração, quero ouvir vocês gritando"], e então ele e a plateia ficam trocando "ooo's" que são ao mesmo tempo calmantes e pungentes. Isso era uma evidência da música soul, no contexto antigo, e é uma evidência do soul na música atual, mostrando sua força no Apollo: um soul que não era algo para as pessoas pobres do sul mas para qualquer um que sentisse aquela dor, um soul a ser reconhecido e para o qual se podia encontrar espaço na própria vida. Naquele momento, o Apollo Theater era como um jukebox, uma Arca, abrangendo o país em sua luz.

Brown tinha raízes no gospel; ele só não ia muito à igreja. Quando garoto, ele observava os pastores e tinha vontade de ser como eles; só não queria ser um deles. A linha divisória ao se falar sobre Brown e o gospel é que ele era da música, e não era muito da fé. Em suas próprias palavras, não ia muito à missa, e quando o fazia, era cada hora numa igreja diferente, sem se filiar a nenhuma. Mais do que Tom Dorsey ou Ray Charles, ou qualquer um exceto Aretha Franklin, Brown era um músico que colocava o som e o sentimento da fé negra na arena popular, mostrando a todos que não existe o que chamamos de frequentador de igreja. Ele ouvia as coisas a respeito do evangelho e de Deus do jeito dele, digamos, por meio de Louis Jordan ou Billy Wright, ou do mesmo jeito em que ele aprendia a brigar com faca e jogar dados – eram aspectos importantes da vida vivida nas ruas.

Homens da igreja formal – principalmente o reverendo Martin Luther King Jr., mas muitos outros que estavam por trás dele – mostravam as reivindicações da igreja negra a toda a sociedade americana. Artistas negros da época estavam fazendo o mesmo. Era possível identificar isso com maior facilidade nos cantores, e é por isso que Brown e Aretha Franklin e muitos outros depois deles eram vistos com toda a razão como pessoas que traziam o gospel para o mercado – mesmo pessoas brancas que nunca haviam estado dentro de uma igreja negra não podiam deixar de ver a óbvia verdade disso. Eram chamados de cantores "soul". Os vocalistas chamavam mais a atenção, mas na verdade todo um estilo de se apresentar estava passando do púlpito para o Apollo por meio dos ritmos santificados que os melhores bateristas tocavam, dos movimentos corporais que indicavam a presença de forças maiores, da crença de que o artifício devia ser posto de lado e que o caminho à frente era iluminado por uma verdade direta que vinha de dentro mas que não tinha origem lá.

"Como você define o soul, James?", o apresentador de talk show David Frost perguntou-lhe.

Brown: "A verdade".

Frost: "A verdade?".

Brown: "A verdade. A verdade pura e simples. Algo que vem do gueto, uma definição das adversidades da vida, uma maneira de explicar a si mesmo. Quando as outras pessoas não entendem o que você está dizendo, você tenta transmitir com uma canção. É uma coisa muito difícil de transmitir, então você tem que recorrer a uma canção. O soul explica isso, explica as adversidades da vida, explica o cotidiano, fala a respeito dele, do jeito que ele é de fato. A verdade".

Todos numa reunião diferente, sintonizados no momento. Muitos escritores ao examinarem a era da soul music celebram-na como uma grande expressão de negros e brancos atuando juntos, uma música que não teria sobrevivido sem as duas raças superando a história da América para criar em conjunto. Mas, dentro dessa música e dentro desse panorama, todos os rostos do palco e praticamente todos os da plateia são de negros. Não é um momento histórico do liberalismo, e sim um momento histórico para os afro-americanos.

Então, em algum ponto no meio de "Lost Someone" o baixista Hubert Perry se perdeu e ficou tentando achar os acordes da música. O patrão não deixou de perceber isso. Brown interveio enquanto a música rolava, de modo tão sutil que a plateia mal percebeu do que ele estava falando, como Adam Clayton Powell Jr., pedindo chá gelado no meio de um sermão, ele disse: "Sabe gente, todos nós cometemos erros às vezes/ E o único jeito de corrigir nossos erros/ É fazer uma nova tentativa". (Isso e uma multa depois do show devem ter resolvido a questão.) Tanto no geral quanto no particular, "Lost Someone" fala de todos – da banda, de Brown e da plateia –, em comunhão uns com os outros, sentindo-se totalmente receptivos por um momento, pelo tempo em que forem capazes de esquecer o relógio.

Acabaram então executando seu último sucesso, "Night Train", de um jeito completamente diferente do single lançado em março de 1962. No disco, a versão é trepidante, pode-se ouvir o trem de leite atravessando a noite. No Apollo, o bumbo do baterista Clayton Fillyau abre um buraco na música, com seu som reorganizando a batida toda, e os sopros dialogando com ele. Não há nada de trem noturno cansado nessa versão, a canção grita "Nova York, me leve para casa".

Numa banda que tinha à frente um cantor carismático, intenso, era fácil desaparecer no fundo. Na verdade, fundir-se ao papel de parede era um bom jeito de sobreviver nessa banda. Um dos instrumentistas mais importantes, menos conhecidos, e bem possivelmente o mais valioso músico do *Live at the Apollo*, era Lewis Hamlin, trompetista e diretor musical do grupo. Ninguém teve maior influência no som naquele momento definidor. "Lewis é o cara que foi esquecido na definição do rumo musical da banda", disse o saxofonista St. Clair Pinckney, que ficou muito tempo com Brown.

Hamlin foi criado nos condomínios habitacionais de Tindall Heights, em Macon (Otis Redding também morou ali). Já improvisando ao trompete na adolescência, ele arrumou lugar na banda dançante liderada pela pianista Gladys Williams. Ela continua uma heroína não reconhecida em sua própria cidade natal; Otis Redding, Little Richard e muitos outros passaram pela banda dela.

Depois que o líder da banda J. C. Davis saiu, Brown voltou para Macon e tentou formar um novo grupo. Segundo Reppard Stone, que cresceu com Hamlin, Brown pediu a Hamlin que viesse trabalhar com ele como trompetista, e, sabendo que ele tinha muitos contatos com músicos de Macon, pediu também ajuda para montar a nova banda.

Brown estava introduzindo mais dança em seu show; isso significava que a banda tinha que ficar sempre segurando um riff, ou mudando o andamento ou acompanhá-lo em qualquer direção para a qual ele de repente decidisse encaminhar as coisas. A banda do início da década de 1960 tinha músicos que eram capazes de fazer o coração disparar e encaixar um momento de improviso – um pessoal bem diferente e mais sofisticado em comparação com os "levanta poeira" de J. C. Davis. Brown não sabia ler música, nem sempre conseguia se comunicar com seus músicos, mas entendia de música. Percebia logo as contribuições que novos instrumentistas traziam para o show. Relacionava-se musicalmente com eles, e usava-os para desafiar a si mesmo.

Hamlin foi talvez o primeiro a compreender como Brown estava tecendo as canções num fluxo que ele tentava moldar, e remoldar, segundo sua percepção da plateia. Como seu diretor musical, Hamlin observava os movimentos de Brown e instruía a banda a acompanhar o que o cantor fazia. "Lewis, com o tempo, acabou compreendendo a linguagem corporal dele", disse Stone. "Enquanto James cantava, vamos dizer que ele desse três passos e então parasse. Lewis então indicava aos outros músicos que quando ele parasse eles deveriam parar também, e então deixá-lo cantar seu *baby-baby-baby*, e depois só voltar a tocar quando ele dissesse *huh*! Eles nunca escreveram isso na partitura, simplesmente aprendiam um com o outro."

Hamlin era um intérprete que falava a língua de James com fluência. "Ele era um comunicador. Ele conseguia se comunicar com os músicos quando James não conseguia. James não sabia como fazer para se dirigir aos músicos. James às vezes comentava alguma coisa e podia soar como uma crítica. Lewis podia fazer isso e eles entendiam, sim, e faziam exatamente o que era preciso."

O show do Apollo foi uma das primeiras vezes em que o baterista Clayton Fillyau gravou com a banda. (Ele é o baterista principal da gravação, mas não é o único; é possível que haja um segundo baterista naquela gravação.) Um lugar de combustão como o Apollo era perfeito para ele. "Ele era o tipo de cara que gostava daquela atmosfera – se havia possibilidade de dar uma canja e o clima era quente na música e os músicos eram bons, ah, então você podia sair da frente. Porque ele logo queria pegar algumas baquetas e subir no palco", disse o seu filho, Clayton Fillyau Jr. Fillyau "funcionava" bem.

Sujeito briguento, que Brown apelidara de Biggun, Fillyau era conhecido por carregar uma arma debaixo do paletó, que, quando as coisas ficavam tumultuadas, acabava às vezes caindo no palco. O que não era a pior coisa que podia acontecer no *chitlin circuit*, onde deixar que os caras da plateia que carregavam armas soubessem que o baterista também tinha uma podia impedir que as coisas tomassem um rumo perigoso.

O sobrenome da família era de origem francesa e ele tinha família em New Orleans, mas Fillyau cresceu em Tampa, Flórida. Não se sabe muita coisa a respeito dele. Faleceu em 2001. Fillyau contou a Jim Payne, a única pessoa que o entrevistou, que a seção rítmica mais importante com a qual teve contato foi a da banda The Clowns, de Huey "Piano" Smith. Essa versátil banda de New Orleans viajava com o show de menestréis negros Silas Green From New Orleans por Jacksonville no final da década de 1950. Fillyau estava por acaso em Jacksonville, e viu-os tocando na rua, e então foi ter com o baterista no quarto do hotel onde ele se hospedava. "Naquela época os músicos estavam sempre no quarto um do outro tocando", disse Fillyau. Começaram a tocar, e o cara mais velho, provavelmente Charles "Hungry" Williams, deu-lhe uma pequena lição sobre bateria de New Orleans, tirando-o daquela coisa padrão e cansativa de ficar apenas marcando a batida e abrindo-lhe segredos da segunda linha de percussão. Então ele enfatizou, como se resumisse as coisas, e disse a Fillyau: "Agora é só usar sua imaginação. A única coisa que você precisa lembrar é, 'Onde está o tempo um?' e não importa com qual desses tambores você toca esse tempo um". Ou seja, você pode tocá-lo na caixa, no bumbo, no chimbal. "Lembre-se de onde está o um e você nunca vai perder o tempo."

Fillyau começou a trabalhar com Brown em 1961, e quando ele conheceu seus novos colegas de banda em Cheyenne, Wyoming, foi até o baixista Hubert Perry e declarou sem rodeios: "Os seus dias de ficar encostado no baterista acabaram. Agora você vai ter que tocar. Eu não vou ficar marcando o tempo sempre". O que ele queria dizer – além de OI, MEU NOME É CLAYTON – era mandar um ultimato, aliás bastante antigo, que os bateristas transmitiram pela primeira vez há décadas aos demais músicos de um desfile de bandas de New Orleans: Não fique esperando que a gente vai lhe servir o tempo numa bandeja, todo mundo tem que estar com ele internalizado – você tem que saber onde o primeiro tempo do compasso está – e todo mundo tem que ter algo a dizer a respeito do tempo. Somos basicamente iguais, e estamos aqui numa conversa, e é melhor que a gente ouça um ao outro ou então vamos começar a falar bobagem.

Brown já tivera um baterista de New Orleans tocando na banda, naquelas turnês em que Charles Connor e os Upsetters o acompanhavam. Agora, de novo, a tradição de New Orleans entrava na sua música por meio de Clayton Fillyau.

Toda vez que Brown estava pronto a mudar o som e o rumo da sua banda, ele mudava de baterista. Entrando na banda em 1961 depois que Kendrick saiu, Fillyau tocou seu primeiro show do jeito que Kendrick vinha tocando, e Brown não podia ter ficado menos satisfeito. Ele reuniu o grupo com uma de suas punições favoritas – um ensaio logo após uma apresentação fatigante. Enquanto eles ensaiavam, perguntou a Fillyau o que ele achava que estava fazendo. "Se eu quisesse o Nat Kendrick", ele vociferou, "eu teria ficado com o Nat Kendrick." Depois disso, eles ficaram na boa.

Em poucos anos, Fillyau não estava mais tocando bateria para Brown. Estava dirigindo o ônibus. Parece uma explicação não muito convincente, mas a verdade é que Fillyau preferiu mesmo dirigir o ônibus. E Brown adorava tê-lo por perto; ele só não conseguia suportar tê-lo por perto. Fillyau não aceitava o sistema de multas que Brown aplicava à banda e dizia ao patrão que precisava acabar com ele. Segundo seu filho, assim como outros da banda, "James abusava do sistema. Mas meu pai era o único que se rebelava e dizia, 'Olha aqui, é melhor você me dar esse dinheiro'. Veja, meu pai tinha o recorde de ter sido demitido mais vezes".

Enquanto ainda comandava a seção rítmica, Fillyau gravou um dos grandes discos da carreira de Brown menos conhecidos, o lado B de "I've Got Money", de 1962. É uma música cujo tempo ainda vai chegar, e praticamente não é uma canção. É como um projeto de algum objeto fora do comum. É uma junção de partes: um acorde de guitarra enviesado caindo no tempo Um, um coro dos sopros da banda citando a música "The Trolley Song", de Judy Garland, e sua bateria a mil. As partes são arranjadas em sequência, uma depois da outra – uma confusão incompreensível. Alguns dizem que esta é a primeira gravação de um funk, ou a primeira faixa de funk de Brown; outros dizem que essa foi a primeira vez que uma música de Brown enfatizou o Um. É uma discussão sem sentido, porque na verdade não existe nada que possa ser chamado de primeira música funk, assim como não se pode dizer que alguém tenha inventado o sorvete ou o blues. E uma música tampouco precisa ser acentuada no Um para ser funk. Bastaria dizer que foi Clayton Fillyau quem trouxe o funk.

Nos meses seguintes à gravação de *Live at the Apollo*, Brown tomou várias decisões importantes que iriam afetar o show pelos próximos anos.

Ele gravou "Prisoner of Love" em dezembro, com uma seção de cordas de dez figuras e um coro de nove cantores. A canção era a delícia de um crooner desde a Depressão, e um número sempre presente nos chás da tarde de Toccoa, aqui interpretada como o lamento de um cantor de salão. "Prisoner of Love" virou o primeiro single de Brown a ficar entre os vinte primeiros nas paradas pop, chegando a décimo oitavo. Ele gostava de baladas e cantava-as ao vivo mesmo que a coisa rítmica fosse o que exercia um apelo mais poderoso junto à plateia branca. As baladas mexiam com ele.

Logo depois dos shows do Apollo, a cantora Yvonne Fair saiu do grupo. Ela estava grávida de Brown. Seu número no show foi preenchido por uma jovem linda que havia virado a cabeça de Brown na Tan Playhouse na Filadélfia. O nome dela era Tammy Montgomery, e sua voz era ainda mais doce que a sua aparência. Montgomery gravou por um selo que Brown havia lançado, Try Me. Eles também começaram a namorar.

Enquanto isso, havia mais trabalho a fazer no álbum ao vivo. Nathan continuava convencido de que era um desperdício, e quando Brown mandou a fita à King, nada do que ele ouviu o fez mudar de ideia. Chuck Seitz, principal engenheiro de som na King, ficou encarregado do projeto. "Tudo o que eu sei é que a fita chegou até nós... e nós ouvimos aquilo. Ouvimos a fita inteira e eu achei terrível." Primeiro, não dava para dizer que era sempre ao vivo. O problema era a abordagem básica de gravação, que só captava a reação da plateia de vez em quando. Se isso pretendia ser um documento de um concerto, seria preciso reinjetar os sons da plateia. Seitz foi até um salão de baile em Cincinnati e gravou o som de uma multidão de adolescentes brancos se divertindo, e então inseriu isso no Apollo.

Outro problema foi editar a fita para os ouvidos. No Apollo, Brown ficava vários minutos dançando enquanto a banda tocava um riff; o seu "Please" atingia um clímax teatral que só funcionava em termos visuais.

Esses momentos tinham que ser suprimidos do disco e exigiam um cuidadoso corte. Quando Seitz terminou, Nathan ainda não gostou do resultado. A King não tinha um departamento de publicidade, e se havia um disco que precisava de atenção especial para ser tocado pela primeira vez, era esse. Nathan ficou hesitando com a ideia de enterrá-lo na subsidiária DeLuxe, e conseguir um abatimento de imposto num disco que ele sequer havia financiado. Enquanto isso, Brown fazia circular cópias entre os DJs mais importantes e fazendo pressão por seu lado.

Jerry Blavat era um DJ de destaque na Filadélfia. No início de 1963, ele comandava um baile em Atlantic City quando viu Brown no Atlantic City Coliseum. "Fui ver James no camarim, e ele estava realmente deprimido", lembrou Blavat. "Ele me disse: 'Você precisa ouvir essa novidade, cara. Esse porra do Syd Nathan, ele não quer lançar isso, e não ouve merda nenhuma! Vou lançar esse disco eu mesmo'." Ele deu uma cópia a Blavat. "Eu levei para casa e coloquei na vitrola. Era o álbum ao vivo mais incrível, era rústico e captava o que ele era no palco, cara. Quer saber? Comecei a tocar aquele troço muitas vezes, simplesmente tocar e tocar. A porra do disco inteiro, porque não dava pra tocar só uma música do jeito que ele havia sido montado."

Brown mandou pelo correio uma cópia para Allyn Lee, em Montgomery. "Ainda não havia sido lançado. Eu estava no ar no domingo e toquei pela primeira vez", disse Lee. "Toquei o disco inteiro e isso selou meu destino em Montgomery. Recebi um milhão de chamadas telefônicas – veja bem, eles não conheciam realmente o James Brown em Montgomery, eles conheciam 'Please,' mas nunca o tinham ouvido naquela forma. Só agora estavam ouvindo."

Várias rádios começaram a perguntar a Nathan quando é que o LP iria ser lançado. No final, ele fechou os olhos e lançou *Live at the Apollo* em maio de 1963.

De repente Brown teve o seu maior disco nas paradas de R&B, tão impressionantemente novo que quase não tinha qualquer vínculo com a música chamada rhythm and blues. Aqui estava a nova soul music. E, de repente também, ele aparecia com um disco pop que subia nas paradas dos brancos. Com "Prisoner of Love" apontando o caminho, *Live at the Apollo* logo cruzou para o lado pop naquele verão, onde ficou sessenta e seis semanas, alcançando o segundo lugar. Ele com certeza teria chegado a disco de platina, só que Nathan não gostava de pagar a taxa anual para a organização profissional que certificava as vendas de discos.

Para Brown pessoalmente, o momento teve um significado especial. Depois que você consegue chegar ao Apollo, você já atingiu o topo do *chitlin circuit*, e não há mais um local de espetáculos que você possa colocar como meta nessa área. Agora, graças à tutela de Bart, à sua exposição no norte e a *Live*, um novo campo se abria à sua frente. Brown passou a se ver sob uma luz não habitual. "Comecei a ver coisas diferentes e meu cérebro começou a captar novas ideias", disse ele. "Comecei a pensar como alguém de cidade grande."

CONTINUE LUTANDO

Capítulo Nove

Quando Brown não estava fora, em turnê, o mais provável é que estivesse em Macon. E em Macon, o mais provável é que estivesse dando tiros no Club 15.

Um bloco de concreto atarracado, cinza, na periferia da cidade, o Club 15 tinha o aspecto de poder aguentar bem esse tipo de abuso. Durante anos, Brown vivera com sua leal mas custosa "esposa", Dessie Brown, que tinha uma inclinação ilimitada para o desperdício de dinheiro. James e Dessie acabaram se separando. Numa noite, James estava com sua namorada mais recente no Club 15 quando de repente quem entra se não Dessie e seu novo garoto. O rapaz foi tirar satisfações com Brown, dizendo que ele era um sacana, que largara uma mulher que havia ficado do lado dele quando era um pé-rapado, e que ele deveria pedir desculpas à sua ex por estar se exibindo em público com outra mulher.

"Me deixe em paz", James ordenou, "e se você voltar, volte atirando."

"Nesse caso, eu nem preciso ir embora", disse o cavalheiro, apontando a arma para Brown. Como não estava desarmado, o cantor puxou a sua arma também, e de repente havia balas ricocheteando por todo o clube.

No pronto-socorro, uma testemunha lembra que a cena se resumia a "Quem atirou em você?". "James Brown."

"Quem atirou em você?" "James Brown."

"E em você, quem foi que atirou?" "James Brown."

Uma pessoa que entrou no meio da confusão acabou sendo esfaqueada. "Quem cortou você?" "James Brown." Ainda sob condicional,

Brown conseguiu se livrar da situação graças a Clint Brantley e a alguns milhares de dólares.

As ex-namoradas eram um problema. Ele e o cantor de soul Joe Tex tinham ambos o mesmo empresário, Ben Bart, e também uma mulher em comum. O nome dela era Bea Ford, mulher de Tex no final da década de 1950 até que ela começou a cantar no show de Brown e a namorar com ele.

Tex estava se apresentando em Raleigh, Carolina do Norte, quando recebeu uma ligação de Bea, totalmente histérica. Brown vinha batendo nela, e ela queria que Tex fosse até lá para resgatá-la. Tex cancelou um show para ir até lá e dizer a Brown: "Você não a ama e vai ficar batendo nela até matá-la. Vou levá-la embora agora, se você concordar". Brown mandou um assistente pegar as roupas e as coisas de Bea, tudo o que ele havia comprado para ela, e devolveu a mulher a Tex. Ela foi embora naquela noite.

Em 1963, Brown e Tex estavam se apresentando num mesmo evento em Macon. Foi logo depois do lançamento de *Live at the Apollo*, e Brown comemorava sua volta triunfal para casa no City Auditorium. Tex era um tirador de sarro e um bom mímico; ele vira Brown usando uma capa para fazer seu grande número de encerramento do show. Então, durante seu set de abertura, Tex ficou apoiado num joelho, à la Brown, e vestiu uma capa toda suja e esfarrapada, enrolou-se nela e ficou circulando pelo palco, imitando o cantor: "Please, please, please get me out of this cape!" [Por favor, por favor, por favor me tirem desta capa!"].

Essa ofensa não vai ficar assim, Brown declarou. Ele foi atrás de Tex depois do show e encontrou-o no Club 15. Johnny Jenkins e os Pinetoppers estavam no palco acompanhando seu astro, o cantor Otis Redding. Na plateia estava um jovem branco fanático por soul chamado Wayne Cochran. Brown chegou com vários homens armados e começou a disparar. Alguém disparou de volta. Tex caiu fora do clube e se escondeu atrás de um matagal. "James correu lá fora e viu o ônibus de turnê de Tex saindo do estacionamento com Tex na direção", relembra Cochran.

"Sete pessoas foram baleadas", disse Jenkins. "Os caras estavam recarregando as armas e voltando para dentro. Eu e o Otis estávamos escondidos atrás de um piano. Logo depois entrou um rapaz lá e deu a cada um dos feridos cem dólares para que eles ficassem quietos. E isso fez a coisa ser abafada."

Os dois haviam começado como amigos, ajudando-se e aprendendo um com o outro. Todos comentavam que Brown costumava observar atentamente o desempenho de seu colega no palco, refinando alguns dos movimentos de dança de Tex e seus trejeitos com o microfone: Tex puxava o pedestal do microfone para baixo, abria as pernas até o chão e então pulava de volta para cima, como se o pedestal rebatesse e voltasse de novo à vertical. Da primeira vez que Brown tentou isso, ele não conhecia o truque – era um pedestal de microfone especial, com uma base arredondada que girava conforme era manejado. Brown quase arrebentou os dentes quando o microfone o acertou na boca.

Agora eram inimigos. E talvez porque em 1963 sua condicional já houvesse expirado e ele pudesse sair da Geórgia, ou por causa de eventos como o tiroteio no Club 15, não importa: era hora de ir embora. Brown mudou-se para Nova York, onde comprou uma casa em St. Albans, Queens, o famoso bairro onde residiam muitos afro-americanos da elite do espetáculo. Count Basie havia morado lá, e também Jackie Robinson. O trompetista Cootie Williams já havia ocupado a nova residência de Brown. "James Brown, que está faturando mais de meio milhão este ano, comprou uma casa de doze quartos em St. Albans e chamou uma equipe de decoradores para fazer uma reforma de 65 mil dólares enquanto ele parte para uma turnê de shows em 21 cidades dos Estados Unidos", noticiou a *Jet*. A casa na Linden Avenue tinha torres de castelo, uma portaria e um fosso. "Era linda", disse uma de suas namoradas, Betty Jean Newsome. "Para chegar à casa dele você tinha que atravessar uma pequena ponte. Era uma casa muito agradável – no quarto você tinha que subir uns degraus para chegar até a cama dele, porque ele mandou instalá-la numa base acima do nível do chão."

Para deixar claro que agora fazia parte de Nova York, Brown recebia os amigos na sua nova casa e exibia-a para a imprensa. No *New York Herald Tribune*, o escritor Doon Arbus descreveu a cena. Entrava-se na casa por uma espécie de caverna decorada em corvin preto, com um imenso bar num canto. O aposento era pouco decorado, exceto por uma abundância de fotos de Brown que enfeitavam as paredes e prateleiras em volta do bar.

As pessoas então tiravam os sapatos, calçavam chinelos e iam até os andares superiores, passando por três grandes B's em branco que decoravam as paredes estofadas em preto. O tapete coberto por um plástico, os chinelos, tudo, descreve Arbus, criava a impressão de que aquele era um lugar para ser visto, e não para ser habitado. "Era como se a casa toda estivesse sendo preservada dos contratempos de ser habitada, como se estivesse sendo preparada para um grande futuro como museu."

Nos andares de baixo era onde ela ganhava vida. "Tinha um belo porão, enorme, onde a gente costumava descer para beber", disse Bobby Roach. "Eles costumavam ter lá embaixo aquele *white lightning* de Toccoa ['vodca com soda']. A gente misturava com aquela aguardente de uva chamada Delaware Punch, que era a bebida dele. Ficava com um gosto bom com aquele *white lightning*."

A partir do térreo, ele declarava quem era: um cara rico que havia chegado lá. Sob a superfície, se você conseguisse descer lá, ainda era um sulista, dando seus goles de Delaware Punch.

O ator Marlon Brando foi criado por pais alcoólicos; o pai era um bêbado agressivo que bateu na mãe dele em várias ocasiões. Num livro de memórias, *Songs My Mother Taught Me*, o ator descreveu de que modo a negligência e o abuso que ele sentiu quando criança alimentaram a intensidade emocional de seu trabalho.

"Quando você é uma criança que não foi desejada ou bem-vinda, e a essência daquilo que você é parece inaceitável, você procura uma identidade que seja aceitável", Brando escreveu. "Você adquire o hábito de observar as pessoas, descobrindo de que modo elas falam, as respostas que dão e seus pontos de vista; depois, como uma forma de autodefesa, você reflete o que está no rosto delas e a maneira de elas agirem, porque a maioria das pessoas gosta de ver reflexos delas mesmas."

Ninguém estudava as reações das pessoas à sua volta com mais voracidade e inteligência do que James Brown. Ele observava os rostos nos assentos da plateia, tomava decisões na hora a respeito de como estruturar uma performance a partir do que ele via. Como um auxiliar dele comentou, mesmo quando ele estava no palco cantando "please, please, please" de olhos fechados e com lágrimas escorrendo pelas faces, mesmo nessas horas Brown continuava observando tudo.

"Se você quer alguma coisa de uma plateia, você precisa alimentar suas fantasias", disse Brando. "É o macete final." Brown queria muito de sua plateia, e começou a imaginar como poderia alimentar sua febre. Na esteira do sucesso de *Live at the Apollo*, ele se dedicou a criar uma plateia maior, juntando raças, metodicamente fazendo escolhas pessoais com base no efeito que elas pudessem ter sobre a plateia. As roupas e a aparência que tinham dado certo no *chitlin circuit* iriam receber agora uma reciclagem. Brown gostava de ternos baratos em cores berrantes, sapatos largos e gastava dinheiro comprando o máximo de coisas possível. Como se apresentava para plateias urbanas, do Norte, e sabia identificar o que funcionava e o que não, começou a comprar ternos que combinassem com sua compleição de boxeador baixinho, procurando uma aparência que chamasse a atenção para a sua parte de cima, para o seu colarinho e gravata, e o seu rosto. Passou a dar mais importância à qualidade do que à quantidade. Não iria buscar conselho ou ajuda de seus parceiros, mas, quando via alguma coisa de que gostava, ele a adotava. Um dia viu seu velho amigo Allyn Lee usando um paletó verde novo, e perguntou a Lee onde o tinha arrumado, sugerindo que o devolvesse, que jogasse fora, que aquilo era muito feio. Da próxima vez que Lee encontrou Brown, o cantor estava usando exatamente o mesmo paletó.

Se ele queria que as pessoas ficassem bem atentas a ele, era preciso fazer mais mudanças. Os fãs mais ardorosos podiam ter notado que o cantor sorria muito pouco, e a razão disso é que ele tinha uma falha entre os dentes da frente, que todos chamavam de Georgialina. Seu cabelo também era um problema. Ele gostava de um penteado com ondas e cachos para cima, uma versão popular do estilo "Tony Curtis", mas depois de algumas músicas, quando começava a transpirar, tudo aquilo desabava e ficava com aspecto grudento, emplastrado.

Essas duas coisas juntas constituíam um tema da sua vida, um assunto ao qual ele voltou sempre ao longo da carreira. "Cabelo e dentes", ele dizia, "se um homem tem essas duas coisas ele tem tudo." Parece simplista, mas na história afro-americana as coisas que parecem mais simples costumam ser as mais elaboradas. Booker T. Washington era fanático pelo tema da escova de dentes. Ter boa aparência era essencial para causar uma boa primeira impressão ao mundo, e dentes ruins, achava ele, refletiam uma falta de respeito por si mesmo. Richard Carroll era um reverendo nascido em Barnwell que com frequência é chamado de o Booker T. Washington da Carolina do Sul. Carroll foi fundo no assunto, declarando: "Existe uma relação muito estreita entre dentes ruins e dispepsia, entre dispepsia e temperamento religioso, e entre temperamento religioso e verdadeira espiritualidade". Sem dentes bons, um homem não tem nada.

Sabendo o quanto podia ter uma aparência ruim, e o quanto podia parecer feio pelos padrões convencionais, Brown empenhou-se em inverter o efeito. Em 1961, Brown e seu assistente Frank McRae fizeram uma longa parada em Los Angeles para poder consultar um competente dentista no sul da Califórnia, reparar a falha e fazer um bom trabalho de recuperação dentária. Pelo resto da vida, Brown viu nos dentes bons um dos segredos de seu sucesso. "Minha boca", proclamava, "é talvez o melhor atributo para a minha atividade, porque com ela eu posso sorrir."

Logo depois que os dois se conheceram em 1961, McRae virou uma espécie de comprador pessoal de Brown e consultor de moda em geral. McRae andava sempre muito alinhado, um verdadeiro *gentleman*, e trabalhava numa barbearia atrás do Howard Theater em Washington, D.C. McRae viu Brown um dia sentar na sua cadeira e teve a ousadia de sugerir que ele fizesse alguma coisa para melhorar seu cabelo. Evitando dizer que Brown tinha um rosto difícil, duro, McRae sugeriu que adotasse um penteado mais armado, com alguns cachos enrolados, que iriam suavizar bastante sua aparência. Em pouco tempo, McRae já estava na estrada com Brown, chegando a sentar no palco com a banda, para estar a postos quando fosse preciso. Da cadeira, junto com os sopros, disse McRae, "eu ficava observando o cabelo dele. Eu adorava ver como ele brilhava na luz, e como as pessoas ficavam lá gritando".

Expoobident, ele exclamava: na gíria deles, *expoobident* queria dizer muito legal, em cima da pinta, incrível. McRae fez o cabelo de Brown ficar *expoobident*, e o patrão gostou muito. A partir da década de 1960, Brown o fazia arrumar seu cabelo de manhã, de novo antes de um show, e outra vez depois da apresentação. E o cantor adorava ser entrevistado enquanto arrumavam seu cabelo. Antes de sair do camarim e entrar no palco, Brown ficava se olhando no espelho, examinando o homem à sua frente. Se seu cabelo estivesse em ordem, ele ficava feliz. "James Brown gostava do seu cabelo mais do que das suas mulheres", disse McRae.

Seguiram-se outros refinamentos. Uma ordem executiva foi expedida: Ele agora devia ser chamado de "Mr. Brown", e se dirigia aos outros chamando-os de "Mister" ou "Miss". Era toda uma formalidade palaciana, e indicava o oposto da maneira desrespeitosa com que os brancos sulistas sempre haviam se dirigido aos negros. Ao fazer disso uma regra que todo mundo devia seguir, ele colocava as pessoas para andar na linha sob seu comando.

Havia regras em casa e regras na estrada. A agenda era estafante, e suas muitas regras destinavam-se a tornar possível fazer cinco shows num dia, cinco dias por semana. Mas também havia nisso um elemento imperativo, que acabou vindo à tona com o tempo. Um toque de capricho e excentricidade; ou seja, algumas regras eram de fato excêntricas, mas ele era o chefe e você não.

A prisão havia colocado ordem na sua vida, e ele agora estava passando essa sua necessidade de ordem para aqueles à sua volta. Ninguém podia afinar instrumentos no palco, ninguém podia ficar se ajeitando – devia-se subir ao palco já pronto para tocar. Os homens tinham que andar de terno e gravata no ônibus e ao sair dele; as mulheres, de salto alto, meias e vestido. O figurino da banda devia estar bem limpo. Quando Brown aparecia duas, três vezes, o mais provável era que estivesse passando em revista a tropa. Quando era tirado do palco no final do show pelos Flames, fingindo total exaustão, Brown aproveitava a oportunidade para inspecionar os sapatos de cada músico, vendo se ninguém havia passado vaselina no sapato para dar impressão de que havia sido engraxado. Havia a possibilidade de aplicar uma multa de cem dólares nesse caso.

Depois de uma vez, tempos atrás, em que os músicos da banda haviam arrumado suas coisas e ido embora, e Brown, exausto, acabara sendo espancado e roubado, uma nova regra foi estabelecida: só se podia sair do local do show depois que Brown tivesse ido embora. Ficava todo mundo a postos. "Você precisava ficar lá à disposição, ou seja, depois do show não podia ir conversar com ninguém, tinha que ficar no camarim", disse Byrd. "A única hora em que você via quem precisasse ver era já a caminho de casa, depois do show, mas você não podia sair do camarim... Vocês são uma atração agora, portanto têm que ficar aqui dentro."

O sistema de multas tornara-se parte da imagem de Brown como um general durão. Ele disparava sinais rápidos com a mão para os músicos, quando perdiam alguma convenção musical, ou tinham manchas de molho na roupa. As multas eram descontadas do cachê no dia do pagamento, e colocadas numa caixinha para festas. Mas o sistema não estava formalizado. Dependia do humor de Brown, e alguns indivíduos mais determinados diziam que jamais haviam pagado uma única multa. A questão, em última análise, era que todos soubessem que ele estava de olho.

Uma fileira de assistentes ficava em volta de Brown. Havia Gertrude Sanders, a única força feminina nos bastidores, que virou a responsável pelos uniformes. Ela tinha uma figura inesquecível, ia sempre meio mancando pelo corredor dos bastidores com um ferro de passar na mão. Havia auxiliares para Brown e para os Flames, e outros auxiliares que ficavam à espera, e que viajavam por conta própria esperando uma oportunidade para se fazerem indispensáveis.

Também havia um bando de desocupados disputando atenção. Eles ajudavam quando era hora de recolher a receita do dia. Arrumavam coisas para Brown, convenciam algumas mulheres a sair com ele e mantinham outras a distância. O principal deles no início da década de 1960 era um bandido de Nova York chamado Baby James.

“Ele era uma pessoa diferente, extraordinariamente rude. A gente precisava mantê-lo na linha”, lembra o amigo de infância de Brown, Henry Stallings, que virou um dos cabeleireiros de Brown. “Sabe, você precisa saber dar um pouco e pegar um pouco, mas o Baby era um tipo de pessoa que queria pegar tudo. O James às vezes lhe dava algum dinheiro e dizia: ‘leve o cara até a porta’, e aí o Baby enchia o cara de porrada até chegar à porta.” Quando o James pedia para ele fazer uma coisa, o Baby exagerava, até uma hora em que o James tinha que pagar para que ele parasse. Outros caras sabiam exatamente como se mostrar úteis.

A nova equipe de segurança cuidava do chefe, embora, a rigor, não se pudesse dizer que o chefe fosse exatamente vulnerável. Como o reverendo Al Sharpton colocou: “Você já notou em quantas fotos o James Brown aparece com um casaco no braço? Podia estar fazendo trinta e cinco graus em Miami, e você via o cara com um casaco no braço. É porque ele carregava sua arma debaixo dele".

Aqueles que haviam convivido um tempo com Brown ficaram surpresos com o novo estilo. Seymour Stein conheceu-o quando ele trabalhou na King na década de 1950, e já havia viajado em turnê com ele. Em meados da década de 1960, Stein levou uma banda de música para adolescentes, os McCoys, para ver Brown no Apollo. Eles encontraram Nathan atrás do palco, numa época em que o cantor e ele estavam particularmente em atrito. Quando Brown viu Syd e o pessoal que estava com ele, puxou a arma e mandou todo mundo embora.

Live at the Apollo validou noções que Brown nutria a respeito de sua própria correção enquanto pessoa. Afinal, ele não havia feito o álbum que mais vendeu na história da King Records – e sido obrigado a pagar por ele sozinho? Ele simplesmente havia vencido a maior discussão de sua vida. A lição do *Live at the Apollo* era que você devia continuar lutando, manter-se na esquiva como Beau Jack até que alguma força maior o derrubasse.

A maior briga com Nathan era a respeito do novo contrato, com novas bases, que Brown queria assinar e que achava que fazia por merecer. Isso era o principal, mas havia outras coisas. Havia também a questão do orgulho. Quando Brown foi para o estúdio gravar "Oh Baby Don't You Weep", essa parte da briga acabou ficando bem evidente. "Baby" era um longo lamento, que tirou o spiritual "Mary Don't You Weep" da igreja e o colocou como se fosse uma novela barata: "*You scream and you holler, your back is soaking wet*" ["Você grita e você se queixa, suas costas estão ensopadas"], diz ele a uma mulher que não consegue esquecer o homem que a abandonou. A música fala de suor, suas palavras não transmitem um sentido muito claro, e mesmo assim no palco ela é profundamente comovente. Ela funciona.

Durante a gravação, Gene Redd, o cáustico produtor responsável por alguns dos melhores R&B da King, interrompeu a gravação para dizer a Brown que o que ele estava tocando no piano estava "musicalmente incorreto". A resposta de Brown não poderia ter sido mais clara: "Está soando bem para mim? Então não está incorreto". A discussão continuou um pouco mais e Redd saiu bufando da cabine de som para ir se queixar com Nathan. Num gesto louvável, ele disse a Redd para deixar para lá e fazer do jeito que Brown queria, mas o estrago já estava feito. Brown sabia se virar até bem em vários instrumentos, mas não para os padrões de um profissional como Redd. Brown era algo mais raro que um grande músico: ele sabia quando uma nota errada era a nota certa, quando o ruído acabava caindo no lugar certo. Em momentos cruciais, Brown era guiado pela emoção, e tinha a coragem suficiente para confiar nisso mesmo quando os músicos na sala balançavam a cabeça negativamente.

A emoção estava sempre presente, não só para apostar numa nota aparentemente errada, mas também nas sutilezas, como na maneira com que suas baladas do final da década de 1950 e início da de 1960 têm um tom mais escuro, indefinido, nas partes dos sopros. Às vezes a emoção produz uma interpretação excelente, um grito que arranca alguma coisa do seu coração, um estilo que supera um material comum e o refaz. Com o passar do tempo, sua confiança aumentou. Não era exatamente uma paixão pela coisa mais crua – e como poderia ser se ele ensaiava tanto com a banda? Mas era uma abertura total àquilo que estava vivo no momento.

"Ele não lia música mas sabia exatamente o que queria", disse Fillyau. Quando sentava ao órgão, Brown podia tocar uma música que Fillyau sentia que estava cheia de notas erradas, sons que ele aprendera que não iriam funcionar bem. Então Brown explicava o que havia tocado nota por nota e dizia à banda para tocar daquele jeito.

Isso não tinha nada a ver com ideias ou princípios preconcebidos. "Ninguém consegue dizer por que num dia quer comer filé e no outro lombo", Brown explicou. "As pessoas que ficam planejando o que vão fazer não me causam boa impressão."

Brown sabia que ele causava boa impressão. Convencido de que estava certo e com raiva de Redd por tê-lo ofendido diante da banda, e de Syd, por ele ser Syd, depois de "Oh Baby", ele parou de fazer discos para a King.

Ao mesmo tempo que continuava fazendo pressão para obter um novo contrato com a King, ele fundou a Fair Deal Record Corporation no início de 1964. O próprio nome é uma mensagem dirigida a Nathan. Seus diretores eram Brown, o pai dele, Joe Brown, e Ben Bart. Juntos concluíram que, como o contrato em vigor era para "James Brown e os Famous Flames", Brown estava livre para gravar sem os Famous Flames onde ele quisesse. A Mercury Records havia feito uma oferta à Fair Deal por meio do selo afiliado Smash, e Brown aceitou o negócio. Ele produziria outros artistas e gravaria sua própria música na Smash.

Isso era simplesmente uma declaração de guerra. Como escaramuça inicial, a Fair Deal patrocinou singles de Bobby Byrd e da nova cantora do seu show, Anna King, para a Smash. Isso era guerra por procuração. Do lado da King: silêncio. Ou, pelo menos, os seus advogados mantiveram silêncio. Nathan inundou o mercado com uma enxurrada de produtos inferiores de Brown. Ele relançou "Please, Please, Please" com ruídos de plateia acrescentados, na esperança de fazer os mais desavisados acharem que se tratava de um novo disco ao vivo. Lançou coisas que havia se recusado a lançar antes. Um revide, nada mais do que isso.

Depois dos singles que produziu para a Smash, Brown fez um álbum novo cantando clássicos do rhythm and blues com uma elegante big band. *Showtime* foi uma guinada bizarra, refazendo a "música de papai e mamãe", enquanto os gritos dos garotos do Apollo ainda soavam no ar. Uma explicação é que *Showtime* era uma ameaça – Eu vou gravar para outro selo –, além de ser um lançamento sério. Do mesmo modo que os singles, *Showtime* fracassou e, uma vez mais, Nathan – que sabia que "negócios são negócios" do mesmo modo que Brown sabia que "Ain't Nobody Here but Us Chickens" ["Aqui não tem ninguém mais, só nós as galinhas"] – manteve silêncio nas rádios. O que aconteceu em seguida parecia feito de propósito para chamar a atenção de Nathan.

Brown estava apresentando shows avulsos, vinha fazendo novas gravações que não eram nada como o showbiz de *Showtime*. Em julho de 1964, com a King ainda mantendo a calma, Brown lançou uma de suas novas músicas que havia gravado para a Smash. "Out of Sight" era realmente boa, e quando começou a subir nas paradas de R&B charts, e depois chegou ao 24º lugar nas paradas pop, Nathan finalmente deu sua cartada. Entrou com processo, declarando que os lançamentos da Smash violavam o contrato de Brown com a King.

Isso acontecia num momento crítico para a King. A saúde de Nathan estava fragilizada; ele tivera dois infartos e já não vinha trabalhar com tanta frequência no escritório. Dois de seus astros *hillbilly* haviam morrido num desastre de avião, junto com a cantora Patsy Cline, em 1963. Além disso, a King simplesmente não entendia nada de álbuns, tampouco entendia de público adolescente – era o selo que ficara dormindo em cima do "The Twist". Eles vinham pagando as contas do mês anterior com os sucessos do mês atual, e os produtos inferiores de James Brown arrancados das prateleiras não iriam conseguir manter as luzes da empresa acesas.

Em outubro, um juiz de apelação de Nova York ordenou que Brown parasse de gravar para a Smash, e o tribunal tentava decifrar seu arranjo com a King. Enquanto isso, outra brecha no contrato foi revelada: o contrato era com Brown o cantor, não com Brown o organista ou produtor ou qualquer outra coisa. Ele apelou e a brecha ficou maior ainda. O tribunal disse que ele não poderia cantar para a Smash, mas, por outro lado, era um agente livre.

Brown encarou tudo isso como uma questão extremamente pessoal, e a recusa de Nathan em lhe oferecer um novo contrato passou a ser vista como uma demonstração, agora pública, de falta de respeito. Ele traduziu sua queixa em termos de uma força esmagadora que procurava destruir um indivíduo. Como afirmou durante um depoimento, "Não acho que um homem deva ser tratado desse modo nos Estados Unidos".

Havia discos sendo lançados sem que a King tivesse nada a ver com isso, e depois havia músicas como "I Got You (I Feel Good)" que Brown não podia lançar em disco devido à batalha legal. Ele cantou essa canção num filme-comédia de 1965 da American International intitulado *Ski Party*, com Dwayne Hickman, Frankie Avalon e um urso-polar cantor. Entrando de esqui num acolhedor chalé, Brown quase acaba com qualquer esperança de uma carreira no cinema bem ali ao batalhar para conseguir dizer as palavras "*abominable snow girl*" ["abominável garota das neves"], antes de ele e os Famous Flames, em malhas de tricô, gritarem "I Got You".

Em março de 1965, a *Billboard* noticiou que Nathan decidira vender seu selo e sua empresa de publicidade para a Mercury. Talvez a história fosse verídica, mas aquele era um cara cuja ideia de diversão era provocar donos de casas de penhor. Se ele estava mesmo pensando em vender a King, mudou de ideia rápido. Em junho, comunicou a Brown que estava pensando em reconsiderar um novo contrato, e que para isso bastava o cantor ir até Cincinnati.

Definir quem venceu essa luta depende do canto que você escolheu para assisti-la. Mas num sentido fundamental, deve-se considerar o que Brown levou com ele dessa história toda: logo depois da maior vitória de sua vida, *Live at the Apollo*, ele estava disposto a apostar seu bom momento, e talvez seu futuro, em nome de um princípio – nem era um princípio, mas uma briga. A pior parte de sua vida foi aquela em que ele era pequeno demais, jovem e inexperiente demais para revidar. As coisas melhoraram quando ele começou a reagir, e das vezes que perdeu nunca saiu machucado de fato. Se é que alguma vez ele teve um plano, era difícil decifrá-lo; romper um contrato, armar um tiroteio numa casa noturna. Tal plano o teria levado até ali, e agora era tarde demais para voltar atrás.

Meio zonzo no meio desses embates, Brown foi procurar conselho no mercado. Ligou para um dono de estúdio de gravação branco de Charlotte para conversar sobre seus problemas com a King, e sobre dinheiro e música. O dono do estúdio era também músico, Arthur Smith, que em 1948 fez um sucesso country, "Guitar Boogie". Smith era um bom ouvinte, e no final da conversa Brown disse que não sabia muito bem como suas dificuldades poderiam ser resolvidas, mas que, se nos próximos meses ele estivesse perto de Charlotte de novo, perguntou, será que ele poderia gravar no estúdio de Smith? Este era o sul segregado, onde um negro, mesmo tendo dinheiro, ainda precisava pedir permissão. "Você tem meu telefone", disse Smith. "Adoraria que você viesse."

Em fevereiro de 1965, enquanto a King e a Mercury continuavam sua briga, Brown e sua banda foram até o estúdio de Charlotte. A sala era um celeiro reformado, com amplo espaço para a banda, e a cabine da técnica ficava em cima, na parte alta onde antes se guardava o feno.

Estava na hora de gravar uma música rítmica complicada na qual Brown vinha pensando há tempos. Os músicos se acomodaram, tocando uma coisa e outra enquanto esperavam o chefe chegar. Finalmente, apareceu o Cadillac personalizado de Brown, branco com vidros escuros, e o cantor todo fanfarrão dentro dele. "Ele parou o lugar. Você simplesmente sabia que alguém importante estava presente", disse Clay Smith, filho de Arthur. Sem parar um minuto e falando tão rápido que quase precisava de um intérprete, Brown não era um a mais da banda. "James estava no comando", Arthur Smith lembrou mais tarde. "Eu sabia que eu era dono do estúdio, mas sabia que ele iria fazer o que quisesse ali."

Uma boa parte de seu grupo havia sido formada com pessoal da pequena Kinston, Carolina do Norte: o trompetista Levi Rasbury, o saxofonista Maceo Parker e seu irmão Melvin na bateria, e Nat Jones, saxofonista e diretor musical. Para Rasbury, "aquilo era irreal. Era minha primeira vez dentro de um estúdio, a primeira vez que eu via como eles faziam discos. O jeito que Brown fazia a coisa era assim, ele cantava a melodia da música para o Nat, batucava o ritmo de bateria que ele queria – 'entendeu?', cantava uma linha do baixo para o baixista – 'pegou direitinho?'. Então ele disse: 'Nat, você crie um riff nos sopros para essa melodia...'".

O riff de Nat precisava combinar com precisão com uma parte de guitarra já gravada, e estava ficando difícil conseguir ajustar as duas coisas. Brown ficou observando por um tempo o esforço do trompetista, e de repente explodiu.

"Quem é esse cara do trompete?", ele perguntou, virando-se para Jones. "Ele não vai dar certo. Mande esse negro embora."

Um momento mais tarde, com a coisa já consumada, Brown virou de novo para Jones.

"Bem, você dispensou o cara. Quem você conseguiu para o lugar dele?" "E onde é que eu vou conseguir um trompetista em Charlotte no meio da madrugada?", perguntou Jones perplexo.

Apontando para o músico que acabava de ser dispensado, Brown disse: "Contrate esse negro aí!".

Eles começaram a trabalhar a canção com a fita rodando. Brown lia a letra escrita numa folha de papel. E quando terminaram eles tinham "Papa's Got a Brand New Bag". Sabendo o que tinha, e sabendo que não poderia lançá-lo pela Smash, e sabendo que Syd declarara que ele pelo menos ia considerar a possibilidade de um novo contrato, Brown anunciou que tomara uma decisão em relação à King, e mandou a fita para Cincinnati.

Quando foi lançada no verão, "Papa's" parecia reunir todas as implicações de "Out of Sight" lançada no mês de julho anterior "Out of Sight" era o cenário – "Papa's" é o filme inteiro.

Não é um mau cenário, no entanto. A voz de Brown conduz a melodia enquanto ele vai traçando um retrato de si mesmo como alguém impressionado por uma mulher, e Maceo Parker no sax barítono responde com um esperto refrão *uh-huh you right*. "Out of Sight" se desenvolve num crescendo e depois vai sumindo. A música para de repente em determinado ponto e a voz provocante de Brown faz ela recomeçar. Ele se divertia mostrando como estava no controle da banda e do *groove* do som.

Esses dois discos parecem separar os elementos da banda e redistribuí-los, tornando visível a relação entre eles, como um diagrama em vista explodida. O baixo estava fazendo coisas que não havia feito antes na música pop, e era talvez a parte mais ativa nas duas canções. Era bem movimentado e tão grave que você precisava apurar o ouvido para percebê-lo – um som carregando informação que você só conseguia absorver em parte. O baterista Melvin Parker sabia o quanto Fillyau conseguia fazer ferver o som. Ele foi esperto e tomou a outra direção, acentuando o extremo oposto em relação ao baixo – o chimbal, com um tique-tique no aro. "Eu estava só tentando ser diferente", disse Parker. "Limpo, funk e diferente."

Trafegando por ambas as canções estava a execução de Maceo Parker, que entrara no grupo em 1964 e foi lançado em órbita no momento em que Brown gritou seu nome na segunda metade dos quase oito minutos de "Papa's", após o quê Parker e o mundo descobriram simultaneamente a grande afinidade que ele tinha com Brown. Eles soavam parecido, e um alimentava o outro, a tal ponto que Brown declararia mais tarde: "Sabe, quando o Maceo toca, é quase como se fosse uma extensão de mim".

Essas canções eram modernas, e Brown também soava assim. Ele estava se dando muito bem com Nova York. Vinha sendo O Cara que Mais Trabalha no Show Business, o cara que mais suava na Terra, sacrificando-se por amor a você. Quando se apresentava ao vivo suava em bicas e o chão ficava molhado, fazendo a banda escorregar o tempo todo, tanto que ele tinha que tomar uma injeção na veia depois de um show quente para recuperar seus fluidos. Como comentou, "Não há nada mais pessoal do que o suor da sua testa" e toda noite Brown deixava sua essência no chão do palco. Mas com "Out of Sight", o trabalho duro passou a ser apenas parte da história. A outra parte era o controle, o domínio de um cara que implodia o ar em volta dele com um aceno de cabeça, tão dominador parado como era ao fazer seus maratônicos esforços. Ele não estava mais dizendo "please" agora. Estava estalando os dedos e fazendo as coisas acontecerem.

"Era o início de um novo mundo", disse Brown a respeito de "Papa's". Eles continuaram em turnê quando a música foi lançada, e a banda podia sentir a mudança vindo ao encontro deles. Levi Rasbury fazia o agendamento dos shows, e notou como os números aumentaram. "'Papa's' acabara de ser lançado, então fomos para a Geórgia, Alabama (Birmingham), Mobile, e ficamos nos arredores de Pensacola, subimos pelo lago Charles, Louisiana. Quando chegamos a New Orleans, os shows já agendados de James passaram de 1.750 dólares para cerca de 2.500 ou 3.000. Tocamos em Shreveport, Dallas, Houston, San Antonio e aí o cachê bateu nos 4.500."

O público também estava mudando. "Na minha primeira viagem pela Costa Oeste com James, o público era basicamente de negros", disse Rasbury. "Havia uns poucos brancos, mas setenta e cinco a oitenta por cento eram negros." Então chegou "Papa's". "A essa altura, a relação na plateia já era sessenta negros para quarenta brancos no Sul, e conforme você passava para o Texas, Arizona, começou a ser de meio a meio." Tudo bem, passou a ser outra história a partir dessa música, mas surpreendentemente Brown conseguia superar a barreira racial, e não fazia isso com baladas ou seções de cordas, o caminho usual para conquistar fãs brancos. Eram discos que transmitiam outra emoção, apostas arriscadas que não soavam como nada do que se ouvia no rádio da época.

No final de 1965, o *New York Amsterdam News* noticiou uma batida policial num reduto de drogas do Bronx. "A polícia diz que quando entraram no apartamento encontraram gente dançando, jogando e bebendo, e no toca-discos James Brown gritava 'Papa's Got a Brand New

Bag'. A polícia diz que foram atiradas ao chão algumas facas, uma arma carregada, maconha, cocaína, heroína, e ao que parece folhetos de propaganda política também foram encontrados no apartamento."

Crua, agressiva e cinemática, a sua música criava um novo tipo de espaço. Era sobrevivência transmutada em estilo – e como estilo ela decolou. A música flutuava do trem de primeira classe, da banquinha de rua que vendia pastéis, dos antros do Bronx e daquele porão de St. Albans onde eles passavam a garrafa de aguardente de uva e das noitadas em Toccoa. Mas Brown agora pertencia aos ouvintes brancos também, e estava decolando – estava virando um astro pop.

O sucesso amplo de Brown definiu seu próprio caminho, impossível de reproduzir seguindo instruções. Em 1965, a grande fábrica para criar música negra pop segundo uma receita era a Motown. E naquele ano, o presidente da Motown contratou alguém que Brown conhecia bem, Tammy Montgomery. O fundador da Motown, Berry Gordy, mudou o nome dela para Tammi Terrell e iniciou seu processo sistemático de prepará-la para o estrelato, fazendo-a passar pela escola de aprimoramento da Motown. Enquanto isso, Brown já a havia feito passar por outro tipo de ensinamento.

Terrell ficou apenas um ano mais ou menos com Brown, de 1963 a 1964, e durante esse tempo ela entrou naquele pique de shows avulsos, um por noite, um atrás do outro, morando no ônibus e correndo de um palco para o palco seguinte. Ela também enveredou pelo caminho natural de uma cantora da banda de James Brown. Como a maior parte delas, dormia com ele, usava as perucas que ele gostava que suas mulheres usassem, e era coberta de presentes. Eles se apresentaram no Apollo, e Brown mandou que ela fosse atendida por cabeleireiros, manicures e pedicures. Ele pagou tratamento de pele, penteados e peles. Um ano depois, eles se apresentaram no Grossinger's, um resort nas montanhas Catskill que havia feito parte do Borsht Belt mas que agora lutava para manter alguma importância. A solução provisória foi um show que juntava James Brown com o humorista Bob Hope.

Provavelmente, já deviam ter ocorrido problemas entre Brown e Terrell antes, mas o que aconteceu no Grossinger's marcou um ponto de inflexão no relacionamento deles. Nos bastidores, Hope começou a simpatizar com ela, e convidou Terrell para ir com ele numa turnê da United Service Organization pelo Vietnã. Terrell disse que tinha compromissos contratuais com Brown e que precisava cumpri-los. No entanto, mais importante do que os compromissos profissionais era o fato de que Brown não podia tolerar a ideia de uma mulher abandoná-lo. A possibilidade de qualquer pessoa – ainda mais a atração principal – "roubar" sua mulher não era algo que ele pudesse suportar facilmente.

Sua violência ficou evidente. "Vi James Brown bater na bunda dela em Atlanta, Geórgia, até ela mal conseguir ficar em pé", disse Allyn Lee.

David Butts, uma dançarina do show, lembrou de Terrell indo para o palco depois de tomar um soco de Brown. "Ela cantava uma música chamada 'If You See Bill'. Ela foi lá e cantou com um olho roxo mesmo."

Butts também lembra de um show na Virgínia, depois que todo mundo fechou a conta do hotel e subiu no ônibus. "A gente estava indo pela estrada, em direção ao sul, quando mais ou menos depois de uma hora de viagem o ônibus desviou para o acostamento. James estava guiando o carro dele, e então saiu do carro, tirou Tammi de dentro e começou a estapeá-la. Nunca tinha visto uma coisa assim antes. Todo mundo se perguntando o que era aquilo.

"Era o seguinte: quando eles estavam saindo às pressas do hotel – veja bem, o James gosta de colocar molho de pimenta nas suas asas de galinha, e então ela pegou a garrafa de molho e colocou no bolso do casaco de arminho dela quando eles estavam saindo. Mais tarde, quando ele perguntou pela garrafa de molho, viu que ela a guardara no casaco e isso deixou ele louco – 'por que é que você enfiou isso no bolso do seu casaco de arminho?'."

O tratamento dispensado por Brown a Tammi Terrell reflete bem seu padrão no relacionamento com mulheres, e o abuso tinha raízes na sua possessividade e no terror de ser abandonado. Bobby Bennett disse que viu Brown batendo nela três vezes com um martelo, na frente de um hotel em Washington, D.C. Segundo o cantor Gene Chandler, no último show dela com Brown, Terrell cometeu o erro de não ficar nas coxias assistindo tudo o que ele fazia. Conforme Chandler declarou em entrevista para um show de tevê, Brown veio dançando até os bastidores do palco e foi batendo nela escada abaixo até os camarins. Chandler ligou para a mãe dela. Na manhã seguinte a mãe veio pegá-la e levou-a para casa.

A família dela desfez as malas. Numa delas encontrou um quimono de seda azul, manchado de sangue.

O NÚMERO DA CAPA

Capítulo Dez

Primeiro, ela imaginou que era capaz de voar. Depois ficou na esperança de que o rapaz gordo pudesse amortecer sua queda.

A mulher viera ao Rockland Palace no Harlem para ver James Brown em 1961. Enquanto o grupo atacava "Please, Please, Please", algo irresistível tomou conta dela, uma sensação de que o mundo era irreal, de que aquilo que ela estava a ponto de fazer iria conectá-la a algo infinito. Levantou, plantou os pés na beirada do balcão superior, balançou para a frente e para trás seguindo o ritmo e então... saltou fora do planeta. Ou tentou. Aterrissou no chão lá embaixo, e teve a sorte de sobreviver.

"Eu vi o corpo dela sumir como se estivesse evaporando", Brown contou a um redator da *Sepia*. "Depois a gente soube que ela tinha desfalecido no balcão lá de cima... e pulado. Ninguém entendeu direito o que aconteceu."

James Brown colocava as plateias em transe. Em outra noite, no início da década de 1960, quando a banda tocou uma dança do sul, uma mulher gorda subiu na amurada do balcão e ficou se equilibrando. "Ninguém fez qualquer comentário – ninguém chegou perto dela e em nenhuma hora ela se desequilibrou", disse uma testemunha. "A plateia inteira estava balançando. Era uma dança, mas sem que houvesse ninguém dançando. Era como uma ovação em pé ao cantor."

Afinal, o que estava acontecendo nos shows do início da década de 1960 para deixar os fãs possuídos desse jeito? A resposta está lá, na performance de "Please, Please, Please", num pouco de marcação de palco que Brown acabara de introduzir no show. Mas, para entender esse ponto de inflexão, temos que nos remeter a outra era, a outra dança, e refazer o *mashed potatoes* no sentido inverso até a década de 1890.

Estamos na região ao longo do rio Ob no noroeste da Sibéria, a leste dos montes Urais. Venta muito, faz um frio de rachar, embora a primavera esteja chegando. As pessoas daqui moram em tendas de casca de bétula e caçam com arco e flecha os lobos que espreitam na floresta congelada. Esse povo é chamado de ostiaque. Segundo a décima primeira edição da *Enciclopédia Britânica*, de 1911: "Os ostiaques são de porte mediano, ou de estatura baixa, em geral magros e com boa saúde, apesar de sua aparência rude no inverno, com suas grossas roupas de pele. Têm as extremidades afiladas e os pés geralmente pequenos".

São pessoas resistentes. Quando não têm mais o que comer, olham fixo para um líder, um herói, que fica em pé diante deles. Estão famintos e decidindo se devem mais uma vez se mudar para outro local. São fanáticos, têm obsessão por seu herói e exigem-lhe uma resposta. Eles o põem sobre uma plataforma, e agora o cercam, esperando algum sinal.

Eles pedem uma demonstração de valor, de vigor, de seu controle sobre as forças que estão devastando a vida deles. Esperam alguma performance. Tambores tocam por longo tempo, e então o herói grita numa língua não humana, uma torrente de palavras e emoções que comovem seus seguidores mas que eles não conseguem entender. Por fim, ele é tomado, habitado por um espírito que o faz contorcer o rosto, a voz, os movimentos do corpo. Ele dança.

Ele canta. O espírito que está nele se manifesta e ele proclama uma mensagem do mundo espiritual. Ele subiu até o céu e depois caiu no inframundo, e agora ele está aqui, esgotado em todos os sentidos. Um círculo de ajudantes cobre-o com um manto, uma capa, tentam dar a seu corpo e alma o conforto de mãos mortais em suas costas. Um tapinha, uma palavra, mas consolá-lo é algo além de suas possibilidades, pois só ele tem a resposta para aliviar seu mal.

Depois disso, segundo o relato de seus companheiros, o herói entra em sua cabana de ferro e cai adormecido numa cama de nuvens roxas. Essa parte deve ter sido obra de um assessor de imprensa dos bons. Mas os pontos básicos, inegáveis, são estes: Algumas das melhores performances originaram-se há séculos, e às vezes é a capa que faz o homem.

Antes que possamos fazer a ligação entre os ostiaques e James Brown, devemos lançar mão de uma palavra, uma palavra muito batida, um clichê, que ao longo dos anos se tornou tão pouco representativa e tão mal compreendida quanto a palavra *funk*. A palavra em questão é *xamã*. Os ostiaques estavam no xamanismo antes que virasse moda. A palavra foi usada pela primeira vez para descrever pessoas como o herói da comunidade que os ostiaques rodearam, e foi cunhada por antropólogos russos que estudavam os povos tribais da Sibéria e da Ásia Central.

Mas uma das razões pelas quais o termo *xamã* acabou virando algo até brega é que mesmo antes de Joseph Campbell ficar com os cabelos grisalhos e grupos de homens, círculos de tambores e pessoas totalmente delirantes tirarem o sentido da palavra, o xamanismo era um fenômeno global. Os antropólogos que levaram o conceito até as massas determinaram que essas pessoas (podemos chamá-las de curandeiros, pajés ou xamãs) existiam em culturas de todo o planeta. Sua própria universalidade levou-nos, hoje, a despejar banalidades universais a respeito delas.

Algo crucial para a atuação do xamã onde quer que ele seja encontrado é que ele deve morrer diante da comunidade, num ato simbólico que é seguido por um renascimento, por uma volta do além. A morte e o renascimento simbólicos são repetidos seguidamente, e por meio dessa performance ele renasce diante de todos, de uma maneira milagrosa que consolida seu poder e sua proeminência.

Xamã, feiticeiro, bruxo... Ídolo americano. Num livro sedutor e bem cuidado publicado em 1983, o escritor inglês Rogan Taylor defende que nossos artistas mais globais, aqueles que são mais importantes para as plateias modernas, estão trabalhando dentro da nossa própria tradição xamânica. Em *The Death and Resurrection Show* ["O Espetáculo da Morte e Ressurreição"], Taylor descreve uma fase na qual o herói se retira da sua comunidade e compõe seu "ato", e sugere que, quando um xamã demonstra seu poder às pessoas, naturalmente ele está realizando um show. Um grande momento do ritual xamânico, segundo Taylor, é quando o performer está sendo assaltado pelas agonias do mundo subterrâneo diante dos nossos olhos. Taylor chama isso de uma "pantomima de momentos no inferno". Das margens do rio Ob ao salão do hotel Grossinger's, o que nos liga aos artistas mais poderosos é o mesmo vínculo elementar que os humanos tinham antes com o xamã.

Taylor se refere a James Brown como "talvez o artista mais estranhamente xamânico de todos". O clímax de seu show, o evento que se desenrolava quando os corpos se posicionaram na beirada do balcão superior, ocorria durante "Please, Please, Please", num trecho que logo foi apelidado de "o número da capa".

O número da capa era parte do seu show desde 1961. Anteriormente, Brown havia usado uma maleta como adereço durante "Please", e em meados da década de 1960 ele às vezes aparecia no palco usando uma coroa incrustada com bijuterias. Essas coisas eram pequenos artifícios, mas a capa era algo que caía em outra categoria. Desde a primeira vez que ele a usou, a capa mudou seu show; fez com que ele parecesse religioso, de uma maneira bizarra e grandiloquente. Fez dele uma vítima e um campeão, trafegando em correntes que alternavam fraqueza com poder em estado bruto. Ele dizia que nos dava tudo dele: O número da capa mostrava isso, e mostrava também que o tudo dele não tinha fim.

Brown tinha sua própria história sobre como ele usou a capa pela primeira vez. Ele estava assistindo à luta livre pela tevê e de repente passou uma luta de Gorgeous George, outro performer primal. George foi um dos primeiros astros da tevê, e o único lutador de luta livre até hoje que pode com justiça ser chamado de profundo. Ostentando um aparatoso e elaborado penteado que ele mesmo fazia, George ampliou sua fama quando começou a usar roupões luxuosos, com contas, botões, enchimentos, partes acolchoadas, com uma aparência feminina. Os caras que costumavam gritar para ele gritavam mais alto ainda quando George se enfeitava com seus deslumbrantes roupões. Violentamente transgressivo, ele encontrou seu artifício e usou-o para controlar os eventos dentro do ringue, definir seu sentido e dominar a plateia. Ele sabia exatamente o que estava fazendo. "Eu devo aos meus fãs o fato de usar somente os trajes mais caros e resplandescentes que o dinheiro é capaz de comprar", ele explicou. "Pele de marta é muito medíocre. Eu não vou usar nada abaixo de arminho em meus roupões de luta." Ele era um brutamontes afeminado, e exerceu alguma influência em Brown.

O número da capa, conforme Brown comentaria, começou como uma homenagem improvisada a George, mas Brown mudou tudo o que ele significava. Em George, o roupão era um traje que significava pompa, ele transpirava uma atenção arrogante consigo mesmo. Era algo que o afeminava e portanto inspirava desdém; a tarefa de George era transformar esse ódio em respeito, a socos.

Mas para Brown a capa significava... o quê? Ninguém o odiava quando ele a vestia. George usava seus roupões. Eles definiam sua imagem. Mas a capa recobre e esconde Brown, e não permite que a gente o compreenda. A capa nos depara com confusão, e a gente se aproxima então para tentar entender.

Portanto, vamos chegar mais perto. De todos os músicos, cabeleireiros, seguranças e auxiliares no grupo que viajou com Brown ao longo dos anos, ninguém ficou mais tempo do que Danny Ray. Ninguém poderia ter previsto isso em 1961. Ray era um vagau impecavelmente vestido, que ficava sempre nos bastidores do Apollo procurando uma brecha. "As pessoas têm que ver você sempre por ali, acabar conhecendo seu rosto e deixar que você acabe sendo chamado de Senhor Amistoso", explicou ele. Ray quase conseguiu emprego com Johnny Mathis antes de Brown voltar ao Apollo.

Ele começou em 1961 como assistente dos Flames, e depois que Brown viu como eles estavam alinhados, promoveu Ray a seu assistente. Ray saíra de Birmingham, Alabama, em 1955, para servir o exército: "Meu tempo no exército me fez ficar pontual. Acho que Brown não conseguia achar ninguém para lustrar seus sapatos e limpar suas cinco roupas de cena.

"Eu costumava subir até o lugar mais alto do Apollo, o que eles chamavam de 'o ninho do corvo', e assistir ao show de lá. Eu dizia a mim mesmo, que bom seria se eu pudesse estar lá embaixo... Eu não tinha ideia de como isso poderia acontecer. Então uma noite..." Tornar-se indispensável fez Ray conseguir se manter fora de Birmingham e conseguir uma brecha como apresentador de Brown. Mas o que lhe rendeu fama foi o incidente da capa.

Ouça Ray e a história toda sobre Gorgeous George começa a parecer forçada, maquinada para dar sentido ao que na realidade foi apenas um feliz achado. Ele viu o que ele viu; ele estava lá quando aconteceu. "Lá atrás, nos dias do *chitlin circuit*, não havia camarim, havia um lado de dentro e um lado de fora, e quando você queria sair do palco, você saía pela porta e já estava do lado de fora", disse Ray. "Eu costumava pegá-lo quando ele saía depois de cantar 'Please' e ele estava simplesmente empapado de suor, e uma das coisas que me cabia fazer era lhe passar uma toalha. Era só isso. Eu punha uma toalha de banho felpuda em cima dele. Os lugares eram tão pequenos que você precisava ir lá fora antes de voltar ao palco. Era uma espécie de pequena piada entre a gente, no início. Eu punha a toalha felpuda em cima dele; ele a atirava longe e voltava correndo para continuar cantando. As pessoas da plateia podiam ver isso dos seus assentos. Começaram a notar isso e isso acabou virando uma coisa."

A plateia viu, literalmente com o canto do olho, e isso fez sentido para ela. Eles quiseram que esse trecho também viesse dos bastidores para o palco.

Brown diria que três caras haviam conseguido a capa: o Super-homem, Batman e Danny Ray. "Você precisava ficar de olho nele o tempo inteiro. Ele me dizia qual era a cor dos ternos, a cor das capas, só um pouquinho antes dos shows", disse o assistente. "Eu ficava cuidando dessas coisas e sempre as mantinha ao alcance dos olhos, porque eu sabia o que elas representavam."

Os primeiros álbuns de James Brown lançados pela King regularmente omitiam um detalhe essencial: qual era a aparência de Brown. Seu primeiro album destaca um cara de terno cinza e uma mulher de saia fotografados do peito para cima. O segundo *non sequitur*: uma *femme fatale* segurando uma pistola. O seguinte, um bebê branco chorando. Brown expressou seu ressentimento com o esforço de Nathan para esconder seu rosto. Quando *Live at the Apollo* foi bem, Nathan insistiu com Brown, observando que seu álbum de maior sucesso tampouco tinha uma foto dele na capa.

Isso virou uma questão de ego, e uma questão de princípios, pois Brown tinha certeza de que, se o país o visse no seu espetáculo, iria adorá-lo. Quando Brown estreou na tevê nacional no *American Bandstand* em 1963, seus movimentos foram restringidos, e a câmara só o mostrava do peito para cima, com seu lado físico mantido em cheque. Isso também alimentou sua determinação.

Mas, em 1964, a América que ficava além do *chitlin circuit* já era capaz de ver, e também de ouvir, uma performance de James Brown. Ele fez dezoito minutos num filme chamado *The T.A.M.I. Show*, e foi tempo mais do que suficiente para que civilizações inteiras saltassem do balcão superior. O número da capa fez sua estreia nacional no *The T.A.M.I. Show*, e nenhuma das pessoas que assistiram esqueceram daquele momento.

T.A.M.I. era a sigla de Teenage Music International, ou talvez fosse Teenage Music Awards International, como é referido às vezes. Seja como for, era um esforço para obter dinheiro de bolsas de estudos por meio de um show gravado, apresentando Brown, Chuck Berry, os Beach Boys, Marvin Gaye, os Rolling Stones, e mais alguns shows ao vivo no Santa Monica Civic Auditorium. Os nomes já falavam por si sós, mas os produtores ainda buscaram oferecer mais atrativos: os anúncios repetiam incansavelmente que seria gravado em Electronovision, uma tecnologia que transferia o videotape de alta resolução para filme para cinema.

Muito já se falou a respeito de como Brown abriu o show dos Rolling Stones. De como Mick Jagger estava petrificado enquanto assistia ao desempenho de Brown e precisou ser consolado nos bastidores por Marvin Gaye – "Simplesmente vá lá e faça o seu melhor", Gaye lhe disse. Afinal, precisava dizer alguma coisa. Décadas mais tarde, Keith Richards contou numa entrevista que o maior erro de sua vida foi ter se apresentado no *The T.A.M.I. Show* depois de Brown.

"Eu não sei nem lhe dizer agora por que eu quis a ordem daquele jeito", disse Steve Binder, que dirigiu o filme. "Mas naquela hora não ouvi ninguém do primeiro time se opor à ideia, a não ser o James.

"Acho que aconteceu mais ou menos assim, ele disse 'Eu fecho o show, certo?'. E eu disse 'não'. E então ele respondeu: 'Ninguém vai tocar depois de mim'.

"'Na verdade', eu disse, 'a gente tem os Rolling Stones'. Ele nem ligou – ele tinha muita autoconfiança."

Eles tiveram quatro dias de ensaios antes da filmagem, que foi feita em dois dias. Brown fez pé firme, dizendo que não queria passar no ensaio o que ele iria fazer no show. Isso era por uma razão bem simples: ele sabia o que tinha, e não queria entregar o jogo. Nas turnês, depois de quatro dias a atração que abria o espetáculo provavelmente já tinha condições de fazer o seu show. Quando ele ensaiava para alguma aparição na tevê, ele passava algo diferente daquilo que iria apresentar na hora.

Binder era um diretor refinado, de mente aberta, com um profundo conhecimento de música que vinha dos programas de jazz nos quais havia trabalhado no início da década de 1960. A ideia era fazer com que as atrações do T.A.M.I. ensaiassem as suas músicas para que ele pudesse planejar a localização da câmera e já prever que tomadas iria usar. "O único que disse 'Eu não quero fazer um ensaio' foi James Brown. Eu nunca vira James Brown na vida, eu simplesmente ouvi alguns de seus discos pouco antes da gravação. Ele olhou para mim, assentiu, e disse apenas: 'Você vai saber o que fazer quando me vir'."

O diretor era mais do que ousado. Sua câmera parece se aproximar cada vez mais de Brown à medida que ele se aprofunda no seu show. É como se Binder e os espectadores conseguissem conhecer Brown melhor à medida que o show se desenvolve e começamos a pensar como ele pensa.

A plateia era formada por adolescentes do Santa Monica Pier. Muitos com certeza já tinham ouvido falar de Brown, mas outros foram conquistados pelo que viram naquele dia. "Lá estava a América branca, loira, de olhos azuis, garotas surfistas gritando que nem malucas", disse Binder. "Um dos meus câmeras falou para mim: 'não tenho certeza mas acho que estou ouvindo *me come, me come, me come* vindo da plateia'. Não conseguimos cortar isso na edição. Aquela meninada estava reagindo com emoções honestas – não havia letreiros luminosos se acendendo e pedindo para a plateia aplaudir, era tudo muito real."

Há um elegante "Out of Sight" e um devocional "Prisoner of Love", e, se o show de Brown tivesse terminado aqui, ele já teria sido a melhor coisa do filme. Então ele canta "Please, Please, Please" e vivencia o que à primeira vista parece ser um colapso completo, com seu corpo e seu espírito tomados por uma sombra. Ele cai de joelhos, e os Flames, seus atenciosos ajudantes, jogam uma capa em cima dele e o acompanham até um canto do palco. Estão preocupados com seu bem-estar, e mesmo que retrospectivamente possamos concluir que uma capa é uma maneira bem estranha de demonstrar sua preocupação, naquela hora parece ser a única coisa possível de fazer.

Os Flames – a versão Bobby Bennett, Bobby Byrd e Baby Lloyd Stallworth – estão balançando os quadris e fazendo gestos de inconformidade com as mãos. Eles são companheiros de festa, curtindo junto ao corpo mórbido de Brown. Da primeira vez que ele cai de joelhos, a plateia parece chocada, e Danny Ray cobre-o com um grande manto quando ele desaba. Bennett então chega, dá uns tapinhas no ombro dele, e vemos no rosto de Brown uma máscara, um olhar perdido.

Da segunda vez que ele cai de joelhos, temos um close do rosto de Brown conforme ele vai sendo retirado do palco, com os garotos agora decididos a tirá-lo daquele lugar inseguro. Brown põe a mão no rosto num gesto quase chocante, e a plateia grita "Don't go!" junto com os Flames, mas o que notamos agora é como Brown balança a cabeça e murmura alguma coisa. Será que está falando em línguas estranhas? Está tão fora de si que perdeu o controle do corpo? Parece doido de pedra, tomado por forças emocionais além da capacidade da Electronovision.

Agora fica cada vez mais fácil de perceber: O homem está caindo no chão no tempo Um. No primeiro tempo do compasso. Ele também puxa a capa toda vez no Um. Está regendo a banda desde as profundezas de seu paroxismo. Depois que as forças o fazem cair pela terceira vez, e a capa já lhe foi entregue, uma ampla tomada nos mostra Ray, seus olhos nervosamente movendo-se para lá e para cá. Ele era um cara nervoso, perfeito para esse momento – seu medo é lido como apreensão pelo que possa estar acontecendo com o patrão. Brown quase chega até a coxia dessa vez, quando se desvencilha da capa de novo, afastando seus ajudantes – ele não pode ser ajudado, nem controlado, seja por seus ajudantes ou pelo poder do momento. Irá dominar essas forças, e se dirige de volta ao microfone, quando...

Há ainda uma última queda no chão, a única que dá a sensação de ser um pouco mecânica, porque a intenção é quebrar o feitiço e demonstrar que finalmente ele domina as forças espirituais que o fizeram arrastar-se daqui para lá pelo palco, que deixaram os pobres Flames e Danny Ray mortalmente preocupados, e que levaram a plateia a passar do "fuck me, fuck me" para sons mais guturais e incompreensíveis.

Ele era um dançarino, líder de banda, cantor. Mas é essa cena, esse trecho de marcação de palco, fora do tempo e da cultura, que o coloca finalmente no plano de um puro artista performático. Ela faz nossa atenção se concentrar na sua batalha, nos deixa preocupados com sua vida e morte e nos faz alegrar por sua existência.

"É um sentimento divino – como uma coisa batista. Uma coisa que vem de uma bagagem espiritual", é como Brown explica. "Você se vê envolvido e não quer sair daquilo. É essa a definição de *soul*, você sabe. Você está envolvido por aquilo e eles tentam tirá-lo de você e você não quer sair daquilo. A ideia de mudar as capas veio depois, porque se mostrou adequada para o *show business*."

Essa dramaturgia toda de "cair de joelhos tomado pela emoção" é algo que vem direto da Igreja Pentecostal, de um sistema de crença segundo o qual, no calor do momento, uma pessoa pode ser tomada por um repentino influxo do Espírito Santo. Os saltadores do Espírito Santo, assim eram chamados aqueles que eram inundados pelo espírito nos primeiros dias do pentecostalismo. Era uma forma de possessão, de se entregar gloriosamente a uma força maior.

Muitas personalidades da tradição Pentecostal negra usaram a capa. Havia o King Louis Narcisse, um pastor que seguiu o modelo de Daddy Grace. Sua igreja tinha filiais desde Oakland até Orlando. Ele lançou discos gospel e tinha até um slogan: "É tão Bom ser Bom". Narcisse preferia arminho. Havia também Brother Joe May, uma das maiores vozes gospel das décadas de 1950 e 1960, um cantor volumoso, de voz vibrante, que havia vendido um milhão de discos logo na sua primeira gravação, "Search Me Lord". Ele andava com uma capa de ouro.

Brown conhecia seu trabalho e o de muitos outros antes dele, e ao usar a capa ele com certeza estava se ligando ao poder religioso deles, experimentando para ver se o tamanho servia. Ele era religioso de maneiras que o faziam estabelecer conexão com pessoas que conheciam o espírito, só que ele simplesmente não chamava o seu de "deus". Não sentiu necessidade de nomear deus algum, e com certeza não aquele que ele reverenciava quando caía de joelhos no chão na sua performance.

Mas "Please", sem dúvida, é uma melodia secular, ligada a coisas de adolescentes. Assim, quando Brown está no chão comunicando que está impressionado, dominado por uma força suprema, qual é a força que o governa? É o amor que sente pela mulher que o abandonou. "Don't go!", ele grita. É essa sua necessidade. Ficar impressionado com seus sentimentos, no entanto, é outra maneira de dizer que está impressionado consigo mesmo. Uma força profunda e fantástica entrou em James Brown, e trata-se de uma "James Brownesa", uma intensidade de ser ele mesmo. Aqui temos religião sem Deus, ou com apenas um Deus, nada menos do que Sua *Expoobidence*. Podemos chamá-la xamanismo ou showbiz, seja qual o nome que lhe dermos, trata-se de uma poderosa magia profana.

Em março de 1966, ele fez sua estreia no Madison Square Garden em Nova York. Na plateia havia um showman chamado Buster Brown. Um dos grandes dançarinos de sapateado do século, ele havia atuado com a orquestra de Duke Ellington e dançado para o líder da Etiópia, Haile Selassié, que lhe outorgou a medalha Leão da Judeia. Depois de ver a performance do Garden, Buster Brown escreveu suas impressões:

"Eu não tenho palavras para falar a respeito desse homem. Quando ele sobe ao palco tudo começa a acontecer, até que ele sai. Este homem é o maior artista de palco que eu conheço. Ele arrebata sua plateia como um pregador – como um Father Divine.[1] Ele quer ser o Ídolo, o Deus que as pessoas adoram...

"Ele não está tentando passar a perna em ninguém. Não está lá tentando enganar, nem por um minuto.

"Ele simplesmente acorda as pessoas – o tempo todo; e quando ele vai embora, elas não conseguem mais esquecê-lo.

"Ele não vem contando uma história. Ele não traz nenhuma mensagem. Ele promete a si mesmo. 'Eu prometo a vocês o melhor de mim', e então ele dá.

"Ele deixa as pessoas com uma impressão: 'Eu pertenço a vocês'."

O dançarino de sapateado foi até o Garden levado por uma amiga, a historiadora de dança e cineasta Mura Dehn. Nascida na Rússia, ela era uma dançarina de balé na juventude. Então viu Josephine Baker se apresentar em Paris, e isso mudou sua maneira de encarar uma série de coisas. Mura mudou-se para Nova York por volta de 1930, e começou a visitar o Savoy Ballroom, a casa da revolução da dança operada pelo swing. A cena de dança do jazz transformou Dehn numa preservadora da história da dança afro-americana.

Ela foi com Buster Brown até o Garden, e suas impressões a respeito do cantor saíram publicadas na revista *Sounds & Fury* de junho de 1966. Eis o que ela declarou:

"Sua ênfase no ego rompe todos os limites. Ele é como um recém-nascido fazendo birra para conseguir o que quer.

"Ele deixa você atônito e impressionado pela sua marca de genialidade e de loucura."

---

1 Líder espiritual negro, que atuou nas primeiras décadas do século XX, fundando nos EUA o movimento International Peace Mission, que teve grande difusão. Figura carismática, dizia ser ele próprio Deus, e foi preso e processado em 1932 por perturbar a paz, ficando um ano na prisão. (N. do T.)

Ela reservou um elogio especial à dança de Brown, mas, quanto aos outros aspectos do show, "O resto é um tremendo grito por algo que ele quer mais e mais – e consegue – e se dispõe a dar sua vida a fim de mantê-lo para sempre.

"Soul? Não sei bem do que se trata. Nada que alguém possa adotar em sua vida ou que consiga lembrar depois que vai emobra.

"Ele é um personagem mitológico. O que ele pede é amor – ilimitado –, um amor que nunca consegue preencher seu desejo. No final de toda aquela inspiração, talento, feitiçaria."

Mura então volta atrás. Depois de reconhecer que não acredita na força esmagadora que submete Brown, e, perguntando-se se há algo de espiritual por trás dos pedidos que ele faz, ela sugere que esse apelo pode ter raízes na experiência negra.

"Talvez porque tenha sido reprimido por tanto tempo, ele se expressa dessa maneira ilimitada – em força e em queixa. Isso pode ser verdade, mas, do ponto de vista teatral, um artista de palco tem que produzir o que o nosso tempo pede – uma personalidade mostra ser vendida para a obtenção de lucros 'estratosféricos'. James Brown não tem precedentes. Um homem tocado pelo poder divino. Ele absorve. Ele atordoa. E no entanto você não se sente enriquecido. Você não consegue se nutrir do que ele revela. Você simplesmente o experimenta, e ele é fabuloso."

Trata-se de uma das melhores percepções por escrito de James Brown. Mura capta a profundidade da fome de Brown, e necessidade que está lá em toda a atuação de um grande artista do palco, mas que nunca, até então, exposta tão nua como o ponto de celebração.

O que é espantoso, por fim, é um dos grandes dançarinos negros da época e uma das mais vibrantes estudiosas da forma terem ido a um show de James Brown sem sequer falar sobre sua dança. Em vez disso, eles descrevem o que Mura chama de "um teatro completamente novo e, ao mesmo tempo, um mistério arcaico". Algo que os possui, e que eles lutam para compreender.

O T.A.M.I. Show foi o espetáculo mais energético que alguém já havia visto. "Eu dancei tanto que meu empresário chorou", Brown contou mais tarde. "Mas eu realmente tinha que fazê-lo. Eu estava sendo confrontado com artistas pop – e eu era do R&B. Precisava mostrar a eles a diferença e, acredite-me, não foi fácil." Primeiro, ele teve que mostrar a todos como ele era fisicamente. *O T.A.M.I. Show* pôs um rosto num artista que a América conhecia por seu som. E fez também outra coisa. Sugeriu que *este* Eleito, este que nasceu morto mas não estava morto, iria cair e levantar por nós todos.

Pelos quarenta anos seguintes, Brown iria sinalizar o final de seu show com o seu número da capa. A cor dos tecidos mudava a cada queda, os movimentos físicos e os gestos podiam ser diferentes, mas o ritual da morte e ressurreição, do sacrifício e renascimento manteve-se como uma performance realizada todas as noites e da qual ele não pensaria mais em abrir mão, assim como não abriria mão de seu cabelo perfeito.

UM MUNDO DOS HOMENS

Capítulo Onze

James Meredith era um movimento de uma só pessoa. Quando o homem do Mississippi partiu pela Highway 51 num protesto que ele chamou de marcha, estava sozinho. Mesmo sem um seguidor sequer, ele não se importou em marchar sozinho.

Meredith foi bem-sucedido em seu intento de se tornar o primeiro afro-americano a ser admitido na Universidade do Mississippi, e sua provação, o abuso e as ameaças que suportou, fizeram dele notícia em todo o país em 1962. Para os habitantes do Mississippi, era um líder negro tão importante quanto Martin Luther King Jr. Em 1966, Meredith anunciou sua "Marcha Contra o Medo", indo de Memphis até a capital do estado do Mississippi, Jackson, a fim de demonstrar que os defensores da supremacia branca não podiam impedir o registro de eleitores negros. A marcha teve início em 5 de junho de 1966. Foi interrompida em 6 de junho, depois de Meredith ter sido baleado por um homem branco com um revólver na periferia de Hernando, Mississippi.

Nos dias que se seguiram, Meredith ficou num hospital de Memphis, recuperando-se dos ferimentos. Enquanto isso, as diversas alas do Movimento pelos Direitos Civis esforçavam-se para formular uma reação unificada. A Marcha foi retomada do ponto em que Meredith tombara, dessa vez com pessoas provenientes da Southern Christian Leadership Conference, de Martin Luther King, do Congress of Racial Equality e do Student Nonviolent Coordinating Committee (SNCC). Em sua marcha pela Highway 51 em direção a Jackson, os ativistas acampavam à beira da estrada.

Quando entraram na cidade de Greenwood, Mississippi, Stokely Carmichael andava passo a passo com agentes da lei. Eleito presidente do SNCC um mês antes, ele era um dos mais inflamados líderes da marcha retomada. Os brancos locais e as forças policiais cercaram os manifestantes, e agressores brancos estavam sendo identificados pela multidão. Carmichael chamou a atenção para um policial violento que agia no local. Foi então detido e levado à cadeia de Greenwood.

Ao ser solto, uma multidão de talvez mil pessoas havia se reunido para ouvir o discurso de Carmichael. "Esta foi a vigésima sétima vez que fui preso. Não pretendo mais ir para a cadeia", disse ele. Nesta hora, ele pronunciou um novo slogan que havia testado por acaso com as pessoas à sua volta. Agora seria o grande teste.

"Queremos *Black Power*."

Algumas poucas vozes responderam: "É isso mesmo!".

"Queremos Black Power!"

"É isso mesmo!"

"É isso mesmo. Queremos Black Power, e não temos por que nos envergonhar disso."

A informação de que James Brown estava chegando espalhou-se entre as pessoas. Haviam sido feitos apelos a celebridades para que demonstrassem seu apoio, e um homem do Sul, um superastro cuja música conotava negritude, não teria como não se sentir impelido a participar. Talvez Brown tivesse uma afinidade pessoal com Meredith, outro touro, outro individualista que não se sentia à vontade com filiações a grupos. No final de seu primeiro semestre na Ole Miss, Meredith havia dado uma coletiva de imprensa anunciando que "o 'Negro' não deverá voltar". Ele então acrescentou, "No entanto, decidi que eu, J. H. Meredith, vou me matricular no segundo semestre". Como Brown, ele insistia em ser visto como uma pessoa, não como uma categoria, e era um solitário com um traço de grandiosidade.

Havia sido uma procissão longa, contundente, até o fim dela. Em Canton, em 24 de junho, King estava discursando para os manifestantes da marcha quando soldados do estado soltaram gás lacrimogêneo na multidão, e os participantes correram em todas as direções. Muitos se lançaram em valas para poder respirar o ar perto do chão; ali foram espancados pelos soldados, que os agrediram com a coronha dos rifles. No dia seguinte, chegaram às portas de Jackson e se detiveram no Tougaloo College, uma instituição negra logo à saída da cidade. À tarde, King e outros líderes se reuniram na casa do reitor para avaliar a situação e planejar uma programação que marcasse o final da marcha.

As discussões sobre quem iria falar e em que ordem prosseguiram até que finalmente King interrompeu abruptamente a reunião. "Peço desculpas a todos", disse ele enquanto ia embora. "James Brown chegou. Estou indo."

Harry Belafonte havia organizado a programação, que também incluía Sammy Davis Jr. e Marlon Brando, mas Brown era indiscutivelmente o grande astro. Ele havia reunido uma versão de sete membros de sua banda em Cincinnati, colocou-os no seu Learjet e voou até Jackson. Para poder chegar ao palco, Brown foi guiado através da multidão aglomerada pelo ativista barbudo do SNCC, Cleveland Sellers; a revista *Jet* disse que ele parecia Moisés dividindo as águas do Mar Vermelho. Imagens filmadas do dia mostram Brown e a banda numa plataforma no alto de um morro, com uma floresta atrás deles. Eles parecem pequenos e sérios, diminutos em relação ao seu entorno.

Brown dá uma espiada na multidão abaixo dele, tentando descobrir alguns segredos. O palco está lotado; tem gente sentada em cadeiras dobráveis atrás dele, e estudantes de colegial agachados nas beiradas do palco. Há um pódio, também, no palco, e tudo isso torna difícil para Brown dançar, mas ele tenta. Embora gostasse de controlar seu espaço e tudo o que acontecia à sua volta, a expressão de seu rosto mostra que ele tem consciência de estar fazendo parte de uma história maior.

O show da tarde começou com "Papa's Got a Brand New Bag". A música revitalizou a multidão, que já estava esgotada mesmo antes que as sufocantes temperaturas ultrapassassem os trinta graus, e também mostrou como o som de Brown vinha sendo readaptado aos propósitos de uma nova geração de afro-americanos. Meses antes, um grupo em Canton, Mississippi, muitos deles trabalhadores domésticos que haviam perdido o emprego depois de terem organizado uma campanha para registro de eleitores, havia formado uma cooperativa de costura para produzir bolsas de moedas feitas em couro. Eles deram ao seu produto o nome de "Papa's Brand New Bag". Brown representava um novo tipo de autoconfiança negra, e suas canções estavam sendo transformadas em expressões de esperança e protesto por seus ouvintes.

A expressão "*brand new bag*" não demorou a virar sinônimo da chegada de uma nova geração. Apenas há alguns meses, discursando em Newark, New Jersey, Stokely Carmichael havia declarado: "James Brown tem uma genialidade musical maior que a de Bach, Beethoven e Mozart os três juntos".

Outra música em Tougaloo poderia ter dito tanto à multidão daquele dia quanto "Papa's". Brown cantou seu último single, "It's a Man's Man's Man's World", sua balada mais melosa até então; uma elegia ao conforto, um lento desenrolar de gritos e de cetim. Ele terminou seu curto set com "Please, Please, Please" – e quando chegou à frase "*just hang on*" ["vamos simplesmente persistir"], repetiu-a várias vezes enquanto seu rosto ficava coberto de lágrimas. "Não havia dúvida de que ele estava dirigindo esse apelo aos Freedom Marchers que haviam resistido às ameaças, ao assédio e às agressões em sua marcha de mais de quatrocentos quilômetros de Memphis a Jackson", relatou o *The Philadelphia Tribune*.

Ao final da apresentação, um mestre de cerimônias agradeceu à multidão: "Vocês acabaram de assistir ao final deste show. Isso aqui é Black

Power, gente". O rosto de Brown olha para a multidão, num sutil gesto de assentimento.

As discussões sobre o sentido do Black Power iriam dividir muitos afro-americanos durante os anos seguintes. Muitas das pessoas que iriam se ver no centro da discussão estavam presentes em Tougaloo. Muitas iriam seguir Carmichael e perder sua fé na não violência e na crença de que brancos e negros poderiam construir juntos uma igualdade. King e aqueles por trás dele iriam fazer um apelo moral à América, um apelo baseado em interesses compartilhados. No espaço entre eles estava Brown. Ele se tornou um político cultural no exato momento em que desembarcou do avião em Jackson. Quando deixou a cidade, ele descobriu que seu portfólio havia ficado bem mais complicado.

Brown canta *"It's a man's world, but it wouldn't be nothing without a woman or a girl"* ["É um mundo dos homens, mas não seria nada sem uma mulher ou uma garota"]. Curiosamente, a música começa com uma declaração orgulhosa, e depois tudo passa para um tom de confissão. Ele bate no peito enquanto canta a frase do título, e a partir desse momento a dúvida se instala na canção. Ao final da letra, o homem nesse mundo dos homens está "perdido no deserto, perdido na amargura, perdido em algum lugar da sua solidão". É uma exaltação muito peculiar da virilidade: uma promessa de que ela irá deixá-lo sozinho, corrompido e uivando como um jacal.

A canção não seria nada sem uma mulher em particular, Betty Jean Newsome, que teve grande participação na sua composição, e que passou vários anos lutando para que seu nome fosse creditado na autoria da música. Brown conheceu Newsome da maneira usual: estava cantando no Apollo Theater em 1965, viu um rosto bonito na plateia e mandou um assistente trazer a mulher até o camarim. Eles começaram a viajar juntos.

Era um relacionamento turbulento. Ele insistia em que as coisas fossem de um certo modo, e ela tampouco era fácil. Talvez isso fosse parte da atração. "Ele queria que as mulheres dele carregassem cãezinhos pequenos no colo", disse Newsome. "Eu não vou carregar nenhum cachorrinho dele no colo. Nem bebês.

"Quando estávamos indo para o sul na limusine, alguém comentou que a maioria das mulheres de Brown tinha tido filhos dele – 'Por que você não quer ter filhos dele?'. Então eu disse, 'Por que você me pergunta isso? – Eu não pretendo ter nenhum desses filhos dele com cara de macaco'. Eles acharam que ele ia me atirar a tapa para fora da limusine depois do que eu disse.

"Os Flames cobriam os olhos quando ele ameaçava me bater. Eu disse, olha, não precisam fechar os olhos, quem vai apanhar aqui é ele. Eu disse, 'Que tipo de homem vocês são que têm tanto medo dele?'. Eles viviam apavorados. Ele costumava bater neles, homens feitos! Era uma loucura, dava dó ver o jeito como eram tratados. Ele era terrível, rapaz."

Uma vez que eles estavam viajando de limusine pelo Sul, Newsome começou a cantarolar uma música que ela inventara, e Brown gostou muito. Ele mudou algumas palavras, acrescentou cordas, e lançou a música como se fosse dele. "Ele acrescentou uns dois ou três '*mans*' na letra para poder tentar roubá-la. Mas não funcionou", disse Newsome. "Deus não gosta de homem feio e com certeza não se dá bem com ladrões! Eles somem com as coisas por um tempo mas depois ele acerta as contas com eles." No final, um juiz acabou garantindo a Newsome a coautoria da música.

As coisas vinham piorando. Um mês depois do concerto de Tougaloo, a imprensa negra estava cheia de notícias de que Brown havia sido agredido por seu cabeleireiro. Havia sido atingido tão brutalmente que talvez não pudesse trabalhar devido aos ferimentos – tão graves que ele entrara com um processo contra o agressor. Algumas pessoas ficavam imaginando como é que um cabeleireiro tinha conseguido bater num ex-boxeador. Outros caíam no sarcasmo: "Apesar de gostar de usar capas esvoaçantes como as do Batman, sapatos de verniz, maquiagem com pancake, cílios postiços e sombra nos olhos, nada no histórico de James Brown faz crer que seja afeminado", escreveu um colunista do *The Philadelphia Tribune*.

Brown estava processando seu antigo cabeleireiro, Frank McRae, sob a alegação de ter sido agredido por ele. O evento que precipitou isso havia ocorrido vários anos antes, em Los Angeles, depois que os dois haviam bebido no Tommy Tucker's Playroom. McRae, Brown e sua namorada subiram no Fleetwood roxo e prateado de Brown e dirigiram até a Dolphin's of Hollywood, uma loja de discos junto à Central Avenue. O cantor foi até a loja e McRae estava indo estacionar o Fleetwood quando foi parado por um carro de polícia. McRae tinha hálito de bebida.

Um dos policiais chamou-o de "preto" e de outras coisas, enquanto o colega dele ficava com a mão no revólver. McRae já estava escolado nesse tipo de situação por ter viajado pelo Sul com Brown, por isso disse apenas "sim, senhor". Eles o multaram e foram embora.

Quando Brown voltou para o carro, sua namorada contou-lhe todas as ofensas dos policiais a McRae. "Você não é homem, Mac", resmungou Brown, e passou então a dizer ao seu funcionário tudo o que ele teria feito caso os policiais o tivessem insultado, durante todo o trajeto de volta para o hotel na Sunset onde estavam hospedados. No lobby, na subida de elevador, até o sótão, Brown continuou a descrever para McRae o quanto este havia tido uma atitude vergonhosa diante do policial.

McRae teve tempo suficiente para formular uma resposta, e quando a expressou foi mais ou menos na linha de "Você não teria feito porra nenhuma do que está dizendo". E então simplesmente Brown acertou-lhe duas direitas e um cruzado de esquerda, e McRae ficou estendido no chão. Ele acordou e viu Brown "lustrando seus sapatos", McRae declararia mais tarde – e Brown ainda lhe deu um chute enquanto McRae estava caído no chão.

O elegante cabeleireiro levantou e agarrou Brown, encostando-o à parede do corredor do hotel. Ben Bart apareceu com uma .25 na mão, e McRae teve a certeza de que Bart iria acertar-lhe um tiro, "porque Ben Bart gostava dele mais do que de mim". Não foi assim, só que pouco depois McRae saiu do quarto do hotel e largou o emprego com James Brown.

O processo contra McRae foi uma advertência, uma tentativa de se antecipar ao processo que McRae planejava abrir. No final, acabaram chegando a um acordo fora dos tribunais.

A motivação por trás do comportamento de Brown era simples de perceber: fazer uma demonstração de sua força masculina. Ele contava histórias que alimentavam essa imagem, exaltando seu passado de briguento, seu jeito com as mulheres. Era um mundo masculino, era assim que ele via as coisas, e ele estava no controle disso.

Ao mesmo tempo, no entanto, havia uma imagem que competia com essa e complicava o quadro. Pois Brown não estava apenas tentando suavizar os traços duros que McRae havia apontado em suas feições, estava contrabalançando-os de uma maneira que causava certo espanto. Usar maquiagem com pancake e delineador nos olhos, fazer um penteado que era popular entre as mulheres negras, tudo isso, em meados da década de 1960, fazia com que alguns levantassem suspeitas sobre sua sexualidade. Seu amigo de infância Henry Stallings foi visitá-lo na 125th Street nessa época, e a primeira impressão de Stallings, segundo declarou, foi que Brown tinha "virado veado".

Começaram a circular boatos em Detroit e em outras partes de que ele gostava de homens. Então, no final de 1965, apareceram histórias de que o cantor iria fazer uma plástica corretiva. O boato começou no Alabama, e depois chegou ao Texas e mais longe ainda. "'James Brown vai fazer uma cirurgia e virar mulher' era a última fofoca que circulava entre adolescentes, e agora ela se espalhara entre adultos", declarou o *Houston Forward Times*. A história chegou a virar um problema para ele em Houston, a ponto de ele mandar um emissário para acabar com os rumores antes de uma apresentação. O próprio Brown mais tarde declararia que havia espalhado outro rumor, o de que ele estava para se casar com Bobby Byrd depois que Byrd mudasse de sexo. Era tudo um golpe publicitário, declarou. Talvez fosse. Mas no Sul negro de 1965, isso seria levar a filosofia do "qualquer publicidade vale mais do que nenhuma" além dos limites convencionais, ou mesmo além de qualquer verossimilhança. Soa mais como um boato que Bart e Brown estivessem ansiosos em ver circular.

Em março de 1966, ele fez sua primeira visita à Inglaterra e à França. No mês seguinte, a *Time* disse que sua "ascensão no mercado de massas é sinal de que a 'música racial' está talvez finalmente se tornando inter-racial". As coisas agora aconteciam com rapidez, e continuariam assim durante anos. O tempo se acelerava, e o sucesso era como uma joia pressionada contra a palma da sua mão, com muitas decisões a serem tomadas ao mesmo tempo, e com muitos eventos a serem enfrentados.

Ele sempre tivera que afirmar sua vontade e manter os outros sob controle. A concorrência tinha que ser vencida – e não só superada, mas destruída, a ideia era essa. Em meados da década de 1960, nenhum concorrente significava tanto para Brown como Jackie Wilson. Um competente cantor de Detroit, Wilson também havia sido um bom boxeador e um ótimo dançarino, e também era empresariado por Ben Bart. Portanto, ambos tinham muito em comum, o que já era problema suficiente. Mas havia muita coisa que não era igual entre eles, e talvez isso fosse pior ainda. Wilson tinha a pela clara, era bonito e fazia sucesso com as mulheres sem se esforçar, e Brown se ressentia dele em muitos aspectos.

"Por ser mulato, ele não tinha a mesma energia e força que eu", Brown declarou mais tarde. "O que fez Jackie ter sucesso foi sua cor de pele. Naquela época, se você tinha a pele clara, você se dava bem. Fui eu que tornei as pessoas de pele escura populares."

Quando Wilson apareceu cantando com os Dominoes, Brown foi até os bastidores para dar um "alô" e foi regiamente desprezado pelo astro, que o chamou de "Jimmy", com a clara intenção de irritá-lo. Depois disso, a coisa desandou. Enquanto Brown se preparava para uma apresentação no Howard Theatre de Washington, D.C., ele ouviu uma gritaria lá fora na rua. Foi então que viu Wilson, dirigindo um Cadillac conversível com estofamento de pele, passando por ali, como se fosse por acaso, junto à fila do pessoal que ia ver Brown. O que mais magoou Brown, plantado lá em pé na calçada, foi que Wilson sequer saiu do carro para vir cumprimentá-lo.

Como retaliação, Brown foi ver o show de Wilson na mesma semana. A banda estava tocando, aquecendo-se para a entrada triunfal do cantor, e eis que surgiu Brown, com seus fãs fazendo-o subir ao palco. Os Upsetters, antigos colaboradores de Brown, eram a banda de Wilson naquela noite e eles sabiam tocar as músicas de Brown – e começaram a acompanhá-lo enquanto ele cantava. Para a plateia, foi como ter pago por um sorvete de uma bola e receber um com duas.

Então, para reafirmar a coisa, Brown foi até os bastidores para dar um "alô" a Wilson. Encontrou-o no camarim, de sunguinha vermelha, deitado de bruços recebendo uma massagem. Bart estava lá apressando-o para sair e ir fazer seu show. "Por que eu preciso ir até lá?", Wilson chiou. "*Esse* cara aí já fez o meu set."

Depois do soco nocauteador, a cena de lustrar os sapatos. E depois dessa cena, novas brigas. Era a progressão sobre a qual uma carreira era construída.

Em 1966, seu contrato finalmente estava encerrado e chegou um tempo em que Nathan sentiu que precisava fazer outro contrato com Brown. Muita coisa havia mudado na King desde a fuga abortada de Brown para a Smash. As trinta e três filiais que antes haviam sido essenciais para o sucesso da King, e que operavam por todo o país e entregavam produtos às lojas e estações de rádio, haviam ficado caras demais de manter. Em 1964, Nathan fechou todas, passando a depender de distribuidores independentes – intermediários que muitas vezes trabalhavam com dezenas de selos de gravação, grandes e pequenos – para poder colocar seus discos em circulação.

Desencantado, Nathan esteve a ponto de vender a King, quando "Papa's" virou um imenso sucesso. Ele passava cada vez mais tempo em hospitais e em Miami. Enquanto isso, gravadoras independentes por toda parte viviam tempos difíceis, competindo com grandes selos num mercado cada vez mais internacionalizado. A King era um dinossauro, Brown conseguia perceber isso com clareza. Ele podia assinar contrato com algum dos grandes selos, e ser um dos nomes de um elenco, ou ficar na King e ser o único nome, com controle completo. E controle, mais do que dinheiro, sempre havia sido a coisa mais importante para Brown.

Em setembro de 1966, Nathan ofereceu-lhe um contrato que punha no papel a liberdade que ele já dava informalmente ao cantor. O novo contrato da King conferia a Brown o controle criativo sobre sua música e a capacidade de contratar e gravar artistas para o selo. Ele ganhou um escritório e uma equipe de trabalho, e a King cobria uma parte de suas despesas. Ela também dava a Brown 25 mil cópias gratuitas de cada single e álbum que ele produzisse.

Desse ponto em diante, embora a King pudesse produzir algumas poucas boas músicas de outros artistas, James Brown carregou-a nas costas. Eles agora existiam basicamente para fazer discos de James Brown. Com o tempo, muita gente ligada ao selo chegou a achar que Brown era o dono da King, embora isso nunca tenha sido verdade. Como comentou Henry Glover, "James então ficou à vontade. Ele vendia alguns poucos discos para Nathan, e podia fazer o que quisesse".

Brown montou uma equipe de funcionários que planejavam suas turnês, seu marketing e sua publicidade. Ele era um chefe durão: um empregado lembrou de Brown acertando um soco num funcionário que viera reclamar uma despesa sem ter anexado os recibos de comprovação. Mas não era um chefe desonesto. Brown conduzia o escritório do mesmo jeito que liderava sua banda, e ficava muito claro que trabalho duro e lealdade eram indispensáveis. Mas, mesmo com esses aspectos, havia certa aleatoriedade que mantinha todo mundo em estado de alerta.

Para tomar conta do negócio quando Brown estava fora da cidade havia um auxiliar dedicado, Bud Hobgood. Era um ruivo, alto, do Kentucky, que falava com um sotaque lento de caipira, e que havia empresariado algumas bandas locais antes de trabalhar com Brown. Ninguém parece se lembrar dele tentando obter algum posto. Um dia ele simplesmente estava lá, indo junto com o cantor até casas noturnas, ouvindo o que este lhe cochichava ao ouvido. Hobgood fazia muitas coisas para Brown – organizava sessões de gravação, discutia sobre novas músicas –, mas todo mundo ficava tentando imaginar, num nível mais fundamental, por que exatamente Brown mantinha o cara por perto. Era alguém sem nenhum dote musical, e mesmo assim nos anos seguintes Brown deu a Hobgood os créditos de algumas composições que viraram sucessos. Hobgood até segurava para Brown a mala cheia de dinheiro dele.

"Qualquer coisa que James tivesse que fazer com a King, era Hobgood que ficava encarregado de fazer", disse David Matthews, um compositor e tecladista.

Começaram a surgir boatos – será que ele conhecia algum segredo de Brown? Será que Brown se sentia devedor em relação a Hobgood, pelo fato de estar de olho na esposa dele? "Ninguém nunca conseguiu descobrir o que James via nele", disse Matthews. "As pessoas ficavam imaginando, será que James fez algo ilegal e Hobgood sabia disso? Nunca houve uma boa resposta a essa pergunta."

O fazedor de dinheiro podia gravar o que e quando quisesse, e seus funcionários tinham que estar prontos. O engenheiro de som Jim Deak lembra da rotina. "Dois ou três dias antes que eles decidissem gravar algo, vinha alguém e dizia 'O James vem vindo'. E então havia uma confusão maluca para deixar tudo em ordem...

"Você não tinha a chance de deixar os microfones prontos, era diferente de você marcar uma gravação e saber o que ia acontecer. Eles simplesmente chegavam e começavam a tocar. E enquanto estavam tocando você tinha que ficar por ali montando os microfones na frente deles, com a coisa andando."

Ele podia aparecer e ficar num estúdio durante vinte horas fazendo um single, e então tirava o disco de outro artista do gravador para que o seu pudesse ser gravado. Controle. Algumas pessoas na King achavam que Brown tinha poder demais, e Nathan acabou virando uma delas. Para tentar controlar o poder de Brown, ele trouxe para o escritório Charles Spurling, um talentoso músico de Cincinnati que havia sido membro de gangue na adolescência e era assumidamente um "grande nocauteador". Spurling foi contratado como um negro musculoso capaz de fazer frente a Brown, e também como o produtor que traria Bootsy Collins, Marva Wright e outros para o elenco da King.

Segundo a explicação de Spurling, ele e Brown já tiveram logo de cara um enfrentamento que deixou muitas coisas claras para ambos. Começou num dia em que Spurling estava encarando Brown ameaçadoramente – "Eu queria pular no pescoço dele", é como ele colocou – e fazendo sentir sua presença.

Brown disse aos seus guarda-costas para ficarem de olho em Spurling, pegou o interfone do escritório e chamou todos abaixo de Nathan para uma reunião na sua sala. Apontando para Spurling, Brown disse: "Eu tenho um cara aqui com a morte nos olhos dele. Esse cara aqui vai machucar alguém". Rapidamente ele percebera a situação toda, e deduzira por que Spurling havia sido contratado. Passou então a fazer um longo monólogo descrevendo sua importância para a empresa, como Nathan o havia apaziguado com cadilaques e promessas, prosseguiu por um longo tempo, um discurso e uma lição de moral enfatizando que ele começara desvalorizado na King, só que de repente ali estava ele, o homem no topo – e com a King ainda por cima tentando sabotá-lo. Então disse que queria Spurling trabalhando para ele.

Foi um dia de trabalho brilhante, que colocou no seu devido lugar o chefe, o pugilista contratado e todo mundo que estava situado entre os dois, e fez com que todos soubessem que Brown estava a par do que vinha acontecendo.

"Eu ia machucar o James Brown", disse Spurling. "Mas, veja só, foi aí que passei a respeitá-lo."

As pessoas do grupo que trabalhava para ele – Hobgood, Alan Leeds, Bob Patton, Charles Bobbit – autodenominavam-se El Dorados, por causa do chamativo carro que você precisava dirigir para ser um membro do grupo. Eles saíam para jantar juntos, na época talvez no Hustler Club ou atravessando o rio para ouvir o Dee Felice Trio. Nunca iam juntos – a ideia era montar uma flotilha de El Dorados, todos dirigindo a mil por hora de um lugar ao outro. Eles faziam uma aparição no estilo gângster, com Brown à frente e os demais em sequência pela cadeia de comando. O grupo se instalava e esperava que o chefe fizesse o primeiro movimento. Se você via uma garota e ficava com vontade de falar com ela, só fazia isso se o chefe já estivesse conversando com alguma outra. Você não devia se destacar do grupo.

Dois concertos no outono de 1966 sugerem a extensão e os limites do poder de aglutinação de Brown. Em novembro, em Kansas City, Missouri, uma confusão com garrafas voando pelo local levou à prisão trinta pessoas da plateia. Três policiais foram internados com ferimentos. Os detalhes eram obscuros, mas parece que fazia parte do show um concurso de dança, no qual um casal local fez uma versão sensual de uma dança popular chamada "the Dog", uma que a plateia adorava. No entanto, os jurados deram o prêmio a um casal mais respeitoso, e o lugar explodiu. O show foi encerrado, e os partidários da "dança do chachorro" saíram pela cidade arrebentando vidraças. Brown pelo menos conseguiu deixar claro que sequer estava no palco quando isso aconteceu.

Algumas semanas mais tarde, no Apollo, ele estava fazendo seu show quando viu alguns visitantes inesperados nas coxias, sinalizando que iam entrar no palco. Havia o jazzista e líder de banda, Lionel Hampton, um dos poucos negros republicanos dos quais o público tinha conhecimento, ao lado do governador de Nova York, Nelson Rockefeller, um republicano que em poucos dias concorreria à reeleição, e do senador republicano Jacob Javits. De repente, todos eles estavam lá sorrindo e caminhando na direção de Brown, que educadamente cumprimentou-os. O governador disse "olá, como vai", houve cumprimentos de mão, fotos dos cumprimentos de mão, e os visitantes então foram embora. A plateia deve ter achado que Brown trouxera alguns amigos ao palco para manifestar o apoio de uma celebridade aos republicanos. Mais tarde o cantor esclareceu que tal aparição não fora ideia sua, e que ele havia sido pego de surpresa. "O Apollo Theater é apolítico. E também James Brown, o flautista de Hamelin da Nova Geração", foi a útil declaração do *New York Amsterdam News* comentando a invasão do palco.

Pessoas que nunca haviam dançado "the Dog" queriam um pedaço de Brown e queriam puxá-lo para o seu lado. Ele pode ter se portado de modo educado ao deixá-los confiscar seu palco, mas o herói de Tougaloo, o símbolo nascente da nova hombridade negra, provavelmente saiu do palco do Apollo com uma nítida consciência do quanto era importante controlar os eventos, e também de como isso ficava cada vez mais difícil, quanto mais alto ele se erguia acima da multidão.

NOTAS-FANTASMA

Capítulo Doze

Num show alicerçado no ritmo, o baterista era a força motora. Em meados da década de 1960, Brown viajava com vários bateristas. Isso era uma exibição de opulência e, além disso, contar com uma só pessoa tornava-o dependente, o que para ele era intolerável. Mais ainda: cada espetáculo durava umas quatro horas – a banda tocava um set sozinha na frente, depois acompanhava a cantora que participasse do show naquele momento, depois Bobby Byrd ou quem mais estivesse cantando seu novo single, e por fim vinha o set de Brown. Era algo que acabava com qualquer baterista que tentasse tocar esse tempo todo noite após noite. Mas, embora Brown vivesse rodeado de bateristas em 1965, ainda assim sentia necessidade de se reabastecer.

John "Jabo" Starks já era um músico bem estabelecido em 1965, um vigoroso acendedor de fornalhas quando ele entrou para a banda de James Brown. Starks tinha vinte e poucos anos e tocava com Bobby Blue Bland, um cantor profundo e talvez o último grande artista de rhythm and blues a se destacar na era do soul. Ele já chegou pronto para arrasar na bateria, mas os caras que tocavam com ele na banda de Bland haviam-lhe ensinado que a melhor coisa que ele podia fazer era também a mais humilde – manter o tempo. Solos e viradas, acrobacias e cowbells, nada era mais importante do que a firmeza e a constância, porque sem isso todo mundo do cantor para baixo ficaria perdido. Starks aprendeu bem essa lição, e contribuía com um som moderno e limpo, um bom apoio para seus colegas de banda. Era um cara jovem que pensava como um cara experiente.

Teria sido quase um crime contra a natureza se Starks não tivesse virado baterista, levando em conta os detalhes da sua criação sulista. Assim como Clayton Fillyau, que havia sido escolado por um mestre de New Orleans, Starks também teve o seu mentor na Crescent City. O baterista Cornelius "Tenoo" Coleman ensinou-lhe coisas importantes quando ele era um jovem em Mobile. Havia também a influência da Holiness Church, com sua perturbadora e profunda experiência de santificação, de purificação religiosa. Muitos músicos afro-americanos têm falado da influência da religiosidade pentecostal. O trompetista Dizzy Gillespie disse que quando garoto os metodistas não fizeram nada por ele, mas na igreja pentecostal ele aprendeu "o sentido do ritmo". Bo Diddley dizia que seu baterista tocava "o ritmo santificado".

A música da igreja Pentecostal tem sido bastante elogiada, mas o que a define continua um pouco obscuro. Relembrando sua infância, Starks, oferece-nos esta útil definição: "Nas igrejas pentecostais eles não têm baterias completas, quando muito uma caixa ou um bumbo, mas têm pandeiros, e as pessoas ficam batendo palmas. E o jeito de baterem palmas, eu adorava aquilo. É uma sensação de algo flutuante. Eles batem palmas em contraste com o ritmo das músicas que estão cantando – como numa polirritmia. Uma parte das pessoas bate palmas de um jeito, e outra parte bate de outro jeito, e o pandeiro continua tocando. Eu costumava ir à igreja 'pentecostal' quando eu estava no campo com a minha avó. Eu ia quase todo domingo, porque adorava ouvir os ritmos que eles tocavam. É daquilo basicamente que eu herdei muita coisa. O ritmo santificado influenciou minha maneira de tocar".

Fora da igreja, Starks aprendeu com bandas marciais. Mobile, Alabama, sua cidade natal, é uma cidade com uma batida própria, a capital original da Louisiana francesa, e o primeiro lugar na América onde o Carnaval foi celebrado. "O Mardi Gras começou em Mobile", contou

Starks a um entrevistador. "Eu costumava ver as bandas desfilando. Havia uma bateria de colégio que me impressionou muito e eu quis aprender a tocar daquele jeito."

Ele pegou aquilo que Tenoo lhe ensinou, juntou com seus ritmos pentecostais santificados e com as cadências de bandas de rua, e reduziu tudo a uma essência. Transparecia uma luz pela sua maneira de tocar. Ao tocar bateria com Bland, ele virou um mestre de uma abordagem rítmica aparentemente simples chamada *shuffle*. Depois que você começa a ouvir ritmos *shuffle*, você consegue ouvi-los em toda a música americana. Pense na maneira com que as tercinas – uma subdivisão de cada tempo em três frações iguais – conduzem "Please, Please, Please". Isso é um *shuffle* clássico, assim como o "Blueberry Hill", de Fats Domino, por exemplo. Depois temos o *shuffle* de contratempo, o "bum-chica bum-chica" que é o motivo de "Maybelline", de Chuck Berry, ou do "Honky Tonk", de Bill Doggett, ou de um bilhão de outras músicas. Depois temos a sensação de tercina mais básica, implícita num compasso de quatro por quatro e que dá ao jazz o seu swing. O *shuffle* é para o blues, o jazz e o R&B o que um *roux* [mistura de farinha e gordura] é para a culinária de New Orleans: um caldo que você acrescenta, enganosamente simples e muito fácil de errar na medida. Em mãos talentosas, o *shuffle* cria uma sensação boa de algo que anda para a frente com fluência. E quando Brown tirou Starks de Bland em 1965, foi isso acima de tudo que ele trouxe como contribuição: um alicerce firme como rocha ancorado no passado, num garoto que tinha todo o talento para firmar isso no presente. Ele deve ter dado ao show de Brown conforto e estabilidade.

Mas, primeiro, Starks teve que aprender o show. Era cansativo e longo, e depois que você decorava a lista de músicas, tinha que estar pronto a reconfigurá-la toda noite – você precisava reagir a dicas sutis que Brown dava com as mãos, os pés, a voz, os olhos. Anunciar a música? Nada disso. Contar um, dois, três, quatro? O andar insolente de Brown pelo palco entre uma música e outra era sua maneira de contar o tempo, e quando ele fazia aquela abertura de pernas até o chão, esse era o Um. Clayton Fillyau tinha na cabeça todas as batidas de bateria de James Brown, e embora não tocasse muito em meados da década de 1960, ele dirigia o ônibus, e ele ensinava.

Fillyau chamava os bateristas novos de lado, punha-os sentados tarde da noite no bar do hotel e cantava para eles o show inteiro, enquanto batia os ritmos em cima do balcão do bar. De vez em quando ele batia forte no seu braço, e isso era parte da instrução, também – você passava a querer aprender rápido, antes que precisasse pedir uma bolsa de gelo.

Mais tarde, em 1965, quando Starks estava se firmando com sua nova banda, Brown contratou outro baterista, um cara diferente. Clyde Stubblefield cresceu em Chattanooga, Tennessee, e suas influências foram menos específicas que as de Starks. Ele também falou de bandas de rua, mas Stubblefield disse que ouvia os sons de Chattanooga – o som das fundições e das estações elétricas do "Dínamo do Dixie"– e procurava reproduzir todo aquele som na bateria. Quando adolescente, entregava jornais, e entre as entregas podia ser visto num clube do lado leste de Chattanooga jogando fliperama para matar o tempo. Não era um local grande, e o jukebox ficava do lado da máquina de flíper. Foi nesse jukebox que Stubblefield ouviu pela primeira vez Jabo Starks tocando. Enquanto enfiava as fichas e as bolas faziam tilintar o fliperama, Stubblefield ouvia o som luminoso do sucesso perfeito de Bland, "Turn on Your Love Light", e a batida *shuffle* maluca que Starks colocava no agudo do seu chimbal.

A totalidade dessa experiência é bem similar ao som da banda de Brown após alguns anos na estrada, depois da chegada de Stubblefield: o casamento entre uma máquina de fliperama e o blues, de uma execução talentosa de *shuffle* junto com um clamor imprevisível. Soava incrivelmente bem.

Depois de passar por um teste angustiante com Brown, diante de uma plateia ao vivo, Stubblefield entrou na banda. Foi instruído a ficar na coxia do palco olhando, durante um mês mais ou menos. Quando Brown finalmente disparou-lhe um sinal no meio de um show, Stubblefield foi andando até onde havia uma bateria montada ao lado da de Starks: ele havia formalmente entrado no ringue.

Os discos que tocavam naquele jukebox de Chattanooga, Bobby Bland e tudo o mais, tudo isso era música para adultos, homens e mulheres afro-americanos que se arrumavam depois do trabalho, pegavam seu par na pista de dança e afugentavam a tristeza. A partir do final da década de 1950, no entanto, havia uma nova música disponível na prateleira do rock and roll: ela tinha maior apelo entre adolescentes e pessoas que gostavam de dançar solto. A batida afastava-se um pouco do velho *shuffle* e se aproximava de padrões mais regulares de colcheias, colcheias sem tercinas, colcheias retas, como acabaram ficando conhecidas. Pense em Jerry Lee Lewis ou Little Richard tocando piano – eles tocavam colcheias retas, não tercinadas.

Junto com o "achado" da colcheia reta, outra coisa importante aconteceu no final da década de 1950: New Orleans incorporou os Estados Unidos. Mais ou menos. Os músicos de New Orleans estavam sendo muito procurados quando o rock and roll aconteceu, e os estúdios da cidade produziam inúmeros sucessos voltados para os filhos daqueles que gostavam de Bland. Na Crescent City, os bateristas introduziam nas sessões de gravação ritmos africanos, batidas latinas e as novidades da rua que eles ouviam à sua volta. A colcheia reta era um apoio forte e amplo para os bateristas de New Orleans usarem como base e levarem sua música além dos limites da cidade. Eles também passaram a dobrá-lo, tocando semicolcheias e fusas – ou seja, dividindo o pulso básico em frações menores do tempo, disparadas junto com pausas, sincopadamente, de modo que tocar e não tocar fossem duas coisas girando uma em volta da outra como partículas subatômicas.

Aquela vibração do velho swing, a esperta sabedoria que derivava de sobrepor uma sensação ternária a um compasso quaternário, foi desafiada por essa nova maneira de sentir, que permitia à música receber mais influências, e que, depois que os dançarinos aprendiam, falava de maneira mais eloquente ao corpo. Os quadris não mentem: esse era o caminho que se abria à frente.

Enquanto isso, a seção de bateria da banda de James Brown começava a parecer uma banca de tiro ao alvo. A banda tinha cinco bateristas quando Stubblefield entrou, e Clyde era o sexto. Ele e Starks estavam ansiosos para conseguir mais espaço para tocar e juntos bolaram um plano. Sabiam que tocavam melhor que os outros, descobriram jeitos de tocar juntos e foram mostrar isso ao chefe. Um dos bateristas foi demitido, e então eram cinco, depois quatro. Brown ficava ouvindo e gostando o suficiente do que ouvia a ponto de continuar demitindo bateristas até ficar apenas com Clyde e Jabo. "Toda vez que um baterista era mandado embora, a gente só olhava um para o outro e dizia: 'Beleza!'", contou Stubblefield.

Pelos cinco anos seguintes, e de novo mais tarde na década de 1970, Starks e Stubblefield tocaram lado a lado. "A gente não atrapalhava o som do outro, simplesmente construíamos o *groove* juntos", explicou Starks. "E descobrimos certo jeito de olhar um para o outro e saber exatamente o que o outro queria fazer."

Com James Brown, sempre é preciso pensar se o que aconteceu foi realmente tão acidental quanto pareceu. Será que foi proposital ele colocar um baterista que era o resumo das várias décadas anteriores junto com um garoto pronto para tocar o som das coisas que vinham chegando? Ou será que simplesmente aconteceu assim? "É incrível como Jabo e eu trabalhávamos", Stubblefield comentou. "Ele toca um tipo de levada rítmica e eu entro e toco um *groove* diferente em cima do que ele está tocando. E dá certo."

A banda chegou a Cincinnati num dia de maio de 1967, e desceu do ônibus para uma sessão de gravação já marcada. Ajeitaram-se em semicírculo na King, com um único microfone para todo mundo. Brown carregava ideias com ele havia semanas, meses até, até que sentia que era hora. Dessa vez, uma linha de baixo havia ficado circulando na sua cabeça, uma que ele já havia compartilhado com seu diretor musical, um afável jazzista chamado Pee Wee Ellis. Ellis encorpou o fragmento e escreveu alguns acordes; agora chegara o momento. Depois que a banda trabalhou algum material interessante no estúdio, Brown entrou e acrescentou letra, alguma coisa sobre ficar suando frio.

No meio da música, pela primeira vez, ele diz a frase: "Vamos dar um pouco de espaço para o baterista!".

Brown ficava sempre dizendo coisas assim, às vezes bobagens, coisas incompreensíveis, vindas do inconsciente. Stubblefield não sabia o que Brown ia dizer em seguida, e sua reação foi continuar tocando o que já vinha tocando, enquanto a banda saltou fora e Stubbefield começou seu inesquecível, discretíssimo solo – uma progressão de tímidos mergulhos e sorvos de beija-flor.

As semicolcheias e suaves fusas do baterista conduzem a música. Ele não está marcando o tempo, ele não acentua o contratempo, ele está lá numa espécie de relevo negativo, tocando ao redor do tempo, erguendo uma grande guirlanda em volta dele de modo que você saiba onde o tempo está e possa disparar uma bala de canhão bem no meio dele. O padrão de dois compassos que ele toca é constante ao longo de toda a música, e quando Stubblefield chega no último tempo do segundo compasso, aquele quarto tempo final, ele para nele... fica lá do... segurando... E quando ele retoma é como se uma bala de canhão tivesse sido disparada.

A música que eles estavam gravando era "Cold Sweat", e a bateria não foi a única coisa que tornou "Cold Sweat" inesquecível. Talvez fosse também aquela estrutura harmônica, tão visionária e inovadora como a sobrancelha unida de Frida Kahlo. Era tão brutal que fez os modernos – as pessoas formadoras do gosto musical que tocavam os discos da Blue

Note que Ellis entendia – torcerem o nariz e declararem que aquilo não era música. Com certeza não era mais uma canção pop.

Em vez disso, era uma viagem em linha reta. E é aqui que está a questão daquela harmonia de um acorde: se a sua viagem não chega a estação alguma, você nunca precisa descer. Você já está no seu destino. Existe uma razão pela qual os professores de música chamam a sucessão de harmonias de uma música de progressão de acordes. Eles investem muita coisa no conceito de progresso embutido nessa expressão. Como o pressuposto de que o "avanço" ou a marcha do discurso para a frente estão ligados a uma série de mudanças de acordes, e o pressuposto de que uma sequência de acordes adequada constrói um arco, ou um enredo, ou de algum modo cria uma sensação de que se está chegando a algum lugar. "Cold Sweat" salta fora desse trem. Ela se movimenta igualmente, mas não perfaz um trajeto. "Cold Sweat" fala de um presente persistente, dominante.

Ou talvez o que tenha feito "Cold Sweat" seja o cheiro que se desprende do título. Ninguém antes havia escrito uma canção de sucesso sobre transpiração. Ninguém havia até então pensado em cantar a respeito de um fermento desconfortável do corpo provocado pela proximidade de outra carne. E quando alguém então pensou em cantar essa condição mórbida, ansiosa e comichosa, Brown o fez de um jeito que ela não pareceu bizarra. Pareceu justa. Quando os sopros sobem de tom e Brown exclama que a viscosidade está brotando por toda parte, tudo para: você está bem dentro de um clamor do corpo e de um anseio da alma. E então Stubblefield faz seu solo.

Quando voltou para o Apollo para gravar um novo álbum ao vivo no verão de 1967, Brown não tinha mais nada a provar. Aquela era uma das suas melhores bandas, com Maceo Parker de volta de uma estadia no exército e Pee Wee Ellis como recém-recrutado. Talvez ele apenas sentisse a necessidade de documentar aquela coisa impressionante que havia conseguido e que não podia nunca ser capturada totalmente numa gravação de três minutos em 45 rpm. Ele simplesmente adorava o Apollo. E quem não gostava?

"Todo vício imaginável estava em oferta em algum lugar, todo dia, junto à porta daquele palco", disse Alan Leeds, que foi por um tempo empresário de turnê de Brown. "Enquanto você estava no Apollo, os camarins eram sua casa – era pequeno e apertado, três ou quatro andares de quartos minúsculos, com baratas por todo lado, e se você fazia seis shows por dia aquilo era a sua vida toda.

"Não havia nada para fazer a não ser ficar lá sentado, observando. Se você estava agendado para tocar uma semana, depois do primeiro ou segundo dia já não aguentava mais fazer palavras cruzadas. Traficantes de drogas, gente vendendo novidades em joias, prostitutas se oferecendo nas escadas em espiral – você podia conseguir um boquete, uns anéis da hora ou então heroína, tudo nas escadas em espiral do Apollo. Havia também uns caras estranhos por ali esperando, uns caras com nomes como Sparky e Trees, caras que podiam cortar seu cabelo se você precisasse, ou que ofereciam segurança nas coxias – mas... você precisava de segurança nas coxias? De qualquer modo, Trees estava lá. Aqueles garotos da Geórgia não iam conseguir catar muito algodão no Apollo, então talvez entrassem em alguma partida de baralho para poder ganhar alguns dólares e levar em frente."

Você ficava sossegado quando tocava ali, e não via muita coisa de Nova York, a não ser a fila em volta do quarteirão. "O Apollo era o local de trabalho", disse Stubblefield. "Às vezes a gente fazia dez shows por dia aos sábados. As pessoas ficavam na fila, esperando os outros saírem para poder entrar. Algumas viam o show várias vezes. E cada show durava talvez uma hora e quarenta minutos. Ou seja, era um bocado de trabalho."

O show que Brown gravou como *Live at the Apollo, Volume II* começa com baladas, e aos poucos se encaminha para um medley na segunda parte, que está entre as melhores coisas gravadas por Brown. Em todo ele destaca-se muito o trabalho de Clyde e Jabo, Jabo e Clyde.

Eles ficavam desafiando um ao outro. Stubblefield era um mestre das "notas-fantasma", pequenos rulos de mão esquerda entre um tempo e outro na caixa que davam ao som uma sensação de caldeirão borbulhante. Essas notas fantasma eram tão leves que você podia nem percebê-las, e era nisso que elas tinham seu efeito máximo – funcionavam no subconsciente do ouvinte. Starks combinava-as com o que ele chamava de "notas do Espírito Santo".

Eles se complementavam. Jabo lidava bem com blues, standards, melodias definidas, enquanto Clyde tendia a se destacar nos improvisos. Mas o que é incrível no *Volume II* é que eles estão lado a lado na segunda metade do disco, duas abordagens do ritmo sobrepostas numa sequência de canções, um baterista tocando um pouco antecipado em relação ao tempo, o outro uma fraçãozinha depois, e o efeito é do tempo musical tornando-se fluente.

Várias melodias mais para o final do *Volume II* formam a peça que acabou ficando conhecida em seu conjunto como "There Was a Time", que é também o nome de uma das músicas do medley. O arranjador Pee Wee Ellis disse a respeito dela: "Sabíamos que estávamos fazendo uma coisa de peso e sabíamos que era algo muito bom, mas não tínhamos ideia de que quarenta anos mais tarde ela ainda seria importante".

A peça começa com "Let Yourself Go", que estabelece o tempo médio agitado para todo o resto que vem depois. "Let Yourself Go" é um amaciador de carne, uma maneira de fazer todo mundo relaxar, um título de música que é tanto uma ordem quanto uma sugestão. Ou você vai junto ou será deixado para trás.

Conforme o ritmo vai se soltando alguns minutos depois, a guitarra de "Let Yourself Go" continua repetindo, enquanto um novo riff dos sopros, aquele que sublinha a música "There Was a Time", começa a se insinuar. Por alguns momentos irresistíveis, duas músicas entram em atrito, e isso não é por acidente, pois estabelece uma ideia importante: O passado e o presente estão colidindo, estão explodindo juntos. Tudo se transforma em agora.

Crucial para isso é o guitarrista Jimmy Nolen – Jimmy Nolen! Se ter dois bateristas parecia uma extravagância, Nolen era o inverso – ele tocava apenas um trechinho rarefeito o tempo todo, porque se Nolen alguma vez tocasse metade do que sabia, o conhecimento dele podia matar você. Ele vem tocando a partir das beiradas: aqui um vestígio de alguma dança antiga do interior, ali um blues que soa como ferro enferrujado. Sua execução é uma tintura que penetra em tudo. Ele é de fato, uma voz antiga, realmente, estabilizando tudo e apontando o caminho à frente; um guia não rigoroso ou rude, mas irresistível e correto.

Sua abordagem era predominantemente a de um baterista. Nolen disse que aprendeu a tocar suas semicolcheias precisas antes de entrar para a banda de Brown, depois de ter feito muitos shows com bateristas meia-boca que não eram bons em manter o ritmo. "Eu costumava ficar apenas tocando e tentando manter meu ritmo firme, o máximo possível, como uma bateria", disse ele. "Muitas vezes eu simplesmente tinha que tentar tocar como guitarrista e baterista ao mesmo tempo. Entende o que eu digo? Ao manter aquele ritmo constante, eu ajudava o baterista a manter o andamento firme."

Era uma superabundância de ritmo para um show só, tanto assim que todo aquele talento poderia facilmente ter empurrado a música para o jazz ou para a vanguarda. (Miles Davis vinha ouvindo muito aquele som; e não demorou a incluir aquela música no seu jazz de vanguarda.) Brown não estava interessado em demonstrações impressionantes de técnica, ele queria uma massa de pessoas dançando. E para isso, cada vez mais fez uso do Um. Levando em conta toda a genialidade e destreza dos bateristas, todas as vertiginosas polirritmias que às vezes se encaixavam com precisão e outras vezes sutilmente adiantavam-se ou atrasavam-se em relação ao pulso da música, pensando em tudo isso,

Brown procura certificar-se de que o Um seja o tempo mais destacado. Marcando-o bem, a plateia iria ficar com ele. O Um era várias coisas, e nesse disco podemos ouvir como ele é o sujeito que fica no caixa na frente da loja, pagando por todos os ritmos que ele compra. Mantenha o Um, e então deixe o Clyde e o Jabo fazerem o negócio deles. No estúdio, ele ouvia alguma batida que os dois estavam criando e sempre repetia a mesma coisa: eu adorei, mas vocês precisam encaixar isso no Um. Ou seja, dar um pouco de espaço para a plateia, e depois dar um pouco de espaço para os bateristas.

Brown tinha seu próprio número especial de dança, o da dança da moda, na música "There Was a Time". Jabo Starks esforçou-se para explicar o que tornava esse número especial. "'There was a Time' era... deixe-me ver que palavra posso usar, ahn, a melodia me lembrava o que a gente chama de dança de cabaré. Dançarinas profissionais, gente que dança sapateado, essas coisas, você sabe." A música fala de tempo. O cantor diz: "Tinha um tempo em que eu costumava dançar", criando um clima melancólico e depois transportando-o para o presente, porque ele está fazendo todos aqueles velhos passos diante de nós. Não estamos no passado – "Quero que você me entenda agora, não se preocupe com o depois", ele canta. Então ele chama seu número movimentado, o *Mashed Potatoes*.

"Na minha cidade, onde eu costumava ficar / o nome do lugar é Augusta, G-A [Geórgia]", Brown anuncia. "Lá a gente se diverte, não perde tempo falando / a gente se reúne, chova ou faça sol, e faz a Dança do Camelo." Augusta não é invocada como parte do seu passado literal ou de qualquer outra pessoa. Augusta nesse caso é o lugar de onde todos nós viemos e para onde a gente deseja voltar, é o nosso lar, ou o nosso vale, ou seja qual for o lugar para onde nossa mente vá quando pensamos em um santuário. E nesse lugar a Dança do Camelo – como todas as outras danças que alguém possa imaginar – é uma série de movimentos compartilhados ao longo do tempo, que fazem esse lugar existir de novo. Não perdemos tempo falando porque as palavras podem ser mal compreendidas, elas nos afastam, e essas danças nos aproximam.

"There Was a Time" é uma história da dança negra que Brown ilustra numa sequência. É o passado evocado no presente, cada um dos movimentos uma memória sensorial que tem o intuito de evocar um conjunto diferente de aposentos, de momentos, luzes e cheiros. No meio da música, o trombone de Fred Wesley destaca-se do resto dos metais, oferece um comentário maroto ou paródia do riff dos sopros, um esquema de pergunta e resposta como uma espécie de efeito doppler, tema e variações perseguindo-se com uma batida ao fundo. É mais uma das maneiras pelas quais o passado e o presente ficam em colisão.

Então ele volta à dança James Brown. Todos os passos do passado vêm reunir-se nessa dança com o nome mais atual. Que dança James Brown é essa? Ele explicou isso uma vez deste jeito: "Combine o passo *applejack*, o *dolo*, que é um deslizamento, quase como o skate, e o *scallyhop*, que é uma variação do *lindy hop*, acrescente uma técnica de controle dos nervos que faça o corpo todo tremer, e você tem a dança James Brown". Entendeu? Pois é, ele preferia não abrir seus segredos.

O poeta Larry Neal comentou que "There Was a Time" nada mais faz do que "traçar... a história de um povo por meio de suas danças". Dois bateristas puxando o ritmo um de cada lado, desatando o tempo... A história de um povo aninhada numa dança atual chamada James Brown... Através desses recursos, o espetáculo sacode a história e faz a gente dançar num refúgio intemporal.

Mas a música não terminou. Agora é hora de a gente se juntar à dança. Brown fala com a plateia: "Tudo bem com vocês? Eu me sinto ótimo." A batida fica reduzida a um sussurro. Ele pergunta à banda se todos estão prontos, depois aos dançarinos, depois à plateia. A guitarra por cima de tudo fica estalando um padrão expansivo que soa como um músico da montanha tocando dois ossos.

"Prédio, você está pronto? Porque a gente agora vai demoli-lo. Eu espero que o prédio consiga aguentar todo esse soul, porque com certeza vem vindo muita coisa por aí..." E com isso Brown instrui a plateia a fazer o que ele está fazendo, a nos juntarmos a ele e aos seus passos – ele está nos mostrando como fazer a dança James Brown.

Ele está nos levando de volta a Augusta na nossa mente, a um refúgio tão real como qualquer outro lugar da Terra. Essa é de fato uma técnica bem poderosa de controle dos nervos.

Um estudante de colegial de Sturgis, Michigan, entrevistando Brown para a imprensa negra em meados da década de 1960 quis saber: "Você alguma vez se sentiu incomodado por causa de preconceito?". Brown ficou pensando em silêncio, e então respondeu: "Prefiro não responder essa pergunta". Mas questões como essa eram comuns, e ele sabia que era melhor ter respostas. As pessoas queriam saber a opinião dele sobre as notícias do momento.

No outono de 1967, a *Jet* cobriu a volta de Brown de uma turnê pela Europa. O artigo continha uma citação bem construída: "Doze horas depois de sair dos Estados Unidos rumo à Europa, me tornei um homem, embora ainda seja um garoto, embora ainda esteja crescendo aqui onde nasci", disse ele. "Eu me senti de fato como um homem, não como um *colored* ou negro, mas como um homem – e ponto final." No passado, Brown havia usado a *Jet* para emitir declarações formais, e essa declaração parecia ter esse tom. Mas, embora ele comece criticando os problemas raciais da América, sua verdadeira mensagem vem depois. "Sei que temos problemas, mas, apesar de ter sido tão bem tratado lá, esta ainda é minha casa", disse ele. "Eu ainda sou um americano acima de qualquer coisa. Pode parecer uma bobagem para algumas pessoas, mas eu preferiria ser um cara duro aqui do que um homem rico lá fora."

Era uma resposta às reivindicações de Black Power, que tinham ficado mais violentas desde a marcha do Mississippi. O lar era o lar, e apesar de todas as suas falhas valia a pena tentar consertar a América. Para Brown, a educação dos negros iria conceder maior poder aos negros, e maior poder equivaleria a maior igualdade; essa era a sua pedra de toque.

Por volta de 1966, Brown discutia sobre política com várias pessoas, inclusive com um pensador independente da Bay Area chamado Donald Warden (que mais tarde mudou seu nome para Khalid Abdullah Tariq al-Mansour). Warden tornou-se uma caixa de ressonância para o cantor e talvez a maior influência sobre seu modo de pensar.

Criado em Pittsburgh, Warden estudou na Howard University com John Hope Franklin e E. Franklin Frazier, dois acadêmicos de muito prestígio. Ele trabalhou na organização de comunidades em Detroit e depois viveu na Índia no final da década de 1950, onde conheceu o primeiro-ministro Nehru. No início dos anos 1960, estava estudando em Berkeley, onde se juntou a um grupo afro-americano de leituras que incluía Huey Newton, Bobby Seale e Ron Dellums, e foi uma das primeiras influências intelectuais dos Black Panthers. Warden fazia um programa de rádio com notícias do interesse dos negros, que enfatizava uma mensagem de autoajuda e também a necessidade de educação.

Um extravagante promotor local de shows chamado Ray Dobard sugeriu a Warden que colocasse artistas negros em seu programa de rádio para ajudar a divulgar sua mensagem. Músicos em turnê pela cidade poderiam promover seus shows, e em troca iriam endossar seu programa "contra a evasão escolar, contra a jubilação". Aretha Franklin, Joe Tex e Ike Turner foram alguns dos convidados de Warden.

Dobard disse a Warden que ele poderia fazer Brown se interessar em divulgar as ideias de Warden. Marcaram então um encontro no escritório de Dobard em Berkeley. Brown perguntou de que maneira poderia ajudar.

"Era evidente para mim que, de todos os artistas de palco, Otis Redding, Joe Tex, qualquer um deles... James tinha a capacidade de assumir um compromisso", disse Warden. "E quando ele assumia um compromisso, era a sério."

Warden disse a Brown: "'Uma ou duas palavras suas, dizendo para continuar na escola, esforçar-se para tirar boas notas, vão fazer muita diferença'.

"E quando acabou de ouvir isso, James disse: 'Meu irmão – somos eu e você. O que você quer que eu faça?'."

Eles circularam por Richmond e Oakland, visitando lojas de bebidas alcoólicas, barbearias, andando pelas ruas e conversando com as pessoas. "Ele conversava com as pessoas do lugar e começou a dizer a elas: 'Sabe, meu jovem, você precisa continuar frequentando a escola'. Ele dizia: 'Quero que você faça isso por mim. Precisamos de alguns doutores e cientistas'. Eu podia ver – eles diziam 'sim, senhor Brown!'.

"E podia vê-lo comprometido com esse tipo de conexão. 'Você viu esse garoto? Ele me prometeu'. Ele gostava daquilo."

Eles falaram sobre compor uma canção para transmitir aquela mensagem. "Eu disse: 'Senhor Brown, não temos nenhum talento musical, mas temos algumas pessoas que acham que podem escrever umas letras. Gostaríamos de mostrá-las ao senhor para ver se elas podem ser comercializadas'.

"Não se sinta ofendido se eu recusar algumas delas", Brown disse. "Porque eu mesmo vou me encarregar disso."

Foi assim que surgiu "Don't Be a Dropout", como mensagem e como canção. Brown apresentou-a pela primeira vez em Washington em 1966 num evento da National Urban League, depois visitou Hubert Humphrey e conseguiu o apoio do vice-presidente, que estava trabalhando no programa "Stay in School" [Fique na Escola], de sua autoria. Brown talvez visse em Warden um pouco de si mesmo – era outro homem negro que obstinadamente formara seus próprios ideais sobre progresso. Um artigo de 1963 no *New York Times* descrevia a oposição de Warden à integração como algo baseado num raciocínio extravagante e sutil.

Nos anos seguintes, os dois tiveram conversas regulares sobre política e poder dos negros.

Brown defendia firmemente a América, e tinha a intenção de que "Dropout" fosse, além de algo em prol da educação, uma alternativa à postura crítica vigente, de radicalismo negro. Não destrua, vá para a escola e você poderá ajudar a consertar a América, dizia ele.

Ninguém esperava que Diana Ross e as Supremes comentassem algo sobre os distúrbios de rua, mas as pessoas queriam saber o que Brown achava. Aos artistas, permite-se, até se espera, que sejam ambíguos, contraditórios. Mas porta-vozes precisam ter uma mensagem muito bem definida se quiserem ser entendidos. O desafio de Brown nos anos seguintes seria manter sua liberdade criativa – o direito de experimentar e brincar com ideias e trocá-las por outras novas – e ao mesmo tempo consolidar-se como agente de mudança. Ele queria as duas coisas, simultaneamente.

Quando a King começou a fechar seus escritórios regionais no início da década de 1960, o selo perdeu muito de sua presença no interior do país. Já nutrindo interesse pelo rádio, Brown testemunhou a diminuição do alcance do selo e ficou mais interessado ainda em usar o poder do rádio. Ele ainda era uma *Music Box* ["Caixinha de Música"], e ainda dependia do rádio para saber o que a América andava ouvindo. Mais do que antes, começou a pensar em apresentar seus próprios programas aos ouvintes.

Ele tinha vontade de trabalhar no rádio e já havia participado de um programa de quinze minutos que teve vida curta, produzido por Arthur Smith. Numa viagem pelo Texas, fez uma visita para sondar uma das emissoras independentes mais poderosas do mundo, a XERF, de Ciudad Acuña, logo depois da fronteira de Del Rio, Texas. Operando fora do âmbito da Federal Communications Commission, a XERF era o que se denominava uma *border blaster*, uma rádio pirata capaz de transmitir um sinal de até um milhão de watts. No auge de seu poder, a XERF podia ser ouvida em partes distantes do planeta; ela era capaz de fazer com que luzes se acendessem sozinhas perto da fronteira, e sua música era captada por molas de colchão e por cercas de arame farpado. A programação também era poderosa, uma mistura livre de rock and roll, pregações exaltadas e anúncios de remédios milagrosos.

No dia em que Brown pegou um táxi para cruzar o Rio Grande e entrou na XERF, uma das vozes mais conhecidas da emissora, um radialista em ascensão que se autodenominava Wolfman Jack, estava lá fazendo seu turno. Como um peão de obra, acabava de descer de uma torre de cem metros de altura, depois de ter substituído a luz vermelha de alerta para aviões. "Você gostaria de ter um emprego desses?", Jack brincou, e na mesma hora Brown, num paletó cinza sem gola e com sapatos de couro vermelhos, saltou para a torre e escalou-a até o topo. Ao terminar a escalada, ele enganchou uma perna no último degrau da escada, inclinou-se para a paisagem mexicana, e acenou para as pessoas embaixo, assustadíssimas.

Declarações na imprensa davam conta de que ele logo estaria pondo discos para tocar na XERF; sabe-se lá o que sua mente fértil e um milhão de watts de poder poderiam ter conseguido. Mas esses eram os últimos dias das *border blasters*, pois os governos americano e mexicano conjuntamente passaram a tomar medidas severas contra as rádios pirata.

Em vez de rádios pirata, Brown começou a comprar emissoras de rádio convencionais, primeiro a WJBE de Knoxville, em janeiro de 1968, por 75 mil dólares, e um mês depois a WRDW de Augusta, por 377 mil dólares. Na mesma hora, a estação de rádio de Augusta tornou-se um símbolo da ascensão de Brown, de menino maltrapilho engraxando sapatos diante do edifício da WRDW, a dono da emissora. Ele mudou seu formato de Top 40 para R&B e prometeu prestação de serviços à Augusta negra. Brown "planejava resolver o problema da cobertura de notícias unilateral em Augusta, e queria introduzir uma cobertura de notícias completa e objetiva". A nova programação iria incluir "Perfis em Negro", segmentos voltados para a construção do orgulho racial.

Por essa época, Brown estava se separando do empresário Ben Bart. Interessado em desenvolver oportunidades de negócios, ele tirou seu escritório de negócios do edifício da Universal Attractions e contratou sua própria equipe de negócios. Bart estava ficando velho, e seu protegido sentiu que já havia aprendido tudo o que podia. O idoso era um homem do *chitlin circuit*, e Brown já havia superado isso também.

Seu novo escritório comercial era dirigido por Greg Moses e David McCarthy, afro-americanos de aspecto sério e discreto, bem diferentes dos personagens comuns da indústria da música. Ambos usavam terno e gravata, e ambos se expressavam bem na linguagem do pessoal de televisão e cinema, que Brown estava interessado em conhecer melhor. Eram eles que supervisionavam suas estações de rádio; e, além de selecionar papéis no cinema para seu patrão, procuravam investir em restaurantes, imóveis, agenciamento de esportistas e outros setores.

Enquanto esperava sair a aprovação da FCC para suas emissoras, Brown lançou mão de outros métodos mais antigos de se expressar em palavras. Um artigo plantado no *Amsterdam News* inseriu uma declaração de impacto na biografia de Brown. “A sua mãe morreu quando ele tinha quatro anos de idade”, dizia a história. “O fato de James ter perdido o amor e o incentivo da mãe é o fator principal que o levou a ter tanto amor e preocupação com as crianças...”

O que era digno de nota a respeito desse detalhe era que, dentro do próprio âmbito de circulação do *News*, na parte de Brownsville do Brooklyn, a mãe de Brown estava bem viva. Ela na verdade havia se encontrado com Brown durante a temporada do Apollo por volta de 1959, indo bater à sua porta no Theresa Hotel. “Ela perdera todos os dentes. Eu a vi e conversei com ela. Fiquei muito feliz em vê-la”, ele lembrou mais tarde. Ele anotou o endereço dela e manteve contato. Seja qual fosse o motivo, Brown quis que seu abandono e a “morte” de sua mãe continuassem fazendo parte de sua biografia.

Em outras ocasiões, sua própria saúde e sobrevivência inspiraram histórias que ele não tinha o menor pudor em plantar na imprensa. Quando desmaiou de desidratação no Apollo, as notícias começaram a circular a toda velocidade, e durante meses Brown exagerou a ideia de que ele talvez não fosse viver muito tempo. A *Jet* afirmou que os "relatórios" afirmando que Brown tinha um coração fraco eram falsos, explicando que ele havia desmaiado no palco simplesmente devido a exaustão. Uma entrevista após um show em Los Angeles foi realizada com ele recebendo soro. Em New Orleans, Brown anunciou que iria se aposentar logo. Ele chegou a declarar que estava arrumando um emprego no governo e que a partir disso todos os seus shows seriam um serviço público bancado pelo governo federal.

Ele aprendera com Bart que espalhar boatos de que você estava doente ou ia se aposentar era uma boa maneira de criar interesse. Agora Brown estava levando os boatos a um patamar mais alto, e eles pareciam alimentar uma necessidade pessoal. Ele havia entrado no território das divas, evocando Sara Bernhardt morbidamente transportando seu caixão de cidade em cidade. Ame-me agora, era o que ele estava dizendo, eu posso não estar mais aqui amanhã.

Enquanto ainda estava de fato por aqui, ele um dia apareceu com uma ideia radical para uma capa de disco: um atraente grupo de mulheres brancas lançando um olhar ávido em sua direção. A foto foi feita, a capa foi produzida, e Brown mandou a capa de seu próximo disco pelo correio para Syd Nathan em Miami. Henry Glover estava com Nathan quando ele recebeu o pacote no correio e voltou andando com Nathan para o apartamento dele. "Eu precisei ajudá-lo a sentar quando ele viu aquela capa", Glover relembrou rindo. O chefe não parecia bem.

"O que houve, Syd?"

"Como é que eu vou fazer para vender isso aos meus distribuidores caipiras do Sul? Eu não sei mais o que é que eu faço com o Brown, Henry."

"Acho que eles acabaram mudando a capa", lembra Glover. "Mas esse era o tipo de coisa que deixava o Nathan realmente doente."

Nathan era o tipo de pessoa cuja lápide devia ostentar escrito: "Eu disse que estava doente". Era um hipocondríaco que tinha boas razões para ficar preocupado, e foi uma doença cardíaca, complicada por pneumonia que o levou à morte na manhã de 5 de março de 1968, enquanto estava em sua casa de Miami. Sua morte ocorreu alguns meses antes do que seria o vigésimo quinto aniversário do primeiro lançamento da King.

Quer ele e Brown gostassem um do outro ou apenas se tolerassem, o fato é que formaram um casamento que manteve um grande selo em circulação. O corpo de Nathan foi trazido de volta a Cincinnati para o funeral, e muitos funcionários da King vieram prestar-lhe homenagem. Glover, Seymour Stein e Brown carregaram o caixão. Nathan foi enterrado no Judah Memorial Cemetery, em Cincinnati.

"Foi um bom pedaço até o cemitério", relembrou Stein. "Depois fomos todos até o banheiro, e eu lembro que Henry Glover estava na baia vizinha à de Ben Bart, que estava lá dentro havia muito tempo urinando. Henry disse: 'Você sabia que isso é um péssimo sinal?'. Eu era menino, não sabia nada a respeito de próstata. Mas, alguns meses depois disso, Ben Bart estava morto."

AMÉRICA

Capítulo Treze

A América era a terra das mil danças, e Brown fizera todas elas em mil e um lugares. Ele tinha estado em toda parte. Na América branca do final da década de 1960, onde a juventude percorria as estradas secundárias e os atalhos do país a fim de se religar a uma terra desimpedida, Brown conhecia a terra melhor do que ninguém, porque havia rodado por ela de costa a costa.

Seu empresário de turnê Alan Leeds lembra de uma viagem típica de turnê: eles fizeram trinta e sete apresentações e uma sessão de gravação cobrindo cinco cidades em onze dias. Brown descia de um avião num pequeno aeroporto da Carolina do Norte, pulava dentro de um carro alugado e fazia dezesseis curvas fechadas precisas para chegar ao ginásio onde a banda iria tocar naquela noite. Se você perguntasse como é que ele conseguia fazer isso, ele diria: "Eu já estive aqui antes". Brown sabia onde conseguir um café no aeroporto, onde havia frango frito perto do hotel e o nome do zelador que limpava o teatro antes do show.

No meio das luzes difusas do neon, era a rotina que ancorava as coisas. O patrão geralmente ia para a cama às três da manhã e às onze já estava chamando todo mundo, pedindo à sua equipe respostas para todas as questões que havia levantado na noite anterior.

E quando em turnê, nunca estava sem mulher. Com toda a certeza, dizem as pessoas que viajaram com Brown, ele não dormiu sozinho uma única vez. Havia muitas mulheres que queriam chegar perto de alguém com o seu nível de magia. Mulheres que enfiavam fotos eróticas no seu bolso quando ele saía pela porta do teatro. Mulheres às quais Brown lançava um olhar e fazia sinal a um auxiliar para trazê-las aos bastidores. Mulheres.

Garotas grandes: ele gostava delas fartas. "Se for uma magrinha só pode ser minha irmã", dizia. "Quando você tem um relacionamento de verdade com uma mulher, ela precisa deslumbrar você. Ela tem que esgotar você, entende. A não ser que você tenha esse tipo de sensação, não vale pena. Ela tem que conseguir botar você pra dormir."

Ele podia viajar com uma de suas companheiras constantes ou com a mulher. Depois, havia uma prateleira cheia de garotas que ficavam com ele um tempo "tentando virar a mulher principal", diz Leeds.

Incluída nesse grupo estava a garota *geechee*, a mulher feiticeira que ele conhecera em meados da década de 1950 em Macon, e que aparecia nos bastidores do show duas ou três vezes por ano. "Ele tinha medo dela. Mantinha uma relação com ela que eu só posso supor que fosse sexual, porque esse era o único tipo de relação que ele sempre teve com mulheres", disse Leeds.

Fora desse círculo, havia relações casuais que ele largava e retomava. "Você voltava para o hotel à uma da manhã, acertava algum detalhe de última hora com ele no seu quarto, e de repente do dormitório da sua suíte saía uma mulher e você via que era uma daquelas amigas com as quais ele andava." Vários auxiliares tinham a tarefa de ir buscá-las no aeroporto e levá-las até a suíte para evitar problemas com a recepção do hotel. "E depois, nas noites realmente fracas, havia alguém do grupo. O último recurso era sempre uma das dançarinas", disse Leeds. "E se havia alguma dançarina nova, então ela era a primeira a ter a chance."

Todas aquelas mulheres – mais de uma por noite, cuidadosamente agendadas em diferentes andares para evitar, sabe como é, complicações – exigiam um controle de tráfego aéreo difícil. Numa viagem a Washington, D.C., Brown descobriu que seu antigo amigo e protegido, Steve Alaimo, estava hospedado no mesmo hotel. Às duas e meia da manhã, Alaimo ouviu alguém bater à sua porta; era Brown, com a mulher dele ao lado, de cara amarrada. "Steve, eu não estava com você hoje?". Brown disse elevando o tom de voz. Alaimo gaguejou "s-sim", e então Brown trouxe a mulher para dentro do quarto e convidou-a a fazer uma vistoria. Brown fez com que ela olhasse debaixo da cama, no chuveiro, até dentro das gavetas. "Olhe atrás das cortinas também! Está vendo, não tem ninguém aqui."

A equipe com a qual ele se deslocava era grande e bem variada. Crucial para que tudo funcionasse bem foi um assistente que chegou em 1964: Charles Bobbit. Ele começara como auxiliar de Danny Ray, e foi ascendendo até se tornar o conselheiro e protetor em quem Brown mais confiava. Bobbit era de poucas palavras, dócil, leal e disposto a fazer o possível pelo chefe.

Ter algum histórico ligado à Nação do Islã parecia ser útil para trabalhar com Brown. "Ele era um dos guarda-costas principais de Elijah Muhammad", disse o guitarrista Bobby Roach, que voltou às turnês no início da década de 1970. "Bobbit era um artista arrecadador, ele coletava dinheiro para a nação e fazia isso bem. Era faixa preta, James sempre dizia. Foi assim que ele se tornou um dos guarda-costas de Muhammad."

Bobbit era um soldado, e essa é uma descrição de sua função que ele teve a chance de provar várias vezes enquanto esteve com Brown. Como fazia com todos, o chefe testou Bobbit, para ver o quanto ele aguentava ser abusado. Uma vez, quando eles tentavam conseguir pegar um avião, Brown cochichou ao baixista Tim Drummond: "Olhe só, agora a gente vai se divertir um pouco". Com a chave do carro alugado no seu bolso, Brown gritou para Bobbit que eles não podiam sair, que era preciso encontrar a chave, que devia ter ficado dentro do carro fechado. Vá lá pegar, ordenou. Bobbit voltou um tempo depois, sem a chave e com as mãos ensanguentadas, por ter arrombado o carro. Brown precisava de seus soldados. A seu modo, os membros da sua banda também eram como soldados, e esperava-se que estivessem de uniforme e por perto, prontos a serem chamados a qualquer hora. Quando eles estavam de folga, Brown queria saber exatamente onde estavam. Os hobbies eram proibidos, pois havia a preocupação de que os músicos pudessem se machucar jogando algum esporte e comprometer o show. Na maioria das vezes isso era irrelevante, porque o ritmo corrido descartava qualquer coisa próxima do lazer. Mas, quando o grupo tocou em Las Vegas, e eram apenas dois shows por dia, alguns dos garotos começaram a jogar golfe. Logo estavam levando tacos de golfe para dentro do ônibus.

"James ficou furioso", disse Levi Rasbury. "Negro não joga golfe", ele explicou irado, enquanto ia atirando os tacos para fora do ônibus. "Na verdade era porque estávamos curtindo um pouco a nossa vida e nos divertindo, e ele não conseguia tolerar isso."

Uma força militar tinha que ter fé no general – o líder tinha que projetar uma aura de confiança, sólida como pedra. Ele tinha isso e sabia como expressá-lo. Uma vez Bob Patton estava sentado ao lado do cantor no seu Learjet quando a aeronave perdeu potência e começou a cair de altitude. "Ele era mais forte do que Jesus", disse Patton. "Eu estou aqui agarrado no assento e ele sentado tranquilo, de braços cruzados." Por fim, o jatinho recuperou potência e subiu de novo. "Ele olhou bem nos meus olhos e disse: 'O senhor ficou assustado, não é, senhor Patton?'. Eu disse: 'Fiquei'. Ele disse: 'Não é a sua hora. O senhor está comigo'."

Um clipe de um vídeo com Martin Luther King Jr. e James Brown, em pé juntos diante do Miami Hilton: King num degrau junto à entrada do hotel, Brown na calçada. De terno e gravata, King passa o seu braço em volta dos ombros do cantor, seu gesto transmite uma intenção carinhosa. Ele traz Brown para perto.

Mas Brown não deseja ser incluído. Ele veste um casaco de couro, está quase de cara amarrada ao lado de King, e parece tenso, imóvel. King diz algo a ele e Brown se afasta. O reverendo quer continuar falando, mas o cantor se afasta rápido, fica meio parado, depois senta na direção de um carrão. Dá um sorriso forçado para a câmera e então sai dirigindo.

Eles se conheciam, mas vinham de lugares radicalmente diferentes. Havia grandes diferenças culturais, enraizadas em família, educação e perfil socioeconômico. "Estamos presos numa rede inescapável de mutualidade", King afirmava a respeito de todos os americanos. Brown não estava tão certo assim disso. Instintivamente o cantor reagiu aos obstáculos que encontrou pelo caminho exibindo dinheiro e agressividade. A ideia de um movimento de massas, de um apelo baseado em crenças compartilhadas mais do que numa individualidade superior, não fazia parte do modo de ser de Brown. Não dava para confiar nas pessoas.

"Ele às vezes falava sobre King, mas não obsessivamente", disse o reverendo Al Sharpton. "Ele estava num mundo e vivia dentro dele. Respeitava o doutor King, e sabia que King havia dado a vida. Mas ele não acreditava em não violência, ele sempre me dizia isso. E sentia que o doutor King não era o garoto do povão que ele era. Respeitava-o, mas não via o doutor King da maneira que via a si mesmo."

A banda voltara de sua primeira viagem à África tendo passado alguns dias em Abidjan, a antiga capital da Costa do Marfim, no início de abril de 1968. Chegando a Nova York, estavam prontos para iniciar uma turnê quando vieram as notícias de que King havia sido baleado em Memphis. Eles tinham um grande show agendado, o maior deles até então em Boston, no dia seguinte. Teriam que repensar um pouco as coisas.

No final da década de 1960, a ameaça de violência racial de massas espreitava logo abaixo da superfície do cotidiano. "Tenho medo do que está à nossa frente", King disse. "Podemos terminar com uma guerra racial em larga escala nesse país." No verão anterior, tinham ocorrido distúrbios em Detroit, Newark, Tampa, Buffalo e em outros lugares. Em Orangeburg, na Carolina do Sul, em fevereiro de 1968, vinte e oito afro-americanos ficaram feridos e três foram mortos pela polícia, que tentava dispersar uma manifestação contrária à segregação numa pista de boliche. Agora era verão de novo, e a figura mais importante no Movimento pelos Direitos Civis acabava de ser assassinada.

O cantor estava comentando sua viagem à África num talk show de Nova York quando o programa foi interrompido por um boletim anunciando que o ministro havia sido baleado. Poucas horas depois da morte de King em 4 de abril de 1968, Brown estava dando declarações a rádios negras, pedindo aos ouvintes que não expressassem sua raiva queimando seus bairros. Então ele pensou na sua apresentação de Boston. O show tinha sido marcado havia muito tempo, mas relatos de incêndios e desordens estavam vindo de todas as partes do país. A raiva oculta começava a vir para fora, e a única questão importante tanto para os políticos quanto para os artistas de palco nos dias que se seguiram era como os seus pequenos gestos poderiam originar outros de maior porte.

Sem o conhecimento de Brown, os dirigentes do Boston Garden já haviam planejado cancelar seu show, com base na suposição de que cancelar todos os eventos públicos seria mais seguro e manteria as pessoas longe das ruas. O promotor do evento e um vereador negro da cidade advertiram o prefeito de que essa era uma péssima ideia, pois traria milhares de jovens afro-americanos para o centro da cidade para deixá-los desapontados, com mais raiva do que antes, e sem nada para fazer. O problema era como lidar com a data marcada e com a multidão diante da ameaça iminente de violência. Mas antes desta havia outra questão mais premente: Quem iria explicar ao prefeito de Boston quem era James Brown?

Isso é uma indicação do quanto a cidade era segregada, de que um dos negros mais famosos da América podia lotar o maior local de shows da cidade e que a principal autoridade branca, Kevin White, sequer sabia seu nome.

Ficou decidido que o concerto seria realizado depois que o prefeito ficasse sabendo quantas pessoas com ingresso na mão iriam provavelmente se dirigir ao centro, e que qualquer cancelamento poderia ser interpretado como uma punição antecipada a gente inocente. Decidiu-se também na prefeitura que o show seria transmitido ao vivo pela televisão local, o que daria aos habitantes de Boston um foco para a sua dor, e também uma razão para ficar em casa.

Surgiu então uma crise a respeito de como pagar Brown pelo show. Porque o artista sentia que era sua responsabilidade homenagear King e fazer o possível para evitar derramamento de sangue, mas o homem de negócios sentia necessidade de ser pago pelos serviços prestados. A prefeitura iria lhe causar um belo prejuízo, pois o Garden abrigava 14 mil pessoas, e Brown esperava vender 14 mil ingressos; só que agora o prefeito oferecia aos fãs a possibilidade de assistir o show de graça pela tevê.

Em seu livro *Common Ground*, uma história de Boston na década de 1960, ganhador do prêmio Pulitzer, J. Anthony Lukas coloca as negociações entre o pessoal de Brown e os líderes da cidade sob uma ótica grosseira: "Martin Luther King acabara de ser morto e lá estavam dois rapazes negros tentando arrancar [do prefeito White] sessenta mil dólares". Essa era uma imagem comum que a mídia projetava dos líderes negros na década de 1960: a de caras aproveitadores, inclinados à extorsão. Lukas alimentou ainda mais o clichê, relatando que a quantia teria sido engordada incomensuravelmente se o prefeito tivesse falado com pelo menos uma pessoa-chave do grupo de, ou com o promotor de Brown em Boston, Jimmy Byrd. O prefeito não o fez.

Seria pouco nobre da parte de Brown não fazer o show de graça. Mas é possível entender o lado de Brown, também. Kevin White, que insistia em chamá-lo de Jim, pressionou-o, dizendo a Brown que ele devia a Boston o fato de conseguir elevar mais seu pescoço para fora do que os brancos estavam dispostos a aceitar. No final, numa sinuca de bico, a cidade concordou em pagar a Brown os sessenta mil. Só que depois, quando o show terminou, Boston voltou atrás no acordo, dando-lhe, segundo Charles Bobbit, dez mil dólares. "Onde o resto do dinheiro foi parar, nunca saberemos", disse Bobbit. Não foi caro para "salvar" Boston.

Brown tinha preocupações maiores. Alguns afro-americanos iriam tachá-lo de Pai Tomás por sugerir às pessoas que ficassem sentadas em vez de protestarem contra a morte de King, como Brown havia imaginado antes de a noite começar. Caso houvesse violência, agora que ele havia se colocado como pacificador, ele receberia parte da culpa. Ele não teria implorado o suficiente, ou será que teria sido a música a culpada por agitar os ânimos? Ele entendeu com que cuidado teria de escolher suas palavras e gestos.

Era um show sem precedentes, numa noite imprevisível. Dirigindo o ônibus para o Garden, o membro da banda Fred Wesley disse que tinha receio de ser baleado no trajeto até o palco. Alguns do grupo estavam rezando para que tudo terminasse bem; outros estavam prontos para correr. No final, todos acabaram entrando fundo no clima de "o show deve continuar".

No início do evento, Brown disse as palavras mais duras que havia para dizer naquela noite. O nome de um homem.

"Temos que prestar nossa homenagem ao falecido, grande, incomparável – alguém que nós amamos muito, e por quem eu tenho toda a admiração do mundo – tive a chance de conhecê-lo pessoalmente – o falecido, o grande doutor Martin Luther King."

Brown traz o prefeito ao palco; White está piscando, ofegante. Como Fred Wesley, ele também pensou que talvez pudesse morrer naquela noite. Brown faz uma leitura da situação e volta correndo, concedendo ao político branco sua marca pessoal, dizendo "Deixem-me dizer, tive o prazer de conhecê-lo hoje e eu disse, 'Ilustre Prefeito', e ele disse, 'Olhe rapaz, me chame simplesmente de Kevin'. E, olhem, esse cara tem swing. Certo, é isso mesmo, vamos aplaudi-lo, senhoras e senhores. Esse cara tem swing". As palavras eram perfeitas para o momento, com Brown firmando autoridade para si mesmo e para o prefeito ao mesmo tempo.

"O cara está com a gente!", gritou Brown.

Isso era ter controle não violento da multidão, e o mestre das plateias precisava levar as coisas a um novo patamar. Havia talvez umas duas mil pessoas apenas no Garden, mas Brown falou diretamente para elas, e foi hábil em levar em conta as pessoas que assistiam em casa, também. Boston era para onde ele havia sido levado por todas aquelas noites no *chitlin circuit* – aprendendo a sentir o que a casa desejava, como fazer milhares se levantarem e como dominar plateias doidas para começar uma briga.

Os policiais de Boston formaram uma fila ao longo das laterais do palco. No momento mais carregado de emoção do show, o número da capa, um grupo de jovens fãs passou pela barreira de policiais brancos e entrou no palco. Viram-se corpos correndo dos dois lados.

Curvado sobre um joelho, ele pede "I Can't Stand Myself (When You Touch Me)" ["Mal consigo me segurar (Quando você me toca)"] e um, três, cinco jovens irrompem no palco e agarram o cantor. A polícia os traz de volta à força, e de repente abria-se a pior possibilidade, guardas brancos enfrentando agressivamente jovens negros pela tevê ao vivo.

A banda que era capaz de continuar tocando em qualquer situação de repente fica num silêncio mortal, as luzes do teatro se acendem. O que vai acontecer? "Vamos encerrar o show", Brown disse. "Somos todos negros. Vamos nos respeitar. Estamos juntos ou não estamos?"

Deu certo. "Estamos", as pessoas responderam aos gritos. Ele aponta para o baterista – "toca essa coisa, cara!"– e eis Brown de volta ao seu negócio. O show continuou, e não houve violência no centro de Boston.

O show do Boston Garden foi um importante capítulo na impressionante vida de Brown, e um capítulo mais importante ainda quando Brown o descreveu. Como ele disse numa entrevista para a tevê pouco tempo depois: "Eu fui capaz de falar ao país durante a crise posterior ao assassinato do doutor King e eles seguiram meu conselho e isso foi uma das coisas mais significativas para mim...".

Um problema dessa sua formulação é que, na ausência de um distúrbio, fica difícil saber se de fato se chegou a evitar algum evento ou se, ao contrário, conseguiu-se evitar a ocorrência de uma centena deles. Nos dias seguintes ao assassinato, mais ou menos 125 cidades experimentaram levantes, com um total de 46 mortos e 2.600 feridos. Boston não, mas é impossível provar algo que não aconteceu. Não houve nenhum tumulto, mas será que James Brown evitou algum?

Sem dúvida, ele manteve milhares de cidadãos irados fora das ruas naquela noite. As notícias nos dias que se seguiram deram a Brown grande crédito por manter a paz, e nasceu uma lenda. E com certeza ele reconhecia a inabilidade de Martin Luther King para evitar tumultos, como em Watts em 1965, ou de controlar a violência, como durante a greve dos coletores de lixo de Memphis em maio de 1968. King não conseguia evitar um tumulto, mas James Brown podia fazê-lo.

Ele fez isso, diria mais tarde, porque amava seu país e não queria ver coisas tristes acontecendo. Ele fez isso porque amava seu povo, e achava que a morte de King marcava um momento de avançar com sua missão, e não de arruiná-la com uma violência que teria sido esmagada. Embora não acreditasse muito na não violência, Brown fez o show de Boston com as palavras de King em mente. Ele achava King um homem sincero, alguém que acreditava no que estava dizendo, e Brown tinha um respeito de sulista por alguém que havia percorrido todo aquele caminho em função do que acreditava. Brown fez isso por uma questão de honra, porque teria sido errado não honrar a memória de um homem honesto.

Alguns dias mais tarde, a caminho de um show em Rochester, Brown recebeu um telefonema do prefeito de Washington, D.C., Walter Washington, que estava enfrentando seu surto particular de violência. Ele pediu a Brown que levasse até a capital do país a paz que havia conseguido produzir em Boston. Brown fez apelos pela televisão local pedindo que os saqueadores ficassem em casa. "Infelizmente, os saqueadores estavam carregando seus aparelhos de tevê em cores para casa e ainda não os tinham ligado na tomada", escreveu um colunista do *Pittsburgh Courier*. Doze pessoas morreram, e mais de mil edifícios foram levados pelas chamas no distúrbio da capital do país.

A disposição de Brown de se erguer em defesa de suas ideias fez com que fosse notado na Casa Branca. Em maio, foi convidado para um jantar de Estado em Washington, em homenagem ao primeiro-ministro da Tailândia, Thanom Kittikachorn. Quando tomou assento, o cantor encontrou um bilhete na mesa: "Muito obrigado pelo que você tem feito pelo seu país, Lyndon Johnson".

Mais tarde, Brown contaria que o vice-presidente Humphrey chamou-o de lado e fez-lhe uma advertência. Você está entrando em águas profundas, observou o vice-presidente. Brown agora iria ser examinado de perto pelos poderosos. Porque qualquer pessoa com o poder de deter um tumulto tem também o poder de iniciá-lo.

No jantar com o presidente Johnson e seus convidados, talvez Brown tenha encontrado uma boa hora para levantar um tópico que havia discutido com membros do estafe de Humphrey durante pelo menos um ano: uma visita oficial ao Vietnã para entreter os soldados. Até aquela altura, os esforços tinham sido infrutíferos para Brown, mas, depois de Boston, o caminho para Saigon de repente se abriu à sua frente.

No último ano de vida, Martin Luther King havia ido além da questão racial e começara a falar contra a Guerra do Vietnã. Na Riverside Church de Nova York, em 4 de abril de 1967, ele fez um importante discurso sobre o conflito, questionando sua moralidade e chamando-o de um fardo injustamente carregado pelos pobres. Enquanto a crítica de King era amplamente noticiada, outros Cleveland Sellers[1] do Student Nonviolent Coordinating Committee

---

1 Cleveland Sellers Jr. foi um ativista pelos direitos civis do Student Nonviolent Coordinating Committee. Foi a única pessoa presa por ocasião do Massacre de Orangeburg, um protesto em favor dos direitos civis realizado em 1968, no qual três estudantes foram mortos pela polícia. (N. do T.)

anunciaram que iriam ignorar suas convocações para o exército. Depois de recusar sua convocação alegando objeção de consciência, o boxeador Muhammad Ali anunciou que preferia ir para a cadeia do que para o exército. De repente, a crítica afro-americana da guerra estava se popularizando. Poucas semanas depois do discurso de King na Riverside, Brown foi para o estúdio e gravou uma canção que buscava retratar esse momento. A canção era "America is My Home":

I am sorry for the man who don't love this land
Now black and white, they may fight, but if all the enemy comes
we'll get together and run 'em out of sight[2]

"America Is My Home" era inegavelmente ousada, e, se tivesse sido lançada naquele momento, teria sido entendida como uma denúncia dos líderes negros. Não foi lançada; Brown manteve-a em segredo, esperando um momento mais propício.

No contexto do Vietnã, a soul music estava ficando cada vez mais politizada. Revistas como a *Soul* e a *Jet* publicavam cartas de soldados afro-americanos que falavam da ausência da música de Brown, Wilson Pickett ou Aretha Franklin nas bases militares. A música negra era pouco tocada na Armed Forces Radio, e quase não havia artistas negros nos shows organizados para os soldados pela United Service Organizations e pelo Departamento de Defesa.

Durante pelo menos um ano, Brown ficou expressando a funcionários do governo seu desejo de visitar as tropas. Uma vez chegou a ligar do

2 Uma tradução livre desse trecho da letra de "America is My Home": "Lamento pelo homem que não ama essa terra/ Agora negros e brancos devem lutar, mas se o inimigo vem / nos uniremos e faremos com que suma da nossa vista". (N. do T.)

nada para o Pentágono e foi transferido para um coronel desavisado que não tinha a menor ideia de quem estava ligando. Depois disso, Brown entrou em contato com o escritório do vice-presidente e perguntou como seria possível fazer isso acontecer.

O Departamento de Estado estava mandando artistas como Roy Rogers e Dale Evans, Anita Bryant, Wayne Newton e os Golddiggers para as turnês da USO: qualquer que fosse a visão da América descrita por tal tipo de artista, ficava muito distante daquela do Apollo Theater. Na *Jet*, Brown queixou-se: "Tenho tentado ir para o Vietnã nos últimos dezoito meses. Acho que eu e minha banda podíamos levar soul suficiente até para dar um pouco aos vietnamitas. Já passei da idade de me alistar, assim como a maioria dos membros da minha banda, então achamos que é nosso dever patriótico, como americanos, levantar o moral dos nossos garotos lá. Recebo cartas dizendo que eles têm muita vontade de ouvir soul. Até agora contatei todo tipo de pessoa tentando conseguir uma apresentação no Vietnã mas nada aconteceu. Fico imaginando que talvez tenha alguém achando que eu vou conseguir glória demais ao levar tanto soul para lá".

Ofield Dukes, um afro-americano membro do estafe de Hubert Humphrey, havia conversado com Sammy Davis Jr. a respeito disso, e agora estava em contato com a Stax Records sobre um pacote integrado dos artistas daquele selo de soul para uma ida ao Vietnã como parte de uma "Turnê em Homenagem a Otis Redding". Mas Brown era de longe o maior nome negro do momento, e no início de 1968 Dukes estava em entendimentos para levá-lo ao Sudeste Asiático. Humphrey era um liberal dedicado, que se erguera em defesa dos afro-americanos desde a década de 1940; ele também iria concorrer à presidência em 1968 e tinha elaborado um plano para atrair eleitores negros.

O Vietnã era algo importante para Brown por razões complexas. Ele lia sua correspondência e ficava impressionado com a vontade que os soldados negros tinham de ouvir um pouco de soul. Ele assistia toda noite ao noticiário de tevê Huntley-Brinkley. Ele queria ir para o Vietnã porque sabia que pelo simples fato de ser um negro famoso na zona de guerra estaria fazendo brilhar uma luz sobre os irmãos que estavam lá arriscando a vida.

Ir para o Vietnã faria dele um símbolo escolhido da sua nação, o que não era pouca coisa para alguém que poderia ter desaparecido no sistema penal da Geórgia. Era uma maneira de conseguir o que ele havia sempre desejado, a aceitação em seus próprios termos, projetada sobre um drama global.

Um comunicado à imprensa da USO, datado de 3 de junho, diz: "JAMES BROWN – E UM SHOW COM 25 – SERÁ UM GRANDE GOLPE CONTRA ELES, NUMA TURNÊ DA USO PELAS BASES MILITARES DO PACÍFICO".

O show iria partir em 5 de junho, indo para Japão, Coreia, Okinawa e depois para o Vietnã, num total de dezesseis dias. O astro principal, é claro, era "o grande e único JAMES BROWN, dançando e cantando soul music, uma mistura de canto gospel e blues – com uma batida forte que soa primitiva e um pouco selvagem".

Ninguém nunca chamara Wayne Newton de "um pouco selvagem".

Nos bastidores, ativistas negros contrários à guerra faziam pressão junto aos artistas para que não fossem se apresentar no Vietnã, argumentando que o poder de astros negros estaria sendo usado pelo governo para vender a guerra em casa. Num artigo de 1967 para a revista *Soul*, um oficial da USO declarou que o próprio Martin Luther King dizia aos artistas para não irem.

Mas se King pressionou Brown a não fazer a viagem, o tiro saiu pela culatra. Brown sugeriu à mídia que o sentimento contrário à guerra poderia ser mera covardia. De qualquer modo, disse Brown, era sua responsabilidade apoiar seus conterrâneos. "Nossos artistas negros têm sido atacados na imprensa branca, dando a todos a impressão de que eles não querem ir para o Vietnã porque estão ou com medo ou não gostam de ver nosso país em guerra naquele outro país", ele declarou à *Jet* em junho de 1968. "Bem, eu não gosto da guerra, também, mas nós temos irmãos negros lá...

"Sou tão contrário à guerra no Vietnã quanto qualquer pessoa que ame a paz. Mas não posso dar as costas aos meus próprios irmãos negros no Vietnã quando eles me pedem para ir lá entretê-los. Estamos indo para o Vietnã apesar das críticas e dos riscos. Não temos medo do que é certo. Temos medo do que é errado."

Brown partiu em 5 de junho com toda a sua comitiva, parou em Tóquio e depois aterrissou na Coreia do Sul e ficou lá vários dias se apresentando. Só quando eles já estavam em Seul é que lhe disseram que levar toda a sua comitiva para a zona de guerra era algo muito perigoso, que ele teria que reduzir o número de integrantes do seu show para sete pessoas no palco. Ele fez uma reunião e perguntou quem é que estava com ele.

"Todo mundo ficou olhando para todo mundo e, eh eh, aqueles que não foram, acho que ficaram até felizes", relembra a cantora Marva Whitney. Ela queria muito ir, declarou, porque "os soldados precisavam ver uma irmã que não fosse um biscoitinho Oreo". O show do USO apresentou Whitney, o baixista Tim Drummond, o baterista Clyde Stubblefield, o guitarrista Jimmy Nolen, o saxofonista Maceo Parker, o trompetista Waymon Reed e Danny Ray, o homem da capa. Se Brown estava indo para a guerra, tinha toda razão em levar seu criado com ele.

O fato de Drummond ser um baixista branco tocando numa banda de negros era algo simbólico em bases militares onde haviam eclodido conflitos raciais. O exército nomeou todos eles tenentes-coronéis honorários. A banda recebeu uma salva de tiros, botas de solado grosso e crachás dizendo que eram não combatentes, caso caíssem nas mãos do vietcongue. Agora era hora de fazer o show.

Havia dois mil soldados na primeira parada, a Base Aérea de Tan Son Nhut, nos arredores de Saigon. O grupo chegou um dia depois de o vietcongue ter desferido um grande ataque à cidade, despejando trinta e cinco rodadas de foguetes de 122 mm sobre a capital. Danny Ray: "Um monte de soldados pensou que a gente não iria. E alguns deles ficaram imaginando por que a gente tinha ido. Brown disse a eles: 'Eu amo meu país, gente. Eu amo acima de tudo a América, gente. É a minha terra'".

Eles trouxeram com eles um guarda-roupa sob medida, com roupas adequadas à umidade tropical. "Nunca havia um único ponto seco em mim", Brown declarou. O sistema de som era precário, e era praticamente impossível ouvir o que você estava tocando. Mas não importa.

"Nós demos aos soldados uma coisa totalmente nova", disse Stubblefield. "A gente veio trazendo funk e soul."

Drummond: "A gente foi levando simplesmente música pura, e eles adoraram".

À noite, eles se hospedaram no Continental Hotel de Saigon, bem em frente a um palácio presidencial cheio de buracos produzidos por fogo de morteiros. Cartazes nos quartos advertiam os hóspedes para não abrirem suas cortinas nem acenderem as luzes à noite. Isso porque os guardas do palácio vizinho poderiam achar que você era um franco-atirador e disparar. À noite, as camas tremiam por causa das bombas de duzentos quilos que os jatos americanos despejavam na área rural.

De Tan Son Nhut eles foram para a base aérea de Phan Rang. Em geral, eles faziam dois shows em cada parada, e Brown tomava soro salino intravenoso entre um show e outro. Phan Rang foi a única vez em que eles viajaram de avião dentro do Vietnã. Era um avião bem velho, "como num filme de Tarzã antigo", disse Drummond. Eles decolaram e então viram o motor pingar óleo e começar a soltar fumaça, o que forçou um pouso de emergência à beira da base aérea da qual eles acabavam de sair. O avião atraíra a atenção do vietcongue, e, enquanto aguardavam numa cabana de Quonset, os membros da banda de repente ouviram uma forte explosão que vinha do outro lado da pista de decolagem – bombardeiros americanos despejando bombas sobre o inimigo que se aproximava.

O tempo passou, e o ataque aéreo terminou. Brown engoliu saliva, projetou o queixo para fora e fez um anúncio: "A gente gostaria de ter um avião melhor".

Segundo a descrição que Brown fez da experiência: "A gente não fez como o Bob Hope fazia. A gente foi até lá onde os caras andavam armados! A gente foi lá onde a coisa do *Apocalypse Now* estava rolando". Eles viajaram em ônibus adaptados de um local de show para o outro, com as janelas gradeadas para que ninguém pudesse jogar uma granada dentro. Uma vez, Drummond ouviu uma voz num walkie-talkie que dizia: "Tire os caras daqui, vem vindo um ataque de morteiros". Alguns momentos depois, eles sentiram o que era.

Outras vezes, soldados faziam com que Brown e a banda se atirassem ao chão, ficando em pé ao lado deles enquanto aguardavam ordens. Uma vez eles foram instruídos a saltar de um helicóptero Chinook que voava sobre um pântano, relembra Whitney. "O fato de eu ter sido na infância uma menina bem moleca me ajudou, porque eu tive que pular de mais de um metro e meio de altura do helicóptero para dentro do pântano, e acho que me saí melhor do que vários dos garotos..." Outra vez, andando de helicóptero à noite, a banda viu como uma munição traçante vermelha perseguia sua aeronave. Era "Charlie", tendo como alvo Mr. Please Please Please. Enquanto riscos furiosos perseguiam o helicóptero – alguns mais tarde disseram que haviam ouvido assobios de metal ricocheteando –, Whitney olhou para Brown. "Ele não estava apavorado como os outros, mas estava triste. Ele estava triste."

No seu país, Brown raramente convivia com sua banda. Quando vinha até o ônibus, era para fazer alguma inspeção. Caso contrário, mantinha distância. Ele ficava em um hotel, a banda em outro. Mas no Vietnã todo mundo estava junto, e ficavam todos empacados ali depois que o sol se punha e não era seguro ficar andando pela rua. Drummond fez amizade com um veterano, o tipo de cara que pode conseguir qualquer coisa para você se você lhe der o dinheiro, e uma noite ele arrumou frango frito para todo mundo no hotel. Não havia nada para fazer depois das oito da noite, a não ser sentar no seu quarto com as luzes apagadas, então a banda toda estava matando tempo, quando de repente alguém bateu à porta.

Era Brown, procurando alguém para conversar. Então ele e banda ficaram comendo frango e conversando. Ele até fez uma coisa que quase nunca mais faria de novo. Abriu o coração e compartilhou seus sentimentos a respeito da guerra, e conversou com a banda sobre o que os soldados lhe contavam antes dos shows, sobre como era difícil a situação daqueles caras ali. Eles realmente estavam num país diferente.

Os últimos shows foram na Base Bearcat, um grande acampamento da 9ª Divisão de Infantaria, construído sobre florestas de seringueiras desfolhadas e mangues, onde as tensões raciais eram fortes. Um dia depois do assassinato de Martin Luther King em Memphis, a notícia chegou àquela base, e, enquanto muitos soldados negros e alguns brancos lamentavam o fato, um grupo de oficiais brancos não comissionados celebrou uma festa. Uma briga racial eclodiu por toda a instalação.

Em Bearcat eles tocaram numa área junto a uma encosta, que lembrava um pouco o Hollywood Bowl. Brown declararia mais tarde que o vietcongue pediu um cessar-fogo enquanto ele tocava: "Eles disseram: 'Vamos pegar um pouco desse funk para nós'". Nos Estados Unidos, ele deu de fazer o gesto com o punho fechado do Black Power quando estava no palco, mas não faria isso aqui. "Teria causado um problema", disse. Milhares de soldados vieram assistir aos shows, usando uniforme completo de campanha num calor de 43 graus. No alto da encosta da montanha, tanques estavam alinhados para a apresentação. "Negros e brancos, eles simplesmente enlouqueceram", disse Drummond.

No final de uma música, vindo de trás do palco, os músicos de repente ouviram o inconfundível pac-pac-pac de armas americanas atirando nos VCs atrás deles. Todo mundo estava observando a banda, e agora eles estavam de fato observando-os, quando uma expressão de confusão e depois de ansiedade tomou conta do rosto dos músicos. Finalmente, um dos caras sentado de pernas cruzadas na frente do palco disse para a banda: "Hei, não se preocupem. Não vamos deixar o Charlie chegar perto!". E então Brown pegou o microfone e continuou o show. "Hit me!" ["Acerte-me"].

Eles gravaram um programa para a rádio das Forças Armadas e depois pararam em Okinawa, voltando finalmente para casa. Cinco ônibus fretados cheios de fãs da área de Nova York receberam Brown no aeroporto Kennedy em 19 de junho. O pai dele estava lá, também. Quando Brown desceu da escada do avião da Pan Am até a pista, usava um chapéu do exército e uma jaqueta de camuflagem.

Na coletiva de imprensa no aeroporto, sua reação imediata foi de indignação: com a música "*hillbilly*" ["sertaneja"] que era geralmente tocada lá e com o tratamento que lhe foi dispensado. Ele declarou que tinha feito muito mais sucesso do que Bob Hope, e que deveria ter podido trazer sua banda inteira. E outra coisa: foi um insulto que ele não tivesse tido permissão de levar suas próprias armas com ele até o Vietnã.

Ele voltou irritado e querendo mais, embora não parecesse saber exatamente o que ele queria em seguida. Dias mais tarde, falaria a respeito de por que havia insistido tanto em tocar no Vietnã. Ele sugeriu que Muhammad Ali e outros que haviam feito objeções de consciência para não ir para a guerra tinham sido medrosos, ao contrário dele. E declararia: "Muitos negros achavam que não tinham uma verdadeira razão para ir para lá já que não estavam conseguindo seus direitos aqui. Eles tinham sentimentos conflitantes em relação à guerra. Meu pai não concordava com isso, porque ele havia feito serviço militar. Ele achava que quem vai lá lutar tinha mais motivos para se queixar. Foi o que eu achei. Eu fui em 1968 porque, se você quer exigir cem por cento dos seus direitos, precisa dar ao seu país cem por cento do seu apoio". Suas crenças estavam assentadas no ego, numa preocupação com os direitos civis e com seu americanismo enraizado no Sul. Nada poderia desemaranhar todos aqueles fios.

Primeiro em Boston e agora no meio do conflito global, Brown colocara a si mesmo na linha de frente. Ele voltou diferente do homem que era apenas algumas semanas antes. Como o *Village Voice* declarou: "Agora que o doutor King e o senador Kennedy foram embora... James Brown, como porta-voz, cantor e como homem negro, tem novos e importantes deveres, com apenas trinta e cinco anos de idade".

Aguardando Brown quando ele voltou para a sua casa no Queens havia um telegrama da Western Union: "SEJA BEM-VINDO EM SUA VOLTA DO VIETNÃ. ESPERO ENCONTRÁ-LO DE NOVO". Era assinado por Kevin White, o prefeito de Boston. Pode ter sido apenas um gesto nobre, educado. E pode ter sido uma maneira de se garantir contra algum ataque futuro.

COMO VOCÊ VAI CONSEGUIR RESPEITO?

Capítulo Catorze

Não esconda sua mensagem. Se você tem algo a dizer, diga alto e bom som. Hubert H. Humphrey parou diante dos cinco mil delegados reunidos para a 38ª Sessão Quadrienal da Igreja AME, e disse: "Eu sou negro". Sorte dele ter sido aplaudido, pelo menos o suficiente para poder sorrir e terminar seu pensamento: "Todos nós somos irmãos de alma – na fraternidade humana."[1]

Era no início de maio de 1968, apenas uma semana depois de o vice-presidente ter anunciado sua candidatura à presidência, e ele estava mergulhando de cabeça na campanha. Seria crucial para essa eleição contar com um importante recorte demográfico que Humphrey via ao seu alcance, ou seja, o voto dos afro-americanos. E por isso ele foi até a Filadélfia usando um terno verde lustroso e uma camisa azul.

À primeira vista, o fato de ser um político veterano de meia-idade, branquelo, poderia ser um obstáculo a se tornar membro dessa fraternidade negra. Mas Humphrey há tempos fazia essa reivindicação. Lá atrás em 1948, quando era um senador novo pelo estado de Minnesota, ele liderara um movimento para manter vivo o discurso sobre direitos civis

---

1 A frase de Humphrey é duplamente ambígua: "*I'm a soul brother*" significa "negro" e também, literalmente, "irmão de alma". Assim, além de ser ambígua por si, é também uma afirmação ambígua pelo fato de ter sido dita por um branco. (N. do T.)

na plataforma do Partido Democrata. Seus esforços levaram um grupo de democratas sulistas, adeptos da segregação e organizados pelo senador da Carolina do Sul, Strom Thurmond, a formar um partido separado, os Dixiecrats. Conhecido há tempos como um liberal nas questões raciais, em 1968 Humphrey apostava no apoio dos negros para chegar à Casa Branca.

Em janeiro, ele discursou na Organização de Unidade Africana, em Addis Abeba, e percorreu a África com Thurgood Marshall. No verão, pediu um "Plano Marshall" para "acabar com os guetos" e demonstrou apoio à Campanha pelos Pobres, uma iniciativa de Martin Luther King por justiça econômica, que começava a se tornar realidade depois de sua morte. Humphrey tinha já o apoio do astro do basquete Elgin Baylor e estava tentando trazer Aretha Franklin, enquanto Berry Gordy da Motown acenava com a possibilidade de obter o apoio de Diana Ross.

O vice inspirava confiança e compromisso naquelas velhas pessoas que lembravam o que ele fizera pelos negros no passado, mas, infelizmente para Humphrey, o senador por Nova York Robert F. Kennedy também estava concorrendo, e contava com a admiração dos eleitores negros jovens. Quando Martin Luther King Jr. foi morto, Kennedy declarou a uma plateia de Indianápolis que sentira isso como uma morte em família. Alguns negros chamavam-no de "o irmão de cor de olhos azuis", e, ao contrário do que acontecia com Humphrey, ninguém ria quando se dizia isso. Antes, no verão, Brown havia conjeturado dar seu apoio a Kennedy, e enviou seu auxiliar, Bob Patton, a Los Angeles para discutir isso com o pessoal do senador. Eles se encontraram no Ambassador Hotel poucas horas antes de Kennedy ser baleado e morto na cozinha do hotel em 5 de junho.

Brown tocou no Yankee Stadium duas semanas mais tarde. Fora do estádio, ambulantes vendiam fotos comemorativas de Kennedy e Martin Luther King juntos. Uma por um dólar, três por dois e cinquenta.

Nas semanas que se seguiram, Humphrey buscou canalizar o apoio que era dado a RFK. "Que tal nossos artistas negros, como James Brown, e muitos outros?", ele perguntou num memorando de 16 de julho a um membro de sua equipe, Ofield Dukes. "Será que a gente consegue colocá-los do nosso lado?"

Cerca de uma semana depois, Brown estava ligando para Dukes. Tinha alguns problemas particulares. Um problema com crédito havia atrasado a transferência da propriedade da estação de rádio de Augusta para as suas mãos, então Brown ligou para Washington pedindo ajuda. Durante a ligação, Dukes mencionou casualmente que Humphrey estaria em breve em Los Angeles, e soltou a ideia de um possível apoio. Brown concordou com uma aparição conjunta em Watts.

Brown conhecia Humphrey desde os eventos do *Stay in School* de 1966, e a imprensa negra havia sido inundada por fotos de Brown e Humphrey num cumprimento de mão. Humphrey tivera seu papel em conseguir levar Brown para o Vietnã, e os dois se davam bem no nível pessoal.

Em New Jersey, Dukes diz que foi abordado pelo nacionalista radicado em LA Ron Karenga, pelo poeta ativista Amiri Baraka e por um representante de uma gangue de rua, que na época trabalhavam para eleger Kenneth Gibson como primeiro prefeito negro de Newark. Dukes diz que os ativistas disseram estar a par da futura aparição de Humphrey em Watts, e que uma doação de 25 mil dólares para a campanha de Gibson ajudaria a garantir o sucesso do evento. Por um caminho tortuoso, Dukes diz que foi liberada uma "contribuição" naquele mês de abril.

O vice-presidente chegou a Los Angeles no final do mês com várias aparições agendadas. No Elks Auditorium, na Central Avenue, estava programado que ele iria discursar numa reunião de registro de eleitores montada pelos Democratas Negros em apoio à sua campanha. Diante de quinhentas pessoas, Humphrey tentou abrir uma discussão sobre sua política de emprego, e mal havia começado quando um grupo organizado de manifestantes opositores gritou: "Honky go home!" ["Brancão, dê o fora!"]. A barulheira tornava impossível ouvir o que ele dizia, e depois de várias tentativas Humphrey desistiu. Foi rapidamente retirado por uma nuvem de agentes do Serviço Secreto – depois do assassinato de Kennedy em Los Angeles, a segurança não arriscava nada. Eles tiraram Humphrey às pressas do auditório.

Essa interferência racista acrescentou mais dramaticidade ao encontro entre o cantor de soul e seu "irmão de alma", programado para o dia seguinte. O comício de Humphrey foi realizado num pátio onde em 1966 um armazém havia sido incendiado durante os distúrbios de Watts. Naquele dia, o palanque de Watts tinha a presença do prefeito de Los Angeles Sam Yorty e do líder trabalhista Walter Reuther. Dukes diz que viu Amiri Baraka no meio da multidão, e eles se cumprimentaram de longe de forma eloquente.

Humphrey estava falando à multidão quando de repente eclodiram gritos de várias centenas de jovens, e todos os olhares se voltaram para James Brown, que emergiu da multidão. Ele pulou para perto do vice e começou a falar. Talvez Humphrey estivesse esperando alguma frase do tipo "Eu apoio esse homem". Mas as coisas se passaram de modo diferente.

"Muitas e muitas vezes vários candidatos foram eleitos para diferentes cargos, e nós não conseguimos... às vezes nós gostaríamos de saber o que será feito de fato em favor dos negros." Uma mulher na plateia gritou: "E agora mesmo!".

"Eu não vim aqui porque sou um negro... Ninguém poderia me comprar para que viesse até aqui. Estou aqui porque tenho alguma coisa a dizer e, se no final da minha fala o distinto cavalheiro à minha direita concordar, então não terei outra escolha a não ser apoiá-lo."

Humphrey de repente pareceu desconfiado. Ficou retesado; seus olhos pareciam dardos.

James Brown continuou. "Primeiro, gostaria de dizer que o homem negro quer propriedade. Ele quer ser capaz de ser dono de suas próprias coisas e de ter ideias próprias. Em primeiro lugar, na nossa comunidade negra, nas áreas de baixa renda, nós precisamos de moradia. Por isso não precisamos permanecer nas sombras, como eu fiz quando criança. Em segundo lugar, precisamos de hospitais para que não tenhamos que ficar por aí sangrando até morrer enquanto outros caras são atendidos primeiro. Acredito em dizer as coisas como são. Não sou de palavras bonitas, quero dizer exatamente como eu me sinto." Humphrey assente com a cabeça, concordando. *Ooo-kay*. Vamos em frente.

"Em terceiro lugar, precisamos dos nossos próprios bancos, para que possamos pôr nosso dinheiro para fazer coisas para nós. Queremos bancos disponíveis à comunidade negra... Eu não apoio o partido, eu apoio o homem."

Brown viera com uma agenda mais ambiciosa do que Humphrey, e tinha como objetivo conseguir algumas promessas políticas e deixá-las registradas. Queria que seu apoio significasse alguma coisa. Quando terminou de falar, Humphrey parecia aliviado. Não havia sido tão ruim assim, seus olhos diziam. Posso lidar com isso.

"Deixem-me dizer, na presença de um homem que eu aprendi a respeitar e admirar e de um cavalheiro que eu encaro como amigo, que o que ele disse a essa plateia aqui hoje é o que eu venho tentando dizer mas não tão bem." A coisa estava virando uma espécie de apoio mútuo.

Brown: "Eu apoio Humphrey porque ele é o melhor cara". Não era algo do tipo "Eu adoro esse cara" como a política exige, mas algo que vinha do coração, algo inesperadamente real.

O evento terminou com a banda tocando "I Got You (I Feel Good)", com Humphrey quase perdendo o apoio ao ensaiar uns passinhos ao lado de Brown.

Brown significava dinheiro. Não admira que tantos quisessem a sua magia. Os membros do Black Power queriam trazê-lo para o lado deles, e tentaram isso por vários métodos. Havia uma adulação explícita, como quando Stokely Carmichael comentou: "James Brown vai entrar para o Black Power" no *Baltimore Afro-American* naquele verão. "Muhammad

Ali vai entrar para o Black Power. Todos os talentos criativos de pessoas negras que trabalham em prol das massas do 'nosso povo' – é isso o que eu chamo de 'Black Power'." Havia também um pouco de "toma lá dá cá", já que Brown claramente esperava receber algo de Humphrey.

Num momento em que pessoas ao longo de todo o espectro político pressionavam-no para negociar com ele, no verão de 1968 ele por fim lançou "America is My Home". Musicalmente não era ruim, e, fato interessante, Brown não canta na música, ele apenas declama a letra. E a maneira como ele diz a letra confere-lhe uma carga elétrica. Não é algo recitado, é um cara tentando envolver você numa conversa, e alguns consideram a gravação o primeiro disco de rap. Essa música era um desafio, com Brown diante de você, desafiando-o a criticar os EUA. A América estava bombardeando o Vietnã e o Camboja e atraía a condenação internacional, e esses fatos eram um grande argumento para ter contato com seu público. Brown sabia disso.

"America is still the best country, without a doubt and if anybody says it ain't you can try to put 'em out"[2]

"America", segundo o texto de um release para a imprensa, foi enviada por correio a "todos os governadores e prefeitos." Nas palavras do porta-voz de Brown, Bud Hobgood: "Esperamos que esse disco, se manejado direito, preste um serviço público e acabe com quaisquer problemas que possam surgir nesse verão".

E este era o lado rústico de Brown se manifestando: mesmo quando ele estava demonstrando amor, isso se expressava como se ele tivesse chamando alguém para a briga. Dá para ouvir em "America is My Home" como deveria ser discordar de Brown.

---

2 "América ainda é o melhor país, sem dúvida/ e, se alguém disser que não, você pode tentar pô-lo para fora". (N. do T.)

"Ele era a pessoa mais competitiva que eu já conheci – quando pedia alguma coisa no restaurante, era sempre crítico e competitivo e tinha que comentar a respeito de tudo", disse Alan Leeds.

Eles iam para a Stage Deli de Nova York, um dos lugares favoritos de Brown quando saía para passear pela cidade, e ele fazia questão de discutir a respeito da carne cozida: "Senhor Leeds, o senhor é judeu, o senhor não come carne cozida – veja bem, o senhor, com toda essa carne enlatada, o senhor vai ficar doente. Eu prefiro ter a gordura fervida e removida, e ficar saudável..." Daí ele desatava a falar sobre judeus e Ben Bart e sobre Deus e a carne de porco. "Ele não ficava indiferente a nada", disse Leeds.

Se ele fazia tanta questão de expressar suas opiniões sobre carne cozida, imagine o quanto não era intenso quando se tratava do país que ele amava. A música celebra um país onde um pobre menino engraxate podia chegar a apertar a mão do presidente.

"America is My Home" não soa como nada do que se ouve nas paradas; a coisa mais próxima dela eram discos de country, provocações como "The Fightin' Side of Me" ou "Okie From Muskogee". Se fosse um pouco melhor musicalmente, poderia ter sido o disco mais perigoso que ele já havia feito.

Do jeito que ficou, "America" constituiu o início de um novo problema. Ele provavelmente imaginou que fosse um ato de caridade, mas a música foi ouvida por muitos como uma reprovação aos críticos da guerra – e ao Black Power. Ela chegou ao décimo terceiro lugar nas paradas de R&B, e nunca chegou às paradas do pop. Com certeza custou-lhe mais do que ele ganhou com ela, porque de repente Brown soava como uma figura de autoridade, não como um aliado. A música abre brechas em seus laços com os fãs negros.

Podia ser o single que eles estavam querendo trabalhar, mas "America" não fazia parte da *set list* do show do Boston Garden. "Todo mundo caiu em cima da gente [por causa da música]", disse Bobby Byrd. "A gente estava cantando algo a respeito da América, e o pessoal negro não queria ouvir isso – vivíamos num contexto de protesto." A reação negra foi clara, afirmativa: "Não temos nada a lhe dizer, porque você está do lado dos brancos. Não estamos ouvindo o que você está dizendo. Você fica falando sobre a América e veja o que eles estão fazendo com os negros", lembra Byrd. No Howard Theatre, membros do Nation of Islam e do Congressional Black Caucus apareceram para questionar Brown a respeito dessa sua pequena melodia.

H. Rap Brown, o ministro da Justiça do Black Panther Party, chamou o cantor de "o Roy Wilkins do mundo da música", uma referência pejorativa ao líder do NAACP que foi demitido por radicais por ser julgado irremediavelmente complacente. Em julho, o *Muhammad Speaks*, jornal do Nation of Islam, relatou que um boicote a James Brown estava sendo armado em Cambridge, Massachusetts. O responsável pelo boicote satirizava: "Que disco poderia vir depois de algo como 'America'? Eu poderia sugerir 'The Star Spangled Banner', 'America the Beautiful' ou 'My Country 'Tis of Thee', com aquela batida nervosa e maravilhosa do James Brown...".

"Se o James Brown continuar a gravar esse tipo de coisa, então tudo o que eu posso dizer é: meu irmão Brown, espero que você ainda saiba engraxar sapatos."

Tim Drummond era um garoto do meio-oeste que tocava baixo na banda. Um problema. No Howard Theatre, Brown recebeu um telegrama nos bastidores que dizia: "Você tem um cara branco tocando com você, isso quer dizer que um cara negro está sem emprego". Em Chicago, circulou que era melhor Drummond não tocar. Mas Brown não aceitou o recado, e, quando um funcionário do Regal Theater fez um gesto indicando que seu baixista fosse embora, Brown ameaçou cancelar o show.

Ele havia virado um símbolo de negritude, e com a mesma rapidez estava ganhando fama de não ser suficientemente negro. Os críticos insistiam em um aspecto da sua imagem: o cabelo. "Se James Brown é tão sensível por que ainda usa aquela coisa aplastada no seu cabelo?", perguntou um leitor do *Baltimore Afro-American*. Numa reunião em Oakland com os Black Panthers, onde o grupo expressou sua opinião a respeito de Brown, seu cabelo foi um dos tópicos principais. O estilo afro, ficou decidido, era o mais fiel à raça. Durante um tempo, Brown observou os membros de sua banda um por um, saindo do ônibus com seus penteados naturais novos, e ele ficava provocando-os em voz alta por causa disso. Até que um dia ele saiu do camarim: com um penteado afro.

Não deve ter sido fácil, para um homem que fazia o cabelo de um jeito que subvertia a natureza, ter que se submeter ao natural. Ele fazia o cabelo de manhã, antes do show e de novo após o show, tudo para que ele não se parecesse com ninguém mais. Agora aqueles garotos com suas jaquetas de couro o estavam forçando a se parecer com eles.

Ele tentou vender sua nova imagem na coluna que escrevia para a revista *Soul*: "Acho que não vou mais voltar atrás. Mesmo que alguém aponte um revólver para mim e jure atirar se eu não voltar a fazer o antigo penteado". Ele em seguida compôs uma música para Hank Ballard gravar, que falava bem disso: "How You Gonna Get Respect (When You Haven't Cut Your Process Yet)" ["Como você vai conseguir respeito (Se ainda não largou seu processo"].

Além do mais, Brown tinha sua própria maneira de fazer as coisas, e instruiu seu cabeleireiro, Henry Stallings, para lhe fazer um afro "produzido".

Deve ter sido consequência dos *sit-downs*, aquelas reuniões entre Brown e os Panthers. Duas forças convictas de que estavam certas, seguras de estarem representando milhões de pessoas. Ambos de um carisma voraz, fazendo pressão sobre o mundo até encontrar uma força que empurrasse em sentido contrário. Todos aqueles egos passando ao longo uns dos outros, como icebergs atravessando a noite. O jovem que uma vez acertara um soco num fazendeiro branco numa estrada rural do sul poderia ter se identificado com os garotos que haviam marchado para a capital do estado da Califórnia com rifles em 1967.

Eles falavam de cabelo, e supostamente de muitas outras coisas. Talvez algum dinheiro tivesse sido passado para os Panthers; alguns dizem que sim. Mas uma simples mudança de estilo não era suficiente para atenuar certos radicais, e uma vez que uma exigência era atendida, ela invariavelmente levava a outra. As tensões continuavam entre os jovens nacionalistas e o cantor. Em agosto, o show chegou ao sul da Califórnia, e quando Brown abriu a porta do seu quarto de hotel encontrou um presente – uma bomba falsa e uma carta, cujo conteúdo ele nunca revelou.

"Os Black Panthers estavam aumentando a violência contra nós por causa... de nada, na verdade", diz Bobbit. Ele lembrou da visita ao sul da Califórnia, e a violência, e de ver o noticiário de tevê sobre violência de negros contra negros com Brown no hotel, e que o cantor ficou pensativo. "O senhor Brown disse: 'Os negros amam uns aos outros, por que temos que fazer isso contra nós mesmos?'. Eu estava 'é... é... é... é...'. Eu estava cansado." Era no meio da madrugada.

O assistente foi até o seu quarto. Vinte minutos depois, Brown chamou-o de volta para ver alguma coisa. Quando Bobbit entrou lá, Brown mostrou-lhe um guardanapo, no qual estava escrito: "Say it loud, I'm black and I'm proud" ["Diga alto, sou negro e tenho orgulho disso"].

As palavras eram uma reação a diversas coisas: à condição de vida dos negros, à pressão que Brown vinha recebendo dos ativistas, que diziam que ele não era negro o suficiente.

"Say it Loud" foi um disco feito às pressas. Alguns dizem que foi feito no estúdio; Fred Wesley, que estava gravando com Brown pela primeira vez, lembrou da banda trabalhando a música nas poucas semanas anteriores. Ele participou da gravação no dia 7 de agosto, no vale de San Fernando. Brown teve a inspirada ideia de colocar um coro infantil cantando o título da canção. Mandou Bobbit arrumar algumas crianças. Suas vozes inocentes cortaram um pouco do gume afiado das palavras, que Brown sabia que podiam ser incendiárias. E também colocaram o foco no futuro, e fizeram a canção parecer esperançosa, em vez de crítica.

A fita foi mandada de avião para Cincinnati, onde a King tinha condições de prensar qualquer coisa que Brown quisesse, quando ele quisesse. Por alguma razão, Brown relacionou seu lugar-tenente branco Bud Hobgood como coautor de "Say it Loud". Em duas semanas, o disco estava nas mãos dos DJs.

Uma primeira prensagem foi liberada para a KGFJ, uma poderosa rádio de música negra de LA, mas os programadores de lá disseram que não iriam encostar a mão nela. Brown deve ter achado que com uma música controversa como "Say It Loud" uma resistência inicial poderia disparar outra maior ainda, pois colocou dois anúncios de página inteira no *Los Angeles Sentinel*, chamando a nova música de "uma mensagem de James Brown ao povo da América". Seu anúncio levou a um boicote por parte da estação de rádio.

"A hierarquia da KGFJ decidiu negar a James Brown o direito de se identificar com o seu povo e negar o direito de seu povo de ouvir a mensagem contida nesse disco.

"Se o Povo Negro ficar do lado da KGFJ e deixar que eles façam isso, então toda essa luta que James Brown trava em favor do Povo Negro será desperdiçada."

Era um ataque delirante, mas havia coisa demais apostada nesse single. Em pouco tempo, a emissora embarcou também. E a música começou a decolar nas emissoras de rádio do país inteiro.

Em poucas semanas, quando a banda tocava nos shows, Brown cantava "Say it loud" e a plateia o surpreendia respondendo "I'm black and I'm proud". Mal acabava de ser lançada e todo mundo já sabia de cor. As crianças cantando o refrão faziam a música parecer amistosa, mas a canção também tinha um gume cortante: "A gente prefere morrer em pé do que viver de joelhos". (Esta parte parece pegar algo do que Stokely Carmichael dissera logo após a morte de Martin Luther King. Ele pregava "uma luta violenta na qual nós negros vamos nos pôr de pé e morrer como homens".)

Ao apresentar seu novo disco a uma plateia de Dallas no final de agosto, Brown disse: "Sabe, uma maneira de resolver um monte de problemas que temos neste país é deixar que as pessoas sintam que são importantes, sintam que são alguém. E um homem não consegue se encontrar até ele saber quem é e se sentir orgulhoso de quem é e de onde ele vem.

"Agora eu acabei de gravar uma música chamada 'Say It Loud, I'm Black and I'm Proud'. Se um homem não tiver orgulho de quem ele é e de onde vem, ele não é um homem. Então quero que cada um de vocês entenda: essa melodia é para o bem daquilo que ela significa e do que ela é capaz de fazer pela autoestima de um homem."

Trinta anos antes, *black* era uma palavra que lutava para se estabelecer, não muito distante da expressão pejorativa *nigger*. Mas num surto de orgulho na década de 1960, *black* significava uma nova unidade. Howard Thurman, educador, teólogo e um dos primeiros defensores do Movimento pelos Direitos Civis, declarou no verão que "Agora *black* é uma palavra de poder e dignidade".

A revista *Jet* fez uma pesquisa entre seus leitores sobre que palavra eles escolheriam para se autodescrever. Afro-americano ganhou com 37%; 22% queriam *black*. O velho padrão *negro* veio em terceiro, com 18%. Daqueles que preferiram *black*, 80 por cento tinham menos de quarenta anos de idade. O simples fato de se usar *black* no título de uma música era, para alguns, uma provocação.

Em Detroit, o reverendo C. L. Franklin pronunciou um sermão intitulado, *Say it Loud, I am Black and I am Proud*. Pastor com imenso número de fiéis seguidores, e pai de Aretha Franklin, Franklin era uma referência em direitos civis na cidade. O fato de esse religioso ter escolhido a frase não só ampliou a sua circulação, mas deu-lhe uma bênção importante. No sermão, Franklin salta dos Cantares de Salomão ("Eu sou morena, mas formosa... não repareis em eu ser morena, porque o sol crestou-me a tez") para o doutor Martin Luther King e para James

Brown, que criou "um novo sentido de dignidade e de ser alguém". Numa discussão cheia de sutilezas sobre separatismo e amor-próprio, Franklin peleja com a canção e por fim a exalta.

"Say it Loud" conseguiu um feito raro: era uma melodia incrivelmente popular, que criava uma conexão com as massas e ao mesmo tempo deixava muita gente apavorada. Segundo Byrd, Brown tinha trabalhado muito para conseguir em seus shows uma proporção racial metade-metade entre brancos e negros. Isso chegou ao auge com "America" e começou a cair na hora em que os brancos ouviram "Say it Loud". O baixista Charles Sherrell sentiu isso acontecer. "Depois de ouvir a letra da música, fiquei meio assustado", declarou. Para Sherrell, o problema era que a música introduziu uma divisão entre os fãs de Brown – você não podia cantá-la junto a não ser que fosse negro. "James percebeu isso, também. Porque de uma hora para a outra seus fãs começaram a desertar. Ele só tocou essa música ao vivo talvez umas três ou quatro vezes. Cinco no máximo. Então parou de cantá-la."

Se um Huey Newton ou uma Angela Davis tivessem expressado a mesma ideia, ela teria sido posta de lado como uma declaração da ala do Black Power. Mas ali estava o negro de maior visibilidade na América dizendo isso. Aqui tínhamos a ala radical e o sorridente cantor da moda convergindo.

O que tornou o *Black Power* vivo como ideia foi que ele não podia ser definido com precisão, foi o fato de ele significar coisas diferentes para pessoas diferentes. Era uma obra de arte, não política, e como qualquer obra de arte dependia de uma plateia para dar-lhe sentido. Mas para uma boa fatia da população, a chamada maioria silenciosa, *Black Power* era uma interferência: significava substituir a supremacia branca por uma nuance diferente, e significava combater o racismo com violência contra os brancos. A maioria silenciosa era igualmente um pouco uma criação artística, um rótulo demográfico dado a eleitores brancos assustados, que ficou em voga mais ou menos à mesma época do *Black Power*.

Na esteira do crescimento da maioria silenciosa, suas distorções a respeito do mero orgulho racial viraram moeda corrente na América branca. "America" fez Brown parecer o Pai Tomás para certos afro-americanos. Semanas depois, "Say It Loud" fez um monte de brancos confundirem James Brown com H. Rap Brown.

Uma coisa era certa: o disco foi um sucesso, ficando nas paradas de R&B por três meses, e subindo até o décimo lugar nas paradas pop. O humorista e ator Jan Murray presenteou-o com um disco de ouro em cadeia nacional de tevê.

No que parece um truque sujo de Richard M. Nixon, o candidato republicano à presidência, foi distribuído um folheto nas ruas de Chicago pouco antes das eleições. Mostrava Humphrey, o presidente Johnson e o prefeito de Chicago Richard Daley vestidos como gângsters, segurando carabinas e dizendo: "Nada disso! Vocês caras brancos não vão ter nosso voto – estamos dizendo alto e bom som, somos negros e temos orgulho disso". Até a equipe de Nixon sabia da força da música.

Até uma versão "poder branco", em música country, foi gravada em Nashville, com um refrão que dizia "I'm proud and I'm white with a song to sing... I'm a white boy lookin' for a place to do my thing" ["Tenho orgulho e sou branco com uma canção para cantar... Sou um garoto branco procurando um lugar para cuidar das minhas coisas"].

Foi um grande momento popular, no meio do ano mais louco e denso da vida de James Brown. É possível ver "Say It Loud" como uma rápida correção de "America". Uma correção da balança. Também é possível ver "Say It Loud" como uma resposta à pressão que vinha da sua esquerda. Talvez seja melhor encarar essas canções não como oposições polares, mas como dois lados do que teria sido o maior single de 1968, linhas paralelas correndo na cabeça de James Brown. Esse imaginário 45 rotações seria a maior e mais rica expressão da visão que Brown tinha dos direitos civis, do americanismo e do trabalho. Você pode tocar uma música por cima da outra e ouvir uma atonalidade borrada, confusa. Mas Brown teria argumentado que elas se encaixavam bem, e que o som que elas produziam refletia tudo o que ele era.

Num nível básico, ambas tratam da mesma coisa: amar as próprias raízes. E Brown não viu contradição entre amar seu país e amar seu povo. Ao mesmo tempo, as músicas têm uma distinção crucial. "America" é Brown celebrando a si mesmo como um moderno Horatio Alger, um garoto que conseguiu se erguer do lixo para o alto da montanha. "Me diga em que outro país você pode começar como um menino engraxate e depois chegar a cumprimentar o presidente", ele desafia.

"Say It Loud" ostensivamente me evita; é sobre todos nós. "We demand a chance to do things for ourselves/ We're tired of beatin' our head against the wall/And workin' for someone else" ["Pedimos uma oportunidade de fazer as coisas por nós mesmos/ Estamos cansados de bater a cabeça na parede/ E de trabalhar para outra pessoa"]. Uma música diz que a história da América fez dele um homem livre; a outra diz que ele ainda é um escravo. Essas oposições iriam definir a vida de Brown nos dias que tinha pela frente.

Naquele outono, Ben Bart sofrera um ataque cardíaco fatal enquanto jogava golfe em New Rochelle. Isso, junto com o falecimento de Syd Nathan cinco meses antes, fez Brown perder seus dois mentores mais importantes. Aos trinta e cinco anos, ele se sentia poderoso e sozinho.

O relacionamento com Bart havia diminuído, e Brown assumiu ele mesmo o agendamento e promoção de seus shows. O setor inteiro de shows musicais estava mudando, com grandes empresas agora contratando artistas negros que um pouco antes dependiam do *chitlin circuit*. Em Atlanta, um grupo de trinta e um promotores formou uma organização para evitar que os brancos ficassem com o monopólio dos talentos negros. Eles recorreram à ajuda da Operation Breadbasket, da Southern Christian Leadership Conference. Essa organização vinha usando boicotes e outras pressões econômicas para injetar dinheiro em atividades comerciais dos negros.

Na Filadélfia, o *Tribune* relatou que um grupo chamado Fair Play Committee estava ameaçando "eliminar" dois DJs envolvidos numa questão com Brown. O Committee, com base em Nova York, era dirigido por Dino "Boom Boom" Washington e pelo produtor Johnny Baylor. Eles disseram que apoiavam Brown e que ele havia se queixado de que os DJs não estavam mandando ao ar um anúncio sobre seu próximo show porque estavam promovendo shows concorrentes deles mesmos. Publicidade e uma demonstração de força policial acalmaram a situação.

O circuito negro estava sendo desmontado, e empresários, às vezes usando ativistas com nomes como Boom Boom, vinham opondo resistência a isso. O setor em tese ficava mais complicado, mas na prática foi um período lucrativo para James Brown. Segundo Levi Rasbury, que cuidava da contabilidade de Brown durante as turnês, ao empregar sua própria equipe de promoção, seus próprios cartazes de divulgação e imprimir seus ingressos, Brown tirava em média "algo entre 10 a 15 mil por noite, em dias normais. E no caso de uma grande promoção como no Madison Square Garden ou no Coliseum em Chicago ou no Braves Stadium em Atlanta, faturava de 35 a 45 mil dólares".

Por bem menos do que essa soma, Brown aceitou um compromisso que surpreendeu muita gente ao ser anunciado: o show da posse de Richard Nixon em janeiro de 1969. Sua apresentação deixou seus fãs perplexos. Depois de ter dado sua bênção a Humphrey, como podia ele tão rapidamente mudar de lado e tocar para o homem que o derrotara? A resposta que Brown deu foi que ele queria que o presidente fosse bem-sucedido em seu intuito de aproximar as pessoas.

Quem abriu a cerimônia de gala no National Guard Armory foi Lionel Hampton, o mais antigo partidário negro de Nixon que alguém poderia encontrar – e as pessoas procuraram. Depois veio Brown, num set que incluía, de maneira bastante improvável, um sucesso recente. A revista *Jet* comentou: "Toda vez que o pequeno dínamo ordenava 'Say It

Loud', uma reduzida seção negra muito animada à esquerda do palco, nos assentos de cem dólares, ficava em pé e respondia 'I'm black and I'm proud'". Até alguns convidados brancos cantavam junto.

Então Dinah Shore apareceu em seu vestido justo de lamê dourado, cantando uma série de spirituals negros que ela "ouvia quando menina". A revista *Look* colocou Brown na capa de sua edição de fevereiro, com essas palavras provocativas como manchete: Será que ele é o negro mais importante da América? Uma boa pergunta. A *Look* não sabia a resposta, não mais do que Dinah Shore sabia cantar spirituals negros, mas, conforme 1969 se iniciava, pelo menos essa era uma questão para a qual valia a pena procurar uma resposta.

TEVÊS COLORIDAS E DASHIKIS

Capítulo Quinze

Depois de duas semanas dentro da administração Nixon, Brown estava de volta ao estúdio, gravando uma música que afirmava sua filosofia da maneira mais clara possível. A *sui generis* celebração de um "nós" em "Say It Loud" foi substituída por uma estimulante expressão dos direitos de um só homem. Se você quer seus direitos, repita com Brown: "I Don't Want Nobody to Give Me Nothing (Open Up the Door, I'll Get It Myself)" ["Não quero que ninguém me dê nada (Abra a porta, eu mesmo vou pegar)"]. Dê-lhe um campo de jogo uniforme e ele poderá tirar o que quer de lá.

Nixon havia feito campanha por uma política doméstica que chamou de "Novo Federalismo". A ideia era transferir poder, dinheiro e responsabilidade de Washington para os estados e indivíduos. Ele sabia como minar a Grande Sociedade de seu predecessor e fazer com que uma evisceração parecesse um reinício. Afinal, Nixon tinha senso poético suficiente em sua alma para detectar as possibilidades de uma expressão como "black power". Lá estava ele, fazendo uma explanação pela CBS, examinando as possibilidades em tom provocativo: "Boa parte do discurso dos militantes negros hoje em dia está na realidade expressa em termos muito mais próximos das doutrinas da livre iniciativa do que das políticas assistencialistas da década de 1930 – termos como orgulho, propriedade, iniciativa privada, capital –, as mesmas qualidades, as mesmas características, os mesmos ideais, os mesmos métodos que por dois séculos têm estado no cerne do sucesso americano".

Com muito mais destreza do que Humphrey dando seus passinhos de dança, Nixon soube vender sua política urbana. Ela estava "orientada para uma maior propriedade dos negros, porque disso iria fluir o resto: o orgulho negro, os empregos para negros e, sim, o Black Power ["Poder Negro"] – no melhor sentido do termo frequentemente mal aplicado". O cara era habilidoso.

Descrevendo a ajuda governamental como um paternalismo, celebrando os poderes do indivíduo, Nixon estava afinado com o Hardest Working Man ["O Cara Que Mais Trabalha"]. Nos anos que se seguiriam, quando Brown era pressionado a fazer uma declaração política, ele citava a partir de "I Don't Want Nobody". Nada de assistencialismo para ele. "Não me dê integração, eu quero comunicação verdadeira", ele cantou, "não me venha com lamentos, eu quero oportunidades iguais para viver o amanhã". Isso era um pouco Booker T. Washington e um pouco Pat Moynihan, e do jeito com que Brown cantou sua música, era melhor você sair da frente quando a porta abrisse, se não ele iria passar por cima de você. Fazer a coisa por você mesmo era um ato de hombridade. Esse sentimento era bom ao ponto de Carl Stokes, de Cleveland, o primeiro prefeito negro de uma grande cidade americana, presentear Brown com a chave da cidade no palco, e então citar a música, para delírio do cantor e da sua plateia.

Por volta de 1969, Brown passou a declarar que era "25% artista e 75% homem de negócios". Ele já havia montado um escritório de negócios em Nova York, e era dono de imóveis e de emissoras de rádio. Nixon havia secretamente se reunido com os ativistas negros Roy Innes do CORE e Floyd McKissick, angariando o apoio deles para a sua iniciativa de capitalismo negro. Brown já acreditava na posição para a qual Nixon estava tentando levar aqueles ativistas: a de que o poder do dólar poderia resolver a maioria dos problemas da América negra.

"I Don't Want Nobody" era uma vívida ilustração de suas ideias sociais, e de suas ideias musicais também, porque a música capta os poderes do Um. Dificilmente você irá bater o pé junto com "I Don't Want Nobody" sem sentir a intensidade com que a banda inteira se apoia nesse primeiro tempo do compasso. O Um era um fator importante em muitos de seus melhores discos dessa era, mas em "I Don't Want Nobody" ele não é só afirmado, é como uma bola de demolição.

O Um pode ter sido uma necessidade advinda da própria impulsividade de Brown. Como sabia ler uma plateia com perfeição, ele percebia quando estava perdendo o controle dela e então, de repente, lançava uma música que acabara de compor, estendia uma ponte por dez minutos, arranjava um novo baterista para assumir e não deixar cair o ritmo porque o cara atual estava perdido. Brown fazia suas mudanças em cima do Um, e se a banda soubesse onde esse Um estava, e o usasse como seu pátio de manobras, então eles podiam continuar tocando sem se abalar com as mudanças de direção imprevisíveis de Brown.

Seja lá o que fosse que o orientasse para o Um, ele levava todo mundo no grupo a respeitar o poder desse aspecto do rito. Quando a cantora Marva Whitney entrou para a banda, ele a fez mudar de estilo vocal de duas maneiras importantes: orientou-a a cantar mais agudo do que ela se sentia confortável em fazer, o que deu a ela um estilo mais urgente, demencial, e ensinou-a a cantar tudo enfatizando os tempos fortes do compasso.

"Eu aprendi a fazer... aquilo que o senhor Brown chamava de 'em cima do um'. Veja, antes eu não cantava acentuando o um e isso não veio da noite para o dia. Eles tiveram que me ensinar como bater o pé", Whitney conta. "Na igreja você bate a ponta do pé, mas, quando você está com o senhor Brown, você bate o pé com o calcanhar, e isso dá a você uma coisa totalmente nova, que eles chamam de funk. E se você não faz isso desse jeito, então não está fazendo o funk de verdade, e isso eu demorei um tempo para aprender."

Sabe o que bater o calcanhar fazia que bater a ponta do pé não conseguia fazer? Colocava seu bumbum em movimento. Fazia seu corpo se mexer ao som do ritmo.

Bumbuns se mexendo: isso ele podia controlar. Mas as forças comerciais estavam além de seus poderes, e na esteira de "Say It Loud", as rádios de propriedade de brancos e os programadores brancos viraram-lhe as costas em bloco. Ao mesmo tempo que entrava num novo período impressionante de criatividade, Brown começou a ter problemas com as paradas de sucessos. "Say it Loud" deixou os guardiões dos portais apavorados, e, depois que virou um sucesso, bem, esses guardiões impediram que Brown tivesse outro sucesso durante dezessete anos. Ele se aprofundava no Um, reinventando seu som de novo, e chegou uma hora que os ouvintes brancos começaram a mudar de estação. A plateia ficou mais negra, e, enfatizando o Um, a música se voltou para o funk.

Esses fatores moldaram sua vida nos anos seguintes. Eles mal eram visíveis em 1969, já que questões mais prementes estavam em pauta. Por volta dessa época, Brown fazia uma dança no palco chamada "Bringing Up the Guitar" (o nome de uma música instrumental de 1968 dos Dapps, produzida por Brown, que destacava Pee Wee Ellis). Essa dança se metamorfoseou num passo chamado Popcorn ["Pipoca"], mais ou menos à época em que Brown regravou "Bringing Up the Guitar" como "The Popcorn" sob seu próprio nome no final de 1968. No início de 1969, Brown gravou um número devastador chamado "You Got to Have a Mother For Me", no qual ele declara ao mundo seu gosto por uma bunda grande – "a mother" ["uma mãe"] era seu honorífico para uma bunda grande, e ele adorava uma "mãe". (Fred Daviss: "Esse cara comeria até uma cobra se ela tivesse bunda.") "Mother" estava programada para sair em março, mas Brown decidiu lançar primeiro "I Don't Want Nobody to Give Me Nothing (Open Up the Door, I'll Get it Myself)". Como Douglas Wolk escreveu, essa música "tinha duas vantagens: uma política melhor e um título mais longo".

Agora a coisa se complica. "The Popcorn" ganhava força nas paradas, era um *groove* que quem dançava adorava ouvir. Então Brown pegou a letra da ainda não lançada "You Got to Have A Mother For Me" e refez a música de "The Popcorn" para mais um single: "Mother Popcorn". Esta era um exemplo brilhante de ritmo e de erotismo. "Mother Popcorn" não era soul music; ela falava ao corpo, e movimentava o corpo de jeitos que a soul music não conhecia. Isso era funk, possivelmente o momento que Brown passou de vez do soul para o funk – uma música que ainda sequer tinha nome. Era apenas a música de James Brown. Era o som do Um.

A própria palavra *popcorn* era outro eufemismo para bunda. Popcorn era uma coisa que ele não podia largar. Brown revisitou e reinventou canções ao longo de toda a sua carreira, e dentro de um mês já havia voltado ao estúdio, extraído quase todo o ritmo de "Mother Popcorn" e gravado um filhote dela chamado "Lowdown Popcorn". Não era tão boa quanto, mas ainda teve gás suficiente para chegar ao décimo sexto lugar nas paradas de R&B.

Ao final de 1969, "popcorn" poderia ter sido uma forma abreviada do próprio "funk", uma substância mágica, uma espécie de pedra filosofal aplicada aos discos em quantidades cuidadosamente dosadas: Popcorn demais e o mundo inteiro poderia explodir. Ele distribuía em quantidades prescritas. Havia "Answer to Mother Popcorn (I Got a Mother For You)", cantada por Vicki Anderson; Charles Spurling gravou "Popcorn Charlie"; Hank Ballard tentou com "Butter Your Popcorn"; e Brown voltou com "Let a Man Come in and Do the Popcorn". Era uma loucura comercial que beirava a obsessão – e no final das contas era para essa obsessão por uma "mãe", pelo Um, que as rádios brancas não estavam ainda realmente preparadas.

David Susskind tinha um *talk show* transmitido por redes de televisão no qual entrevistara Martin Luther King Jr. e Malcolm X, e por isso acabara acreditando que sabia como se comunicar com o público negro. Uma tarde, no verão de 1969, ele participou de um programa de entrevistas vespertino, *The Mike Douglas Show*, junto com James Brown. A conversa dos dois tomou um rumo completamente diferente.

Era visível que Susskind via Brown como um porta-voz da América negra, comparável aos dois citados. Ele começa já abordando o cantor diretamente, e Douglas é rápido em tentar acalmar os ânimos, como um juiz de luta livre. Susskind via no chamado de Brown para o orgulho negro o bicho-papão do separatismo, e não aprovava isso. O cantor respondeu energicamente que ele não estava separando nada e que a maioria dos afro-americanos tampouco. Mas apontou o dedo para brancos ricos que estavam em posição de fazer bem mais pelos negros.

"Vocês têm tudo o que querem, vocês podem fazer o que quiserem e eu não posso fazê-lo na hora, e provavelmente tenho tanto quanto vocês, ou quase, mas tenho o suficiente para comprar qualquer coisa que eu queira", ele diz a Susskind fazendo careta feia. "Não venha me dizer que estamos regredindo."

"Vocês estão regredindo", Susskind alfineta, fazendo um gesto de desaprovação para Brown, "se vocês se separam."

"Não estamos nos separando", grita Brown.

Como era frequente no caso de Brown, a questão passou para o nível mais viril.

"Como posso me chamar de homem, sabendo que eu pago os mesmos impostos que você, estive sempre por aqui e usei meu suor e sangue para ajudar a construir este país, mas acabo me vendo como um cidadão de segunda ou terceira categoria? Você chama a isso ser homem? Eu quero saber da minha identidade – quando uma bandeira é içada, uma bandeira americana numa escola, ela deve ter uma bandeira afro-americana lá com ela. Me dê uma identidade – um negro não pode voltar para nenhum lugar. Deixe-me ter uma identidade!"

Susskind, com uma ponta de presunção: "O que é isso Jimmy, então eles vão ter que içar a bandeira de Israel pra mim, ou a da Polônia para uma outra pessoa?".

Brown: "Sim". Ele vê Susskind que faz cara de quem está achando divertido. "Isso não é uma piada, realmente. Você ri de algo que está virando um grande problema. Porque você vê crianças por aí que não têm o que comer, que estão furtando e roubando, fazendo o que precisam fazer para sobreviver, e se você não faz nada a respeito disso, nós vamos perder o país internamente."

Susskind: "Vocês querem conseguir seus objetivos dissociando-se".

Brown: "Não estamos nos dissociando. Queremos ser capazes de nos identificar com alguma coisa. Sempre nos foi pedido que nos indentificássemos com vocês, e o que ganhamos com isso? Nada!"

A conversa passa para o programa de Susskind. Brown diz que o público negro não tem como se relacionar com o programa; Susskind diz que ele tem um redator negro na sua equipe.

Brown: "Eu não quero saber de um crioulo ou de um homem de cor, eu quero saber de um homem negro, de verdade".

Susskind, indignado: "E qual é a diferença?".

Brown expõe então uma distinção fascinante. "Um homem de cor é um homem que tem medo de se erguer e enfrentar suas próprias convicções. Não consegue se posicionar como homem. Ele manda a mulher atender a porta para pagar suas contas porque tem medo, ele vai fazer qualquer coisa que alguém lhe diga para fazer. Um crioulo é um homem que quer ser branco e não quer mais se identificar com o gueto. Se ele se identificar com o gueto, então ele vai ficar sabendo da verdade! Mas, não, ele vai arrumar um emprego com você e tentar virar branco. Um homem negro diz a você a verdade mas nunca consegue chegar lá porque tem um homem de cor atrapalhando..."

Susskind, revirando os olhos: "Jimmy, foi feita uma nova pesquisa...".

Brown: "A gente não quer saber de pesquisas! A verdadeira pesquisa está aí fora, na rua!".

Susskind não pode acreditar na falta de gratidão por alguém que se coloca a favor da integração. Como pode alguém – um Black Panther ou um capitalista negro – não querer fazer parte da sua animada festa?

Depois dos comerciais, eles estão de volta.

Brown: "Você tem uma América negra e uma América branca, certo?", ele pergunta, dando um tapinha no joelho de Susskind.

Susskind: "Não – nós temos uma América só".

Mas o que temos neste exato momento, diz Brown, são duas Américas.

Susskind: "Estamos tentando integrá-la e fazer com que seja um lugar melhor...".

Brown, com uma expressão de "nada disso" no rosto: "Não queira integrá-la! Procure dar oportunidades iguais! Faça o que a Constituição diz".

Susskind esfrega os olhos num gesto teatral, como quem diz "o que é isso, meu irmão!", e então comenta: "Bem, mas isso significa exatamente integração".

Brown: "De jeito nenhum! Isso significaria uma América do jeito que se supõe que deva ser! Estados Unidos, é isso o que ela significa! Não integre, não me dê isso ou aquilo, eu não quero, eu quero comunicação! Juntos. Eu quero estar com você mas quero que você me respeite como homem!".

Susskind, excitado: "É ISSO MESMO!".

Brown: "O problema é que você não consegue trazê-los [os brancos] para lutar a sua luta". Ele faz gestos agitados, curva-se, faz de tudo para ser entendido. "Você tem uma luta diante de você, tem uma obrigação para com você mesmo enquanto homem. Veja, eu não QUERO que você faça isso por mim, tenho que fazer eu mesmo."

Susskind: "Você não consegue fazer você mesmo".

Brown: "Tenho que fazer eu mesmo... veja, por muito tempo eu não fui um homem! E ainda não posso me classificar como um homem. Você diz: 'Ele é um homem' – ele é um homem de cor. Ele é um crioulo. Por que ele não pode ser simplesmente um homem?".

Esse foi um grande debate racial travado diante das donas de casa americanas e dos desempregados. Brown parece atormentado em certas horas, em outras ele é um ator talentoso dominando sua arte, sabendo explorar seu público. Mais perto do final ele parece agitado, inconsistente, pronto para tirar Susskind de lá e dar nele.

Algumas semanas mais tarde, por declaração do prefeito de Los Angeles, foi criado o Dia de James Brown. O prefeito Sam Yorty havia assinado o decreto antecipadamente, e estava marcada uma sessão de fotos no escritório do prefeito, para que Brown e Yorty fossem clicados cumprimentando-se. Mas quando Brown chegou às dez da manhã, o prefeito não pôde mais ser localizado. Um auxiliar disse que ele não costumava vir trabalhar tão cedo, e o vice-prefeito foi encarregado de fazer a cerimônia. Brown com toda razão explodiu e deu uma bronca na mídia.

Rejeitando o vice-prefeito, que ele chamou de "algum subalterno", Brown disse: "Eu acredito na dignidade do homem. Sou um homem ocupado. Eu cheguei aqui na hora marcada. O prefeito tinha outras coisas para fazer. Eu também tenho. Se eu arrumei tempo para comparecer, suponho que ele também poderia ter feito o mesmo".

Ele era um homem ocupado. Em 1969, seu conselheiro político em Oakland, Donald Warden, ajudou-o a montar uma empresa de selos comerciais, a Black & Brown. A firma começou com 60 mil dólares, investidos pelo cantor, pelo ex-jogador de futebol americano do Oakland Raider, Art Powell, e por um terceiro sócio. A ideia era simples: a Black & Brown iria fazer negócios com armazéns e postos de gasolina das comunidades negras. As lojas iriam dar aos clientes um selo toda vez que eles gastassem certa quantia em dinheiro no estabelecimento. A Black & Brown estava enfentando várias gigantes nacionais de selos comerciais; seu ás na manga era que você não precisava levar seus selos até um posto autorizado para trocá-los por prêmios, você podia levar suas livretas de selos preenchidas de volta até a loja que havia lhe dado os selos e sair de lá com três dólares em produtos. Cada selo tinha uma imagem de Brown impressa.

Qualificando a firma como um exemplo de capitalismo negro inteligente, Warden dizia que a Black & Brown estava "comprometida com a luta e com as preocupações dos negros".

Ao mesmo tempo, Brown abriu uma cadeia de restaurantes fast-food, a Gold Platter, especializada em comida soul. A empresa tinha sede em Macon e atraiu vários investidores da Geórgia, entre eles o comerciante de veículos que vendera a Brown o seu primeiro automóvel depois que ele se mudou para a cidade.

"Se você não gosta da Gold Platter, você não tem alma", Brown brincou numa coletiva de imprensa. Ao ser perguntado por um repórter sobre as redes de fast-food com as quais estava competindo, ele disparou de volta: "Não há concorrência. Esta é pioneira, como Daniel Boone e Davy Crockett. E é tão grande que você como americano não pode estar fora. Você tem que estar dentro".

Sentado diante das câmeras de tevê no Beverly Comstock Hotel em Beverly Hills, Brown explicou a estrutura da Gold Platter. Um centro de treinamento em Macon iria ensinar aos funcionários as habilidades necessárias para trabalhar nos seus restaurantes, e as franqueadas iriam se especializar num negócio que se expandiria de costa a costa. Para adquirir uma franquia, você precisava de 25 mil dólares. Empréstimos da Small Business Administration, disse Brown otimista, deveriam tornar essa quantia acessível aos futuros empreendedores. Ele também explicou sua recém-descoberta paixão pelos negócios.

"É um pouco como o capitalismo negro que o senhor Nixon vem enfatizando. Então estamos implantando-o para ele. Nós temos o que ele quer, só que agora gostaríamos de contar com a sua ajuda no sentido de um financiamento governamental subsidiado para pessoas que queiram entrar no negócio."

As ideias de Nixon, Brown disse isso mais de uma vez, inspiraram sua nascente paixão pelo empreendedorismo. Nos anos seguintes, a conexão entre Brown e a administração governamental iria se aprofundar.

Alguns observadores têm notado um fato interessante sobre o programa do presidente para empresários negros. Nixon chegou à Casa Branca usando o que seus assessores chamaram de "Estratégia Sulista":

empregar linguagem e política racialmente codificada para bloquear o voto segregacionista e desviar os sulistas brancos do bloco democrático. Parece uma contradição, portanto, ter um presidente que explore os receios dos brancos para estimular a aquisição de poder por parte dos negros.

Faça-se exceção ao fato de que Nixon circunscreveu o capitalismo negro às comunidades negras; sua visão revigorou o sistema que existia no norte e no sul em cidades segregadas onde negócios de propriedade de negros eram voltados para os consumidores negros. Este era o capitalismo do *chitlin circuit*, e prosperava apenas desde que os negócios dos brancos não desbancassem os negócios familiares dos negros. Era uma economia dúbia na era das corporações multinacionais, mas uma política astuta.

Num *talk show* transmitido às manhãs, Brown explicou que "Meu entendimento do *black power* é o de um homem se apoderando de si mesmo". O entrevistador perguntou: "Você quer dizer que as pessoas negras deveriam trabalhar só para pessoas negras e pessoas brancas só para brancos?". Brown respondeu: "Eu não digo só para pessoas negras, mas seria melhor, porque um negro vai me entender melhor do que você, e você é capaz de entender uma pessoa branca melhor do que eu". Isso não era segregação, e não era separatismo, mas era uma filosofia que considerava a separação das raças como um dado. Isso era um tipo de Black Power que um Strom Thurmond teria condições de apoiar.

Ele não era a única celebridade aventurando-se em empreendimentos econômicos; no ramo de fast-food, Muhammad Ali havia investido numa rede de hambúrgueres e a cantora gospel Mahalia Jackson emprestou seu nome a uma franquia que vendia frango "glori-fried"[1]. Uma carta ao jornal de propriedade de negros, o *Philadelphia Tribune*,

1 Trocadilho com *glorified* ["glorificado"]. "Glori-*fried*" introduz o termo culinário ["Glori-frito"]. (N. do T.)

estampava uma advertência: "Houve um tempo em que, se um negro saía da linha, eles o trancavam na cadeia ou o tornavam juiz. De um jeito ou de outro, isso fazia com que ele calasse a boca logo.

"O novo truque é emprestar ao cara um milhão de dólares e enfiá-lo nos negócios. O presidente de uma corporação não tem tempo de iniciar distúrbios... Será que ele irá perder sua Alma? Será que irá abandonar a Causa? Isso sem dúvida seria uma tragédia."

O missivista deixava implícito que o capitalismo negro de Nixon estava cooptando vozes de protesto, mas o empreendedorismo chegou a Brown muito antes de Nixon. A ideia de que acumular riqueza era a melhor maneira de melhorar a comunidade é algo que Brown aprendeu ao crescer no Terry, observando Daddy Grace e a United House of Prayer. Para Grace, o capitalismo era americanismo, e ele se vestia inteiro de bandeira americana, até a ponta de suas unhas vermelhas, brancas e azuis. Ele vendia comida em suas casas de oração, e, se existisse fast-food naquela época, você com certeza iria encontrá-lo também lá dentro.

Grace seduzia com a perspectiva de você participar e se divertir com as coisas em voga. Brown levantava a mesma possibilidade, e ao mesmo tempo fazia o negócio negro parecer vagamente radical. Nos seus shows, Brown passou a distribuir prêmios, como tevês coloridas e dashikis, matando vários coelhos de uma vez, pois dava um charme ao empreendedorismo e com certeza se destacou, pois membros da National Business League votaram nele como Homem de Negócios do Ano, em 1969. Brown recebeu a honraria em Memphis, na sexagésima nona convenção anual da entidade. A respeitável organização era mais antiga do que a Câmara de Comércio, fundada em 1900 por Booker T. Washington para incentivar o desenvolvimento econômico.

Em 1969, Brown encontrou novas maneiras de mostrar sua importância para seus fãs e para a América. Tinha trinta e seis anos, e quando pensava em seus dias de aposentadoria, a conversa ficava colorida por um desejo de ter uma vida de mandachuva. Ele não falava exatamente a sério, e, quando se referia a isso, o que era possível depreender é que gostava da imagem de um homem de negócios. Não tinha aspecto de estar cansado, e não parecia preocupado.

Ele não pareceu preocupado nem nas fotos tiradas no outono de 1969, à saída de um tribunal em Sacramento. Lá estava sofrendo um processo de alegação de paternidade movido por Mary Florence Brown, a antiga presidente do fã clube de Brown em Sacramento. O julgamento de Sacramento teve ampla cobertura, e Brown foi chamado a testemunhar. Mas dentro e fora da sala do tribunal, ele projetava uma imagem de confiança abençoada e de se sentir ofendido com aquela acusação de que seria o pai da criança. Quando um cheque de 2.500 dólares que ele havia preenchido para Mary Brown foi apresentado nos autos, o cantor explicou dizendo: "É para isso que eu vivo – para ajudar os jovens". E quando demitiu seus advogados praticamente desde o banco das testemunhas, ainda assim não pareceu preocupado. No final, Brown fez um acordo fora do tribunal, preencheu outro cheque, enquanto insistia "que o acordo incluísse uma declaração negando que era o pai da criança".

Ele acreditava nele mesmo, entendendo que havia milhões que acreditavam nele também. E quando a Corte Superior da Califórnia ordenou que a Black & Brown Stamps parasse de fazer negócios no estado, e expediu um mandado contra a empresa por "não enviar relatórios financeiros e deixar que a licença de seu negócio vencesse", isso mal o fez dar de ombros. Quando, um ano após abrir seu primeiro restaurante um porta-voz da Gold Platter disse que eles estavam sendo fechados depois de terem sofrido "perdas substanciais" em 1969, Brown não perdeu nem um pouco do seu amor pelos negócios. Onde aparecia uma parede à frente dele, ele sabia onde encontrar uma porta.

Ninguém nunca lhe dera nada de graça. Ele reunira uma fortuna correndo mais rápido do que todos os outros, e sem nunca deixar dinheiro na mesa. Numa madrugada na Filadélfia, ele olhou para fora pela janela do carro e viu uma imagem dele mesmo em um de seus fãs.

O público havia saído em fila do imenso ginásio de concreto, segurando na mão os programas que Brown publicava e vendia em todos os seus shows. Nos bastidores, os DJs e políticos locais e o pessoal da gravadora haviam aparecido para tomar um drinque e tirar fotos junto com o astro. O pessoal de Brown saíra pela saída "secreta", onde, como sempre, um monte de jovens esperava pacientemente no meio da noite para que o cantor apertasse a mão deles ou autografasse o canhoto do ingresso. Ele cumprimentou alguns deles, depois subiu na limusine.

Eles saíram de carro enquanto a imensa nuvem de fãs perseguia o carro, cercando-o no primeiro semáforo vermelho, batendo na janela. Mais alguns semáforos e o grupo já havia se reduzido a uns três ou quatro, e depois havia apenas um ou dois.

Por fim, Brown virou para o seu motorista, apontou para o garoto magrinho de tênis e camiseta, ainda correndo pelas ruas da cidade atrás de seu astro. "Se esse garoto ainda estiver aí no próximo sinal, vamos pegá-lo e levá-lo até o aeroporto conosco."

No semáforo seguinte, um dos auxiliares de Brown abriu a porta do carro para o garoto surpreso, que esperava continuar correndo até cair. No carro, Brown presenteou o ofegante fã com uma conversa inspirada sobre como ele havia chegado lá, e dizendo que, se ele continuasse na escola, também poderia conseguir o mesmo. Não desista de estudar. Eles conversaram o caminho inteiro até o aeroporto, e então Brown enfiou algumas notas na mão do garoto e decolou em seu jato.

UM PASSO ADIANTE

Capítulo Dezesseis

Por volta do final da década de 1960, os edifícios que abrigavam a King Records pareciam bem degradados vistos da rua, e por dentro pairava por toda parte um certo *funk* (do flamengo *fonck*, "perturbação ou agitação"). O tempo e as pessoas haviam seguido adiante. Bud Hobgood, que era os olhos e ouvidos de Brown em Cincinnati, morrera em julho de 1970, aos trinta e quatro anos. Sua morte alimentou vários rumores, alguns deles de que ele sofrera um golpe baixo, embora os registros médicos indicassem uma hemorragia cerebral por causas naturais.

Syd, também, já havia morrido, mas o cheiro de seus charutos ainda impregnava alguns cantos do edifício. Agora Brown era a maior presença no bloco, mesmo quando não estava por perto. Ele mandara derrubar uma parede para abrir espaço e criar um escritório adequado a ele, e ficou com a escrivaninha de Nathan: um semicírculo grande, desenhado para parecer a metade de um disco de 45 rpm, com o chefão sentado no centro. Sua única desvantagem era que, como a escrivaninha avançava em volta da cadeira, as gavetas batiam na perna dele toda vez que eram abertas.

Enquanto isso, o selo encerrava seus dias de glória. Em outubro de 1968, cinco meses após a morte de Nathan, a King foi vendida para a Starday Records, um selo pequeno, basicamente de country e western, com sede em Nashville. Um pouco depois, as joias da família King, seu rico catálogo de gravações, foram vendidas para a LIN Broadcasting, também sediada em Nashville. As fitas master de "The Twist", de Hank

Ballard, "Honky Tonk", de Bill Doggett, "Fever", de Little Willie John e "Dedicated to the One I Love", dos '5' Royales, agora não mais pertenciam ao selo que os produzira.

Nathan nunca fora sentimental em relação ao passado. Uma crítica feita muitas vezes à King era sobre a maneira como seu produto soava – não sobre como a música havia sido gravada, mas sobre a prensagem, feita em vinil de qualidade inferior, o que produzia uma oscilação no tom. A causa disso é que, durante anos, em vez de armazenar ou vender seu estoque de discos antigos, a King simplesmente mandava derreter os discos não vendidos e prensava discos novos a partir do plástico obtido. Era o passado reciclado servindo de suporte ao produto mais recente.

Os músicos ainda gravavam na King, e nos últimos anos daquela década um bando de garotos locais mal saídos da adolescência trouxe uma energia nova e maluca para o lugar. Eles começaram rondando a área de expedição, depois a porta da frente, tentando dar a impressão de que faziam parte do lugar, arrumando um jeito de entrar naquele prédio que os locais chamavam de o King's. Finalmente acabaram sendo convidados a entrar, para tocar em pequenas sessões de gravação. A King já não pagava mais como antes e, portanto, havia espaço para gente nova.

Alguns dos garotos já tocavam com suas bandas, como os garotos dos Pacesetters, que faziam frequentes aparições na cena local de R&B. Os Pacesetters surgiram em volta dos irmãos Collins. Phelps era o irmão mais velho, e tinha um apelido dado por seu irmão menor, que o achava parecido com um peixe, o Catfish. O irmão mais novo, William, apelidado de Bootsy, também tocava guitarra, um modelo Silvertone verde vômito de 29,95 dólares, que a mãe dele comprara na Sears. Bootsy tirava um som incrível dela, e até ganhou uma competição quando tinha oito anos, tocando a música "Memphis", de Lonnie Mack, um grande sucesso gravado na King.

Bootsy sabia tocar guitarra, só que não tão bem quanto Catfish. Acabou pondo cordas de contrabaixo na sua Silvertone, e transformou-a num baixo – soava surpreendentemente bem, e tinha um visual incrível, o que provavelmente foi o fator decisivo para ele. Bootsy tocava baixo.

Os Pacesetters começaram a se apresentar em 1968, com Frankie "Kash" Waddy na bateria, Philippé Wynne cantando, Robert "Chopper" McCullough no saxofone e Clayton "Chicken" Gunnels e Darryl "Hasaan" Jamison nos trompetes. Eles faziam trabalhos esparsos até que chamaram a atenção do caçador de talentos local Charles Spurling, que lhes abriu as portas.

"Todos os artistas e todas as pessoas legais ficavam rondando lá pelo King's", disse Bootsy Collins. "Eu ainda frequentava a escola e queria estar por dentro. Não acho que naquele tempo eu pensasse mesmo em ser músico, em viver disso; estava só acompanhando meu irmão e via o quanto ele se divertia. Mas de tanto ficar por ali pelo King's, comecei a me apaixonar por música. Eu via o quanto aqueles músicos eram apaixonados e dedicados, e então pensei, se eu for fazer isso, não posso fazer de brincadeira. Foi o suficiente para me convencer a levar a música a sério."

Os garotos locais ficavam de olho em Brown quando ele aparecia – "a gente ficava olhando para ele fixo, que nem falcão"–, mas ele sequer sabia quem eram eles. "Tocar com ele? Esqueça, a gente sequer achava que podia chegar a conhecê-lo", disse Collins. "Éramos apenas garotos andando por ali – 'tira esses carinhas daqui...'. Mas depois que eles ouviram a gente tocar, e que as pessoas começaram a comentar, aí então as coisas mudaram."

Henry Glover começou a chamar a banda para algumas gravações, como um disco de Arthur Prysock e a contribuição de Bill Doggett para a "pipocografia", o seu "Honky Tonk Popcorn". Depois de terem chamado vagamente a atenção de Brown, os Pacesetters foram promovidos a tocar em turnês acompanhando artistas produzidos por Brown, como Marva Whitney, Bobby Byrd e Hank Ballard. O cachê não era muito bom, mas isso nunca importava muito. Eles estavam tocando com Hank Ballard, raciocinavam, e eram agora músicos com compromissos marcados até fora da cidade. Eles chegaram a tocar um pouco com Brown no estúdio, quando ele não tinha outra coisa programada. Isso era tão bom quanto era pouco provável de acontecer.

"Tudo o que a gente conhecia era música", explicou Waddy. "Era uma fábrica, uma cidade de operários. A gente não tinha para onde ir."

Em março de 1970, Brown estava em turnê e atolado em dificuldades. A banda que ele com tanto esforço conseguira reunir, com Maceo Parker, Fred Wesley e Pee Wee Ellis como núcleo principal, que havia coletiva ou individualmente formatado "Say It Loud", "Mother Popcorn", "Give it Up or Turnit A Loose", "Funky Drummer", "Aint It Funky Now", sem falar de "Santa Claus Go Straight to the Ghetto", isso tudo era história. Ellis havia saído no final de julho de 1969, Wesley por volta do início do ano seguinte – os dois cansados das desconsiderações, multas e confrontações que faziam parte de tocar na banda. Então, por volta de março, o resto daquele time que custara tanto para ficar afiado estava no meio de um motim. Aqueles eram músicos que haviam feito seu nome tocando no show dele – os fãs conheciam Clyde Stubblefield, Jimmy Nolen, Maceo Parker. Os rapazes da banda podiam reclamar, mas Brown sabia como lidar com as suas queixas. Dessa vez, porém, alguma coisa mais grave estava acontecendo.

Eles haviam lhe dado um ultimato em Jacksonville, colocando por escrito suas diferenças e apresentando-as a ele nos bastidores. A questão declarada era dinheiro, mas na verdade não se tratava disso, a questão era Brown – o jeito como ele se apoderava das contibuições musicais deles sem dar crédito, o fato de ele exigir ensaios nos dias de folga, de fazê-los viver uma vida em regime militar da qual eles já estavam cansados, o fato de ele ter atirado os tacos de golfe deles para fora do ônibus. Ele sabia como controlar a revolta: por meio da velha tática de dividir para governar. "Ele achava que se a gente precisasse reclamar ou apresentar alguma queixa, era melhor ir individualmente até ele e dizer, hei, senhor Brown, eu acho que seria melhor se as coisas fossem desse outro jeito", disse Parker. "Não enquanto grupo, mas talvez indo individualmente para tentar resolver os problemas. Ele se opunha à gente tentar resolver os problemas como um grupo, eu suponho porque como grupo a gente ficava mais forte."

Eles o encurralaram num canto num show em Jacksonville, mas o lugar estava lotado de gente, e se ele tivesse deixado que fossem embora a multidão teria arrasado o lugar, então Brown ouviu o que eles tinham a dizer e disse que precisava de tempo para avaliar as exigências deles. Então mandou seu jatinho para Cincinnati.

Depois do show, ligou para o seu escritório na King. Bobby Byrd foi enviado numa importante missão diplomática, e fracassar estava fora de cogitação: encontrar aqueles caras dos Pacesetters imediatamente. Trazê-los até o aeroporto. O próximo show era em Columbus, Geórgia. Traga esses garotos para mim.

O nome do local do show em Cincinnati – o Wine Bar – era cruelmente enganoso. Não havia sequer uma samambaia à vista, e as opções de vinho eram estritamente binárias. Era uma casa noturna caída, e os Pacesetters acabavam de terminar um show lá, por quinze dólares. O cachê total. Eles planejavam fazer o de sempre, pegar sua perua Dodge Dart, ir para casa, tirar os colchões da cama, espalhar os garotos, alguns dormindo no colchão, outros em cima do estrado com molas. Quando Byrd encontrou-os no Wine Bar, ele não falou muito, disse apenas: "Vamos embora". Colocou-os dentro da limusine, carregou os garotos e seu equipamento no jatinho de Brown, e eles decolaram para a Geórgia. Nenhum deles tinha estado dentro de um aeroporto antes. "A gente saiu voando dentro daquela caneca!", disse Bootsy exultante. "Eu nunca tinha andado de jato antes, e menos ainda num Learjet, que em vez de decolar e subir devagarinho, dava a impressão de disparar direto no ar. Meu queixo ficou aqui, meu cabelo afro lá atrás..."

Quando pousaram em Columbus, foram levados às pressas até o local do show, lotado de gente impaciente, todo mundo exigindo que o show começasse, "James Brown! James Brown!" e agora eles viam um bando de caras com instrumentos na mão entrando no lugar – "Lá estão os músicos!". Ótimo, pensou Bootsy, eles estão achando que a culpa do atraso do show é nossa. Dentro, os Pacesetters puderam perceber na hora que a vibração não era muito boa. Boa parte da banda de Brown estava enfileirada nos bastidores à esquerda, de cara amarrada. À sua direita estava o camarim de Brown. Eles foram enfiados lá dentro às pressas.

Collins: "Aí o cara fala: 'Pessoal, eu quero vocês. Quero que vocês me acompanhem hoje à noite'. Olhamos um para o outro e foi algo do tipo: 'ah, tá, tudo bem... será que esse cara pirou?'. A gente estava ensaiado para fazer nosso show – como é que a gente ia tocar o show do James Brown sem ensaio nenhum?".

Não houve nenhuma conversa para animar o pessoal e nenhuma explicação. O cantor só resmungou algumas instruções simples. "'Não se preocupem com isso. Eu vou contar e quando baixar o braço vocês todos entram.' Foi isso o que ele disse e foi o que a gente fez."

Eles com certeza conheciam as músicas; só que nunca tinham tocado nada daquilo com James Brown.

Antes de o show começar, Brown tinha alguns negócios pendentes para resolver. Parou no corredor e se dirigiu aos rebeldes: "Eu estou abrindo mão da minha conversa com vocês todos. Vocês estão demitidos – todos!". Todos, exceto o baterista Jabo Starks, que ficou.

Ninguém parece lembrar muito bem daquele primeiro show. Foi uma coisa nervosa, suada, confusa. Os Pacesetters estavam tão acostumados a tocar em palquinhos pequenos ou sem palco nenhum, que, ao subirem naquela que era a maior plataforma que jamais haviam ocupado, ficaram todos espremidos juntos, como bichinhos num diorama. Mas todo mundo deu conta do recado. Eles conseguiram. Mais tarde todo mundo lembraria disso.

Brown reuniu todos eles no seu camarim, disse que eles haviam tocado muito.

"Querem saber? Acho que eu vou pagar 225 dólares", ele disse. "Não, não, acho que vou pagar a vocês 275 dólares."

Waddy: "A gente estava nas nuvens, porque afinal já estávamos recebendo aumento!".

Starks estava lá, observando no fundo. Quando Brown disse 275 dólares, todos olharam para ele tentando entender: Isso era bom ou não? O que significava?

Starks fez o papel dele, e soltou um "Whhoooo!" bem alto. Isso fez os garotos se sentirem melhor.

"Não, não – eu vou pagar a vocês 350 dólares" – e dessa vez Starks suspirou "Oh meu Deus do céu".

Os membros da banda pegaram lápis e começaram a escrever no pedaço de papel que conseguiram encontrar.

"O que é que vocês estão fazendo?"

"Senhor Brown, a gente está tentando calcular quanto é que vai dar 350 dólares dividido por cinco pessoas. Estamos tentando descobrir quanto é que cada um de nós vai ganhar."

"Nada disso – são 350 dólares para cada um de vocês", disse Brown. Starks com certeza devia estar sorrindo.

No dia seguinte eles entraram no ônibus Golden Eagle – chega de perua Dodge Dart. Já havia três uniformes prontos para cada um dos membros. "Ele já havia acertado nosso tamanho, ficou quase perfeito", disse Waddy. "Nunca descobri como é que ele conseguiu fazer isso." Tínhamos três dias até o show seguinte, em Fort Wayne, três dias de muito ensaio.

Só uma coisa ele falou para o Bootsy Collins enquanto eles se preparavam para a primeira parte da sua turnê. "Meu filho, eu adoro o que você está tocando nesse baixo, mas" – ele lançou um olhar naquele Silvertone azul-esverdeado reencordoado – "você não pode chegar aqui com isso." Um novo Fender jazz bass foi apresentado a Collins. Aquilo não era Cincinnati.

Collins fazia você sentar e ouvir. Sua execução tinha seiva fluindo por ela, mexia com você. Com certeza tinha a ver com o fato de ele tocar o baixo no início como uma guitarra e com isso ter reinventado a quinta roda, e com certeza tinha algo a ver também com o fato de ele ser um garoto alto, magrelo, cuja juventude desajeitada causava um impacto no palco – ele não era de se esconder, estava mais inclinado a se apoderar de tudo aquilo. Se o baixista padrão era o que ficava tocando e mantendo o pulso, criando um alicerce sólido para os outros instumentos, então Collins estava tocando alguma outra coisa, porque ele fazia questão de tocar nos contratempos, e de inscrever seu nome tocando do seu jeito, em vez de dar espaço para a excelência de algum outro músico.

Os baixos soavam diferente no início da década de 1970. James Jamerson na Motown regravava a mesma música vinte ou trinta vezes numa mesma sessão de estúdio, tentando achar uma linha de baixo diferente, melhor a cada novo take. O baixista Charles Mingus regia uma controversa big band com seu jeito peculiar de tocar. Quase à mesma época em que Collins tocava com Brown, no topo das paradas estava uma música do Sly & the Family Stone, "Thank You (Falettinme Be Mice Elf Again)", uma melodia composta pelo baixista Larry Graham e seu polegar preênsil. De repente começaram a surgir baixistas com outras batidas novas de polegar e os fãs começaram a saber os nomes de músicos aos quais antes mal prestavam atenção. A guitarra era o instrumento dominante do rock baseado no blues, mas o funk trouxe o baixo para a linha de frente.

Sempre planejando dez passos adiante, Brown já havia pensado em substituir a banda antiga pelos Pacesetters muito antes que qualquer uma das partes desconfiasse disso. Na verdade, Waddy acredita que Brown já vinha preparando seu grupo para esse momento havia meses, quando começou a focalizar sua atenção neles no estúdio da King. Isso era parte do talento de Brown, que jogava um xadrez tridimensional no ringue de boxe. Na sua música, também, ele podia enxergar as múltiplas consequências de um simples ato. Troque de baterista e você muda tudo. No passado, quando um novo baterista diferenciado entrava na sua banda, ele achava um jeito de fazer com que os seus dotes fossem o alicerce de uma nova direção. Em 1970, ele perdeu todo mundo menos o baterista. E então o que ele fez? Ele ainda assim mudou o som 360 graus, nas palavras de Jabo Starks, conforme o novo garoto – Bootsy Collins – ganhou destaque. Os bateristas ficavam sabendo das coisas antes de todo mundo.

Quando Collins chegou, segundo declara o antigo baterista Melvin Parker, "foi aí que o funk passou da bateria para o baixo. O baixo virou a peça funk e a bateria virou a espinha dorsal ou a parte estacionária".

Brown tinha o dobro da idade de Collins; para Bootsy e Catfish, ele devia parecer um coroa de outro planeta. Os irmãos haviam sido criados só pela mãe. O relacionamento com seu chefe era alimentado por correntes complexas, pois Bootsy às vezes via Brown como uma figura paterna, e outras vezes o via como uma figura de autoridade contra a qual deveria rebelar-se.

Os músicos mais velhos, homens de família, podiam ser intimidados e manipulados pelas multas e punições. Mas os garotos de Cincinnati tiveram uma reação quase impensável: eles o ignoraram. Isso deixava Brown maluco, embora ele também tentasse não levar a coisa muito a ferro e fogo. "Ele estava deixando a gente encontrar nosso caminho e acho que percebeu logo que a gente não tinha todas aquelas responsabilidades que os caras mais velhos tinham. Antes ninguém nunca pagava a gente mesmo – isso não chegava a ser problema. E a gente tinha crédito no Wine Bar! 'Pode tirar meu dinheiro, eu ainda consigo crédito.' Então a gente sempre tinha uma saída de emergência, e acho que ele sabia disso."

Para Bootsy e seus garotos, o Wine Bar era a corporificação do funk. Essa palavra, além de significar uma linha de baixo ou um grunhido, para eles significava virar-se com as circunstâncias, fazer das tripas coração. Tratava-se de ter uma história, que você não podia deixar para trás, e de vestir as circunstâncias como quem veste uma capa de angorá cor tangerina. Era por isso que Bootsy Collins podia dizer o seguinte: "Funk era o nosso jeito de viver. Todos os garotos dormindo no mesmo quarto, lá fora quarenta graus, sem ar-condicionado. Isso é funk".

Dividido, possivelmente, entre participar daquela atmosfera e manter o show funcionando bem, Brown escolhia alguns momentos para fazer o papel de pai, passando conselhos que soavam aos recém-chegados como uma língua estrangeira. Ele chegava perto e dizia: "Meu filho, deixe-me dizer uma coisa. Se você não se firma no calcanhar e na ponta dos pés, você se dá mal". Ele dizia muito isso, e Bootsy e Catfish depois achavam graça, tentando imaginar o que será que queria dizer com aquilo. Só mais tarde acabaram compreendendo o sentido, que se você não está no controle dos eventos – por cima das coisas – as coisas vão desandar rápido. Era uma mensagem de disciplina que eles não estavam muito inclinados a ouvir.

Catfish tinha umas duas garrafas de vinho escondidas no estojo da sua guitarra no ônibus. Isso era uma infração lá. Quanto ao LSD que Collins estava tomando de modo recorrente, bem, isso sequer estava previsto no código criminal de Brown. Uma noite ele tomou mais que o usual; ele não lembra como tocou nem o que tocou naquele show. O que ele lembra é que seu baixo virou uma grande serpente, que ele arrebentou todas as cordas, atirou o instrumento no chão e saiu do palco pisando duro.

Depois, Brown chamou-o até o camarim para conversar, mas durante a conversa Collins, ainda viajando, reagiu de uma maneira que nenhum outro músico da banda havia feito ainda. Ficou rolando no chão e rindo do pai bravo que tentava lhe transmitir sua sabedoria. Brown fez um gesto para um de seus auxiliares: "Tire esse maluco daqui". Collins foi enxotado, e ele diz que nunca mais foi chamado para o camarim de novo. "Acho que ele percebeu que não se fazia entender por aquele maluco... que aquele maluco era simplesmente um caso perdido."

Você pode chamar de educação continuada. Dois veteranos ajudaram os recrutados a se encaixar no show de James Brown e no mundo de James Brow. Bobby Byrd, alguém que havia entrado em outras épocas, quando os recém-admitidos precisavam ser modelados a chicotadas rapidamente, juntou-se de novo à banda. E o baterista Starks, que conhecia o show melhor do que qualquer um dos outros que estavam com Brown naquele momento, passou a trabalhar de perto com Collins. Como Clyde Stubblefield havia saído junto com os insurretos, Starks estava tocando a maior parte do show. (O jovem Frankie Waddy, um baterista do contingente de Cincinnati, nunca conquistou a aprovação de Brown.)

Starks era quem estava em melhor posição para avaliar de que modo os garotos de Ohio afetaram o show, e disse: "James fazia um monte das suas músicas mais antigas toda noite, mas, quando você ouvia Bootsy e outros tocando aquelas músicas, era diferente. Ele tinham outro tipo de fogo rolando". Collins foi sendo acalmado e introduzido no fluxo; durante semanas Brown chamava outros baixistas para tocarem as baladas e as canções mais antigas, que precisavam de uma abordagem mais ancorada, mais formal. Mas logo Collins estava tocando bem tudo. Na sua própria época, Collins não ouvia os discos de Brown, ele ouvia Black Sabbath e o *Bitches Brew* de Miles Davis, e o swing dark daquela música entrou no seu modo de tocar. Brown ouviu isso, e deixou que isso o mudasse. Com a chegada de Collins, como Starks declara, "ele ganhou uma injeção de excelência e enveredou por outra coisa".

O truque de Brown era manter os garotos mais jovens ocupados com coisas construtivas para não ter que mandá-los embora. Collins lembra: "Depois do show ele levava a gente para o estúdio. Se não era estúdio então era ensaio. E se não era ensaio, então eu e o Catfish podíamos ser chamados para uma coisa que a gente chamava de 'segurar vela'. Ou seja, era ficar acompanhando o senhor Brown no avião ou em algum outro lugar, e ficar assistindo ele fazer a coisa dele. Você simplesmente tinha que fazer isso às vezes. E adeus diversão".

Como resposta, os meninos de Ohio vieram com uma frase que logo virou uma filosofia para lidar com o chefe. Digamos que houvesse uma folga de dois dias entre um show e outro. Era quando a programação ficava infestada de ensaios e sessões de gravação. Os caras mais velhos simplesmente aceitavam, e ficavam no hotel ou no ônibus, seguindo direitinho o roteiro. Ou então saíam da banda. Os garotos novos, no entanto, tinham uma nova abordagem. Collins gritava "See ya!"[1] para todo mundo depois da *gig*[2], e mais rápido do que Charles Bobbit pudesse ter tempo de reagir a isso, todos eles já tinham ido embora, dirigindo para Cincinatti para voltar apenas no próximo show.

"A gente dizia isso para qualquer um, qualquer um que dissesse alguma coisa que a gente não estava a fim de fazer, 'See ya!'. E então puxava o carro – era uma frase curta, e disso James gostava. Às vezes ele estava no avião, fingindo que dormia, com um olho aberto e outro fechado. Então olhava pra você e dizia '*seeya*!'. Foi aí que a gente percebeu que havia conquistado o cara. Eu sabia que essa era uma via de mão dupla, quando ele começava a entender as coisas da rua que a gente levava para a banda."

A afeição de Brown pelos novos garotos era demonstrada no palco. Ele costumava trabalhar da seguinte forma: tinha seus surtos de movimentos de dança, e os músicos então continuavam fazendo seus passos simples atrás dele. As duas coisas não interferiam uma com a outra. Mas vídeos da época mostram Brown observando Bootsy e Catfish fazendo seus passos e então entrando na onda com eles, fazendo os passos deles, como um a mais na banda. A banda o acompanhava, e ele acompanhava a banda.

---

1 *See ya!*, uma derivação do *See you later!*, era uma forma alegre e abreviada de despedida, algo como o nosso "Fui!". (N. do T.)

2 *Gig* é como os músicos costumam chamar qualquer compromisso de trabalho musical. O termo é usado também por músicos de outros países. (N. do T.)

"Ele via aquela energia que a gente tinha", disse Collins. "Ele não sabia como controlá-la, mas ao mesmo tempo queria agarrá-la e fazê-la sua também. E ela o foi, por um período. Mas imagino que ele sabia que não iria ser por muito tempo, porque algumas coisas você não tem como refrear. Éramos indisciplinados e malucos e adorávamos isso."

Demais, ele gritava. A *gente arrasou*, Brown dizia entusiasmado aos garotos nos bastidores, enquanto seus joelhos sangravam e ele ia mancando para ter o cabelo arrumado. Mas não se dirigia assim a Collins. Quando Brown tinha algo a dizer ao baixista depois do show, em geral era a sua severa desaprovação paternal. "Meu filho, você ainda não está acertando", ele resmungava, balançando a cabeça negativamente. "Você ainda não está no Um." Collins aceitou isso por um tempo, mas depois ele passou a ignorar. "Pra ele, a gente nunca estava no Um."

Aqueles novatos haviam trazido algo que não existia antes no mundo e plantaram isso no show dele. Eles mudaram as coisas. A mudança era maior do que deixar um bom arranjador reescrever os arranjos, maior do que um novo baterista virar a batida de cabeça para baixo. Era algo que estava fora da experiência de Brown, algo além dele, e que o fazia se sentir jovem. Era uma magia que ele batalhou para manter sob seu controle – e o quanto isso seria possível?

Era algo motivacional. Pois, pelo que Brown era capaz de ouvir, quando Collins entrou na banda o Um rastejou do lodo do fundo e abriu suas guelras para respirar ar pela primeira vez. Com a nova banda, Brown estava tornando público seu investimento no Um. O Um saltou de uma maneira de os músicos não se perderem dentro do fluxo e passou a ser uma expressão da própria fluência da música. E os irmãos Collins e seus colegas criaram uma fluência que nunca tinha sido ouvida antes, uma música que era mais divertida, mais suja, que estava mais profundamente mergulhada no momento em comparação com o que se ouvia antes.

Conforme o Um crescia em poder e mística, ele se tornou uma maneira de Brown manter uma supremacia diante dos seus músicos, um "desmancha-prazeres" a ser aplicado quando necessário. Quando ele não conseguia explicar o que queria, ou não tinha nada específico a dizer, vinha com o seu "Meu filho, você ainda não está no Um". Era algo que deixava os músicos malucos, que tinham um treinamento formal. "Olha, na verdade – é uma piada", dizia Fred Wesley, de cara feia. "Ele não sabia o que o Um era para ele. Para ele era o tempo forte do compasso. Mas ele não sabia o que era. A ênfase no primeiro tempo do compasso... a sua música mais ou menos emulava isso, mas, quanto a ser algum tipo de conceito – não acho que fosse." Mas de qualquer modo era uma noção que poucos se atreveriam a discutir com o Homem Negro Número Um.

Sinalizando isso havia um novo momento. Brown deu à banda um novo nome: os JBs. Ele gostava da maneira que a banda soava. Eles estavam fazendo um show em Nashville, seis semanas depois de os garotos de Ohio terem entrado na banda, quando Brown sentiu que o momento era inefavelmente adequado para colocar em disco um *groove* que ele vinha guardando na cabeça havia meses. Ele apostava num vamp que os garotos vinham tocando ao vivo; havia uma frase que ele e Bobby Byrd estavam burilando há semanas. Byrd disse que ouvira alguém usar a palavra "sex" de um jeito atrevido na tevê, e que isso ficara na sua cabeça. "Machine", eles acabaram encontrando essa palavra também; *sex* e *machine* juntas pareciam fazer um bom par, Byrd disse.

Brown ligou para o seu engenheiro de som habitual, Ron Lenhoff, da King, desde os bastidores do palco em Nashville: Venha agora. Lenhoff não conseguiu um voo para sair de Cincinnati, então pulou no carro e dirigiu cinco horas até o Starday – o estúdio da King em Nashville.

Uma nova era funk, uma cultura além do som, estava se formando. Você podia perceber sua influência no basquete, com a velha escola, aquele jeito de segurar a bola e com calma passá-la de mão em mão, dando lugar ao estilo improvisado e explosivo de Julius Erving. No humor, Richard Pryor apresentava piadas que eram verdades, verdades que eram ficções, ficções sem uma frase final. James Brown, enquanto isso, estava em Nashville celebrando uma festa.

De qualquer modo, a coisa soava como uma espécie de festa: "*Fellas I'm ready to get up and do* my *thang/ I wanta get* into *it man, you know, like a, like a sex machine man, movin'*, doin' it, *you know*?" ["Gente, eu estou pronto pra levantar e fazer meu lance/ Eu quero ficar por dentro, cara, você sabe, como uma, como uma máquina de sexo, mexendo, fazendo, sacou?"]. Sacamos.

Byrd grita "Get on up!" como um glutão diante de algumas trufas, e então os garotos entusiasticamente seguem o chefe – sim, na realidade, uma máquina de sexo soa como uma coisa excelente para se estar dentro na presente situação. Os irmãos estão estabelecendo um som totalmente novo: o baixo de Bootsy é uma coisa vibrante, viva, Catfish evoca a batida metálica de Nolen mas de um jeito mais leve, mais livre. Brown espontaneamente sentou e despejou um pouco de piano aromático. Dois takes e pronto, eles já tinham ido embora. *Seeya*.

"Get Up (I Feel Like Being Like a) Sex Machine (Parts One and Two)" chegou ao segundo lugar nas paradas de R&B e se aproximou das paradas pop. Dois meses mais tarde Brown trouxe todo mundo de volta ao mesmo propício estúdio para gravar "Super Bad (Parte 1 e Parte 2)".

"Watch me" ["Olhe pra mim"] ele grita por cima de tudo, "Watch me". E talvez estivesse falando com a banda, ou conosco. Mas sem dúvida, pela América inteira, os adolescentes deviam estar olhando perplexos seu rádio de pilha enquanto ele gritava isso, imaginando então o cara – sua fisicalidade, dando alguns passos na esquina de alguma rua, parecendo mal-encarado sob a luz cheia de traças. A música passando reto pela estrutura de canção e evoluindo por meio de vamps e acordes únicos e harmonias "erradas"; as letras passando reto por confissões e contação de historinhas e todos os outros truques dos compositores de canções, e indo direto ao id, expedindo ordens para o universo, com associações livres de seu amor por si mesmo. Quando Brown diz "*Sometimes I feel so nice – good god! – I wanna jump back and kiss myself*" ["Às vezes em me sinto tão bem – ah! meu deus! – que eu quero pular para trás e beijar a mim mesmo"], é o tipo de coisa espontânea, fora do habitual, que faria alguns caras virarem lenda se não fosse apenas uma inspiração desgarrada numa sessão de gravação já cheia delas.

Há um grito excepcionalmente demente, e então um solo de saxofone bem solto de Robert McCullough. Não é um grande saxofonista (Starks diz que o melhor homem de sopros dessa banda teria sido o pior no grupo que havia acabado de sair), mas McCullough é instruído a superar quaisquer dificuldades de execução que ele tenha e a tocar um solo orgulhosamente afirmativo e sonoro – "Vamos lá Robert... assopre alguma coisa tipo Trane, meu irmão!", Brown grita, querendo dizer toque como o John Coltrane. A coisa dá supercerto. "Super Bad" deve ter sido o que Amiri Baraka quis dizer quando, ao elogiar Brown como ícone de uma era, ele declarou que sua arte consistia em "combinar a livre expressão dos velhos 'shouts' ['gritos'] com alguns dos mais avançados arranjos musicais. Os músicos de Brown eram especialistas high-tech em vários estilos, capazes de enfiar as cores sônicas nucleares de Coltrane no funk de James... o som um passo adiante!"

No sábado, 9 de maio, numa casa funerária de proprietários negros de Augusta, uma mulher puxou o lençol que cobria um recém-chegado. O corpo era de um rapaz de dezesseis anos, Charles Oatman, um afro-americano encarcerado na prisão do condado de Richmond.

Suas costas estavam cheias de vergões profundos, seu crânio esmagado e o corpo coberto pelo que pareciam ser queimaduras de cigarro. As autoridades sugeriam que Oatman talvez pudesse ter sido morto por companheiros de cela, ou que poderia ter morrido ao cair do seu beliche.

Por volta do domingo à tarde, conta-se que praticamente todo negro de Augusta já se inteirara das condições do corpo do rapaz morto. Alguns sabiam que Oatman era mentalmente deficiente, com um Q.I. inferior a sessenta. Além do mais, os encarregados da prisão o haviam colocado junto com a população adulta da cadeia. A conversa rapidamente passou a girar em torno da responsabilidade da polícia pelo incidente.

Na segunda de manhã, um grupo de trezentas a quinhentas pessoas fez uma manifestação diante do edifício da prefeitura no centro, arrancando a bandeira da Geórgia e queimando-a diante de uma fileira de policiais fortemente armados. Formaram-se grupos pelas ruas, brancos foram atacados, lojas saqueadas e, por volta do pôr do sol, nuvens de fumaça preta podiam ser vistas a quilômetros de distância sobre Augusta.

As acusações de violência policial e de preconceito racial haviam durante anos caído em ouvidos surdos. A tensão aumentava. No início daquele verão, a Augusta branca ouvira rumores de que manifestantes planejavam causar distúrbios no mais sagrado ritual da cidade, o Torneio Masters de Golfe; o golfista sul-africano Gary Player recebeu proteção especial da polícia e o campo de golfe estava sendo cuidadosamente vigiado. Uma semana antes do tumulto, um grupo de negros tentara fazer uma declaração sobre as relações com a polícia numa sessão da câmara, mas o prefeito adiara abruptamente a sessão.

Por volta de 12 de maio, segundo dia dos distúrbios, seis homens negros foram mortos, todos eles com disparos pelas costas efetuados pelo mesmo tipo de arma – as armas de fogo que haviam sido passadas à polícia para conter os distúrbios. Pelo menos vinte edifícios do centro foram incendiados. Como as autoridades locais não chamaram a Guarda Nacional nem os soldados do estado da Geórgia, o governador Lester Maddox ordenou a entrada dessas forças na cidade. Os soldados patrulhavam Augusta com tarjas pretas sobre o nome na placa metálica de identificação, e com as baionetas caladas. Tanques com metralhadoras percorriam os bairros onde James Brown havia crescido.

Brown chegou de avião de um show em Flint, Michigan na terça-feira, e foi até a estação de rádio de sua propriedade, a WRDW. No mesmo dia, o governador Maddox também chegou a Augusta e foi até a emissora de rádio. O cantor e o segregacionista tiveram uma reunião de vinte minutos na qual Brown não só pediu a sua ajuda para conter a violência como criticou incisivamente o racismo em Augusta. Quando Maddox disse: "Não tenho notícia de ninguém que esteja forçando direitos desiguais em seu povo", Brown reagiu asperamente, "Governador, eu sou de Augusta, Geórgia. Os negros aqui não têm igualdade".

"Vocês não pensaram que isso podia acontecer em Augusta", disse Brown em um de seus pronunciamentos públicos. "Acontece em qualquer lugar, quando a gente esquece que a cobiça está na raiz de todas as transgressões, e quando você não divide – todo mundo precisa ter sua fatia do bolo. E eu acho que um monte de coisas decorre desse tipo de frustração."

Suas palavras foram transmitidas por tevê e rádio, e apresentavam uma mensagem que sugeria aos manifestantes ficarem fora das ruas – "*don't save face, save your city*" ["não salve seu amor-próprio, salve sua cidade"] –, e ao mesmo tempo criticava o pouco caso da liderança branca de Augusta.

A WRDW e o diretor de noticiários que Brown contratara, Ralph Stone, já vinham denunciando havia muito tempo as ofensas aos negros, e sua cobertura transformou-os em alvo. Durante os distúrbios de Augusta, os supremacistas brancos fizeram circular um panfleto pedindo a morte de Stone e que a WRDW –"Onde Os Vermelhos Desafiam os Brancos"– fosse incendiada. Stone respondeu que nem ele nem a emissora eram responsáveis pela violência nas ruas.

"A única coisa que a gente faz é contar as coisas como são. A imprensa branca em geral nunca fez cobertura da nossa história em Augusta. Nós dizemos aos negros que eles podem fazer as coisas sem violência, e nós contamos os dois lados da história. A gente vem colocando editoriais contundentes dizendo 'critiquem o *establishment*'; não estamos defendendo os distúrbios, mas avisando que 'eles podem acontecer'.

"Os negros de Augusta estão cansados da velha liderança negra pisando em ovos. Nós demos a ela uma oportunidade de fazer algo. Mas agora quem vai fazer alguma coisa somos nós."

Brown aproveitou a crítica de Stone à velha guarda e colocou-a em seus comentários. Ele evitou colocar a culpa em algum dos lados e fez um chamado ao respeito mútuo. Há décadas ele não morava mais lá, havia se mudado há apenas um ano, os cidadãos de Augusta haviam chamado Brown de "reverenciado filho" e lhe prestado uma homenagem com um desfile pela Broad Street. Agora ele via edifícios na Broad Street reduzidos a cinzas.

Esse não era mais o super-homem de Boston, 1968. Na Augusta de 1970, Brown corajosamente mergulhou nos acontecimentos sobre os quais ele não tinha controle, e no final os resultados pareceram na melhor das hipóteses ambíguos. Seus gestos não foram hercúleos, suas palavras soavam limadas, aparadas. Ele parecia um garoto fazendo o que era possível, porque precisava ajudar uma cidade que ele considerava seu lar.

MESTRE DO TEMPO

Capítulo Dezessete

Segundo ela mesma admitiu, a juíza de paz de Barnwell, Carolina do Sul, não costumava assistir televisão. Quando um casal negro bateu à sua porta pedindo-lhe para realizar seu casamento, o nome James Brown não significou nada para ela.

No início de uma noite de novembro de 1970, a juíza fez o casamento. Ela não convidou o casal a entrar. "Tenho uma varanda realmente muito agradável. Eu faço os casamentos da maioria de meus casais negros lá fora, a não ser quando chove", declarou a um repórter.

A nova esposa de Brown, Deidre Jenkins Brown, era uma beldade ruiva de uma boa família de Baltimore. Os amigos a chamavam de Deedee. Eles já estavam juntos havia um tempo, e aguardavam que saísse o divórcio de Brown com Velma, em Toccoa, para poder casar.

No casamento, a noiva usou um vestido cor creme, com botões de pérolas; o noivo, um terno em malha cinza com um zíper branco e pespontos cinza. Bobby Byrd era o padrinho, e Joe Brown e Danny Ray também estavam presentes.

Eles estavam visitando Augusta em 1970, quando surpreenderam todo mundo anunciando que em breve estariam se mudando para lá. Deedee era uma mulher inteligente, do tipo caseira, e não gostava do ritmo de Nova York. "Eu simplesmente adoro cuidar da casa", contou ela a um redator do *Baltimore Afro-American*. "Não vejo a hora de termos nossa própria casa para que eu possa deixar meu marido tão feliz quanto estou."

Eles compraram um imóvel de 116 mil dólares, que com uma boa reforma virou uma moderna casa de dois andares, com piscina, três dormitórios e um anexo de hóspedes. Ficava num bairro fino na Walton Way Extension. Era uma rua na Hill, o enclave branco da velha Augusta endinheirada. Uma família negra morando na Hill na era dos direitos civis – e ninguém se lembra de que houvesse alguma outra família negra na vizinhança – era indicação de progresso racial na cidade. Mas era um progresso relativo. Quando o romancista afro-americano Frank Yerby, que havia sido criado em Augusta, visitou a cidade que ele deixara há décadas, fez o seguinte comentário: "Augusta ficou um pouco mais civilizada do que quando eu era criança, o que vale para todo o Sul. Mas pelo menos o povo de Augusta alcançou um estágio de gentil hipocrisia, o que já é um grande passo".

Um grupo dos novos vizinhos de Brown fez uma representação junto ao agente imobiliário de Brown, pedindo que o cantor se mudasse para outro lugar, mas o cantor já estava instalado na Walton Way, e não houve nenhum drama depois que ele se mudou.

Em vez de lua de mel, semanas após o casamento Deedee acompanhou o marido à África, onde a banda foi fazer shows na Nigéria e na Zâmbia. Embora Brown já tivesse feito um show particular para o líder da Costa do Marfim numa rápida visita em 1968, esta foi de muitas maneiras sua real introdução à África. Os americanos negros estavam começando a celebrar sua música como um vínculo com a terra-mãe e a celebrar Brown como exemplo do florescimento da cultura africana em solo americano. Ele representava na América uma necessidade de se conectar à fonte; na África, o cantor de "Say It Loud" era visto como a voz de um espírito pan-africano.

Na Nigéria, acabava de terminar uma guerra civil e havia milícias armadas por toda a capital, Lagos, primeira escala da turnê. Quando a banda pousou no aeroporto, milhares de pessoas estavam lá para recebê-los. Brown veio com uma banda de vinte e duas figuras, o arranjador David Matthews e o engenheiro de som Ron Lenhoff. No aeroporto, forças militares usaram cassetetes para abrir caminho no meio da multidão, para que a banda pudesse sair do avião. Brown viu outros milhares de pessoas junto à estrada que ligava o aeroporto ao centro da cidade. Aonde quer que fossem, os músicos eram identificados. Os membros da banda ficaram sabendo que o número de cópias de "Say It Loud" que haviam sido vendidas na Nigéria era maior do que o de aparelhos nos quais pudessem ser tocadas; os fãs seguravam seus discos como se fossem troféus. "Era esse o tipo de poder que James tinha na África", Matthews relembrou.

Foi feita uma visita ceremonial ao obá Adeyinka Oyekan II, um soberano que proclamou o cantor Cidadão Honorário de Lagos e ofereceu-lhe de presente um rolo de pergaminho retratando a vida de Brown e sua influência global. Depois disso, todo mundo foi para o hotel, onde outro presente estava à espera deles: um convite para irem à casa noturna do líder de banda nigeriano Fela Kuti, a Shrine. Brown e banda tocaram três noites em Lagos, e Bootsy Collins lembra de ter ido ao Shrine duas ou três vezes.

Fela era um astro em ascensão, que falava pelos oprimidos, ligando o jazz e o soul ocidentais a uma fonte de poder que era profundamente africana. Uma visita de Brown ao Shrine – metade mansão Playboy, metade enclave rebelde – poderia ter gerado iluminação suficiente para fazer flutuar as pirâmides.

Dois messias versáteis. Fela algumas vezes havia declarado ter influências de Brown e outras vezes, ao contrário, que Brown havia "roubado minha música". Segundo Fela, "James Brown tem me influenciado de certo modo, porque ele tem algumas linhas de baixo fantásticas... eu ouvia e dizia, esse cara aí é africano".

Musicalmente, o americano estava encontrando seu caminho de volta à África sem ter ouvido música africana. O que ele ouvira era a África subterrânea, fraturada pela escravidão e por quatrocentos anos de lutas e obstáculos. Ele a ouviu por meio da pop music e das tradições negras de tambores no Sul. Ele acabou construindo tudo sozinho, eram as suas Watts Towers[1] até as estrelas, e agora ele estava em solo africano.

Eles haviam lhe oferecido a chave para o Shrine, mas, que pena, Brown não ficou muito animado a ir. Brown não costumava visitar o palco de um colega para prestar homenagem, quando ia era para pegar o microfone da mão dele e roubar sua plateia. Mas James Brown não tinha um lugar que pudesse chamar de seu "santuário" e, se o tivesse, tal reduto não seria tão facilmente invadido por um concorrente que viesse do Ocidente. Brown ficou de fora, enquanto vários de seus JBs foram até lá.

Quando Collins foi até lá da primeira vez, ele disse que sentiu o clube bem antes do motorista chegar perto. "Você podia estar a quinze quilômetros e já ouvia os tambores", ele lembra com assombro. Dentro da casa noturna, a experiência era ainda mais forte. "Você estava batendo papo e de repente sentia o corpo começar a se mexer e não tinha mais como controlá-lo! E aí você dizia algo como: 'O que é isso, o que está acontecendo comigo?'."

A primeira noite no Shrine fez Collins refletir sobre a admiração quase religiosa da qual haviam sido alvo no aeroporto de Lagos. Foi muito bom, mas agora ele sentia uma necessidade de retribuir. "Cara, eu disse a eles que pegassem todos aqueles elogios de volta, porque eram eles que tinham que ser elogiados." Comparando a pulsação de Fela com o *groove* dos JBs, disse ele: "Quando ouvi aqueles caras, era como se fosse outra dimensão... uma dimensão que eu nunca experimentara antes. E me passava uma emoção ainda mais profunda. Quando ouvi os caras, aquilo era o nível mais profundo que você podia alcançar".

---

1 Famosas torres de Los Angeles, feitas com propósito artístico, a partir de canos de aço, arames e argamassa, pelo imigrante italiano Simon Rodia, de 1921 a 1954. (N. do T.)

Brown era disciplinado com a imprensa, tinha o cuidado de se ater a uma mensagem escolhida e evitar uma fala mais descontraída. Mas ele compartilhou com um jornalista nigeriano um pensamento que parecia direto e significativo. Suas reflexões por um momento se ativeram à questão da diferença entre negros americanos e negros africanos. "Vocês têm o seu orgulho. Vocês têm sua cultura. Os brancos não podem roubar isso de vocês."

Num show na Nigéria, uma mulher foi tomada durante o ritual e performance da capa de Brown na música "Please, Please, Please" e saltou de um nível superior em cima dos soldados embaixo. Na Zâmbia, o cantor foi proclamado Chefe do Estado da Música pelo presidente Kenneth Kaunda; Brown retribuiu cantando "It's a Man's Man's Man's World" para o líder.

Há muito tempo, a música africana viajara para o Ocidente até países como Brasil, Haiti e Cuba. Havia se ligado às tradições locais, e depois marinheiros e comerciantes trouxeram o som crioulo de volta para a África. Os africanos gostaram dele – eles o conheciam, mesmo que não o tivessem ouvido antes – e então veio James Brown, por quem eles ficaram loucos. Sua música chegou à África por meio do rádio e da televisão, e também de toca-discos em aldeias, onde os geradores zumbiam quatro horas por dia. Para cada um que mergulhava nessa viagem incrível, era uma linha reta que se curvava de volta até completar um círculo.

A impressão que tudo isso deixou nele não pareceu a Brown algo que pudesse compartilhar com a imprensa que o aguardava em seu retorno aos Estados Unidos. Para os jornalistas, ele expressou um apreço pela receptividade que encontrara lá, mas seus sentimentos em relação à África iriam permanecer publicamente dentro de uma neutralidade, enganosamente brandos, expressando pouca conexão pessoal. Talvez ele precisasse refletir melhor sobre a experiência; quem sabe a experiência fosse mal interpretada ou distorcida com muita facilidade pelos jornalistas, e não fosse o caso de simplesmente compartilhá-la com estranhos. Talvez "Say

It Loud" já dissesse tudo, no que se referia a Brown. Mas, em sua volta, Brown mostrava-se impressionantemente disciplinado, até mesmo para seus próprios padrões.

Eles tocaram na África, e na volta passaram pela França e também tocaram lá. O cenário continuava o mesmo para os jovens garotos que até então mal tinham ido além de Dayton. Ainda era difícil esquecer todas as pequenas questões. As multas irritavam.

Depois de uma noite de folga em New Orleans, os JBs apareceram no local do show, onde a chefe de guarda-roupa Gertrude Sanders abriu o jogo para Collins: "O chefe está chateado, ele vai descontar dinheiro do pagamento de vocês". A próxima notícia que eles receberam é de que iriam receber vinte e cinco dólares a menos.

A banda fez pé firme, e eles acabaram encostando Brown na parede. Os garotos de Ohio começaram a botar os cachorros para fora antes do show, no palco de 360 graus do lugar, perguntando por que o dinheiro tinha sido descontado da sua paga, num tom que anunciava que daquela vez eles tinham uma mensagem a transmitir.

O chefe não disse nada. Em vez disso, o chefe fez uma coisa. "Ele fez aquele passo de ginástica em que a pessoa desenha um círculo com a perna", disse um perplexo Waddy. "Ele se abaixou até o chão – bum! –, com uma perna fazendo um círculo, e girou lá embaixo, dando uma volta inteira!"

Era um Curly Howard dos Três Patetas fazendo um giro de dançarino de break, um *tour de force* de 360 graus que tornava qualquer discussão irrelevante. Algo de fazer todo mundo calar a boca. "Ele fez aquilo tão rápido e de modo tão decidido, que eu vou lhe contar uma coisa, ele *levitou*. E seja lá o que a gente estivesse falando, todo mundo se dispersou. Esquecemos que raios era o assunto que a gente estava discutindo. A gente simplesmente foi embora.

"Nunca descobri por que ele fez aquilo, mas aquela foi a sua resposta, e eu acho que ela funcionou no que nos dizia respeito."

Com o tempo, porém, os movimentos de Brown pararam de surtir efeito, e Waddy saltou fora, para ser substituído por um colega de colegial de Cincinnati, Don Juan "Tiger" Martin. Ele não tinha muita bagagem para a pista rápida na qual acabara de entrar; uma das impressões mais marcantes de Martin de estar entre os JBs era o "squaaash" que os sapatos deles faziam quando saíam do palco no final de um show, por causa de todo o suor que ensopava seus calçados.

Martin compensava a desidratação engolindo pílulas de regime com refrigerante. "Dá para você ouvir isso na música", disse Martin. "A coisa ficava num andamento tão rápido que a gente estava quase matando o James." O líder gostava da energia da sua banda, e tentava fazer suas aberturas de perna e seus passos junto ao chão naquele andamento alucinado. Depois do show, seus joelhos ficavam inchados e era preciso inserir uma agulha para drenar o fluido.

Quando eles não estavam perdendo fluidos corporais estavam gravando músicas como "Get Up, Get Into It, Get Involved" e "Soul Power". Quando não estavam gravando, viviam sob a ameaça de ouvir as últimas palavras que qualquer JB desejava ouvir: James quer vê-lo no camarim. Nada de bom podia vir disso. Queria dizer que você tinha feito alguma coisa errada ou então que ele queria que você saísse junto com ele depois do show, e em qualquer desses dois casos tudo o que você podia fazer era admitir que a partir daquele momento a sua noite tinha ido para o beleléu.

Waddy: "Ele era como uma figura paternal para nós. E ninguém quer sair à noite com o pai, não é mesmo? Como se ele pudesse ser um colega".

O luxuoso Copacabana de Nova York, uma casa noturna que todo grande cantor queria ter no currículo, agendara a banda para duas semanas em março de 1971. Brown teve uma discussão com o pedante proprietário, Jules Podell, que reduzira a temporada para uma semana apenas. Brown informou, então, a banda que eles teriam que ir pela metade da paga, já que a temporada agora ficara reduzida à metade da sua duração. Os garotos mandaram Bootsy para discutir a questão do dinheiro. Eles já haviam pressionado Brown por um aumento apenas algumas semanas antes, na África, e tinha funcionado, porque Brown sabia que era melhor isso do que deixar a banda ir embora de um estádio de futebol cheio de nigerianos no limite da excitação. Mas ele não estava tão preocupado assim com a plateia do Copa.

Há uma explicação para o que aconteceu em seguida. Vejamos um take alternativo: o Copa tinha uma política de vestuário. Os membros das bandas tinham que trajar paletó e gravata. Bootsy e o resto dos bagunceiros de Ohio fariam muita coisa por Brown, mas isso já era demais. Como Brown disse: "Colocar uma gravata no Bootsy era como colocar rédeas num cavalo bravo".

Seja qual tenha sido a causa, os meninos de Cincinnati foram embora – não só por causa do Copa, mas por causa de Brown, das punições, dos ensaios, da confusão toda. Quando aconteceu, ele não ficou perturbado, simplesmente atirou um monte de dólares no chão e disse para cada um pegar seu pagamento e ir embora. E pronto. Quase como se ele tivesse previsto essa parte da história, também.

A sensação era de liberdade. Mais tarde, Collins agradeceu a Brown por ter exigido tanto deles, dizendo que todos aqueles rigores e ensaios tinham feito dele um músico muito melhor. Ao ouvir isso, Brown pareceu desconcertado; ele não imaginava que tivesse sido tão exigente com eles. Estava apenas fazendo as coisas do único jeito que sabia fazer.

O fiasco do Copa aconteceu quase doze meses depois do dia em que Brown havia despedido sua banda para contratar aqueles caras. Eles foram trabalhar com ele, e foi com aqueles garotos que Brown fez boa parte da melhor música da sua vida. Eles o transformaram ao acelerar o andamento das músicas a uma velocidade absurda. Eles o transformaram porque chegaram ao funk como adolescentes e o experimentaram não só como música mas como cultura, modo de vida. O funk deles foi um buraco na parede, e quando Brown entrou por ele saiu do outro lado alguém diferente. Segundo Waddy, enquanto eles estavam no grupo, o guitarrista Jimi Hendrix abordou os garotos de Cincinnati e sugeriu que deixassem Brown e juntassem forças com ele numa nova banda. Essa é uma transformação que só poderemos imaginar, pois eles recusaram o convite.

Tudo isso num ano: um ano que você também poderia chamar de O Ano.

Nos meses seguintes, alguns membros do velho time começaram a voltar; St. Clair Pinckney e Clyde Stubblefield, e depois Fred Wesley, que Brown colocou como diretor musical da banda. Uma grande temporada no Apollo estava marcada, e ficou a cargo de Wesley aprontar a nova banda. Era a toque de caixa: o guitarrista Hearlon "Cheese" Martin estava na banda, assim como o baixista Fred Thomas; a seção de sopros não tinha novidades em relação à última. Starks e Pinckney estavam na banda, e também Bobby Byrd, ou seja, havia continuidade com o passado, mas mesmo assim...

Eles batalharam por duas semanas. "A gente tinha conseguido mais ou menos juntar as coisas, mas não muito bem", disse Wesley, e então Brown chegou a Nova York e perguntou se a banda estava pronta. Só havia uma resposta possível: Sim, senhor, eles estão prontos.

Na verdade, não estavam. "Mas ele se pôs lá na frente da banda, bufando e ofegando, e dançando e batendo o pé, e alguma coisa aconteceu", Wesley lembrou.

"Qualquer banda que acompanhasse James Brown virava uma boa banda, porque ele obrigava você a ser uma boa banda. Você tinha que fazer a coisa direito. Simplesmente por causa da vontade dele. Ele era uma pessoa extraordinária. Simplesmente por causa da vontade dele, a banda virou uma boa banda."

Exercer essa vontade foi uma arte que Brown aprimorou durante anos. Ele intimidava, batia, convencia e seduzia, ele mudava de assunto fazendo uma pirueta no chão. Confusão, mistério e divisão, tudo isso ajudou-o a manter a influência sobre sua banda.

A banda, é claro, era essencial para ele. É impossível imaginar a música de James Brown sem os músicos que tocaram com ele. Ele nunca perdeu de vista que a banda era o caminho crucial pelo qual seu som e sua voz haviam chegado às massas. Ele só podia concordar com o que Duke Ellington disse sobre sua orquestra: "Esse é o meu instrumento". Os vários grupos que ele armou foram moldados segundo a força e o estilo dos executantes. Apesar de todo o seu ego, Brown era muito generoso quando se tratava de dar aos músicos de peso papéis importantes dentro do som.

A afirmação aparentemente sincera de que ele era 75% homem de negócios e 25% artista de palco é, na verdade, uma artimanha inteligente.

Homem de negócios era um termo com o qual ele se sentia mais à vontade, talvez uma aposta mais alta do que *showman*, na sua maneira de ver as coisas. Há um termo com o qual ele com toda a certeza não se sentia confortável, mas um termo que cabe ser aplicado: artista. O que as bandas de Brown do final da década de 1960 em diante fazem é paradoxalmente uma arte embebida em liberdade, feita a partir de atos radicais de disciplina. Essa disciplina começou com as noções sulistas negras de construção de uma comunidade por meio de aprimoramento e iniciativa, por meio de trabalho que, quando feito, consegue melhorar tudo (uma ideia que era expressa com maior frequência nos negócios). Essa disciplina foi construída a partir da ansiedade e do temor na mente do garoto que segurava o microfone. Ele precisava de rigor. Depois de viver no desgoverno das ruas de Terry, ele foi transformado pela disciplina do sistema penal da Geórgia. A ordem que ele exigia dos seus músicos tornou possível a eles tocarem no Apollo e ficarem bons em tão pouco tempo; a ordem que ele impunha a si mesmo – a estrutura e precisão necessárias para se deslocar pelo país mais de trezentos dias por ano – fazia pressão para conter as coisas que ele não queria ver.

Mesmo assim, existe na sua música à partir do final da década de 1960 o dom da liberação. Cada membro ou seção está tocando um padrão, e quando os padrões se sobrepõem ou encaixam, eles têm um poder impressionante. Essa música tira você da sua vida, tira você do tempo – ela destrói o tempo – e deixa a impressão de que você está solto no meio de pura ação. Do mesmo jeito que um grande baterista comanda o espaço em volta dele, controla os eventos por um momento que paira no ar, na banda de Brown, cheia de bateristas tocando vários instrumentos, havia um cara controlando eles todos – um baterista dos bateristas, um mestre do tempo.

As big bands da era do swing haviam desaparecido porque era caro demais manter uma equipe intacta por longos períodos de tempo, e caro demais ir com ela de uma cidade à outra. Mas era isso o que Brown fazia, ao dirigir uma big band na era do conjunto de rock. Ele queria que durasse o máximo de tempo possível. Todos queriam, mas Brown tinha uma pântano de sentimentos – baixa autoestima, solidão – à sua espera toda vez que saía do palco. Para fazer sobreviver esse prazer, essa salvação, com tantos músicos entrando e saindo da banda, ele precisava ser um líder com raros poderes.

Cruéis poderes. Todo mundo tem uma história – ou dez. Uma delas é sobre um jovem baterista chamado Turk, abreviação de Turkey ["Peru"]. Turk era da Carolina do Sul, e materializava-se toda vez que Brown estava num raio de 300 quilômetros da sua casa. Ele sonhava em tocar bateria na banda de Brown. Colocava seu set de bateria no carro e aparecia nos espetáculos da banda para o caso de Brown precisar de um baterista naquela noite. Isso continuou assim durante um ano.

Uma noite, Turk estava no camarim e Brown mandou-o colocar a bateria no caminhão. O que Brown não contou a Turk foi que ele iria dirigir aquele caminhão durante os dois meses seguintes. Um tempinho depois, o chefe mandou outro recado: diga ao Turk para colocar a bateria dele no palco. O show já tinha dois bateristas, mas agora eles estavam com três sets de baterias montados. E os dois bateristas ficaram com a pulga atrás da orelha, imaginando o que poderia estar acontecendo.

Turk, cujo único desejo na vida era tocar com James Brown, ficava na coxia do palco observando o cantor. Esperando que Brown apontasse para ele e lhe fizesse o sinal para entrar. Isso continuou talvez por um mês. Então uma noite Brown apontou para ele no exato e único momento em que Turk estava olhando para outra direção. Ele perdeu o sinal. Depois do show, Brown deu o recado: "Mande o Turk embora hoje à noite".

Você não podia olhar para outra direção, e todo mundo podia ser substituído. Esse era um conhecimento essencial para tocar com Brown. Ou, como ele ficou conhecido por dizer: "Eu tenho o Senhor numa mão e o diabo na outra. Você nunca sabe de onde a coisa pode vir".

Ele ficava exigindo das pessoas porque tinha que fazer isso, e depois ele exigia porque queria. Ele ficava exigindo, e nas palavras do baterista Ron Selico, "ele era um Hitler negro". Ele sentia que precisava exercer um controle violento, porque se não eles iriam embora. Ninguém abandonava James Brown; se tentasse, ele queria que a pessoa se arrependesse disso. Mas uma verdade sobre esse estilo de gerenciar é que pouco ou nada dele era segredo. Brown não escondia o que ele era; nem conseguiria. "Controle eu preciso ter de tudo, de mim mesmo. Ou isso ou então eu não vou conseguir lhe dar James Brown." Se você ficasse com Brown, pelo período de tempo que fosse, você entendia o que podia tirar disso, e o que nunca iria ser seu. Se você queria ser um astro, esse não era o lugar para estar. Se sua intenção era ficar rico, ou gravar sua música, ou ver seu nome num álbum, isso não tinha muita probabilidade de acontecer. Mas se você queria conhecer o mundo e tocar um pouco de música fascinante para plateias grandes e pequenas, não podia estar em lugar melhor.

Havia dois tipos de pessoas na banda de Brown: Aqueles que entendiam isso e sentiam-se em paz, e aqueles que não. Estes últimos passariam anos xingando o homem.

Ele mantinha todo mundo no limite, e ele mais do que todos estava no limite. Aqueles com quem ele dividia um espetáclo eram motivo de preocupação especial. Em geral, ele escolhia quem iria abrir seu show. Ele selecionava aqueles que precisavam da sua ajuda, e que não iriam tentar crescer em cima dele. Isso nem sempre era possível, como quando ele tocou na Filadélfia, por volta de 1970, e os promotores locais insistiram em colocar os Dells – um grupo vocal muito bom – para abrir o show.

O espetáculo foi no Philadelphia Spectrum, um grande ginásio que naquela noite talvez estivesse com umas 12 mil pessoas. Os Dells, Alan Leeds relembra, "estavam levantando a plateia do lugar. As moças gritavam, eles estavam arrasando". Leeds foi até os bastidores e encontrou Brown andando de um lado para o outro, fumando sem parar e profundamente contrariado. Em geral, Brown ostentava uma cuidadosa máscara de confiança antes de um show. Portanto, aquele cara lá era um que o empresário de turnê de Brown nunca tinha visto antes.

Finalmente, Brown olhou para Leeds e explodiu. "'Esses meninos são uns bostas *duns* amadores, amadores, eles já têm o público na palma da mão e não sabem a hora de sair do palco!'" Ele parecia querer muito que os Dells encerrassem sua participação. Enquanto isso, os Dells continuavam cantando, e a multidão enlouquecendo com eles.

Brown voltou-se para Danny Ray: "Senhor Ray, eles não sabem como ir embora – vá lá e tire os caras do palco. AGORA!". Leeds foi atrás de Ray para ver como ele iria lidar com aquilo.

Brown uma vez baixara a cortina ele mesmo no meio de uma apresentação do grupo gospel Mighty Clouds of Joy, quando eles estavam agradando demais a plateia. Deus podia perdoar Danny Ray, mas os fãs e os Dells com toda a certeza não o fariam.

Assim que ficaram longe o suficiente do camarim de Brown, Ray virou o seu semblante Buster Keaton para Leeds e anunciou: "Esta é a última vez que você está falando com Danny Ray, porque eu estou a ponto de morrer". Ele formulou uma estratégia: "Senhor Leeds, a gente tem que subir lá em cima muito devagar, precisamos encontrar a escada mais longa que exista para chegar lá em cima". Por fim, justamente na hora em que Ray conseguiu chegar ao palco, os Dells encerraram sua participação. Houve uma pausa para eles arrumarem o palco. O astro principal estava em péssimas condições. Para chegar ao palco redondo do Spectrum, Brown tinha que atravessar a plateia andando pelo meio dela. Cara, ele fez isso. "Quando ele chegou ao palco, uma manga da sua camisa estava rasgada, o cabelo desarrumado, o colarinho torto e ele nem tinha cantado uma nota ainda. Ele estava endiabrado aquela noite, e a multidão pirou!", disse Leeds. "Se os Dells haviam deixado os espectadores excitados, ele levou a coisa a outro nível – foi o melhor show do ano.

"É isso o que ele nunca entendeu. Que ele era James Brown e os outros apenas os Dells. Eles eram os caras que abriam o show dele."

Na King, ele era o peixe mais graúdo e podia fazer praticamente o que quisesse. Quando a King se fundiu com a Starday, a empresa estava basicamente produzindo música para caminhoneiros com baixo orçamento e também os sucessos estelares de James Brown: "Mother Popcorn", "Turn It Up or Turnit Loose" e "Super Bad", todas elas indo para o topo das paradas de R&B. O selo pode ter feito algum esforço para introduzir novos nomes, mas logo os registros contábeis estavam sendo acertados para a possibilidade de uma nova venda, e o lago vinha sendo drenado.

Ter um mega-astro como seu fazedor de sucessos era algo maravilhoso. Mas, do ponto de vista da Starday-King, ter James Brown como grande nome era uma bênção dúbia. "Tínhamos um jogador que só marcava golaços", disse o coronel Jim Wilson, gerente geral da Starday-King. "E suas exigências eram muito exigentes."

Brown vinha pressionando o selo para que fizesse depósitos na sua conta, além do seu cheque normal. Ele, além disso, exigia que a Starday--King cobrisse os cinco mil dólares do leasing de seu Learjet. O executivo Hal Neely, que passara da King para a Starday-King, queria comprar a King de volta, e para isso precisava de caixa. Vender o contrato de James Brown lhe daria o dinheiro de que precisava. Brown não tinha um contrato de gravação com a Starday-King, em vez disso, com grande antevisão, ele havia negociado um acerto pessoal de serviços com Neely, em quem confiava. Isso quer dizer que a Starday-King negociava a partir de uma posição fraca, pois Brown podia facilmente ir embora, e Neely, o único obstáculo, acabaria sendo pago de qualquer forma.

Enquanto Brown ainda estava na Starday-King, ele recebeu propostas de outros selos. A Warner Brothers Records queria muito seu nome e provavelmente oferecia-lhe a melhor proposta em dinheiro entre todos os selos; mas Brown preferia ganhar menos dinheiro e manter o controle criativo sobre sua música e seus discos, e a Warner mostrava-se relutante nesse aspecto.

Enquanto isso, o conglomerado europeu Polygram iniciara o selo Polydor na América, e não queria começar a construir uma marca a partir do zero – eles queriam muito um astro que pudesse dar-lhes credibilidade instantânea. A Polygram queria especialmente entrar no mercado da música negra, que tinha um público considerado mais leal e confiável do que os compradores brancos de discos. A era dos artistas negros que lançavam álbuns com capas desenhadas à mão já havia passado. Fazer álbuns excelentes, bons de ouvir de cabo a rabo, havia transformado a plateia de Aretha Franklin. Isaac Hayes lançava compactos duplos para a Stax, gastando elevadas somas no estúdio para fazer lançamentos que ele via como itens de luxo. A tecnologia de estúdio deixara a Starday--King para trás. Ao mesmo tempo, Brown vinha fazendo grande sucesso com músicas de mais de sete minutos de duração, que eram divididas em duas ou três partes num disco de 45 rpm. Sua música parecia adequada a minutagens longas. O início da década de 1970, admitiu ele, era uma boa época para assinar um contrato com alguém que pudesse bancar sua entrada no mercado de álbuns.

A Polygram oferecia orçamentos de estúdio competitivos e uma distribuição nacional saudável. A companhia matriz queria o catálogo anterior de Brown, também, e eles acabaram pagando um bom dinheiro à Starday-King pelas fitas que vieram junto com o cantor.

Obviamente, Brown percebia que Starday-King tinha muito pouco a oferecer. Mas também sabia o quanto ele valia e barganhava muito com seus pretendentes. "James Brown tinha cursado até a sétima série, mas não há dúvida de que tinha um Q.I. alto", disse Fred Daviss, assessor financeiro de Brown e um de seus contadores na época do negócio com a Polydor. "Lembro-me da época em que recebemos um contrato de trinta páginas da Polydor, e ele ficou preocupado com alguma coisa, escreveu uma pequena nota na margem e todo mundo no conselho achou graça. Dois anos mais tarde, aquela elementar nota marginal iria ser uma pedra no sapato deles. Uma pequena nota marginal custou à Polydor quatro milhões quando eles depararam com o detalhe."

A negociação foi dura e Brown era o tipo de negociador teimoso, que jogava tudo para o alto se achasse que não estava sendo respeitado. As discussões tinham ido a pique, e um espírito de animosidade enchia a sala de reuniões.

Brown chamou um velho amigo que também era próximo de Jerry Schoenbaum, da Polydor, e pediu que viesse em seu auxílio. Ele ligou para Henry Stone, o homem do setor de discos de Miami que quase contratara Brown lá atrás em 1955. "Eu estava em Nova York na época", lembrou Stone. "Recebi um telefonema de James, dizendo: 'Você precisa me ajudar. Estou no American Hotel com o pessoal da Polydor e não estou satisfeito com o que está acontecendo'."

Stone entrou na sala de reuniões: "O ambiente era gélido. James disse: 'Esses caras querem me atirar pela janela. Eles querem me matar'".

Stone e Brown saíram e foram conversar numa sala ao lado, e nesse tempo Brown revelou o ponto difícil que iria ou permitir ou fazer abortar o negócio todo: ele queria que a Polydor pagasse seu jatinho.

Stone puxou uma cadeira diante de Schoenbaum e interpretou Brown para o selo. "Eu disse, 'Então, veja só, ele quer um avião. Você e eu sabemos que James está arrebentando com a nova geração. Você sabe que o James está com tudo nos clubes da Europa – no mundo todo ele está arrebentando. Então por que você está discutindo por causa de um jatinho?'."

Mais uma coisa: "E olhe, ele quer dez mil discos despachados para mim de graça em Miami". Alguém tinha que cuidar da família dele. "E será que preciso mencionar o que eu fiz com eles?", Stone disse com um dar de ombros. "Isso aparou as arestas. Porque eles se deram superbem com Brown." O jatinho era seu, e ele ainda ganhou uma ampla sala dentro do escritório da Polydor em Nova York. Conseguiu um lucrativo contrato de cinco anos, garantindo-lhe que continuaria a produzir seus próprios discos. Deram-lhe uma pilha de dinheiro adiantado, completa liberdade artística para gravar o que e quando quisesse. A Polydor não iria distribuir nada da People e da Brownstone, dois selos para os quais Brown produzia. Seus dois últimos singles, "Escape-ism" e "Hot Pants", ambos acabados de lançar pela Starday-King, seriam seus últimos lançamentos pela King.

Um primeiro press release da Polygram oferecia uma visão geral de quem ele era no início da década. "James Brown irá se apresentar 335 dias neste ano que entra, perdendo até um quilo e oitocentos gramas em cada apresentação. Em média, ele autografa por mês cinco mil fotos e mil pares de abotoaduras. Ele usa 120 camisas recém-saídas da lavanderia e mais de oitenta pares de sapatos. Irá trocar seu terno de show 150 vezes e trabalhar mais de oitenta horas em cima do palco, cantando, dançando e tocando pelo menos 60 músicas, usando um entre mais de oito instrumentos." Isso poderia ter descrito Brown no início da década anterior. Era desse modo que ele há muito tempo escolhera ser visto, como um grande batalhador que possuía um monte de coisas. O fato era que mesmo numa nova era, com um novo selo, e com conhecimento seguro de que os álbuns eram o futuro, sua imagem essencial e seu método essencial de fazer discos já estavam fixados. Uma carta escrita à revista *Jet* em outubro de 1971 queixava-se de que ele estava lançando singles demais, bem mais do que outros artistas. Era uma boa questão, exceto pelo fato de que os singles que ele lançava eram excelentes. Então por que mudar? Em agosto de 1971, ele lançou "Make It Funky", um disco que começa com uma pergunta.

Sempre o cara certinho, Bobby Byrd costumava levantar a bola para o chefe bater: "O que você vai tocar agora?." Brown dá de ombros e muda de humor de repente, "Bobby, eu não sei, mas seja lá o que for, precisa ser funky!". A música começa com um solo de órgão, que é o lugar para onde muitas das músicas de Brown se encaminham quando estão chegando ao final. "Make It Funky" era bem solta. Os sopros entram criando uma sensação de tontura impactante. Soam como uma banda de dança tocando pelo rio Níger. No meio, uma ladainha: Brown grita "Neck bone! Candied yams! Turnips!" ["Lombo de porco, batata-doce caramelizada! Nabos!"]. Ele tropeça em "filé amaciado", recupera-se para um "Mingau e Molho de Carne! Pão com torresmo!". Às vezes um homem simplesmente está com fome.

Cerca de seis meses depois, foi a vez de um dos mais improváveis sucessos de sua carreira, "King Heroin". Esse discurso firme contra as drogas – feito a partir do ponto de vista da droga – surgiu para Brown um dia na Stage Deli em Nova York. Foi lá que o balconista Manny Rosen abordou-o com um poema que ele havia escrito quando cumpria pena na Riker's Island por não ter pago pensão alimentícia. A balada, com um adequado órgão sepulcral, insinua-se no subconsciente como um anúncio de algum serviço de utilidade pública ao qual você não está prestando atenção, até que você se vê tomado por ele.

Essa nova dupla de compositores, Rosen e Brown, apresentou pela primeira vez sua composição no programa de televisão Dick Cavett Show e depois levou-a até o programa de Johnny Carson. Vários outros raps gravados pelos dois continuam não lançados. "King Heroin" fez de Brown um porta-voz antidroga. Ele foi a Sacramento receber uma condecoração do governador Reagan, depois a Atlanta, onde doou cinco mil dólares ao programa de tratamento de dependentes de drogas do governador da Geórgia Jimmy Carter. Rosen também pontuou: um personagem de *The Poseidon Adventure* foi batizado com seu nome.

No verão de 1972, um novo solo de bateria de Jabo Starks parecia amarrado diretamente ao todo-poderoso. Ele o mostrou no estúdio, e então Fred Thomas acrescentou uma linha de baixo meio fora de prumo, que sutilmente esquivava o Um. Brown veio até o estúdio e depois de ouvir o *groove* puxou do éter um velho dito sulista – *get on the good foot*, que quer dizer "siga em frente". Todos sabiam que tinham algo em mãos, e Brown descartou seu próximo single programado, "I Got Ants in My Pants", para lançar o quanto antes "Get on the Good Foot". Virou a música do verão de 1972, sem dúvida, e redirecionou a vida de inúmeros garotos que estivessem apenas matando o tempo, brincando perto de um hidrante de incêndio esguichando.

Good Foot foi seu melhor disco daquele ano. Em resumo, foi um grande início para o novo selo.

SOUL POWER

Capítulo Dezoito

No início da década de 1970, as rádios AM vinham perdendo audiência para o mercado em expansão das FM, e os programadores cada vez mais classificavam seu público segundo os gêneros musicais e também conforme linhas raciais. O resultado final foi que os dias de glória dos Top 40, as paradas de rádio que tocavam tanto artistas brancos como negros, vinham definhando rapidamente. Essa era justamente mais uma tendência que Brown liderava, desde a época em que os ariscos donos de emissoras brancas haviam ficado assustados com "Say it Loud".

Tudo isso pode sugerir que a música de Brown era negra por definição, quando é claro que ela era negra por aclamação. Todas as mudanças de pessoal e de rumo musical fizeram com que ele se afastasse ainda mais do blues, das estruturas convencionais de canção, harmonia e letra, e se voltasse para um som definido pela bateria. Conforme a década de 1970 foi avançando, sua música tornou-se ainda menos "pop", e se aprofundou em textura e ruído. Ele produziu uma impressionante série de sucessos – entre 1969 e 1971 Brown teve dezessete singles entre os dez mais do R&B –, que se destacavam de todo o resto que se ouvia então no rádio e firmaram-se entre os ouvintes jovens como um gênero à parte.

Palavras como *gueto* e *funk* estavam sendo redefinidas pelas próprias pessoas que essas palavras originalmente pretendiam descrever. Esses termos antes significavam algo impalatável, algo a ser varrido para baixo do tapete da respeitabilidade. Agora, no entanto, ambas as expressões eram superatuais. Elas foram adotadas, erguidas bem alto como o oposto exato daquilo que alguns imaginavam que elas queriam dizer.

Sua música ganhava mais peso, e o mesmo acontecia também com a persona artística de Brown. É possível rastrear sua reinterpretação por meio do trabalho de numerosos escritores afro-americanos dentro e em volta do Black Arts, o Movimento das Artes Negras, a ala cultural do movimento Black Power. No auge do Black Arts, um grupo de artistas e intelectuais passou cada vez mais a aceitar Brown. Citando o seu "Ain't It Funky Now" de 1969, Stephen E. Henderson exaltou que "a palavra ofensiva ['funky'] ganhou um novo sentido negro e respeitabilidade pública". Ao mesmo tempo, disse Henderson, "outra palavra negra, 'soul', está de saída – desgastada por superexposição e pelo Homem".

Cecil Brown, num texto de 1971 escrito para a *The Black Review*, observou que, embora você ainda pudesse encontrar afro-americanos tocando músicas dos Rolling Stones em festas, "tocar James Brown parece ser agora o teste da própria identidade, da própria negritude". Aspecto interessante é que o escritor celebra o fato de a música de Brown não ser *a respeito* de algo – agora as palavras são desconjuntadas e usadas como elementos rítmicos –, mas de ser algo em si, expressando poderosamente ela mesma como uma circunstância, uma condição. Ele destaca o uso incomum que Brown faz daquilo que é cru e feio para transformar o tempo numa festa, escrevendo que as arestas brutas desse funk evocam a macumba e os trabalhos com ervas, coisas estas que a gente ainda encontra no sul rural.

Como Bootsy Collins observou: "Funk era o jeito que a gente vivia". Essa afinidade da música com a existência presente, seu poder de invocar uma condição de vida, foi captado por Larry Neal, um poeta e acadêmico que ajudou a definir o papel da arte na era do Black Power. Em seu ensaio de 1968 "And Shine Swam On", Neal escreveu: "Ouça James Brown gritar. Faça a si mesmo então a pergunta: Alguma vez você ouviu um poeta negro cantando assim? É claro que não, porque temos ficado amarrados aos textos, como a maior parte dos poetas brancos. O texto pode ser destruído e ninguém vai sofrer o menor arranhão". Outros artistas fizeram várias coisas, mas o que Brown fez foi experiência – ele era um verbo, e seu verdadeiro meio éramos nós.

Num dos escritos sobre Brown que falam mais de perto ao coração, Neal mais tarde declarou estar perplexo com o poder de Brown, e que ao mesmo tempo ainda tinha a expectativa de que sua música tratasse de realidades políticas. Num memorando do Black Arts Movement escrito em 1987, Neal declarou: "Nós começamos a ouvir a música do pessoal do rhythm and blues, soul music... o grande herói dos poetas foi James Brown. Para todos nós, James Brown era um magnífico poeta, e todos nós o invejávamos e queríamos fazer o que ele havia feito. Se os poetas pudessem fazer isso, nós simplesmente iríamos tomar a América. Suponha que James Brown tivesse consciência. Nós costumávamos ter grandes discussões desse tipo. Era como dizer, 'imagine se James Brown tivesse lido Fanon[1]'".

Mas de todos os escritores do período que procuravam colocar Brown num pedestal, foi Amiri Baraka quem ouviu mais profundamente a música. Seu poema "The Funk World" pergunta "Se Elvis Presley é/ rei/ James Brown é o quê... / DEUS?". Já em 1966, Baraka ouviu o ruído em Brown, e nessa rajada de vento procurou localizar o cerne de sua negritude. Em "The Changing Same (R&B and the New Black Music)", Baraka – então LeRoi Jones – escreveu: "Os gritos etc. de James Brown são mais 'radicais' do que o som da maioria dos músicos de jazz. Com certeza seu som é mais 'inconvencional' que o de Ornette. E esse

1 Frantz Fanon (1925-1961), psiquiatra, escritor e jornalista antilhano de ascendência africana, foi um importante pensador de temas como descolonização, psicopatologia da colonização e estratégias de poder colonial baseadas na subjetivação e na noção de "raça". (N. do T.)

som tem sido parte da música negra, mesmo nas igrejinhas afastadas do interior desde os primórdios... Os gritos comoventes e ousados de James Brown identificam um lugar e uma imagem na América. Um povo e uma energia controlados e não controlados pela América".

A não ser algumas poucas linhas espalhadas ao longo da carreira, Brown não faz nenhuma confissão em suas letras, não usa as palavras para contar sua história. Em vez disso, as palavras se adaptam à música e parecem fluir dele num estado de conexão não com a experiência pessoal mas com um momento compartilhado. Isso fez dele uma figura representativa nos círculos literários negros do início da década de 1970, nos quais ética e estética eram vistas como uma coisa só. Quando os escritores e músicos do grupo nova-iorquino The Last Poets gravaram um poema chamado "James Brown" em 1970, Brown foi chamado de "doutor feiticeiro", aquele que canalizava o passado distante e o trazia para o presente concreto. No jornal afro-americano de artes *Amistad* 2, Mel Watkins pôs todas as cartas na mesa e disse com franqueza: "James Brown é a personificação da Negritude, a corporificação do estilo de vida Negro".

Para esses artistas e críticos, discutir Brown era discutir raça e política e, portanto, também vida e magia. Brown representou a interseção de muitas coisas importantes.

Quando ele falava de si mesmo fora da música, o ponto de partida era uma extrema necessidade de se proteger. E isso que Brown gostava muito de falar; junto com esse apego à privacidade havia também o pendor sulista em fazer discursos. Isso, junto com o seu sotaque da Carolina, sua voz quebrada, e com intermitentes desastres dentários que lhe dificultavam articular as palavras podia fazer da sua conversa um estranho labirinto através do som e do sentido.

Em entrevistas, Brown mostrava uma linha de raciocínio entrecortada, saindo de um dos lados de um argumento para ir correndo até a posição aparentemente oposta. Se você o cutucava para falar a respeito de seu ponto de vista sobre uma questão controvertida como racismo, ele podia não falar muito. Mas, para um repórter da *Jet* em dezembro de 1971, Brown foi franco de uma maneira incomum.

"Sou racista quando se trata de liberdade", declarou. "Não vou descansar enquanto o homem negro na América não sair da prisão, enquanto seu dólar não valer o mesmo que o dólar dos outros. Este país vai explodir em dois anos a não ser que os brancos acordem. O homem negro precisa ser livre. Ele tem que ser tratado como um homem. Esse país é como um jogo de cartas marcadas. Posso perder meu dinheiro para qualquer outro homem desde que o jogo seja limpo. Mas se eu descobrir que os dados estão viciados, então vou virar a mesa."

Ele acreditava que o racismo era fruto da desigualdade econômica, e que a solução para o problema mais vergonhoso da nação era o das oportunidades financeiras. Ele concordava com os radicais negros: quando "Talking Loud and Saying Nothing" apareceu (gravado em 1970, mas retido para ser lançado no momento adequado, em 1972), era uma crítica aberta aos que se erigiam como árbitros da justiça racial. Seu "Soul Power" pode ter sido uma refutação daqueles que gritavam por "black power", uma declaração de que ele tinha algo melhor a oferecer.

"Nós precisamos é de programas que sejam tão ambiciosos a ponto de deixar os militantes boquiabertos", Brown entusiasmava-se. "Um militante é apenas um cara a quem nunca se permitiu ser homem."

Ele via a si mesmo como um mestre da negociação, um vendedor, e sentia que por essa condição ele compreendia a América de uma maneira que os nacionalistas nunca conseguiriam. A vida envolvia negócios; era essa também a história da América, e por que alguém que estivesse de fora não iria querer entrar nisso? Era esta a sua definição de uma criança: alguém que não tinha entrado no jogo. Esse era o seu pensamento, e Brown estava prestes a expressá-lo, publicamente, num grau em que nunca havia feito antes.

Soul City era um lugar real. Existia no mapa da Carolina do Norte, no Piedmont, um pouco ao sul da Virgínia. O condado de Warren, onde a cidade ficava, era uma parte pobre, rural do estado, e Soul City estava na parte mais pobre desse condado. Soul City existia. Mas onde ela vivia principalmente era na mente de Floyd McKissick.

No mapa, era um lote de pinheiros ocupado por trailers improvisados como casas. McKissick era um construtor da prefeitura, mas no início da década de 1970 ele estava vendo além dos pinheiros, vislumbrando um futuro para a América. Soul City estava destinada a ser a primeira de muitas comunidades lideradas por negros, atraindo negócios e os cidadãos urbanos mais pobres do país para a Carolina do Norte.

Muitos estavam procurando dar um passo adiante na luta pelos direitos civis, e o capitalismo negro parecia uma plataforma viável para consolidar algum progresso. McKissick ilustra como era complicado e contraditório o fervor daquela época pelo empreendedorismo negro. Na década de 1960, ele havia tirado o grupo de direitos civis Congress of Racial Equality de sua antiga filosofia de não violência para uma militância; por volta de 1972, estava apoiando o presidente republicano Richard Nixon em sua campanha para a reeleição.

Soul City lança luz sobre a posição ambígua dos homens de negócios negros. Na condição de seu construtor, McKissick esperava obter ganhos de qualquer lado. O apoio dele a Nixon foi seguido no outono de 1972 por sua criação de um grupo dedicado a encaminhar os afro-americanos para o partido republicano. Como um efeito dominó, *isso* foi seguido por um pedido de 14 milhões de dólares à administração Nixon para ajudar a construir Soul City. Como costuma acontecer com os negócios negros, surge a questão: existe uma linha divisória entre o autointeresse e o interesse em ajudar a comunidade?

É uma pergunta que ninguém faz aos empreendedores brancos, é claro. Sem autointeresse, fica muito mais difícil estimular os outros. Como Brown disse: “Eu não posso jogar uma corda para você a não ser que eu me salve primeiro. Perto da margem é um lugar muito escorregadio".

O quanto era escorregadio, McKissick não demorou a descobrir. Depois que o seu relacionamento com Nixon tornou-se público, o colunista de jornais Carl Rowan, um afro-americano, escreveu: "Um homem negro que costuma se posicionar como supermilitante dificilmente poderá ser encarado como um republicano. Mas coloque ao seu alcance 14 milhões do 'capitalismo negro' e ele vai chamar o Spiro Agnew de padrinho". O deputado pela Geórgia Julian Bond criticou duramente os negros que recebiam dinheiro da administração, dizendo que eram "políticos prostitutos", que queriam "mandar cordeiros para o matadouro".

Sammy Davis Jr. foi o próximo a se molhar na chuva. Enquanto McKissick levantava fundos dos republicanos para a Soul City, o cantor e dançarino aparecia na convenção republicana de Miami em 1972. Ele já ocupava o palco do Marine Stadium por várias horas, como mestre de cerimônias de um encontro de eleitores jovens em favor de Nixon, e estava prestes a apresentar uma banda de rock. O protocolo rezava que o presidente só deveria aparecer em público numa convenção depois de receber formalmente sua indicação. Mas, em Miami, um homem do serviço secreto cochichou no ouvido do comediante que Nixon estava se dirigindo ao palco para uma aparição surpresa. E foi assim que aconteceu uma das imagens mais famosas daquele ano, e de toda a presidência de Nixon: um Davis sem graça, fazendo caretas e abraçando um assustado Richard Nixon.

As agências de notícias caíram em cima com voracidade. O impacto foi instantâneo. Robert Johnson, editor executivo da *Jet*, disse que a imagem inspirou a maior reação na história da *Jet* (e a *Jet* já havia publicado imagens do corpo mutilado de Emmett Till, vítima de linchamento). A reação não foi positiva. Davis foi vaiado algumas semanas mais tarde na National Black Expo de Chicago, e depois recebeu ameaças de morte de afro-americanos irados que não podiam acreditar que Davis estivesse apoiando um presidente que, a seus olhos, estava longe de ser um amigo.

O vice-presidente, Spiro Agnew, saiu a campo fazendo apelo a brancos com declarações do tipo, "Se você já viu uma favela urbana, já viu todas" e "Há pessoas na nossa sociedade que deveriam ser separadas e descartadas". Nixon sabia que não iria obter mais votos de negros do que George McGovern, seu adversário democrata, mas sabia também do valor de arrancar alguns pontos percentuais.

Então ele lançou o que poderia ser chamado de sua Iniciativa Soul, ou seja, cortejar algumas figuras proeminentes, que falavam às esperanças e aos sonhos dos americanos negros. McKissick era parte disso, e Davis também. O astro de futebol Jim Brown e o jogador de basquete Wilt Chamberlain embarcaram também. E James Brown foi junto.

Figura essencial para trazer Brown para o campo de Nixon foi o assistente especial do presidente, Robert Brown, um homem de relações públicas que havia trabalhado nos bastidores em Washington durante anos. Segundo uma estimativa, ele havia sido responsável por canalizar quase um bilhão de dólares de recursos federais para faculdades e empresas negras, e para cidades do Sul. A estratégia de Nixon era apaziguar os eleitores brancos evitando desafiar a segregação, e o financiamento de instituições negras separadas era uma maneira astuta de fazer isso – e se com isso ele conseguisse alguns votos dos negros, melhor ainda.

Robert Brown já estava em contato com o cantor desde 1971, quando fez uma visita à sua emissora de rádio de Baltimore, a WEBB. Os dois iniciaram um diálogo, e o assessor especial conseguiu atraí-lo. Ele visitava o cantor em Augusta, e quando Brown estava em Washington almoçava com frequência com membros da equipe de Nixon no refeitório da Casa Branca. "Ele sentia que algumas coisas que o senhor Nixon estava fazendo eram coisas boas, nas quais ele acreditava", explicou o assessor. "Ele estava deixando a porta aberta. Eu apenas continuei conversando com ele e ligando, mantendo o contato para a eventualidade de um encontro com o presidente, essas coisas."

No início de 1972, um rol de celebridades negras participou de um jantar em homenagem a Robert Brown em Washington, uma festa que era também um evento destinado a recrutar pessoas para a Iniciativa Soul. Davis foi o mestre de cerimônias da noite. Estavam presentes Roy Innes, do CORE, McKissick, o senador republicano Edward Brooke, Jackie Robinson e o Cara que Mais Trabalha no Show Business. O político fez todo o possível naquela noite para fazer o cantor se sentir importante.

Outra coisa que fez Brown se sentir importante foi que o assessor combinou um encontro de Brown com o presidente para o outono de 1972. A partir de gravações secretas que Nixon fez de suas conversas na Casa Branca, sabemos o que foi dito durante o seu encontro de outubro. Poucas horas antes, Nixon é ouvido queixando-se da quantidade de entrevistas que já tivera com afro-americanos. "*Cansei* de falar com negros!", ele deixou escapar. "Não quero mais continuar com isso." Questionando o valor dessas entrevistas, Nixon declara: "Não quero mais saber de pretos, não quero mais saber de judeus, de agora até a eleição". Infelizmente para Nixon, na mesma hora em que dizia isso, James Brown estava chegando à Casa Branca. Para deixá-lo a par, um assistente passou várias informações ao presidente sobre o cantor: "James Brown é sabidamente popular entre os jovens, ele é *negro*...".

"O que eu devo fazer, sentar e ficar conversando com ele?", Nixon pergunta.

Robert Brown introduziu o pessoal do cantor no Salão Oval: Brown, o pai dele e mais Charles Bobbit e o policial federal James F. Palmer. "Ele tem uma fantástica coleção de sucessos", Robert Brown diz a Nixon a título de apresentação, e o presidente fazendo o jogo responde: "Sim, eu sei". Nixon mantém a conversa viva, oferecendo aos visitantes um passeio pela sala.

Em cerca de dez minutos, Nixon sinaliza que é hora de o pessoal ir embora, mas nesse momento James Brown dá um passo à frente pois tem algo a dizer. Sua voz perde a risada que a preenchia um momento antes, e a sala fica em silêncio. Brown fala devagar e mede suas palavras com cuidado, e há uma angústia visceral em sua voz. Ele diz ao presidente o quanto é importante para um grande número de pessoas que a nação transforme a data de nascimento de Martin Luther King em feriado nacional.

Um movimento para honrar a data de nascimento de King já tivera início dias após o seu assassinato, e vários anos iriam se passar até que isso fosse finalmente transformado em lei por Ronald Reagan. A celebração dessa data era algo muito importante para Brown; ele colocara um anúncio de duas páginas na *Jet* pedindo aos legisladores para introduzirem a data no calendário.

Nixon nervosamente anuncia que ele quer fazer algo "adequado" nesse sentido.

"Eu o conheci, é claro, não intimamente", o presidente acrescenta, e volta-se para Robert Brown pedindo ajuda. O assessor intervém para dizer que o momento presente não era o mais propício para o presidente declarar um novo feriado nacional, que poderia parecer que ele estava fazendo concessões nesse momento. Quem sabe depois das eleições.

Agora realmente era hora de ir. "Boa sorte e muito sucesso...", Nixon diz. Brown, no entanto, não sai do lugar e volta ao assunto de Martin Luther King. Nixon faz como se não ouvisse Brown, e continua até a porta: "e prossiga trabalhando esses meninos!".

Da Casa Branca o cantor foi direto até a sede do Comitê para a Reeleição do Presidente, onde contou a um grupo de repórteres que Nixon era a sua escolha. "Sabe, na Geórgia a gente olha as pessoas nos olhos, e eu mantive meus olhos nos do presidente e ele está dizendo algo importante." Reconhecendo a influência de Robert Brown, ele complementou:

"Ao ver negros em altos cargos e perceber que eles estão retomando o controle de vários negócios, comecei a mudar minha opinião sobre o rumo dessa administração".

Nixon, segundo Brown explicou, havia "feito um monte de coisas [pelos negros]", e então citou o financiamento federal para o estudo da anemia falciforme.

Ele conversou um pouco mais, e concluiu com: "Eu não sou um artista à venda. Nunca me foi dado nenhum auxílio governamental, nunca solicitei um, eu simplesmente não quero. E não estou me vendendo, estou comprando, entenderam?".

Os eventos se sucederam rapidamente. Ele estava fazendo um show em Baltimore no dia 15 de outubro, e Troy Brailey, um deputado estadual negro, propôs um boicote ao show. "O Negro Número Um nos traiu", disse Brailey, prognosticando que o apoio a Nixon "irá fazer sua imagem cair lá embaixo, especialmente entre os jovens que o veneram." Houve piquetes, e apenas 2.500 ingressos foram vendidos para um local onde cabiam 13 mil pessoas. A estação de rádio dos estudantes da Howard University transmitiu um ataque devastador. O núcleo dos congressistas negros fez uma declaração criticando todas as celebridades que estavam apoiando Nixon, e citou nominalmente Brown.

"O tom emocional e a divisão são tão intensos que alguns negros temem que a desunião possa deixar feridas profundas, que demorem anos para serem curadas", disse o *The New York Times*. O *Times* também relatou uma forte suspeita "de que o presidente esteja comprando o apoio dos negros por meio dos programas de capitalismo negro oferecidos pela administração".

Não havia jeito de ele mudar de opinião, especialmente depois que os protestos se iniciaram. Pelo menos um dos seus conselheiros já havia sugerido que ele não desse seu apoio, preocupado com a reação dos fãs. Mas Brown era um homem de palavra, e estava decidido a manter o apoio até o fim. Dias depois da sua coletiva de imprensa, ele soltou um telegrama no qual declarava de novo publicamente seu apoio. Em Augusta, continuou a fazer campanha pró-Nixon, levando autoridades do Departamento de Saúde, Educação e Bem-Estar Social e um representante da Administração das Pequenas Empresas para uma série de visitas a instalações locais para tratamento de dependentes de álcool e drogas.

Com o cantor Hank Ballard ao seu lado, Brown convocou uma coletiva de imprensa para se explicar e mais uma vez demonstrou seu apoio ao presidente. Ele tirou importância do boicote de Baltimore, declarando: "não nos atingiu". Uma carta de Nixon foi passada aos repórteres, na qual o presidente dizia: "A marca de um homem" era ficar fime diante da "recente e injusta pressão". Brown repetiu que havia feito lobby junto a Nixon para que ele transformasse em feriado nacional o dia de nascimento de Martin Luther King; quando ele disse isso, o assessor especial Robert Brown rapidamente pegou o microfone para deixar claro a todo mundo que o presidente não tomara nenhuma posição definitiva sobre o assunto.

Daquele momento até a eleição em novembro, Brown respondeu aos ataques. No jornal *Afro-American* de Newark, um colunista disse que o cantor tinha uma solicitação para comprar uma emissora de rádio de Newark pendente na Comissão Federal de Comunicações, e sugeriu que ele estaria apoiando Nixon a fim de obter a concessão daquela emissora. Em Cleveland, a ativista Angela Davis disse a uma plateia: "Não há possibilidade de que Sammy Davis Jr. ou James Brown ou qualquer um dos outros estivesse pensando nas necessidades do povo. Eles estão simplesmente interessados em entrar no jogo para tirar algum proveito pessoal".

Charles Bobbit, lugar-tenente de Brown, passou a dedicar-se a tentar controlar os danos à imagem de Brown. Ele podia ver de que maneira a coisa estava indo de mal a pior. "Brown não está apoiando o presidente Nixon a fim de dar dinheiro para o comitê da campanha de reeleição ou receber dinheiro dele", disse Bobbit. "Ele não está apoiando Nixon, o homem, mas o seu programa e o que ele tem feito pelos negros." Brown colocou um anúncio de quatro páginas na *Jet* para dar mais explicações, dizendo que ele era um homem negro de negócios com dezenas de empregados, e que as políticas de Nixon eram boas para todos os empreendedores do país.

Na festa da noite da eleição no Shoreham Hotel de Washington, Sammy Davis Jr. cantou "The Candy Man" para os partidários dos republicanos. Depois, foi entrevistado por Daniel Schorr e Michele Clark, da rede CBS, que o pressionaram a respeito das críticas da comunidade negra e da repercussão que isso tivera ao redor do mundo. Sutilmente, Davis declarou que ele "esperava que isso faria o presidente ficar mais sensível aos negros".

Um pouco deslocado do enquadramento da câmera, Brown observava a entrevista. Um repórter perguntou-lhe o que ele achava da ambição de Davis em relação a moldar as políticas de direitos civis de Nixon. Não tem jeito, Brown disse. "Ele não tem cacife suficiente. Eu queria que o Jesse Jackson tivesse vindo. Ele poderia negociar com o homem. Mas sobrou para mim. Eu sou o único com quem ele vai falar. Se eu não acreditasse que ele iria cumprir seus compromissos, não teria dado meu apoio. Eu não fico fazendo jogo de cena quando se trata do que é melhor para o meu povo." Depois disso, Brown, Floyd McKissick e outros negros que apoiavam o presidente foram até a suíte de hotel de Robert Brown para acompanhar pela tevê os resultados das eleições.

Brown talvez tivesse imaginado que poderia haver uma reação hostil ao seu apoio a Nixon *antes* da eleição, mas a crescente intensidade das críticas *depois* que Nixon foi reeleito deve ter sido uma surpresa para ele. Em dezembro, um colunista do *Pittsburgh Courier* escreveu: "Agora para enganar os negros vai ser preciso mais do que só ficar gritando '*I'm black and I'm Proud*' durante cinco minutos e depois se entregar ao opressor". Isso era só o começo.

Perto do final do ano, Brown fez um show em Knoxville, Tennessee. A cena depois do show era a de sempre, cumprimentos de mão com as celebridades locais, sorrisos e autógrafos para os fãs. Um policial fora de serviço que trabalhava para a segurança bruscamente disse a Brown para sair de lá. Era hora de fechar o lugar.

A conversa com os fãs continuou e o policial voltou com mais guardas, de novo pedindo que Brown saísse de lá. O cantor respondeu, "Não há como você dizer a um homem para ele ir embora", mas logo em seguida todo mundo saiu. Brown e dois assistentes estavam em pé no estacionamento quando foram atacados por policiais de Knoxville que atendiam a um chamado dos guardas. Dois dos empregados de Brown foram detidos por agressão aos policiais e o cantor foi indiciado por conduta não adequada. Quando voltaram para Augusta na manhã seguinte, estavam ensanguentados e com as roupas rasgadas.

No dia seguinte, Brown contou aos repórteres que seus homens haviam sido atacados por trás enquanto ele dava conselhos a um grupo de jovens negros para se manterem distantes das drogas e não abandonarem a escola. Ele anunciou que estava movendo um processo de um milhão de dólares por violação dos direitos civis contra a polícia de Knoxville. A emissora de rádio que ele possuía em Knoxville, a WJBE, parou sua programação musical e passou a noticiar ao vivo os acontecimentos, levando ao ar telefonemas dos ouvintes que relatavam histórias de problemas que haviam tido com as forças da lei locais. A pressão acabou levando a uma passeata até a prefeitura e depois a uma reforma na atuação do corpo policial de Knoxville. A cidade retirou as acusações contra ele; dois anos depois, seu processo foi rejeitado pela Corte Distrital.

Uma carta ao editor da *Jet* levantou um ponto revelador. "James Brown fez uma declaração de apoio ao presidente Nixon porque este é um país livre. Mas acho que, após o incidente da noite de domingo, 19 de dezembro, ele descobriu que este país não é tão livre como ele imaginava. E gostaria de saber como ele se sente a respeito deste país agora, e o quanto ele ainda acha que é um país livre."

As festividades da posse de Nixon prometiam ser as mais integradas em termos raciais até o momento, pelos padrões de Washington. Circulou a notícia de que Sammy Davis Jr. iria cantar num dos bailes, e Brown, junto com a The Mike Curb Congregation e Tommy Roe, em outro.

No final, nenhum dos dois shows aconteceu. Davis desculpou-se, dizendo que estava com gripe. Quanto à ausência de Brown, a *Jet* disse que ele estava cansado.

Pelo menos em espírito, porém, o astro estava presente. "Precisamos lembrar que a América não foi construída pelo governo, mas pelo povo – não pela assistência social, mas pelo trabalho", disse o presidente em seu segundo discurso inaugural. "O governo precisa aprender a tirar menos do povo para que este possa fazer mais por si mesmo." Isso era o evangelho para o homem que havia cantado "I don't want nobody to give me nothing, open up the door, I'll get it myself" ["Não quero que ninguém me dê nada, abra a porta, eu mesmo vou pegar"].

Ele sabia por experiência própria que os patrões brancos esperavam grandes demonstrações de gratidão em relação a cada negro que deixassem entrar, como se a entrada livre fosse um privilégio. Ele não queria estar no *Ed Sullivan Show* porque era negro; ele sabia que merecia seu lugar.

Amor-próprio e orgulho eram as coisas que o moviam; a ideia de um governo ou de um tribunal "dando" a ele seus direitos nunca soou bem para Brown. "Não me *torne* igual", ele disse uma vez. "Eu não posso sobreviver na igualdade." Ele lutara pelo direito de ser aceito como alguém especial, e não estava pronto para se contentar com a mera igualdade. Ele ganhara mais que isso.

Tendo nascido com nada, uma grande parte dele não conseguia entender a ideia de "direitos de nascença". Os negros e todos os demais tinham que conquistar os direitos, trabalhando e lutando por eles, era o que a sua experiência havia lhe ensinado. "A não ser que você faça algo por si mesmo, ninguém irá fazer por você", disse ele. "Como podemos ter oportunidades iguais se não temos mentes iguais?"

Estranhamente, todas as críticas de que ele foi alvo por seu apoio a Nixon validaram a decisão, no que lhe dizia respeito. Ele tinha lutado por aquilo, e não vacilou. Ele ganhara seu direito de dizer o que queria.

Não admira que estivesse cansado.

VÁ ATRÁS DO DINHEIRO

Capítulo Dezenove

Ainda adaptando-se à vida de Augusta, um dia Brown estava numa esquina de um bairro negro, conversando com um amigo. Ele deu uma olhada em volta e evocou a cena de uma maneira que abrangia seu passado *e* seu presente. "Tem um monte de dinheiro aqui. Isso não é o gueto; isso é a casa da moeda. Para o crime e a corrupção." Os caras que têm dinheiro chamam isso de crime, explicou Brown. E os que moram aqui chamam isso de sobrevivência.

Agora que estava de volta à cidade, Brown buscava inspirar os que estavam à sua volta. Um time de basquetebol de adolescentes ostentava seu nome, ele era dono da estação de rádio, e estava procurando outras oportunidades de negócios. No verão de 1973, abriu a Third World, uma espaçosa casa noturna onde se apresentaram Ray Charles, Aretha Franklin e até a trupe de comediantes do Amos 'n' Andy (Brown nunca perdeu seu gosto pelo showbiz da velha escola). Era um lugar único. Na frente da casa noturna havia um restaurante delivery que vendia apenas asas de frango. Havia porteiros uniformizados e, dentro, um esquema de cores e decoração escolhidos pelo próprio Brown. Os acessórios de metal do banheiro eram folheados a ouro.

Acreditar na ideia de que "eu *não consigo*", dizia Brown, forçava as pessoas à pobreza e ao crime. Ninguém podia dizer "eu *não consigo*" perto de Brown. Às vezes, por mero capricho, ele parava numa esquina, descia da limusine e começava a distribuir notas de cinco dólares a adolescentes perplexos, que aceitavam o dinheiro e o ficavam ouvindo dizer que eles não deviam abandonar a escola. Ele podia mandar Danny Ray ir até o banco e fazer um saque gigante, e depois colocar seu assistente para atirar punhados de dinheiro pela janela do carro.

Aqueles que estudaram a história dos empreendimentos negros observam o quanto a construção de riqueza aponta para bem longe do sucesso pessoal. As realizações individuais refletem a comunidade inteira e, inversamente, a própria fortuna significa pouco a não ser que deixe uma marca no bairro. A própria trajetória de altos e baixos de Brown se encaixa nessa dinâmica histórica.

Dinheiro era feito para circular. "Você nunca viu um blindado da Brink's atrás de um carro funerário indo para o cemitério, não é?", ele dizia com uma risada. Embora tivesse algum capital, num nível básico, ele não acreditava em investimento. Quando você consegue trabalhar uma noite e ganhar dezenas de milhares de dólares, a ideia de acumular juros perde seu atrativo.

Com dinheiro vivo enchendo caixas de papelão toda noite, Brown só sentiu necessidade de abrir uma conta bancária no início da década de 1960. Um dia em Atlanta, ele saiu de um avião, entrou numa agência bancária no aeroporto a fim de descontar um cheque. Ele gostava de carregar pilhas de *royalty checks* e notas de dinheiro com ele, como uma defesa contra alguma eventualidade. Seu caixa, Fred Daviss, sugeriu que ele abrisse uma conta; talvez tenha sido a sua primeira. Brown passou uma pilha de notas verdes a Daviss dizendo, "aqui tem mil". Daviss contou onze notas de cem dólares, e depois de ter passado no teste ao devolver uma nota de cem, Brown teve certeza de que ali estava um cara com quem ele podia fazer negócios. Nos meses seguintes, Brown trouxe malas cheias de dinheiro para depositar no banco. Às vezes descalçava sua bota, puxava de dentro um maço de dólares e depositava isso também. As funcionárias da agência passavam horas contando suas notas amassadas e fedidas. Em pouco tempo, ele tinha seis milhões na conta, disse Daviss.

O circuito do Sul onde ele fez fortuna só trabalhava com dinheiro vivo, e Brown acumulou um monte. "Ele levava embora caixas de dinheiro de seus shows toda noite, a gente não sabe o que ele fazia com ele", disse Fred Wesley. "Ele comentou comigo: 'Se quiserem bagunçar minha vida, tudo o que o governo tem a fazer é mudar a cor do dinheiro'."

Ele sempre carregava o que chamava de seu FU Money[1], aquele que pagava às pessoas quando queria que elas facilitassem as coisas, ou entrassem na dele, ou quando queria que elas caíssem fora. Dinheiro vivo representava várias coisas para Brown, mas talvez mais que nada era uma maneira de tirar as pessoas do seu caminho.

Para Brown, investir em negócios negros iria dar poder ao seu povo. Esse era o seu intuito, mas sua falta de habilidade para delegar, sua falta de confiança até mesmo em seus auxiliares mais próximos, e sua disposição de pagar as contas só quando fosse absolutamente imprescindível, tudo isso dificultava alcançar essa meta.

Ele era um pouco como Marcus Garvey, o nacionalista pan-africano do início do século XX, que inspirou milhares de pessoas com seu sonho de construir uma companhia marítima global de propriedade de negros. Ambos tinham uma incrível capacidade de estimular seus seguidores. Sua fraqueza estava em conseguir perseverar no seu modelo de negócios.

Em 1970, Brown comprou um hotel de duzentos quartos em Baltimore por cinco milhões, e deu-lhe o nome de James Brown Motor Inn. O negócio manteve-se sólido durante meses, mas aí houve um incêndio, e depois, no início de 1971, houve uma blitz no Inn feita pelo FBI, que prendeu vários suspeitos de assalto a banco. Brown não demorou a dissociar seu nome do local e fechá-lo.

---

1 FU Money é uma abreviação de *fuck you money*, ou seja, um dinheiro suficiente para você fazer o que quiser, quando quiser e como quiser, e poder dizer a quem se interpor no seu caminho *fuck you* ("foda-se"). (N. do T.)

Sua casa noturna, a Third World, teve um bom lançamento, mas em poucos meses os cheques começaram a voltar. Então, em outubro de 1973, a casa sofreu um incêndio. Houve suspeita de que havia sido um incêndio criminoso, disse o *Augusta Chronicle*, e um galão de gasolina foi encontrado perto da porta de entrada. Ao chegar ao lugar em chamas, Brown foi questionado por um repórter sobre o que havia acontecido. "Eu não sei, eu não sei. Já me acertaram os dentes, o traseiro, mas isso eu não sei o que foi", disse ele. "Será que é errado construir a casa noturna mais chique de Augusta para que as pessoas possam ter um ótimo local para se entreter? É errado querer as melhores coisas da vida?"

Ninguém foi preso por ter causado o incêndio, que causou danos estimados em 125 mil dólares. A Third World nunca mais foi reaberta.

Um artista tão impressionante quanto Brown parecia uma aposta sedutora para Hollywood. Durante anos, seu nome foi associado a diversos projetos. Primeiro, comentou-se que ele faria o papel do boxeador Henry Armstrong. Depois, que teria um papel num filme produzido por Ossie Davis e dirigido pelo cineasta senegalês Johnny Sekka, e também que iria participar de um filme sobre um jogador de bilhar que ganhava a vida desafiando jogadores amadores, ou que estava prestes a interpretar a si mesmo numa biografia produzida por Dick Clark. Nenhum desses projetos vingou. Ele tinha aversão por papéis secundários, e Hollywood não era um lugar que primasse por bons papéis principais para atores negros.

A velha Hollywood tinha pouca afinidade com uma presença como a de Brown. Mas, no início da década de 1970, uma leva de filmes de produção independente estrelando atores negros vinha fazendo muito sucesso. Esses dramas harmonizavam-se com a essência da persona de Brown. O primeiro deles foi lançado em 1971, *Sweet Sweetback's Baadasssss Song*. Enquanto a maioria dos filmes tinha sua première em Hollywood, este estreou em Detroit, e depois passou num circuito de cinemas de gueto e salas de filmes eróticos. Sua trilha sonora, rejeitada pela A&M Records, destacava um novo grupo, o Earth, Wind & Fire, e quando o selo Stax o escolheu eles passaram a fazer sucesso.

Mais tarde naquele ano apareceu *Shaft*, com um bom orçamento e um ator principal popular. Um colunista do *Amsterdam News* declarou que "As filas noturnas de fãs, tarde da noite, lá pelas 23 horas, aguardando na bilheteria de *Shaft*, lembram aquelas filas de espera dos shows de James Brown no Apollo", o que fazia sentido, pois os públicos eram semelhantes. A trilha sonora de *Shaft* fez mais sucesso ainda do que o filme, a cargo de um compositor que era tão calmo quanto Brown era agitado, voltado para o interior o quanto Brown estava pronto a explodir. Isaac Hayes era um astro da nova safra, e com *Shaft* ele estava vivendo seu grande momento. O seu "Theme From Shaft" ganhou três Grammies naquele ano, e o Oscar de melhor canção original. Sua evocação do charme do gueto repercutiu muito além das áreas pobres dos centros das cidades. O Stax, selo de Hayes, distribuiu a partitura da música de graça para bandas de metais do país inteiro, e poucos meses depois Sammy Davis Jr. gravou *sua* impressionante versão do tema.

Se a violência era tão americana quanto a torta de cereja (H. Rap Brown), esses filmes definiram um novo espírito de época no país: lá estava a torta, todo mundo brigando por um pedaço dela, e lá estava também a briga pela torta, o caos e as risadas e as sensações cruas sendo arremessados por todo um cenário de aspecto artificial, que se parecia muito com a América. Os *blaxploitation flicks*, como os filmes desse gênero eram chamados, viraram um cinema muito americano, de impacto.

Shaft era um desajustado, um *detetive*, um visitante do submundo. Mas o mais forte desses filmes, *Superfly*, corporificava o submundo, e em 1972, quando *Superfly* apresentou um traficante de drogas como herói, o submundo virou o lugar da moda. A trilha de *Superfly* era um conjunto de músicas eloquentes de Curtis Mayfield, que falavam mais do que as imagens. Observadores questionaram a moralidade desses filmes, mas a bilheteria, e o público, haviam encerrado a discussão. Como dizia a resenha da revista *Soul* sobre *Superfly*, "em casos assim, em que um homem lida com drogas e se torna um vencedor, a moralidade pode ser questionada e questionada, indefinidamente... *ad infinitum*. Devemos esquecer a moralidade e qualificar isso como esforço e negritude – e veremos que passará no teste nesses dois quesitos".

Durante uma temporada no Apollo naquele outono, Brown admitiu ter gostado de *Blacula*, mas disse que tinha reservas em relação ao gênero; ele estava fazendo uma avaliação da sua moralidade. Mas o gênero, claramente, não tinha reservas em relação a Brown. Quando se anunciou que ele iria participar de um filme do gênero *blaxploitation*, a única pergunta que se fazia era se *ele iria compor a trilha sonora ou o enredo*.

O filme era *Black Caesar*, e o estúdio primeiro convidou Stevie Wonder para compor a música. "Ele assistiu a algumas sequências do filme, acredite se quiser, e ao que parece achou o filme muito violento", disse o diretor Larry Cohen. "Acho que James Brown gostou da ideia de fazer um filme de gângster." Essa seria sua primeira trilha para o cinema.

Quando eles passaram o filme para Brown, dizem que ele exclamou que *Black Caesar* era a história da sua vida, e é fácil ver por quê. O filme retrata a ascensão do valentão do Harlem, Tommy Gibbs, um moleque de rua com o ar de quem tem contas a acertar com o mundo, usando sapatos reluzentes e tentando entender como a vida funciona. Gibbs constrói um império do crime e chega ao "topo do mundo", até que infelizmente passa da medida. A dura mensagem de *Black Caesar* era que qualquer um pode se dar bem na América, desde que não se incomode em manchar as mãos de sangue.

Depois de assinar um lucrativo contrato com a American International Pictures (AIP), Brown planejava simplesmente reciclar seus antigos sucessos – "Try Me" para uma cena, "I'll Go Crazy" para outra. O estúdio tinha em mente uma trilha original, e finalmente Brown pediu a Wesley que compusesse boa parte dela. A AIP também passou a Brown uma música que o estúdio insistia que ele cantasse, e que seria o primeiro single a ser extraído da trilha sonora, "Down and Out in New York City". Era uma melodia country, por incrível que pareça, e Wesley trabalhou duro para colocar um pouco de funk nela. Ele conseguiu, e fez outra coisa muito inteligente, arranjando-a num tom que não era o usual do cantor. Brown acabou gritando no extremo da sua extensão vocal, e isso dá à música um tom de desespero em sintonia com o filme.

Mais profunda ainda era "Mama's Dead", uma balada com um significado especial para Brown. No dia em que ele ia colocar a voz na música, ele ligou para o estúdio em Augusta e disse que não queria ninguém presente, apenas ele e o engenheiro de som Lowell Dorn, que iria pôr para rodar a parte do acompanhamento da música já pré-gravada. "Ele disse: 'Quero só uma luz no microfone no estúdio, e é só isso o que eu quero'", conta Dorn. "Fui colocar a fita, e ele disse: 'Apenas deixe rodar.' Ele começou a interpretar aquela emocionante parte vocal e se sentiu sufocado e eu acabei chorando também. Foram necessários vários takes até a gente conseguir acertar a parte vocal. Ele chorou bastante."

Havia dois excelentes números vocais, e Brown achou que tinha terminado, mas a trilha sonora estava longe de estar pronta. Quando o estúdio de cinema começou a perguntar onde estava o resto da trilha sonora, coube a Wesley escrever a parte instrumental. Mas ninguém queria contar isso ao chefe. Quando o filme foi lançado e Brown ouviu a excelente música de Wesley pela primeira vez, ele esquadrinhou a sala, localizou Wesley e despediu-o (Brown contratou seu diretor musical de volta depois que as "intenções" dele foram devidamente esclarecidas).

"Eu vi James na projeção em Nova York de *Black Caesar*", conta Cohen. "James estava sempre a mil – você nunca sabia quem ele realmente era, ele sempre dava aquele sorriso e ficava falando e falando, mas você nunca sabia o que de fato se passava na cabeça dele."

A trilha sonora não alcançou os níveis de vendas de *Shaft* ou *Superfly*, mas juntando os vocais de Brown à big band funk de Wesley, foi um trabalho memorável. O filme fez ainda uma coisa a mais pelo astro: deu margem a um novo apelido. "Ave César, Chefão do Harlem" era uma frase de propaganda do filme. Charles Bobbit viu possibilidades nisso, e experimentou usar o slogan "Ave James Brown, chefão da música", terminando por sugerir a Brown que simplesmente se apresentasse como "O Chefão do Soul". Danny Ray começou a trabalhar isso no palco, e o apelido pegou.

Black Caesar foi seguido em meados de 1973 pela trilha sonora de *Slaughter's Big Rip-Off*, outro filme de ação urbana, estrelando o antigo astro do futebol Jim Brown. De novo, boa parte do trabalho foi delegada a Wesley, que reuniu alguns excelentes músicos de estúdio para a gravação. Embora o filme não chegasse a fazer sucesso, como a maioria dos filmes do gênero *blaxploitation*, ele foi uma produção barata, e não exigia muito esforço para entender seu enredo.

Meses depois que *Black Caesar* foi lançado, um garoto de um bairro de Bogotá está assistindo a uma cópia muito mal dublada do filme com seus amigos, projetada sobre um lençol, num pátio cheio de ferro-velho. Há uma cena em que o ambicioso gângster negro vai até um reduto de brancos, e então enfia sua orelha cortada num prato de massa que está sendo comido por aquele chefão do crime organizado. "Achei que talvez você quisesse pôr um pouco mais de carne no seu molho", ele solta. O garoto em Bogotá dá um sorriso amarelo.

Por todo o mundo, pessoas pobres assistiam a filmes como esse, com cenas de vingança protagonizadas por pessoas de pele escura, com negros sendo mais espertos que brancos, e a mente foi colocada para pensar. Com sua abundância de ação e com diálogos que continham reflexões, os filmes do gênero *blaxploitation* viajaram livremente mundo afora. Eles circularam num momento em que o funk e a imagem de pessoas como Pelé, Muhammad Ali, Angela Davis, Tommie Smith e John Carlos estavam todos girando na mesma alta esfera. A agressividade negra entrava na corrente principal da cultura pop, e fazia isso não tanto via Hollywood ou Londres, mas a partir de bairros latinos e favelas e guetos. A agressividade negra estava virando o conteúdo de uma cultura pop global.

"O mundo é um gueto", a banda funk War proclamava, e se isso era verdade, então James Brown era um potentado transnacional, representante de favelas, *ashwaiyyat*, zonas de migrantes e cidades de chegada por todo o planeta. Uma cultura crioula sem fronteiras, uma batelada de funk e soul e cinema alternativo – *blaxploitation*, Kung Fu, westerns italianos "spaghetti" e musicais indianos –, forjaram um sentido de identidade entre as pessoas da periferia.

Bob Marley chamou o reggae de "a música do gueto". Em Kingston, Jamaica, o jovem cantor pediu ajuda ao produtor de discos Lee "Scratch" Perry para que este o fizesse soar de modo parecido com Brown, e numa antiga canção de Marley e os Wailers, "Black Progress", podemos ouvi-lo gritar, "*I'm black and I'm proud*". A influência de Brown no reggae na verdade daria um longo ensaio; a título de semente plantada, bastaria observar que depois que a King Records foi vendida a empresas de Nashville, as prensas de discos daquele selo foram desmontadas em Cincinnati e embarcadas para compradores jamaicanos. Uma licença poética: o mesmo hardware que havia produzido a música de James Brown estava agora prensando sucessos de Toots and the Maytals, dos Wailers ou do Culture, e todos eles sabiam os discos de James Brown de cor.

Nos redutos da classe operária de São Paulo e do Rio, brasileiros negros reuniam-se no início da década de 1970 para dançar ao som da música de Brown e outros astros da soul music. O Brasil era uma nação de várias vozes que oficialmente silenciava o orgulho racial a fim de obter a coesão de uma unidade nacional complexa, mas o movimento Black Soul estimulou uma fome de identidade entre os pobres. Em bairros de periferia, os devotos do soul construíam casas com dormitórios pequenos e uma sala ampla, de modo a ter espaço para ensaiar à vontade os passos de James Brown. Na Bahia, um novo termo passou a circular para categorizar a juventude da classe operária que estava se expressando por meio do soul: *brau*, derivado de Brown. Segundo um escritor, *brau* significava "moderno, sensual e negro".

Onde quer que o povo e as tradições africanas tivessem deitado raízes, era lá que Brown tinha mais importância. Assim, não surpreende que seu impacto no continente africano tenha sido substancial.

Algumas indicações: nos bares de música de Addis Abeba, Alemayehu Eshete disputava com Tlahoun Gèssèssè o título de "James Brown da Etiópia". No Benin, a grande *jam band* Orchestre Poly-Rythmo tinha fortes influências dos bateristas de Brown. "Ele teve maior influência na nossa música do que Fela", disse o cantor Vincent Ahehehinnou. "Naqueles anos, não havia banda no Benin que não tivesse alguma coisa em seu repertório influenciada por James Brown."

Por todo o continente africano, rock and roll e soul music estavam ligados a movimentos de independência, num clamor geracional por novas possibilidades. Quando líderes estudantis ouviram "Say It Loud", Brown tornou-se o foco de toda essa esperança. Na Tanzânia, "'Sex machine' era escrito em paredes de escolas, motocicletas e gargantilhas", disse a escritora May Joseph; em Bamako, Máli, jovens que gostavam de estar na moda copiaram o estilo e as roupas que ele ostentava nas capas dos seus discos.

Outro exemplo dessa disseminação internacional de dados culturais floresceu no South Bronx, onde nasceu uma subcultura no verão de 1972 a partir do som de "Get on the Good Foot". Dançarinos criaram um passo chamado Good Foot, com uma pedalada à la Brown, e os participantes autodenominavam-se *b-boys*, e se reuniam em grupos para praticar e, se necessário, para travar guerras de dança com outros grupos. O próprio jeito de Brown começar sua música – "*Que pasa, people, que pasa hit me!*"– era uma evocação de negros e mulatos, e no South Bronx, garotos afro-americanos e porto-riquenhos *iam* aos poucos criando vínculos ao som dos discos que os DJs do bairro tocavam nas festas de quarteirão. Botando discos para girar na Sedgwick Avenue, no Bronx, Kool Herc estava entre os primeiros a se apropriar da última música de Brown como se fosse um arauto de algo novo. Ele a fragmentava, passando de um toca-discos para o outro a parte escolhida da sua seleção, estendendo-a pelo tempo em que a plateia reagisse bem. Brown conduzia as coisas numa hora, Herc em outra. O DJ diz que Brown é "o rei, o *b-boy* A-1". No Bronx e em outras partes, música e dança estavam lançando as bases da revolução do hip-hop.

"James foi o último rei do funk", disse Afrika Bambaataa, DJ e líder dos Zulu Kings, uma dos grupos de *b-boying* pioneiros do Bronx. Quando surgiam brigas nas danças em que Bam estava atacando de DJ, ele colocava "Good Foot". "Algumas músicas fazem as pessoas adequarem sua vibração. Você ainda precisa conversar e esfriar os ânimos, mas algumas músicas do James Brown simplesmente parecem acalmar a confusão."

Era estranho, como uma orelha no seu espaguete. Pelo mundo todo, Brown estava sendo adotado como um símbolo de identidade por jovens que se identificavam muito pouco com outras coisas. Ele era a coisa nova.

Mas longe dos lugares onde "Good Foot" exercia influência, um drama se desenrolava, um no qual Brown tinha um papel menos destacado. O líder dessa tragicomédia era um poderoso político da Califórnia, mexendo em tantas cordinhas que acabou esquecendo ao que elas se conectavam. Richard Nixon ainda estava no poder, e Brown ainda sofria as penas do inferno por causa disso.

Naquele que foi anunciado como "Black Caesar Show" no Apollo Theater, alguns manifestantes carregavam cartazes nos quais se lia "James Brown Nixon's Clown" ["James Brown, o Palhaço de Nixon"]. Um dos manifestantes disse que Brown estava fazendo mais pelo presidente do que "pelos negros que o tornaram milionário". Foi preocupante ver Brown se dispondo prontamente a receber os manifestantes dentro do Apollo, e depois ficar em pé nas esquinas do quarteirão do teatro para expor sua própria mensagem. Foi "um esforço desesperado... de persuadir seus irmãos e irmãs de que era perfeitamente possível para ele atuar tanto do lado de Nixon como dos negros, sem ser afetado adversamente por nenhum deles", relatou o *Baltimore Afro-American*. "Ele afirmou sua inocência em relação a qualquer tipo de traição e reafirmou a eles sua negritude."

Era como se até mesmo um contato incidental com Nixon pudesse sugar a pigmentação da sua pele. Os que eram próximos a Brown ficavam imaginando o que ele ganhava com essa sua conexão com o presidente. Nixon canalizara ajuda para os seus outros grandes apoiadores negros; mas o que havia feito pelo Chefão do Soul? Brown ainda era dono de três estações de rádio, e elas lhe causavam problemas com a Federal Communications Commission. Fred Daviss disse ter falado diretamente com Nixon sobre a minuciosa análise feita pela FCC nas rádios de Brown. Segundo Daviss, Nixon se ofereceu para resolver o problema, "E ele de fato também fez isso, tirou os caras de cima da gente por um tempo". Por volta dessa mesma época, a Receita Federal iniciou uma investigação nas declarações de Brown. Nesse assunto, o presidente seria de menos ajuda, disse Daviss, embora Nixon tivesse tentado transferir os procedimentos legais do Imposto de Renda contra Brown do tribunal criminal para o tribunal civil.

Segundo Alan Leeds, Nixon "pode ter ajudado" na questão da FCC. No entanto, "James imaginou que o presidente iria ajudá-lo na questão dos seus impostos, e não conseguiu ajuda nenhuma dele". Brown tinha várias conexões com a Casa Branca. Uma delas era seu amigo Bob Brown, assessor de Nixon. Depois, havia sua amizade com alguns políticos e também a questão mais bizarra de James Palmer, o policial federal que investiu um bom tempo viajando com Brown e sua banda no final da década de 1960 e início da de 1970. Parece que ninguém sabe exatamente o que Palmer estava fazendo acompanhando a turnê com o cantor, ou para quem ele estava trabalhando. Mas sem dúvida Palmer esteve muitas vezes presente.

Martha High, uma cantora do show de Brown, disse que Palmer tinho sido mandado pelos federais para supervisionar o fluxo de caixa de Brown e garantir que ele fizesse os devidos pagamentos do imposto de renda. Mas Palmer fez mais do que simplesmente observar; ele trabalhou como agente de segurança do cantor e também fazia outros trabalhos. "Eu o via de vez em quando, era um policial federal que aparecia nos shows e fazia algumas coisas para James. Eu não sei exatamente quem ele era, mas era um peixe graúdo", disse Fred Wesley.

Alan Leeds descreve o policial como um homem bonito, de pele clara, sempre de terno e gravata e capa de chuva. Também disse que Palmer foi capaz de acionar seus contatos no governo para livrar Clyde Stubblefield, Frankie Waddy e o próprio Leeds do serviço militar quando eles foram convocados. Manter Stubblefield na banda de Brown pode contar como um dos grandes atos patrióticos não proclamados daquele período. "Na verdade, ele era, pelo menos oficialmente, apenas um policial federal. Em algum ponto do trajeto, entre 1967-68, ele se tornou amigo de James Brown", disse Leeds. "Sua relação com JB, fomentada durante aqueles anos voláteis, provavelmente não foi uma coincidência – estou convencido de que ele foi 'designado' por alguém para ficar de olho no velho e bom JB. Brown com certeza parecia aceitá-lo na *entourage*, e bem abertamente – quaisquer que fossem os ceticismos que JB pudesse ter a respeito dos motivos de Palmer, ele os guardou para si."

Naquele outono de 1973, Brown lançou "You Can Have Watergate Just Gimme Some Bucks and I'll Be Straight". Na época em que a música surgiu, a amplitude do escândalo Watergate começava a vir à luz, e as audiências televisionados no Senado já haviam tido início. A letra da música, como seria de esperar pelo título, é uma calma rejeição do caso, cantada por Brown e banda. Teria sido uma espécie de beijo de despedida de toda aquela relação de Brown com Nixon, se não fosse seguida por uma reveladora entrevista dada ao *Augusta News-Review*, no início de 1974.

Nessa entrevista, Brown fala mais abertamente sobre racismo do que de hábito, instalado confortavelmente em sua casa, falando a um jornal negro de Augusta. O repórter pergunta se as revelações do caso Watergate o fizeram repensar seu apoio ao presidente.

Absolutamente não, diz Brown. "Se eu me voltasse contra o presidente, então estaria me voltando também contra todas as pessoas que andam pelas ruas. Porque tenho certeza de que todo mundo guarda algum esqueleto no armário... Os negros devem lembrar que as posições que foram tomadas por esse presidente em quatro anos não haviam sido assumidas por nenhum outro presidente desde a Reconstrução.

"Seria ruim eu saber dessas coisas e ficar hesitando se deveria abordá-las ou não. Mas, veja bem, eu não fico hesitando. Não me preocupo se vou vender discos amanhã ou não, se alguém vai aparecer nos meus shows ou não. Isso não importa. O importante é eu contar a verdade a essas pessoas. Talvez Nixon de fato tenha tirado o dinheiro da rua. Mas a realização dele foi fazer o homem branco voltar à sua dimensão, a mesma dimensão do homem negro. Sabe, antes, com todas as outras administrações, o homem branco estava nas nuvens e o homem negro lá embaixo. Mas, agora, o negro e o branco estão numa disputa dos infernos."

Você tem que admitir que foi o Watergate, disse ele, que finalmente fez o homem branco descer ao nível do homem negro.

Brown continuou. "Eu quero lembrar aos negros que não sou democrata nem republicano. Mas foi sob uma administração republicana que os negros foram libertados. Não sou democrata nem republicano. Mas os estados republicanos durante a escravidão nunca foram escravocratas. Foram sempre os estados democratas que adotaram a escravatura. Veja bem, eu sei que eles não sabem disso. E são essas coisas que eles precisam saber. Foi sob os republicanos que uma coisa simples como uma fonte de água foi integrada. Os democratas puseram duas fontes de água separadas lá... Os negros não devem votar em democratas ou em republicanos. Eles devem votar no homem que irá fazer alguma coisa por eles. Quem teria imaginado que [Lester] Maddox iria fazer mais por nós do que todos os demais?"

A entrevista poderia tê-lo prejudicado tanto quanto o fato de ele ter apoiado Nixon, se alguém fora dos limites da cidade de Augusta tivesse sabido da sua existência.

Um ano depois de Nixon ter deixado a Casa Branca em 1974, a Comissão Especial de Inteligência do Senado revelou que a Administração fizera uso indevido de arquivos do imposto de renda entre 1969 e 1973, passando ao FBI e a outras agências do governo cópias das declarações de imposto de renda e informações reunidas sobre pessoas e organizações tão variadas quanto a John Birch Society, Sammy Davis Jr., a NAACP, o Conservative Book Club e James Brown. Mais tarde, o cantor e outras pessoas iriam indicar esse achado como prova de que o governo queria pegá-lo do jeito que fosse.

Isso certamente mostrou que eles o levavam a sério o suficiente para espioná-lo. Mas poucos daqueles que cercavam Brown aceitaram a descrição de que ele teria sido uma vítima inocente. Segundo Fred Daviss, o cantor só passou a entregar declaração de imposto de renda a partir de 1967, quando abriu seu escritório de negócios em Nova York. Cerca de um ano depois, a Receita Federal americana notificou Brown de que ele devia somas substanciais ao governo.

"Ele não conseguia entender por que outras pessoas estavam conseguindo dinheiro de volta da sua declaração", disse Daviss. "Ele dizia, 'Com todo esse dinheiro que eu pago, eles deviam estar me devolvendo dinheiro'. Eu tinha que explicar, 'Senhor Brown, o senhor não fez nenhuma retenção na fonte... esse dinheiro que o senhor está pagando não é seu'. Ele entendia, mas não queria admitir. Eu disse a ele que não, que ele estava deduzindo dinheiro do pagamento de seus empregados e, embora estivesse fazendo pagamentos, aquele dinheiro que deixara de pagar também entrava nos negócios."

A investigação da Receita Federal chegou ao ponto crítico no início da década de 1970, e o governo concluiu que Brown devia milhões – só em relação ao período fiscal que terminava no último dia de 1974, ele foi notificado de que devia 2.231.817,77 dólares. Ele não confiava que as pessoas que trabalhavam para ele fossem capazes de tomar decisões importantes, e costumava contratar vários funcionários com cargos similares, por isso não ficava claro quem era responsável pelo quê. Em meados da década de 1970, a confusão que havia armado com sua contabilidade finalmente cobrou seu preço, pois a Receita Federal confiscou um caminhão cheio de discos para pagar os impostos de Brown, suas editoras, empresas, a turnê de shows e mais coisas.

De todos os filhos de Brown, Teddy era o mais parecido com o pai. Nascido em Toccoa, ele viveu com Velma, a mãe, depois que Brown se mudou para Macon. Assim como o pai, Teddy era um dançarino incrível, e queria seguir carreira na música, com sua banda Teddy Brown and the Torches.

Um dia, em junho de 1973, Teddy e o pai tiveram uma briga enquanto ele estava na casa de Brown em Walton Way. Provavelmente era dinheiro. "James me disse, 'Sr. Daviss, ele vai ter que aprender", comentou Daviss.

"Teddy era apenas um adolescente como os outros. Teddy estava sempre sorrindo. Ele tinha sempre um sorriso no rosto."

Depois que eles brigaram, Teddy, irritado, pegou algum dinheiro e voou para Nova York. O garoto de dezenove anos estava matando o tempo no escritório de Brown com Alan Leeds e o irmão, Eric, e mais Bob Patton e o auxiliar Buddy Nolan. Eles decidiram ir até um show do Harold Melvin no Copa, Teddy tirou algumas fotos, fez alguns comentários impróprios e sugeriu a Eric que fosse com ele de carro até Montreal, onde pretendia ver algumas garotas amigas suas. "Ele amava o pai", disse Leeds. "Fazia de tudo para obter aceitação e aprovação dele, e o pai o amava. Isso era claro. Seu pai era muito severo – conseguir sair da casa foi uma verdadeira emancipação para ele."

De Nova York, ele pegou um carro com dois amigos e foram para o norte.

"Ele se resguardava do pai, e fazia isso da mesma maneira que muitos de nós, funcionários – quando o pai não estava por perto, ele não ficava mais tomando só refrigerante. Teddy sabia do efeito que seu pai tinha não só sobre as plateias mas também sobre os seus empregados. Ele via o que aquela gente tinha que suportar, sendo demitida duas vezes por dia. Ele via e desenvolveu algumas das mesmas táticas. Todos nós olhávamos para Teddy e pensávamos, bom, a julgar pelos maus pedaços que nós passamos, já dá para imaginar o que esse menino não passa."

O cantor estava tendo seu cabelo arrumado em casa quando o telefone da parede da cozinha tocou. Bobby Roach pegou a ligação, e um policial do estado de Nova York contou-lhe, "Houve um acidente no norte, perto de Elizabethtown. Achamos que o irmão do senhor Brown está envolvido num acidente. Por favor, deixe-nos falar com o senhor Brown".

Confuso, Brown disse aos policiais, "Eu não tenho irmão". O carro havia saído da estrada e batido na pilastra de uma ponte, segundo lhe disseram. Os três ocupantes morreram na hora.

Brown ligou para os seus pilotos e mandou aprontarem o avião. Eles iriam viajar – Brown, sua mulher, seu pai, Roach e Danny Ray – até Nova York, para tomar pé da situação. À tarde, foram de carro até Elizabethtown. Roach relembra, "Era uma cidade muito quente, maravilhosa, as pessoas eram muito amáveis. Elas pediram autógrafos, mas nós dissemos que estávamos resolvendo um assunto muito importante e precisávamos de um pouco de privacidade naquela hora."

Estranhos deram-lhe as instruções para chegar até uma casa funerária. Joe Brown começou a chorar. James estava tomando pílulas de nitroglicerina para um problema do coração naquela época; "Eu disse que seria melhor eu ir ver o corpo no lugar dele", disse Roach. Mesmo com o rosto inchado e o pescoço quebrado, ele parecia muito com o pai.

"Foi só uma reunião de pessoas numa velha igreja rural", disse Daviss a respeito do funeral em Toccoa. "Algumas pessoas dizem que Aretha Franklin estava lá; não vi Aretha ali." Brown caiu de joelhos uma hora em que estava andando pela nave da igreja, e ficou lá um tempo, gritando. Foi a única vez que alguém o viu perder o prumo naquele dia, e foi algo breve. Em pé, com seu círculo íntimo no cemitério, Brown mantinha-se ocupado tomando decisões de negócios – quem iria voltar para Augusta, quem iria para Atlanta, quando é que cada um iria ver o outro de novo.

"Era um cara cujo lema na vida era 'Nunca demonstre fraqueza'", disse Leeds. "E, para ele, chorar *era* uma fraqueza, era chafurdar em algo fora do seu controle. Ele num instante já estava de volta àquilo que sabia fazer – era alguém que não se imaginava de forma alguma voltando simplesmente para casa para ficar lá sentado e chorando. Não estou dizendo que não tenha feito isso, mas ele não cumpriu luto nem pensou muito a respeito."

No dia após o funeral, para espanto dos mais próximos, ele já estava de volta à turnê. Havia contratos assinados, eles estavam perdendo dinheiro. "James Brown era um cara trabalhador, e depois do enterro me contou que havia chorado, mas ele deu a volta por cima e seguiu em frente", disse Daviss. "Depois, havia horas em que ficava melancólico, tarde da noite, e começava a falar a respeito. 'É, meu filho teria tal ou qual idade agora.'"

"Brown disse que a razão pela qual voltara ao trabalho era que 'Todos nós temos um trabalho a fazer. A vida continua. Eu tenho que ganhar meu pão'. Como se fosse seu último dólar. Mas ele encerrou o assunto – era a sua maneira de lidar com isso. Ele deu a volta por cima e foi cuidar das suas coisas."

No final de agosto, a AIP lançou *Slaughter's Big Rip-off*. Quando Brown soube que o estúdio de cinema ia filmar uma sequência de *Black Caesar*, de novo com direção de Larry Cohen, ele disse que queria fazer aquela trilha também.

Mas havia complicações. Segundo Cohen, o estúdio ficara incomodado com o fato de o cantor ter enviado uma pilha de fitas aleatórias para suas duas trilhas anteriores, com músicas que não haviam sido compostas para a minutagem das cenas. Segundo Cohen, depois que os diretores, por duas vezes, tiveram que ficar editando a música para encaixá-la na extensão das cenas, a AIP jurou que eles nunca mais fariam isso de novo. Cohen disse ter ouvido de Bobbit que Brown queria gravar, e teve que retransmitir a Bobbit que o estúdio considerava Brown "persona non grata". Bobbit não desistiu e disse: "O homem encara um desafio". Então Cohen concordou em levar uma trilha sonora de Brown ao estúdio para ver o que acontecia. Quando a música chegou, Cohen tocou-a para os produtores, que disseram: "É a mesma coisa do velho James Brown". Eles contrataram compositores da Motown e o cantor Edwin Starr para a composição da sequência, *Hell Up in Harlem*.

Uma história muito recontada é que Cohen recusou a trilha de Brown dizendo a Wesley: "Não é suficientemente funky, garoto". O diretor nega.

"Antes de mais nada, eu não saberia o que isso significava", disse Cohen. "E dizer a James Brown o que a música dele é ou não, simplesmente não é do meu feitio. Mas, para o pessoal da AIP, era 'a mesma coisa do velho James Brown', foi o que eles disseram. Eu disse a eles que nunca conseguiriam nada melhor de outra pessoa, e não conseguiram mesmo."

A música composta para dar o tom logo no início do filme, "The Payback", foi gravada em agosto de 1973. Segundo Jabo Starks, que trabalhou nela com Fred Wesley, "Nós sentamos e assistimos ao filme, e compusemos a música. Fred fez a letra". Eles gravaram uma trilha instrumental, e então Brown veio até o estúdio de Augusta e ouviu. "James mudou tudo completamente. Fomos pegos no meio do oceano sem remo. Era um caso de pegar ou largar – James tinha que fazer a gravação naquela hora. Tudo o que a gente tinha era o ritmo. Eu tentei apenas mantê-lo e deixá-lo *sólido*."

"Uma melodia nunca é uma melodia até que James Brown chegue e cante. Quero dizer, soava direito", disse Wesley, "mas aí o James chegou, suando, se retorcendo e gritando, e botou fogo em todo mundo. Só quando ele chegou ao estúdio é que a música instantaneamente virou um sucesso."

Brown chegou num mau humor terrível, e, conforme cantava as palavras que havia escrito, continuava gritando *damn* a toda hora. Isso foi um problema, e o engenheiro de som gastou horas para cortar fora cuidadosamente todos os *damn* da fita.

Se a música não emplacou como trilha sonora do filme, uma coisa é certa: "The Payback" é um filme *blaxploitation* que cria sua própria trilha sonora. Em "Revenge! I'm mad" ["Vingança! Eu estou furioso!"], Brown grita enquanto uma guitarra faz um som arranhado, como uma navalha riscando uma pedra. "I can do wheeling, I can do dealing, I just don't do no squealing" ["Eu posso mandar, posso fazer transações, só não sou dedo-duro"], ele grita, várias décadas antes de *Stop Snitchin'*. Um coro feminino atrevido acompanha Brown o tempo inteiro, enquanto Martha High faz um lamento queixoso em três canais e sinaliza o momento em que todos os pombos de repente são soltos e a ação começa.

As palavras de Brown e sua interpretação são tão focadas, tão obsessivas, que as pessoas desde então ficam imaginando exatamente qual foi a afronta que ele teria sofrido e que estaria tão empenhado em vingar. Alguns sugerem que era o incêndio criminoso da sua casa noturna, a Third World. Impossível; embora a música tenha surgido depois disso, "Payback" foi gravada antes do incêndio.

Byrd imaginou que ele estivesse dando o troco ao homem branco, e aconselhou Brown a escolher as palavras com cuidado: "Nós sabemos do que você está falando, de tentar dar o troco às pessoas – eu entendo isso, mas algumas coisas a gente não pode dizer assim abertamente". Wesley acha que o problema foi que Brown descobrira que uma mulher que trabalhava para ele estava tendo um caso com Harold Melvin, e ele queria vingança por isso.

No final das contas, não interessa tentar descobrir o que pode ter inspirado "Payback". Ele está *furioso*, lida com isso, e a música é uma panorâmica de 360 graus, divertida, perversa, das ruas por volta de 1973, que resume toda uma era. Ave César: ele pode não saber caratê, mas sabe lutar com uma *navalha*.[2]

---

2 Referência a uma frase que Brown canta na música, "*I don't know karate, but I know ka-razor*". (N. do T.)

EMULSIFICADO

Capítulo Vinte

Vista da rua, a casa em Augusta era parecida com todas as demais fortalezas para pessoas que haviam vencido na vida, quer recentemente, quer no passado ancestral. No entanto, da porta para dentro a vida lá corria mais solta do que em qualquer outro lugar das redondezas. Músicos e pessoas próximas, de Nova York ou Atlanta, entravam e saíam. A mesma coisa com os filhos de James e dele com Deidre – as filhas Deanna (nascida em 1969) e Yamma (nascida em 1972), e também indo e vindo, e com frequência ficando lá, estavam os meninos de Toccoa, Larry (nascido em 1958) e Terry (1955). E depois havia outros filhos, como Darryl (nascido em 1960), cuja mãe era Bea Ford, cantora que trabalhou com Brown e Joe Tex no início da década de 1960, e Venisha (1965), filha de Brown com a cantora Yvonne Fair. Havia um pouco do clima da casa onde ele fora criado, cheia de familiares e de estranhos.

Ao mesmo tempo, percebia-se uma ordem estabelecida, uma consciência de que o poder apontava diretamente para o chefe. O alicerce da vida familiar não era alguma definição do que fosse certo ou errado. Não. O verdadeiro alicerce era um credo frequentemente repetido, um que os garotos inscreveram numa placa dependurada na cozinha.

"A REGRA DE OURO", dizia a placa, "É a seguinte: Aquele que tem o ouro faz as regras.

Quem tem o ouro?

PAPAI

Todo mundo concorda que PAPAI dita as regras nesta casa."

Assinado: "todos os filhotes de Brown: Deidre, Daryl, Venisha, Deanna e Yamma. Nós amamos você, Papai"

Segundo Deanna, Deidre era uma mulher de casa, que participava da vida dos filhos. "E quando ele estava em casa, também participava. Ele era um pai muito severo, muito severo. Muito severo."

Algumas casas adiante morava Carl Sanders, ex-governador da Geórgia. Um bairro de gente rica, um bairro de brancos, e não deve ter sido fácil para os Brown sentirem que Walton Way era também a sua casa. Brown nunca comentou sobre qualquer hostilidade sofrida. Mas talvez ele curtisse um pouco de vingança no Natal, quando colocava uma profusão de luzes e de enfeites decorativos no gramado da frente, com um grande Papai Noel e um painel com os Reis Magos – todos eles, inclusive o Papai Noel, negros. Pessoas de toda Augusta – pessoas pobres, negros – subiam de carro a Hill para ver essa mostra de exuberância num enclave que, de resto, era exclusivo daquela montoeira de coisas pré-Guerra Civil, onde qualquer objeto além de uma flâmula de time de futebol da Geórgia já era considerado um escândalo.

Afro-americanos novos-ricos num paraíso pré-Guerra Civil, o Torneio Masters de Golfe logo descendo a rua. Um pai que mandava com firmeza, mas com pouca frequência. Não era nada simples, mas tampouco era tedioso.

Uma manhã, Brown estava pela casa de roupão, dando pedaços de comida ao poodle da família, Poojie, na mesa da sala de jantar. Havia uma porta basculante que dava para a cozinha, e naquela manhã a empregada abriu-a sem muito cuidado e acertou a cabeça do bichinho. "Você matou o Poojie!", Brown gritou. Não foi bem assim: ainda levou uma semana para Poojie morrer.

Brown amava aquele cachorro, e levou o coitadinho para descansar num luxuoso ataúde branco com pregos pintados à mão. Então encenou um funeral completo na casa. A família inteira estava lá, e auxiliares e funcionários da sua emissora de rádio, todo mundo vestido a caráter para uma cerimônia formal. Danny Ray estava lá, e quando Brown desatou a chorar, inconsolável diante do cãozinho deitado no seu sarcófago na cozinha, foi Ray que delicadamente colocou uma mão no ombro de Brown, cochichou algo no seu ouvido, e finalmente deixou cair uma capa nas suas costas.

Ele não sabia o que fazer com os filhos. "O senso comum diz que aquele era um cara que crescera sem nada parecido com aconchego familiar à sua volta", disse Leeds. "Afeto era um bem de consumo, uma coisa que os soldados compravam. Ele sabia o que se esperava dele, e sabia ficar martelando aquilo que se espera que um pai diga – 'não abandone a escola', 'faça a lição de casa'. Mas isso, para ele, era como cumprir um papel."

Ele gostava de levar a família para longos passeios pela área rural da Carolina do Sul, onde havia nascido, mas eles não se interessavam muito por isso. Então, no verão de 1973, ele conheceu um jovem que transbordava de um talento óbvio. O adolescente era não só talentoso em motivar estranhos, mas gostava muito de fazer isso. Adorava Brown, e fazia tudo o que ele mandava. Ele gostava de andar de carro pela Carolina do Sul com Brown, ou pelo menos não reclamava.

Esse jovem era Alfred Sharpton, um amigo de Teddy de Nova York. Depois do enterro de Teddy, amigos comuns levaram-no até o Newark Symphony Hall para um encontro nos bastidores com o pai de Teddy. Brown olhou para o gorducho pregador de rua de dezoito anos, e então disse: "Você é o reverendo?".

"Sim, senhor."

"Se você ouvir o que eu disser, vou fazer de você o maior de todos por aí."

Desconcertado, Sharpton gaguejou um "Não, senhor", explicando que não estava interessado em música, o negócio dele eram os direitos civis.

"É isso mesmo que eu estou dizendo – ouça ou que eu digo, mergulhe de cabeça e você será o maior."

O pai de Sharpton abandonara a família quando o garoto tinha nove anos de idade, e Alfred mostrou-se muito feliz com aquele interesse que o cantor demonstrava. Apareceram juntos no programa *Soul Train*, quando Sharpton presenteou seu mentor com um prêmio de sua organização, a National Youth Movement, e elogiou "The Payback" como "a canção-tema da América negra jovem em 1974".

O adolescente começou a promover os shows de Brown por Nova York, e depois o acompanhou na turnê. Brown estava moldando o garoto, ensinando Sharpton a se expressar abertamente, e a nunca usar de falsa modéstia em relação à sua própria imagem. "Do mesmo jeito que ele disse, 'Eu vou fazer do Maceo meu astro do saxofone' e 'Fred vai ser meu trombonista especial', eu iria ser seu líder de direitos civis", disse Sharpton.

Brown convenceu-o a encurtar o nome para Al – havia sílabas demais em Alfred – e fez seu protegido prometer cortar o cabelo à moda dele, e mantê-lo assim enquanto o cantor fosse vivo. "Estou lhe dizendo, ele lidava comigo como se eu fosse um dos artistas do show dele", disse Sharpton.

Em Las Vegas, durante uma temporada de Brown, Sharpton uma vez foi procurar o reverendo Jesse Jackson, um ativista de uma época anterior. Sharpton trouxe Jackson com ele para o hotel para ver Brown, e o cantor estava lá, sendo paparicado, levando a conversa para onde ele queria. Por fim, Brown virou-se para Jackson e disse: "Jesse, você é um artista da Motown. Você é um artista da Motown – você é negro, mas você é aceito". E então apontou um dedo para Sharpton. "E ele é um artista do James Brown. Ele é rude e autêntico, e no final irá superar você."

Eles conversavam – muito, mas apenas sobre certos assuntos, porque Brown tinha o cuidado de manter a vida pessoal à parte. Além disso, pelos termos da vida de Brown, eles eram "próximos" e não escapou à observação do cantor como o jovem era voraz em absorver as lições de seu pai adotivo.

Os dois saíram de carro um dia pelos arredores de Augusta, e cruzaram o rio Savannah em direção a Bamberg, para ver a tia de Brown, Jettie. "Encoste", ordenou Brown de repente. Entre a luz do sol oblíqua e os carvalhos do brejo, com o carro fora do asfalto, havia algo que ele queria que o jovem entendesse. "Eu nasci lá adiante", disse o cantor, e então falou de como o pai costumava deixá-lo sozinho em casa o dia inteiro enquanto ia extrair terebintina das árvores. "Tomem conta do meu garoto", dizia Joe Brown a algum vizinho, mas ninguém fazia isso, não realmente.

"Eu fui muito magoado a vida inteira", disse Brown, abrindo o coração. "Aprendi a driblar a dor e a recuperar a energia, e aprendi a ficar sozinho."

Havia uma coisa que ele queria ter certeza de que Sharpton iria levar em conta, lá naquele tranquilo sol da Geórgia. "Seja lá o que você fizer, não siga a multidão. Você precisa ser autônomo e ter seu próprio estilo, seu próprio jeito de fazer as coisas." Foi essa a lição que ele não cansou de martelar na cabeça de Sharpton ao longo dos anos.

Em volta de Brown na década de 1970 havia sua família, e os amigos pelos quais se interessava, como Sharpton. Havia sua banda, que ele dava um jeito de manter na linha e a certa distância dele.

Além da banda havia o círculo de protetores na periferia do show, que controlavam o acesso a Brown, carregando uma arma ou um ferro de alisar cabelo. Henry Stallings, amigo de juventude de Brown, estava de volta ao time. Um cara baixinho, que Brown apelidou de "'Do", abreviação de *hairdo* ["penteado"], Stallings às vezes arrumava a touca de cabelo de Brown e o tempo todo funcionava como seu guarda-costas. Em Los Angeles, Fred Daviss viu um *roadie* chamado Kenny Hull entrar numa briga com 'Do. Hull quebrou uma garrafa de Budweiser em cima de uma mesinha de café e partiu para cima dele. "Você acha que vai me cortar com isso?", Stallings perguntou. "Larga essa garrafa..."

Hull largou a garrafa. Um instante depois, quando sua mão estava plana em cima da mesa, Stallings puxou um estilete e enfiou pela palma da mão dele e afundou-o cinco centímetros na mesa. "Então ele ficou chutando a bunda do Kenny e andando em volta da mesa", conta Daviss. "Rapaz, o Kenny estava a ponto de chorar."

Provavelmente o mais durão e definitivamente o mais dedicado do grupo era Charles Bobbit. Ele parecia um homem do serviço secreto, quieto e alerta, seus olhos expressando uma missão, seus dedos segurando uma pasta de executivo. Ele *sabia* lutar caratê. Um cara uma vez o encarou numa pracinha de alimentação cheia de gente, incomodando-o a respeito de algum assunto trivial. Bobbit disse ao cara que não tinha tempo para aquilo e seguiu adiante, mas o rapaz bloqueou sua passagem. Duas bordoadas com sua pasta de executivo, duas cotoveladas, e "parecia que alguém tinha enfiado a porra de um plug 220 no rabo dele", lembrou Daviss. "Parecia que um relâmpago tinha caído em cima dele." O rapaz caiu fora, todo mundo do lugar olhando e tentando entender o que havia acontecido, e Bobbit, bem, ele continuou com a sua missão.

Também fazia parte desse círculo Clayton Fillyau, o baterista. Ele trabalhava no palco e fora dele, e ainda vendia latinhas de feijão com carne para os músicos nas horas vagas. Tocar bateria era ótimo, mas, para Fillyau armar confusão era o mais divertido. Ele era habilidoso em mapear um caminho para levar o dinheiro da bilheteria até os bastidores em lugares como o Howard Theatre, onde você tinha que ser esperto e mudar de caminho a cada show para não ser assaltado. Uma vez eles estavam fazendo uma *gig* num estádio de beisebol em Florence, Carolina do Sul, e depois Brown instruiu Fillyau, que naquela noite trazia seu filho com ele, para pegar o dinheiro e trazê-lo de volta para o hotel. Então Brown foi embora. *Todos* tinham saído, exceto Fillyau e o filho dele, que ficaram sentados com os quatro caras brancos numa salinha do estádio de beisebol, contando os recibos.

Os Fillyaus contaram doze mil ingressos vendidos. Os caras brancos contaram apenas seis mil. "Não, não, veja bem –", Fillyau começou a dizer, e então um dos promotores bateu um revólver em cima da mesa na frente dele. "Caralho, eu *disse* que são seis mil."

"Fiquei tão assustado que nem consegui me mexer", disse Clayton Jr. "Mas meu pai estava muito calmo, ele disse apenas, 'Quer saber? Você está certo, eu é que devo ter contado errado' e enfiou o dinheiro na mala.

"A gente saiu andando, atravessamos o campo de beisebol com as luzes todas apagadas. Aí eu disse: 'Pai, estou apavorado'. Ele disse: 'Quer saber Clay, não olhe para trás, não diga nada, vamos andando, até chegar no carro'. Foi a caminhada mais longa da minha vida."

Mas isso estava distante de ser o fim da noite. Eles tinham que dar a Brown a má notícia. "Mmmm", Brown disse de modo muito expressivo. "Bem, você vai ter que voltar até aquele campo de beisebol e pegar os outros seis mil." Depois disso, todo mundo estava puto com todo mundo. Os que tinham que trazer o dinheiro não tinham trazido, Brown não tinha pego o dele, ninguém iria receber.

Foi um tal de um acusar o outro. "Você não passa de um brutamontes num terno bacana", Bobbit disse, o que era um pouco verdade, mas mesmo assim não era nada delicado de se dizer. Fillyau respondeu: "Tudo o que você tem é essa pasta, e eu sei o que tem dentro dela. Só um sanduíche de manteiga de amendoim e um par de ceroulas". Saiu uma briga a respeito de quem era mais útil ao cantor, simplesmente o tipo de jiu-jitsu mortífero que Brown adorava estimular.

Uma noite, logo depois disso, Brown, Fillyau e seu filho, e mais Bobbit e Stallings, estavam todos jogando conversa fora, e aí tocaram no assunto de que Brown devia a Fillyau algum dinheiro e que este queria recebê-lo naquela hora. Foi quando os três adultos começaram a ficar contra ele. "É melhor você sair agora", ele disse ao filho. "A coisa está ficando feia." Stallings disse alguma coisa que esquentou os ânimos, e ninguém se mexeu.

"Diga isso de novo e eu atiro você pela janela", ele disse a Stallings. "Gostaria de ver você tentar", foi a resposta.

Fillyau foi em direção a Stallings, e Brown pulou nas costas dele. Brown podia ter sido boxeador, mas Fillyau era pelo menos trinta centímetros mais alto, e em segundos já tinha imobilizado o cantor com uma gravata. Stallings puxou um revólver e apontou para Fillyau. Ele não pareceu muito preocupado: "Bem, fale comigo desse jeito *de novo*", disse Fillyau "e eu vou estourar essa sua cabecinha de preto." Levou um pouco de tempo para a coisa se resolver, mas Fillyau não só acabou reavendo *seu* dinheiro, segundo seu filho, como ganhou um bônus de dois mil dólares.

É bom ressaltar isto: Brown recompensava a iniciativa. Uma vez a banda Mandrill estava abrindo o show deles e tocou cinco minutos a mais do que a meia hora combinada. Fillyau então foi até o palco enquanto eles estavam no meio de uma música e desligou todas as tomadas dos instrumentos. Então trouxe todo o equipamento de Brown para o palco, com o pessoal do Mandrill ainda lá em pé. "Era isso o que James gostava nele", Anthony Fillyau disse. "Ele era decidido."

Essa decisão era boa; e melhor ainda quando se dava perto de alguém tão decidido quanto ele. Brown competia com todo mundo, e, conforme a década avançou, talvez suas manobras e maquinações tenham ficado ainda mais afrontosas.

Ele tinha o dom de extrair lealdade de alguém e ao mesmo tempo fazer com que esse alguém se sentisse um perfeito otário por estar sendo leal. Uma vez contou aos garotos da banda que havia visto submarinos espiões do governo no rio Savannah, com seus reatores nucleares emitindo uma luz verde misteriosa. Talvez estivesse brincando, mas estava com ar sério. Virando-se para um rapaz da sala que não estava assentindo nem rindo da sua história, ele disse: "*Você* acredita em mim, não é?". Era nessas horas que se fazia um silêncio tão grande que dava para ouvir um ratinho mijando dentro de um automóvel elétrico.

Num passeio para ir ver a big band do jazzista Woody Herman tocar em Milwaukee, Brown estava na limusine com Danny Ray, um guarda-costas, um cabeleireiro e Daviss, o único cara branco. "Ele não queria que as pessoas se juntassem muito e acabassem ficando contra ele, e assim arrumava um jeito de evitar que os garotos fossem muito próximos uns dos outros", disse Daviss. Eles estavam rodando pela estrada e Brown olhou para Daviss, que estava meio dormindo. "Pessoal", Brown começou, de bom humor, "Eu vou lhes contar uma coisa do senhor Daviss. O senhor Daviss não gosta muito de preto...". E então deu aquela sua risada ardida, *he he he he he*. "Vocês estão *ouvindo*", repetiu ele, rindo alto, fazendo gestos com as mãos.

"Todo mundo estava rindo junto com ele. Por fim ele se inclina para trás e diz, 'Senhor Daviss' – e eu abri um olho – 'O senhor não gosta de preto, não é verdade?'. E aí, como diabos iria eu responder aquilo? Eu não podia dizer, 'Não, não gosto mesmo'. Nem podia dizer, 'O que é isso? É claro que eu gosto!'."

Inclinando-se sobre sua pasta, Daviss fez uma referência a um conhecido bairro de Atlanta, dizendo "Não, eu não gosto daqueles pretos da Ninth Street. Mas de vocês aí... vocês são caras normais pra mim". Todo mundo ficou bem quieto, esperando para ouvir a resposta de Brown. Ele ficou encarando Daviss nos olhos. Passaram-se uns trinta segundos, então ele de novo soltou sua risadinha, *he he he he*...

Isso cortou a tensão. "Garotos, é isso o que eu queria dizer a vocês", Brown continuou. "Vocês todos *acham* que o senhor Daviss é amigo de vocês e que ele é realmente fechado com vocês e que ele cuida do dinheiro de vocês e tudo isso... mas vejam bem. Ele é um cara branco do sul. Ele *nunca* vai estar fechado com *vocês*. Só que, vejam bem, e é isso o que estou tentando dizer a vocês agora. *Eu* posso puxar minha carteira" – e então ele puxou a carteira naquele exato momento – "e aqui vocês podem ver as fotos das duas filhinhas dele, bem aqui. E posso garantir a vocês que na carteira *dele*, vocês vão encontrar as fotos das minhas filhas também. O que eu estou tentando dizer é que vocês nunca vão conseguir ficar fechados com o senhor Daviss como eu..." E então ele se inclinou e ficou olhando fixo para todos eles de cima a baixo, enquanto se fazia um silêncio total. "*Porque eu sou um tipo especial de preto!* He he he he..."

Foi uma conversa de mestre, criando mais divisões do que havia pessoas no carro, numa tranquila viagem até Milwaukee para ouvir um pouco de jazz progressivo.

Brown visitou a África de novo em 1972, quando a banda tocou no Zaire em junho. O continente representava várias coisas para ele: havia uma conexão cromossômica, embora ele continuasse a manter seus sentimentos íntimos quanto a isso apenas para si mesmo. A África era um mercado lucrativo, e um lugar onde ele realmente sentia o amor das pessoas. "A todo lugar que eu ia havia milhares de pessoas simplesmente esperando para me ver e me tocar, era impressionante, o respeito deles era como uma reverência, era como se eles estivessem me vendo como um deus", contou ele à revista *Black Stars* depois da viagem de 1972 ao Zaire. Apesar de um episódio de intoxicação alimentar, ele deu uma volta olímpica num estádio de futebol enquanto milhares de pessoas o ovacionavam.

Dois anos mais tarde, em 1974, ocorreu o grande evento. A luta valendo o cinturão dos pesos pesados entre Muhammad Ali e George Foreman seria realizada em Kinshasa, Zaire, fruto da ambição conjunta do promotor Don King e do presidente do Zaire, Mobutu Sese Seko, que pagou dez milhões de dólares para trazer os lutadores ao seu país. Sabendo que o "Rumble in the Jungle" ["Estrondo na Floresta", expressão com que ficou conhecido aquele combate histórico"] iria voltar os olhos do mundo para a sua nação, o ditador quis que as festividades na capital durassem o maior tempo possível. Assim, um festival de música foi marcado para a semana anterior à luta. Depois, devido a circunstâncias que geram debate até hoje, a luta foi adiada por um mês, e a atmosfera de carnaval se prolongou, com repórteres e turistas celebrando uma festa prolongada na capital.

Os três dias de festival foram uma grande festa de música com raízes africanas. Apresentaram-se o guitarrista de blues B. B. King, o compositor Bill Withers e os salseiros Celia Cruz, Johnny Pacheco, Ray Barretto e os Fania All Stars. Havia ainda uma lista de artistas africanos, como Hugh Masekela, Miriam Makeba, Tabu Ley Rochereau e Franco & T.P. O.K. Jazz. O festival poderia ter sido ainda maior: o promotor Masekela queria a banda de funk free-jazz de Miles Davis, mas infelizmente Don King vetou. Stevie Wonder rejeitou o convite. Mesmo assim, com Brown como o astro principal, o festival foi um daqueles eventos que acontecem uma vez na vida.

Era uma reunião de ícones internacionais, de atletas e pan-africanistas e irmãos e irmãs de cor, com Brown decidido a firmar sua posição hierárquica. No jato fretado para levar os músicos e os boxeadores até Kinshasa, ele fez questão de ter um assento de primeira classe. Sua exigência de que o avião viesse trazendo seu grande volume de equipamento quase os impediu de decolar. O piloto pediu a Brown para voltar à classe econômica, para equilibrar melhor a aeronave, mas Brown resistiu. Segundo Masekela, durante uma escala em Madri, Bill Withers comprou uma adaga e segurou-a contra a garganta de Brown, sugerindo que ele sentasse na classe econômica com o resto do pessoal.

Quando aterrissaram na capital, foram recebidos por tocadores de tambor e dançarinas, um conjunto de pigmeus da floresta e um grupo de curandeiras tradicionais, todos eles alinhados na pista. "Olhei pela janela e vi montes de nativos seminus e com penas, agitando suas lanças, e gritando aqueles cantos guturais –'hunga! hunga! hunga!'", disse a cantora Etta James. Don King estava no controle de um microfone, e, quando a porta abriu, fez um anúncio já consagrado: "E agora, senhoras e senhores, esse é o momento que vocês tanto aguardavam... o cara que mais trabalha no show business... Mr. James Brown". Primeiro a sair do avião, Brown pôs os pés no chão junto com as vencedoras de concursos de beleza Miss Ali e Miss Foreman, uma de cada lado, de braços dados.

Mobutu estava no auge no outono de 1974. A seleção de futebol do Zaire havia ganhado a Copa Africana de Nações e se classificara para a Copa do Mundo, o primeiro time subsaariano a conseguir isso. O mercado internacional do cobre estava em alta, e a nação, rica em minérios, vivia abarrotada de dinheiro. O *Rumble in the Jungle* colocou o ditador no palco mundial, e, junto com seu festival, mostrou Mobutu como um visionário, capaz de juntar as forças dispersas da diáspora.

No Zaire, Brown usou um macacão azul de brim, de paraquedista, com botões onde se lia GFOS – Chefão do Soul – sobre uma faixa de cintura. Deixara crescer um bigode grosso e seu cabelo tinha ondas brilhantes: a força e a vida boa estavam bem à mostra, para que a África visse. De peito nu e com o suor rolando, ele gritava: "Say it loud, I'm black and I'm proud" para dezenas de milhares de fãs.

Brown e Ali eram irmãos gêmeos na terra mãe, as duas pessoas negras mais famosas da Terra, e curtiam essa glória compartilhada. Eram mais do que simples conhecidos, menos do que amigos, e talvez as únicas pessoas que entendiam o que significava ser quem eles eram. De tempos em tempos, a compreensão que compartilhavam levava um a procurar o outro. "James estava sempre se gabando e Ali estava sempre se gabando, eles quase que ficavam só se gabando um na frente do outro", disse Fred Wesley. "'Eu sou o rei do mundo', 'Eu sou o melhor artista de palco' –, eles nunca se juntavam para simplesmente *falar* um com o outro."

Mas de qualquer modo eles tinham gente que conversava por eles, e lá atrás em 1967 já haviam combinado um negócio de vários milhões de dólares – Brown faria um show, seguido por uma disputa de título. Mas aí houve o protesto de Ali contra a Guerra do Vietnã, e a ideia foi engavetada. Mais tarde, eles competiram na Times Square, para ver quem é que conseguia parar mais o trânsito ao sair fora de uma limusine.

Nenhum dos dois conseguiu desbancar o outro, e isso criou uma admiração mútua. Ali uma vez deu de presente a Brown um longo poema que ele havia escrito em sua homenagem. Lendo na vertical a primeira letra de cada linha, formava-se a frase KING JAMES BROWN.

Ali, como se sabe, derrotou Foreman no Zaire e recuperou seu título. Ele usou uma estratégia que reconhecia o declínio de sua força física e o maior porte e vigor de seu oponente. Para compensar, Ali enfatizou a destreza e a movimentação, com o seu corpo oferecendo-se e fluindo com a ação, corajosamente absorvendo os golpes sem cair. Era um cara cuja sabedoria chegava ao auge, e ele encontrava novas habilidades e maneiras novas de se sair bem.

Do Zaire, Brown voltou aos Estados Unidos, mas depois voou até o Senegal, em janeiro de 1975. Um documentário britânico de sua visita ao Senegal dá pistas sobre o quanto ele era realmente receptivo ao continente. Ao improvisar em cima da música "Man's World", Brown entra numa longa invenção melismática, cantando "Senegal soul" e então construindo uma transição que soa fantasticamente como um chamado à oração de um muezim. Brown foi até a ilha Goree, um local de onde antigamente eram despachados os escravos em Dakar. Quando ele e sua trupe pegaram barcos de madeira do continente para Goree, garotos locais entraram nadando nas águas turvas para cumprimentá-lo. Eles conseguiam se esgueirar para fora do oceano para apertar-lhe a mão, e, a cada encontro, ninguém dizia nada: eram apenas os olhos deles que se encontravam.

Brown e comitiva viram porões de navios onde os escravos eram empilhados uns sobre os outros, viram os buracos por onde os doentes e fracos eram atirados ao Atlântico. Segundo Wesley, "O senhor Brown ficou tão tocado por essas histórias que não aguentou e começou a chorar descontroladamente". Então um guia de turismo cochichou no ouvido dele que ninguém devia jamais chorar diante de africanos, pois isso era interpretado como sinal de fraqueza. Brown imediatamente se recompôs.

Depois do Senegal, eles estavam agendados para tocar na festa de aniversário de Omar Bongo, presidente do Gabão. Mas algo deu errado quando a banda saiu do Senegal; um problema com os prazos programados, ou talvez o dinheiro do Gabão ainda não tivesse sido depositado. De qualquer modo, Brown decidiu deixar de lado a festa e voar de volta aos Estados Unidos.

Enquanto seu avião estava a caminho de casa, o piloto recebeu a mensagem de que o presidente Bongo vinha naquele momento em outro jato atrás do jato de Brown, e implorava para Brown voar de volta para o Gabão. E então eles pousaram por um breve tempo nos EUA, transferiram a bagagem de um avião para o outro. O dinheiro havia sido acertado.

Omar Bongo era um *fã*. "Ele adorava James Brown", disse Lola Love, uma dançarina do show. "Ele e James tinham a mesma conformação de corpo. Eu acho que provavelmente ele era pigmeu. Ele queria fazer tudo o que o James fazia. Queria que o seu barbeiro o barbeasse e fizesse seu cabelo ficar parecido com o de James." Bongo gastou 160 mil dólares para levar Brown até Libreville, onde Brown cantou para ele em seu aniversário de trinta e nove anos. O presidente do Gabão foi citado na *News-Review*, um jornal negro de Augusta, e o artigo dizia que ele se identificava "com cada aspecto da carreira de Brown", e que queria que Brown voltasse ao Gabão para trabalhar com ele em empreendimentos comerciais. De sua parte, o cantor mostrou um interesse pelas consideráveis reservas de petróleo do Gabão. Quando Brown partiu, Bongo deu-lhe inúmeros presentes, como robes africanos e uma presa de elefante.

Alguns meses mais tarde, Ali e Brown deram os dois uma volta olímpica. Eles estavam em Cleveland: o boxeador para defender seu título contra Chuck Wepner; o cantor para interpretar uma invenção, uma versão fora do convencional, do Hino Nacional americano, cantando lá de dentro do ringue de boxe. Quando chegou naquela parte do "the land of the free...", Brown pegou outro caminho e cantou "I wanna be free! We gotta be free! Come on, all of you, free! Free! Free!". Parecendo transportado para um lugar tão além de tudo que ele não ousava sequer olhar para baixo, Brown cantou a letra como se ela tivesse sentido.

Ele conhecia a história de aldeões do Senegal, que andavam quilômetros até a cidade para encarar uma fila de centenas de pessoas, cada uma carregando sua cópia de "Say It Loud", a fim de poder tocá-la numa vitrola manual. Governantes queriam *ser* ele. Amado na África, em casa Brown descobriu que os tempos estavam ficando consideravelmente mais difíceis.

Em 1975, Maceo Parker, Wesley e o trompetista Kush Griffin saíram da banda de Brown e foram tocar com George Clinton. Para eles, a cota já havia sido suficiente. Depois de anos de disciplina e multas, de confiar cegamente em James Brown e ficar prestando atenção para ver se as campanas de seus instrumentos se moviam de modo sincronizado quando o chefe estava olhando, agora eles eram pagos para tocar funk para um patrão bem mais relaxado. Era só confiar cegamente em Clinton, entrar na dele e você não lembrava das quarenta e oito horas seguintes.

George Clinton era um gênio criativo cujos maiores talentos se manifestavam fora das luzes do palco. Era um conceitualista, um diretor de circo, alguém com competência para manter aquele hospício rolando em turnê. Assim como Brown, ele tinha o dom de dar espaço aos talentos peculiares. Com raízes no gospel e no estilo *doo-wop*, ele havia transitado pelas fileiras mais baixas do circuito negro, que Brown dominava na década de 1960. Houve uma época em que Clinton, assim como Brown, acreditava na importância do "cabelo e dos dentes"; seu primeiro grupo, os Parliaments, havia sido formado numa barbearia que ele tinha em New Jersey. No final, porém, o cabelo de Clinton acabou caindo.

Nascido menos de uma década depois de Brown, mesmo assim ele parecia germinar em algum canteiro remoto da história. Adorava os Beatles, e depois, por volta do final da década de 1960, estava em Detroit ao lado dos malucos por guitarras distorcidas, tocando em bandas de rock como os Stooges e a MC5. Sua visão era mais ampla que a de Brown, ou talvez o âmbito no qual era capaz de concentrar a atenção fosse mais estreito. Seja qual for a distinção, por volta de meados da década de 1970, havia montado – aglomerado talvez seja uma palavra melhor – um império de som underground. Havia o Parliament, que fazia um show harmonioso e expressivo com uma seção de metais contagiante. Havia o Funkadelic, movido a LSD, vanguardistas brincando com pensamentos impuros que queriam ser os Beatles negros. Havia a Bootsy's Rubber Band, uma carta de alforria para o baixista que se sentira coibido como parte dos JBs. Atuando sob o título coletivo de P-Funk, contava com ilustradores e grupos de meninas e teóricos e uma fila de guitarristas agressivos, e todos eles podiam se plugar na ideia genial da noite anterior.

Sair da banda de James Brown e ir para o P-Funk era como fugir do exército para participar de corridas de submarinos. Bootsy estava lá, e agora que a seção de metais e a memória institucional de Brown também migrara, tinha muitas mãos firmes para equilibrar as loucuras. Logo no início de 1976, o Parliament lançou *Mothership Connection*, o primeiro disco de ouro de Clinton. Depois, ele saiu em turnê com um equipamento de 250 mil dólares, que incluía um disco voador e cantores arremessados sobre a multidão que disparava "bop guns"[1]. Gravatas, não; fraldão, sim. P-Funk era insolente e indefinível, uma nova linguagem, uma seita, uma sensação. Ele assustava as pessoas.

A América conhecia Brown havia duas décadas. Ele era um Grande Homem, e cada um de seus discos era o mais recente desfecho de um processo histórico. Mas o P-Funk era contracultura, era uma conspiração

1 *Bop gun* é o nome de uma música da banda funk Parliament. Referia-se a uma arma imaginária, que ao ser disparada sobre alguma coisa fazia com que ela ficasse *funky*. Virou um objeto de cena nos shows da banda na década de 1970. (N. do T.)

lançada no mercado. O que é outra maneira de dizer que Brown parecia velho e Clinton não. Ele não pretendia ser ofensivo. Criando coragem numa entrevista de 1976, Clinton disse: "A gente o chamava de Vovô do Soul[2] – só de piada, mas isso deixa ele com um pé atrás, o simples fato de a gente dizer isso, mesmo de brincadeira. Mas ele devia tentar ser um pouco mais contemporâneo".

Para um ouvinte chegar ao funk de Brown era preciso trabalho, força, aceitação de desafios. Mas um ouvinte chegava ao funk de Clinton brincando. Não era bem uma competição.

E aí temos de novo essa palavra. *Funk* já havia significado um cheiro forte, o cheiro de sexo num quarto, e em meados da década de 1970 ainda tinha um aroma – você não podia nem procunciá-la em algumas estações de rádio. Mas esse era o único lugar onde você não podia dizê-la, e na época em que Clinton apareceu, o *funk* estava florescendo, e dizer a palavra era evocar uma poderosa memória sensorial: o líquido que pingava de um pêssego em conserva, a curva do narizinho de Pam Grier[3]. Era uma coisa da qual você não conseguia se livrar depois que estava nela, era algo ambiental, o funk era uma emulsão. Extravagante, grudenta, abusada: tudo isso descreve a música que Clinton fazia.

Num dos maiores casos de espionagem industrial da história, Bootsy trouxe a principal diretriz de Brown, o Um, com ele para o campo do P-Funk, e Clinton ficou encantado com os segredos que isso desvendava. O Um tornou-se para ele menos uma maneira de estruturar o ritmo e mais um segredo maçônico a respeito de como tudo funcionava. Era esse o negócio que ele propunha à plateia. Se você aceitava o Um na sua vida, você era um dos nossos.

---

2 Em inglês há o trocadilho: em vez de *Godfather of Soul* ("Chefão do Soul"), Clinton o chamou de *Grandfather of Soul* ("Vovô do Soul"). (N. do T.)

3 Atriz americana nascida em 1949, famosa por filmes da década de 1970 do gênero *blaxpoitation*, como *Foxy Brown*, de 1974. (N. do T.)

Falando sobre o que ele mais gostava em Brown, Clinton contou a um entrevistador: "A música dele tem o ritmo primal, o Um básico. Você pode se sofisticar, mas tem que voltar a esse ritmo primal. Se você consegue fazer isso, é algo parecido com fazer sexo. Se você ouve um disco do James Brown, quer você goste dele ou não, você está no caminho certo..."

O Um veio de New Orleans, dos bairros de escravos, do hábito de marchar e dançar ao som de tambores tocando em desfiles. Veio através dos bateristas na banda de James Brown, e pela mente do homem que se colocou a serviço deles e procurava certificar-se muito bem de que eles estivessem a serviço *dele* também. Ele o arrancou da terra e o deu à América. E agora, em meados da década de 1970, a América o estava tirando dele.

Era assim que funcionava. Você não podia requerer os direitos de uma batida, de um cheiro, do Um. Você inventava e aí um cara mais novo com uma peruca loira até a bunda pegava de você e renovava.

De meados da década de 1970 até meados da de 1980, o funk pairou sobre a tendência predominante da cultura americana. Foi uma subcultura que emulsificou a cultura de massas, por meio de nomes como Earth, Wind & Fire, os meters, Ohio Players, Kool & the Gang, zapp Rick James, Mandrill, Slave, a Gap Band, a Junk Yard Band, a Fatback Band, Cameo... Brown foi o sinal, Clinton foi o amplificador e esses nomes todos foram o barulho que vinha do alto-falante. Ao ouvi-los, Brown poderia ter se sentido gratificado por ter discípulos em tantos lugares, orgulhoso por ver que ideias que ele lançara estavam influenciando tantas vidas. Mas, nada disso: provavelmente, isso só serviu para deixá-lo louco da vida.

Brown cruzou seu caminho com o jardim zoológico do P-Funk uma noite, em algum lugar durante suas turnês da década de 1970. Ele encostou na parede o baixista que havia largado a banda dele, e que agora estava com um grupo próprio, que Clinton batizara como Bootsy's Rubber Band. Brown começou a falar com Bootsy, e, conforme fazia isso, o tempo parecia voltar atrás. "Meu filho, como é que vocês podem se dizer uma Rubber *Band* se vocês nem usam uniforme?", Brown começou a dar sua lição de moral. "E se você sequer é parecido com um elástico!"

O "EMPURRÃO"

Capítulo Vinte e Um

Havia, no entanto, uma força cultural capaz de unir Brown e o P-Funk. A partir de meados até o final da década de 1970, a disco music pôs de lado o funk, o punk, a polca e qualquer outra coisa que estivesse no caminho de sua esfera espelhada giratória. Como força, a disco foi ampla. Ela mudou a indústria da música e alcançou públicos marginalizados. Como música, a disco fluiu do corpo da obra de Brown e depois foi além, bem além de tudo o que ele conhecera.

Em sua própria história, Brown encontrou uma explicação duradoura sobre como o mundo funcionava, e em sua música ele viu a expressão de uma realidade crua, inteira. Em resumo, ele era a luz e a verdade. A disco era uma coisa diferente disso. A disco brilhava numa luz fragmentada, e incluía o artifício e a irrealidade. Se esse era um "Man's World" ["Um Mundo dos Homens"], então qual era o lugar de Brown num movimento pop que dava força a gays, lésbicas e mulheres hétero? Depois de anos aprofundando cada vez mais uma música que significava "negritude" e carregando a negritude como bandeira ao redor do mundo, agora vinha uma onda que parecia, para muitos daqueles que provinham da soul music, capaz de varrer a negritude do mapa.

A disco era uma música baseada no ritmo, que fazia as pessoas quererem dançar, e é impossível juntar essas palavras sem evocar James Brown. Ele era uma figura paterna. Usava determinação e barulho, tensão e relaxamento, para criar um estado de transporte por meio da repetição.

Enquanto isso, a *disco*, escorada numa batida mais simples de quatro por quatro, menos sincopada, estabelecia a repetição já de cara, e ao fazer isso escancarava as portas a qualquer um que quisesse entrar na festa.

Depois de lutar para chegar ao topo, tendo provado que era capaz de transformar um sistema segregado numa meritocracia por meio da força de sua personalidade, ele não iria agora aceitar escorregar da meritocracia do funk para o igualitarismo sem rosto da disco. A vida lhe ensinara, e a muitos da sua geração, que o único jeito de conseguir crédito e recompensa da América branca era trabalhar o dobro dos brancos e ser duas vezes melhor que eles. Se você fazia isso, você se erguia do meio da massa. Era notado, conseguia o que merecia, e comia.

Num comentário surpreendente, Brown uma vez disse que ele olhava para todos aqueles dançarinos da disco e via "um campo de algodão"; ali estava todo o anonimato do qual ele lutara para fugir, "todas as coisas que eu me esgotei de fazer" sendo abraçadas pela América. O problema não era o esforço, era a repetição, e principalmente o que vinha como recompensa: perder-se no meio da multidão. Havia muito tempo ele conseguira escapar da invisibilidade, e, se tinha algo a dizer em relação a isso, não iria nunca mais ficar perdido de novo no meio dos campos.

No verão de 1975, sob um título que perguntava: "James Brown ficou obsoleto?", o escritor Vernon Gibbs lamentava que, "no meio da maior explosão de dança da história recente, James Brown está sendo deixado de fora e se ressente disso". Gibbs fez remontar o declínio de Brown a 1973, quando uma dança chamada *the Hustle* ["O Empurrão]" estava fazendo sucesso nas pistas de Nova York. Se o twist havia tirado os dançarinos dos braços de seus pares e aberto a porta para a revolução de Brown – a do movimento como um solo, uma exibição talentosa da própria essência –, o que faria Brown agora que um nova onda colocava os dançarinos juntos de novo? O que é que ele poderia fazer quando a dança se tornava um movimento social, e não uma expressão da identidade individual?

Receber o crédito por tudo isso – era uma das respostas. Seu álbum de 1975, *Sex Machine Today*, foi comercializado como "o melhor álbum de disco music do mundo". A música "It's Not the Express (It's The JB's Monaurail)" foi feita em cima do sucesso disco do BT Express, a música "Express", e também como uma resposta sarcástica ao grupo. Mas logo ele estaria se anunciando, desesperadamente, como "The Original Disco Man" ["O Homem Original da Disco Music"].

Outra possibilidade, então, era entrar no estúdio e tentar fazer frente a um sucesso da disco com um sucesso próprio. Hollie Farris era um trompetista branco de Nashville que acabara de entrar na banda de Brown em 1975. Ele estava no Criteria Studios em Miami, fazendo sua primeira sessão de gravação com Brown, "Get Up Offa That Thing". A banda se juntou na sala do estúdio, os metais, os bateristas, todo mundo. Brown entrou, conversou com os vários músicos, dizendo ao baterista para tocar aquela levada de um dos seus sucessos, ao guitarrista para imitar o riff de outro hit seu, ao baixista para pegar a linha de mais uma de suas músicas, cantarolando a parte que ele queria que os sopros tocassem. Farris achou isso estranho; em meados da década de 1970, a abordagem padrão para gravar alguma música a ser lançada no mercado era gravar os diversos instrumentos separadamente em diversos canais, fazendo vários takes, e depois juntar os melhores takes, sobrepondo canal por canal. Gravar tudo ao vivo no estúdio era algo fora de cogitação.

Os músicos estavam lá com as instruções de Brown, sem nunca terem tocado a música, e então Brown disse: "Okay, pode soltar a fita".

"Eu só olhei para todo mundo com cara de, 'O quê? Vocês estão tirando uma comigo?'."

O engenheiro de som do Criteria contou depois a Farris que aquela também era a *sua* primeira sessão de gravação importante, e ele estava penando para conseguir acertar os níveis de som em sua mesa de mixagem quando a banda ainda estava ensaiando a música. Ele pelejava com os controles, tentando adivinhar onde deveria colocar os níveis de gravação, e então Brown de repente se plantou no microfone e soltou um daqueles seus berros clássicos, um gemido que fez todas as agulhas baterem no vermelho e deixou ele tentando reacertar os controles durante o resto da sessão. Eles tocaram a música duas vezes; Brown gostou mais da primeira versão. E ela virou um sucesso.

"Ele não se incomodava se tinha 'erros'. Ele só se preocupava com o sentimento", disse Farris. "Se aquele take da canção tinha um *feeling* bom, então era aquele. Isso realmente me ensinou muito. Se você não consegue o *feeling*, você não conseguiu nada."

Ele tinha algo em mãos, sem dúvida. "Get Up Offa That Thing" alcançou o quarto lugar nas paradas de R&B. Ele critica o Barry White na letra, e sai em defesa da dança. Mesmo assim, a abordagem de Brown soa anacrônica comparada com a música que era feita na época por Earth, Wind & Fire, Isaac Hayes, os O'Jays e Stevie Wonder, cujos sucessos enfatizavam a gravação em vários canais e a precisão da execução. Tentando recriar um som ao vivo em seus singles, Brown visivelmente não se encaixava com o que se ouvia tocar nas rádios.

Ele soa deslocado nos seus discos da época, com a bateria menos surpreendente. Segundo Fred Wesley, Brown queria que ele compusesse imitações de sucessos de outras pessoas. Ele queria uma cópia do "Fame", de David Bowie, o que é complicado porque "Fame" é uma pálida versão do som década de 1970 de Brown. Voltando de uma viagem à África, Brown despejou um monte de discos africanos no colo de Wesley e disse para ele copiar a partir de lá. Isso foi a gota d'água para Wesley, que foi então trabalhar com P-Funk. Aqueles músicos veteranos reservados, que sabiam tirar o maior partido possível da abordagem pelo *feeling* de Brown e que conseguiam aplicar nuances com a música rolando, gente do nível de Maceo Parker e Wesley, tinham ido embora. Segundo a visão de Byrd, "Ele estava tropeçando no escuro" na era disco, sem "qualquer rumo então. Todo mundo havia perdido o interesse. Quando todo o dinheiro está indo numa direção, então é fácil perder o interesse".

A condição de seus assuntos pessoais tendia a colorir a sua visão do mundo. Quando ele estava se dando bem, a América era uma terra de oportunidades. Agora que estava perdendo o pé, Brown via a situação dos negros americanos como um retrocesso. O que não quer dizer que estivesse errado, porque de várias maneiras o impulso do movimento dos direitos civis havia arrefecido na era disco, e muitos na direita aproveitavam para empurrar os avanços mais para trás ainda. O simples fato de ele ser muito apegado ao próprio ego não o tornava menos profético.

Numa entrevista mais à vontade a uma tevê pública de Detroit, pediram a Brown que expressasse seu pensamento a respeito da condição da América negra no final da década de 1970.

"Uma total repetição, tudo é uma repetição", disse Brown. "Se eu tivesse que ir trabalhar hoje, não arranjaria emprego.

"Está pior hoje do que nunca esteve. Porque houve um ponto em que você era *ouvido*. Hoje você não é mais... A luta não terminou, mas o avanço dela foi interrompido. E foi interrompido porque nós não temos uma direção conjunta." James Brown, disco, o destino da América negra no período posterior à era dos direitos civis: Ele estava falando disso tudo.

O negócio de shows patinava, e a disco, valorizando a tecnologia à custa dos músicos ao vivo, fazia piorar as coisas. Brown não tinha mais certeza de conseguir lotar um estádio. "Quando comecei a trabalhar com ele, foi um ano bem magro", disse Farris. "Nós tocamos uma vez em Gary, Indiana, para cinquenta pessoas. E ele fez um show de duas horas e meia! Eu não acreditei. Se tivesse tocado só dez minutos eles já teriam ficado satisfeitos, mas ele tocou duas horas e meia. Foi o que o manteve vivo."

A inclinação a não pagar suas contas acrescentou outro problema urgente. A banda havia tocado no Miami Stadium, e depois fez alguns pequenos shows numa marina da Flórida. Na noite do último show, Brown foi embora de avião e deixou os músicos na mão. Quando o baixista "Sweet" Charles Sherrell descobriu, ele avaliou as suas opções. Do seu quarto de hotel, Sherrell avistou o ônibus da turnê e o caminhão do equipamento ainda estacionados lá fora, e armou um plano.

Sherrell ligou para o motorista do caminhão e explicou que precisava tirar um teclado de lá para escrever uma música, e que o James havia mandado ele fazer isso. "Desculpe acordar você, cara; só me empreste a chave e eu já trago de volta." Depois ele localizou o motorista do ônibus e disse que precisava pegar umas coisas lá, sim, uns *livros* que estavam no ônibus, para entregar a um DJ. E que era o James que havia pedido que ele fizesse isso. O motorista do ônibus entregou-lhe a chave, e Sherrell mandou o cara voltar sossegado para a cama.

Agora era preciso ligar para o chefe e explicar a situação. Sherrell estava de posse do ônibus e do caminhão; Brown estava com a paga da banda. Talvez eles pudessem chegar a um acordo.

O que aconteceu em seguida não foi surpresa para Sherrell. Brown mandou três caras enormes, "capangas", para acertar as coisas. Mas Sherrell já havia notificado os oficiais da lei locais, e a confrontação que se seguiu obrigou os grandões de Brown a se retirarem. Depois de sequestrar o equipamento e os veículos de Brown, o próximo passo de Sherrell foi sequestrar a *banda*. Ele arrumou para ela um novo nome, Nuclear Explosions, e passou a agendar shows para eles primeiro em Miami, e depois na ilha de Guadalupe. Uma das ilhas das Antilhas francesas, Guadalupe fica longe de Augusta. "É um lugar lindo. Eles têm um Club Med lá", disse Sherrell.

Finalmente, porém, Brown mandou o dinheiro, e trouxe a banda de volta para casa. "A gente não teve nenhuma discussão a respeito daquilo tudo. Não saiu nenhum palavrão", disse Sherrell. "Brown chegou, 'E aí Sweets! Tudo bem?'. Eu disse, 'Eu estou ótimo, e você como vai? Bom vê-lo de novo'." James Brown recompensava a iniciativa.

Um ano depois de ter assinado contrato com a Polydor, Brown começou a reconsiderar as coisas. Numa carta irada aos chefes do selo, ele se queixava da inabilidade deles em colocar seus discos nas paradas de sucessos. A nota era endereçada "A todos os brancos aos quais isso possa dizer respeito", e declarava: "Meu Deus do céu, eu estou cansado. Tem sido uma coisa racista desde que eu entrei".

Alguém no selo havia se queixado do número de pessoas ligadas a Brown que viviam entrando e saindo do escritório da Polygram em Nova York. Ele ficou sabendo disso, e como resposta escreveu: "DEIXEM--ME EM PAZ, PORRA. EU NÃO SOU UM GAROTO, SOU UM HOMEM, BEM, PARA VOCÊS UM HOMEM NEGRO".

Nos velhos tempos, Brown podia tirar as coisas a limpo com Nathan. Às vezes a coisa ficava feia, mas depois que eles terminavam de brigar ele aparecia com mais um sucesso. Mas agora Brown era uma empresa, e a Polydor mais ainda, com um pessoal de direção na gravadora em Nova York reportando-se a outro pessoal de direção de nível mais alto, de europeus sofisticados, do outro lado do oceano. Mais tarde, Brown resumiria seu problema dizendo: "Eu entrei numa briga com os judeus e os alemães. Os judeus queriam que eu fizesse sucesso, e os alemães não".

Nos anos seguintes, uma porção de gente a quem ele devia dinheiro tentou consegui-lo apresentando a conta à Polydor. Ao mesmo tempo, a empresa empenhava-se cada vez mais em tentar reaver os empréstimos e adiantamentos que havia feito a Brown. Por volta do final de 1976, seus empréstimos somavam 1.514.154 dólares e a Polydor queria que ele resolvesse isso.

No final de 1977, Brown escreveu dizendo que tinha um disco para lançar, que seria sucesso garantido, e queria 25 mil dólares para o Natal. A Polydor não aceitou e logo depois informou que estava apreendendo judicialmente seu avião. Façam isso, reagiu seu advogado, e Brown vai fazer "tudo o que estiver ao seu alcance para tornar a vida de vocês um inferno".

A Polydor pressionava-o para que fizesse novos sucessos. Desde os dias da King, Brown tinha o hábito de segurar os discos até conseguir dinheiro adiantado, mas em 1977 a Polydor não estava mais disposta a trilhar esse caminho, já que suas contas mostravam que ele estava em débito com eles. Em 1978, Brown pediu um novo contrato de dez anos, um que iria zerar toda a sua dívida. Os alemães não aceitaram. Por volta de 1979, o selo foi acionado em 700 mil dólares por dívidas que Brown contraíra com outras pessoas. Era um impasse infernal.

Durante décadas ele conseguira levar as coisas adiante, da conta do Learjet do mês anterior até o último grande show, da última oportunidade de negócios à próxima caixa de papelão cheia de dinheiro. Dos judeus aos alemães. Desde que continuasse trabalhando, teria a possibilidade de continuar ganhando, e Brown era bom em levar no papo aqueles a quem devia, na maioria das vezes. Mas aí a Receita Federal entrou em cena e estragou tudo. Em 1968, eles começaram a examinar sua contabilidade e a computar as imensas somas que segundo eles Brown devia ao fisco. No início da década de 1970, disse Daviss, a Receita Federal afirmou que Brown tinha 4 milhões em impostos atrasados. Por volta do final da década, Daviss conseguira fazer com que o processo passasse da corte criminal para a civil, uma vitória, mas àquela altura, segundo o governo, ele devia 17,3 milhões de dólares.

Isso, sem mencionar tudo o que devia aos credores, era mais do que ele tinha no banco. Chegara a hora de abrir as reservas estratégicas que havia armazenado pela casa, em lugares que só ele sabia. Brown tinha centenas de milhares de dólares enterrados no seu quintal. Quando um aeroporto recusou liberar seu jato até que ele pagasse uma conta, ele mandou seu contador de Atlanta ir até a casa de Walton Way e começar a cavar perto da piscina. Havia caixas de dinheiro na casa também. Os filhos as encontraram e jogavam banco imobiliário com dinheiro de verdade. Segundo outra história, Marva Whitney uma vez viu uma parede da casa desabar por causa de todos os furos que haviam sido feitos nela para resgatar dinheiro escondido.

Bobby Roach disse que Brown pagou-lhe para voar pelo país no jato dele no final da década de 1970, tirando dinheiro de suas contas antes que a Receita Federal fizesse isso. Roach converteu boa parte disso em cheques administrativos, e mais de uma vez ele se viu carregando 4,5 milhões de dólares em cheques administrativos para Brown.

A Receita Federal decidira colocar um cadeado na casa da Walton Way até que ele pagasse 40 mil dólares. Ele disse a Daviss para encontrar-se com ele no centro de Augusta. Ficaram juntos sentados na van de Brown um tempão, antes que algum dos dois dissesse alguma palavra. "Eu nunca o vira tão concentrado por tanto tempo. Ele geralmente deixava as coisas chegarem ao extremo, bem no limite, mesmo quando *tinha* dinheiro no bolso para pagar você. Mas naquela noite ficou lá parado, suando, e não parecia tão alinhado como de hábito, o cabelo estava todo desgrenhado...

"Estávamos lá, sentados no carro, na esquina, no escuro. Fiquei imaginando por que diabos ele me chamara." Por fim, ele esticou o braço embaixo do assento e puxou um saco de dinheiro, como se estivesse extraindo um molar.

"Segure o máximo de tempo que puder", ele disse a Daviss, "mas depois pague os caras."

Havia agora outro homem na Casa Branca, nada menos do que um nativo da Geórgia. Brown havia cumprimentado pessoalmente o governador Jimmy Carter, e feito uma doação para a sua campanha antidrogas. Carter, porém, mantivera-se distante, e Brown decidiu conferir se ele poderia fazer amizade com ele ou não. Em 24 de janeiro de 1977, Brown sentou e redigiu uma longa epístola a Carter, na qual buscou explicar a si mesmo ao novo presidente. Brown abre o jogo com Carter, comenta da sua primeira experiência sexual e depois da sua prisão, e bem aos poucos vai entrando no verdadeiro propósito da carta: um pedido para que fosse arquivado seu processo na Receita Federal e ele pudesse resolver seus problemas financeiros.

O presidente nunca respondeu. Mas encaminhou o pedido de ajuda do cantor ao seu vice-conselheiro, que um pouco alarmado escreveu a

Brown sugerindo que o cantor começasse a ouvir as orientações de seus próprios advogados.

Tempos antes, quando Carter estava em campanha para a presidência, Brown encontrara-se com ele num hangar de aviões na Geórgia. Foi então que o ambicioso governador lhe disse: "James Brown terá um amigo na Casa Branca". Depois de eleito, Carter não quis contato com o cantor.

Brown odiava Jimmy Carter.

Frankie Crocker era um marco de Nova York. Era o DJ negro mais importante do mundo, e quando se ouvia sua voz no rádio compreendia-se que, não importa quem fosse o prefeito na época, era aquele cara quem na verdade comandava tudo. Frankie Crocker sabia das coisas. Ele cunhou a expressão "contemporâneo urbano"; ele tinha um excelente ouvido e uma boa dose de petulância. "Houve um tempo em que cinco caras no rádio controlavam o negócio da música", disse Al Sharpton. "Frankie Crocker era um desses cinco. Se fosse com a cara do seu disco, ele fazia de você um sucesso no maior mercado do país. E se Frankie decidisse promover seu disco, os outros quatro DJs também iriam promovê-lo."

Em meados da década de 1970, as pessoas que trabalhavam no ramo de discos ouviam rumores de que o governo faria uma investigação sobre o pagamento de "jabá" nas rádios negras. Quando por fim foi feita uma acusação ao maior nome na lista dos federais, Crocker disse ao FBI que nunca recebera dinheiro para tocar discos. Um dia o governo trouxe uma testemunha surpresa para depor no tribunal, que afirmou ter dado pessoalmente dinheiro a Crocker para tocar certos discos: era Charles Bobbit, o mais leal auxiliar de Brown. Ele fora pressionado a admitir que havia dado a Crocker 6.500 dólares ao longo de oito anos. Brown acabou indo para o tribunal também, e afirmou não ter conhecimento de Bobbit ter pago DJs para tocarem sua música, e declarou ainda que não concordava com esse tipo de atitude.

"O senhor Bobbit pagou o pato no lugar do senhor Brown", disse Sharpton. Mas foi Crocker que acabou indo para a prisão por um ano, sob acusação de perjúrio. O relacionamento entre Brown e Bobbit ficou abalado, e Bobbit acabou abandonando Brown.

Isso se deu numa viagem ao Gabão no final da década de 1970. Há várias versões sobre o que aconteceu. Segundo Bob Patton, Brown recebera um empréstimo de um milhão de dólares do presidente Bongo. Então Brown pediu outro empréstimo, e mandou Bobbit ir pegar o dinheiro. Bongo hesitou, mas gostava de Brown, e mandou Bobbit de volta com umas poucas centenas de milhares de dólares para o Chefão.

Mas Bobbit já estava cansado de carregar mensagens e dinheiro para Brown. Ainda segundo Patton, Bobbit enfiou o dinheiro no bolso e então escreveu uma carta de demissão, pegou o jato, que estava estacionado numa estrada de Libreville, e entregou sua carta a Leon Austin, para que ele a levasse ao Chefe. E foi embora. Na nota dirigida a Brown, Bobbit comunicava que iria ficar em Libreville e trabalhar para Bongo. Durante a década seguinte, Bobbit foi conselheiro-chefe do presidente do Gabão. Ele até aproveitou o tempo que aprendera com Brown para produzir um álbum de funk em 1978, no qual o filho de Bongo, Alain, cantava músicas arranjadas por Fred Wesley.

Pagar DJs para botarem para rodar a sua música era uma maneira segura de conseguir fazer com que seu disco novo fosse tocado. Brown, é claro, tinha até maneiras melhores: suas próprias rádios. Mas aqui também a coisa andava fervendo. Em 1972, a J. B. Broadcasting, proprietária de três rádios, foi levada aos tribunais por deixar de transmitir milhares de comerciais que haviam sido pagos. Dois anos depois, a Receita Federal entrou com uma ação para garantir a retenção do imposto de renda nessas estações, declarando que elas deviam um total de 94 mil dólares de retenção de impostos na fonte, de 1969 a 1973.

Operar uma rádio, e ainda mais três, era uma ocupação para tempo integral, e Brown fazia isso ligando daqueles telefones antigos de discar, durante suas turnês. Em Baltimore, a WEBB entrou em concordata depois que os credores moveram uma ação dizendo que a rádio lhes devia mais de 500 mil dólares. Em outra ação judicial, a FCC mostrou provas no tribunal competente de que a WEBB violara as normas de radiodifusão mais de uma centena de vezes.

Em 1975, a American Society of Composers, Authors and Publishers (ASCAP) ["Sociedade Americana de Compositores, Autores e Editores"] levou a WEBB aos tribunais por não pagar direitos ao tocar música de artistas filiados àquela sociedade. Na corte, descobriu-se que a WEBB não tinha a devida licença para transmitir *qualquer* música protegida por direitos autorais. Em 1978, a FCC ordenou o fechamento da estação de Baltimore devido a violações recorrentes, mas a ordem foi adiada devido aos procedimentos de falência em andamento na estação. E esta provavelmente nem era a maior crise na Baltimore: processos judiciais movidos pelos donos anteriores da WEBB afirmavam que Brown ainda não havia pagado o dinheiro da compra da estação em 1969, e que, portanto, eles ainda eram os proprietários.

"Não sei se o senhor Brown chegou alguma vez a pagar algo pela estação", disparou Percy Sutton, chefe da Inner City Broadcasting, sediada em Nova York. O problema de Brown, disse ele, "não era conseguir anúncios, e sim não conseguir administrar o dinheiro que entrava".

Um tribunal regional de Baltimore ordenou a Brown que apresentasse os livros contábeis da WEBB. Brown não o fez, o que levou à expedição de um mandado de prisão. Foi assim que, na noite de 16 de julho de 1978, Brown foi preso da maneira mais humilhante possível: durante uma apresentação no Apollo Theater. Um policial federal permitiu que ele terminasse seu show e então transferiu o cantor para Baltimore. Ao chegar, Brown foi algemado e passou duas noites na cadeia. Acusado de desacato às ordens judiciárias, teve que entregar seu passaporte antes de ser libertado sob custódia.

O processo judicial a respeito da venda da WEBB prosseguiu durante o outono. Brown complicou ainda mais sua situação ao fazer um show na Zâmbia sem o aval da corte. Desculpando-se diante do juiz, procurou explicar sua situação difícil: "De criança, não tive instrução. Fui colocado numa instituição penal para menores, que era mais uma prisão do que qualquer outra coisa. Depois de fazer sucesso, empreguei pessoas que não sabem muito das coisas. E fiquei na mão do meu advogado. Eu sou apenas um negro tonto".

Nesse ponto, o juiz interrompeu para dizer: "O que é isso, senhor Brown, de tonto o senhor não tem nada".

A estação de rádio de Knoxville foi vendida discretamente no início de 1979. Brown concentrou-se em salvar a sua âncora de Augusta, a WRDW, e para isso foi procurar o prestigioso advogado de Nova York, William Kunstler. Famoso defensor de questões ligadas aos direitos civis, advogado de Angela Davis, Harry Belafonte e outros, Kunstler convocou uma coletiva de imprensa com Brown em Nova York, em novembro de 1979, quando criticou a Polydor por não lhe dar um novo contrato, e atacou a Receita Federal e o FBI por perseguirem o cantor. "Eles não querem permitir que um messias negro desponte", Kunstler vociferou.

O advogado disse que assumira o caso de Brown depois de se encontrar com ele em Augusta e descobrir que o cantor estava interessado em emprestar seu nome às batalhas políticas de Kunstler. Brown, anunciou o advogado, iria em breve visitar a reserva indígena de Saint Regis, no norte do estado de Nova York, onde índios mohawk haviam levantado barricadas contra interferências de agentes da lei tanto dos Estados Unidos como do Canadá. Houve conversações e uma ação política conjunta envolvendo Brown e o ativista dos nativos americanos Russell Means, com a participação também de JoAnne Chesimard, membro do Black Liberation Army, que na época estava foragida.

De repente, parecia que Brown estava voltando à política, e dessa vez para a extrema esquerda. Após a coletiva de imprensa, Sharpton, Brown e alguns dos jornalistas foram jantar com o advogado no Greenwich Village.

"O senhor Brown disse: 'Doutor Kunstler, o senhor já pegou um monte de casos célebres. Conte-nos a respeito'", relembrou Sharpton. "Ele falou do caso do Chicago Seven, e de mais esse e aquele outro.

"'Chicago Seven?', disse o senhor Brown. 'Eu lembro desse.'

"Então ele perguntou: 'Quantos desses casos o senhor ganhou?'

"'Nenhum', disse Kunstler.

"Ele olhou para mim e disse: 'Senhor Sharpton, esse homem quer um mártir, não um cliente. Meu irmão, eu não preciso ser o caso de ninguém'. E foi por isso que ele logo desistiu de Kunstler."

A estação de Augusta foi vendida em leilão público, depois que os donos deixaram de efetuar um pagamento de empréstimo de 268 mil dólares. A situação da Baltimore arrastou-se até o início de 1980, quando Brown foi obrigado a vender a WEBB para pagar dívidas. "Eu não vejo dinheiro há muitos anos", ele disse ao juiz. "Às vezes eu trabalho apenas para pagar a banda, porque tenho esperança de que um dia tudo se acerte de novo."

Até mesmo no tribunal, ele insistia num discurso que parecia muito teatral. Depois de superar uma infância onde literalmente ninguém se importava com o que ele sentia, comunicar informação emocional básica a seres humanos foi algo que ele só aprendeu mais tarde, depois que descobriu uma maneira de fazer com que as pessoas se importassem. O único lugar onde ele de fato se *sentia* emocionalmente ouvido, e nutrido, era no palco. Essa lição levou-o a acreditar que a emoção devia ser expressa como uma performance. Isso podia fazer com que soasse falso – quando ele soluçou em Goree Island, Fred Wesley achou que ele estava fingindo – e ele sem dúvida tinha profundezas de falsidade dentro dele. Mas a maneira com que comunicava medo, amor, *qualquer coisa*, era como se estivesse em cima do palco do Apollo, tentando levar as pessoas que estavam na plateia a ver o que ele via. Assim, quando Brown disse ao juiz incumbido de decidir o destino da sua rádio que ele esperava um dia ver seu império se acertar de novo, estava sendo descarado, mas isso não quer dizer que estivesse mentindo.

Deedee havia largado dele. Ela queria felicidade doméstica; mas queria estar em turnê e ficava indisponível emocionalmente quando estava em casa. Ela enfiou Deanna e Yamma no Mercedes Coupe 500 dela, estacionado diante da casa de Walton Way, e tentou se despedir. Ele veio correndo, enfiou a mão dentro do carro e puxou o cabelo dela.

Deedee alcançou o botão do vidro elétrico. O vidro fechou e prendeu a mão dele. Segundo Daviss, ela saiu guiando mais ou menos uns cem metros com a mão de Brown presa na janela, arrastando-o pela entrada de carro. "*Arrebentou* os dois joelhos dele!", disse Daviss.

Problemas com a Receita Federal, com a Polydor, um divórcio a caminho. Durante uma visita ao seu colega de juventude Leon Austin, Brown disse que estava pronto a desistir de tudo. "Ele falou: 'Eu não consigo continuar a lutar contra essa coisa. Não consigo ganhar nenhum dinheiro, todo mundo está contra mim... Eu não consigo'.

"Não, você não vai desistir agora, *não* vai desistir mesmo", Austin disse. "Que conversa é essa?

"Você *precisa* voltar a trabalhar. Você é o único que pode *ganhar* algum dinheiro. Tem gente demais que depende de você." Eles ficaram discutindo, e Austin, erguendo o tom de voz, reafirmou que Brown precisava ir até o aeroporto, entrar num avião e ir cuidar dos seus negócios. Austin pegou o carro e foi atrás do amigo para certificar-se de que ele ia mesmo para o aeroporto de Augusta.

"As pessoas me deram a oportunidade de viver, umas três ou quatro vezes, e pessoas que viviam uma não vida, e uma só. Eu devo isso às pessoas", disse Brown. "Devo isso especialmente às pessoas pobres. Devo isso ao gueto. E também devo isso às pessoas ricas, ignorantes, que não conhecem a verdade... Se eu tivesse conseguido tudo o que eu deveria ter conseguido, seria um cara velho e estaria me *acabando*. Mas ainda estou tentando obter o reconhecimento pelo qual você luta todo santo dia; aquele que as pessoas pobres, os agricultores e todo mundo está tentando conquistar. E isso me mantém seguindo em frente."

Por volta do final da década, Brown já havia estado muitas vezes na África e tocado na Europa mais vezes ainda. Agora era hora de tentar conquistar um enclave étnico verdadeiramente afastado, um estado-ilha culturalmente isolado, onde os estrangeiros eram fáceis de identificar. O Chefão estava indo para Nashville.

Mesmo num lugar tão assentado em seus modos como a Music City, a década de 1970 havia mostrado a necessidade de mudança. Antes muito alardeada como atração turística, a piscina em forma de violão do cantor country Webb Pierce estava agora fechando, diante da indiferença da massa. Isso era muito ruim, mas depois, em fevereiro de 1979, Porter Wagoner começou a cantar disco. Embora esse cantor de sucessos country e western usasse um previsível terno roxo com pedrinhas imitando diamantes, e vestisse calças com rodas de carroça aplicadas ao longo delas quando se apresentava num clube local, seu novo rumo chocou a hierarquia da música country. "Ele não é nenhum John Travolta", criticou o *Nashville Banner*.

Wagoner estava apenas começando. Um mês depois, ele anunciou que iria trazer James Brown para o Grand Ole Opry, onde as elites da música country se apresentavam toda semana num programa de rádio de alcance nacional. A disco já era tragédia suficiente, pois o Opry só recentemente aceitara *bateria*; eles já haviam apresentado alguns nomes do country negro antes, mas negros suando e gritando ainda não haviam franqueado aquele recinto.

O tecladista de Wagoner conhecia Hollie Farris, da banda de Brown, e através dele mandou o convite a Brown. "Ele me perguntou o que eu achava da ideia", contou o trompetista. "Eu disse que parecia uma loucura. James com certeza aceitaria o desafio!"

Quando a data foi anunciada, a respeitada cantora Jean Shepard queixou-se no ar. "É um tapa na cara. O Grand Ole Opry é considerado um sustentáculo da música country e está lutando para sobreviver. Nós estamos lutando para manter a identidade que nos restou", ela lamentou. Para evitar que alguém visse a crítica como uma tentativa de manter a pureza racial ou algo do tipo, o pianista Del Wood esclareceu. "Não é uma posição contra os negros... Mas eu sou contra a música de James Brown no palco do Opry porque eu adoro o Opry e tudo aquilo que ele representa. Eu tenho vontade de vomitar. O próximo passo agora é fazerem strip lá."

O show do qual Brown participou apresentava uma série de astros da música country: Hank Snow, Roy Acuff, Skeeter Davis e Stonewall Jackson. Conforme se aproximava a data de março, o escárnio aumentava. "O que será que ele vai fazer lá, cantar 'Papa's Got a Brand New Bag'? Eu não entendo isso, nenhum de nós entende", queixou-se o compositor Justin Tubb. "Se fosse o Ray Charles, eu ficaria lá na coxia esperando para abraçá-lo quando ele saísse do palco. Mas não é."

O que, sem dúvida, era verdade – James Brown não era Ray Charles. Quando lançou *Modern Sounds in Country and Western Music*, em 1962, Charles fez um recuo ao passado para incluir ouvintes brancos, acrescentando coros de cantores brancos e orquestrações tão adocicadas que davam dor de dente, tanto quanto o chá doce da Geórgia. Ele escondeu os tambores. E fez uma declaração audaciosa, ao afirmar que a música country era a *sua* música também. Mas conseguiu seu intento de se comunicar com a plateia pelo menos até certo ponto. Charles era um gênio em desarmar uma plateia e achar um caminho para chegar até o coração dela.

James Brown ansiava pelo amor da América mais ainda do que Charles, mas isso precisava acontecer nos termos dele. Ele conseguiu alcançar a América – e então a trouxe para onde estava. Quando lhe perguntavam quais eram seus músicos favoritos, ele dava nomes como Frank Sinatra, Perry Como ou Jimmy Durante, junto com outros mais óbvios. Mas ele não queria o espetáculo deles; queria a plateia deles. Brown não achava que a música negra precisasse ficar confinada ao *chitlin circuit*, e sabia que não havia plateia no mundo que ele não fosse capaz de seduzir se ficasse diante dela para poder trabalhá-la.

Aonde quer que fosse, Brown procurava ficar à vontade. É por isso que podia sentar com presidentes e *capos* e malucos e presidiários e sempre comandar a festa. Fosse num jantar de Estado ou num refeitório de uma zona de guerra, ele se acomodava e ficava à vontade, transformando cada centímetro no seu espaço.

A maneira com que ele lidou com o Grand Ole Opry diz muito sobre quem ele era. Já de cara ele cantou "Papa's". E fez o número da capa. Duas vezes. Cantou duas músicas country – três se você considerar "Georgia" country, o que ela era quando Ray Charles cantou, mas que deixou de ser depois que Brown a transformou em passos de aeróbica gospel.

Não importa o quanto você fosse importante, você podia ser o Conway Twitty com um novo disco de sucesso: quando você se apresentava no Opry, só podia cantar três músicas. Isso estava gravado na pedra desde os dias dos faraós, e ninguém questionava. Mas James Brown cantou quatro. E depois não queria sair. Ficou lá meia hora, para se certificar de que todo mundo tinha ficado sabendo mesmo quem era aquele artista que acabava de se apresentar.

O *Nashville Tennessean*, que uma semana antes dera toda a atenção à execução de rabeca do senador Robert Byrd na Opry, não cobriu a histórica apresentação de Brown. O *The Banner* deu a manchete "Brown Não Conseguiu Agitar a Plateia", e disse que as pessoas que haviam comprado ingressos "sentaram e assistiram melancolicamente" e que Brown estava "recebendo apenas uns poucos aplausos educados e fazendo alguns frequentadores habituais da Opry levantarem as sobrancelhas perplexos".

Depois do show, Wagoner ofereceu um coquetel no Opryland Hotel. Depois de ter ouvido claramente as palavras sussurradas nos bastidores por um irritado Roy Acuff – o superastro murmurou: "Eu gostaria de ir lá e dizer tudo o que eu acho, mas não vou fazer isso" –, Wagoner deu um efusivo cumprimento de mão em Brown e declarou: "Ele é para a soul music o que Roy Acuff é para a música country". Juntos eles não haviam apenas trazido o funk para o Opry; haviam mijado na piscina de Webb Pierce.

Brown sempre disse que se sentia grato pelo tratamento que a plateia do Opry lhe havia dispensado. "Essa é a minha noite milagrosa", disse ele. "É um milagre eu estar aqui. Eu não dormi bem nas duas últimas semanas só de pensar que viria tocar no Opry."

Depois de ter sido empurrado para a periferia do mercado pop, depois de lutar para simplesmente poder falar com seu público, deve ter sido uma sensação muito boa vir a Nashville. No Opry ele conseguiu encontrar os olhares dos brancos que preenchiam os assentos, e dar o melhor de si para oferecer-lhes um show. Eles não gostaram dele, mas assistiram ao seu trabalho. E ele os fez saber que estava se sentindo à vontade.

POSSO VER A LUZ!

Capítulo Vinte e Dois

Augusta era o seu lar. E para os que viviam à sua volta era muito claro o quanto ele a amava. Ou talvez não fosse exatamente amor, mas sim o fato de Augusta ser um lugar onde ele se sentia ancorado. Deidre pressionara para ele sair de Nova York, mas agora que ela e as crianças haviam ido embora, Brown não tinha planos de sair. Quando perdeu a casa da Walton Way em setembro de 1979, numa ação judicial por conta de impostos territoriais não pagos, mesmo então ele não foi embora de Augusta. Achou uma nova casa por perto, do outro lado do rio Savannah, em Beech Island, Carolina do Sul, a menos de vinte quilômetros do centro de Augusta.

Era um sítio do sul, que Brown iria aumentando ao longo dos anos. A propriedade tinha dezesseis hectares, e se Walton Way oscilava ao sabor dos altos e baixos da vida de Augusta, o novo endereço sugeria que Brown estava batendo em retirada. A área, segundo um escritor, era "uma tranquila comunidade rural cheia de casas móveis e estradas sinuosas, onde as pessoas vendiam feno e antiguidades".

Para chegar à sua casa em Beech Island (que na verdade não é uma ilha), deve-se dirigir por uma estrada de terra, parar num portão de ferro trabalhado, que segue o modelo de um dos portões do Palácio de Buckingham, e depois cruzar um pinheiral, que fica depois de um lago. Ninguém iria lá ver a decoração de Natal, e poucos chegariam sequer a passar em frente ao portão. "Você precisava ter um certo status para entrar pelo portão", disse Sharpton. "Mas, depois, você precisava ter um superstatus para chegar da estrada até a frente da casa – ou para entrar nela."

A espiritualidade começou a preocupá-lo; por um tempo, Brown estudou o Corão com Bobbit. Mas acabou ficando com o deus que ele conhecera a vida toda. Um mês depois de ter perdido a casa de Augusta, Brown entrou no carro, dirigiu até Williston, Carolina do Sul, perto de onde nascera e onde alguns parentes da mãe ainda moravam, e foi ser batizado na igreja batista St. Peter. Nos anos seguintes, iria assistir missa e teria um papel nos assuntos da igreja.

Por outro lado, nas horas de lazer Brown calçava suas botas de caubói de bico fino, tão apertadas que faziam a unha de dedão curvar, punha um chapéu de palha, pegava uma arma e pulava dentro da sua perua Dodge personalizada. Ele adorava aquela perua, com assentos giratórios estofados e guarda-lamas, tapete de pelúcia, bar, pia e com muitas peças cromadas. Em casa, James Brown era Soul Bubba Number One.

Brown nunca sossegava, mas já perto dos cinquenta anos sentia vontade de ter um lugar para relaxar, mesmo que não ficasse lá o tempo todo. Ele tentava relaxar, e para isso era fundamental ter um terreno que pudesse chamar de seu. Talvez nada caracterizasse mais Brown como um sulista do que o seu apego à terra. Era a coisa mais importante que um homem podia ter. Sempre comparando-se ao pai, que sujara as mãos trabalhando nas terras dos outros, Brown era *dono* do seu lote. Eram dezesseis hectares, sem uma mula[1].

---

1 No original, 40 *acres, sans mule*. Trata-se de uma referência à expressão 40 *acres and a mule* ("16 hectares e uma mula"), uma política de curta duração adotada nos estágios finais da Guerra Civil americana, em 1865, que destinava um lote agriculturável a antigos escravos libertos e também algumas mulas, para arar a terra. Essa combinação de um lote e uma mula era considerada um bom começo para uma fazenda familiar. Cerca de dez mil negros foram beneficiados pela medida. Mas, depois, as terras foram devol-

O orgulho sulista, ele afirmaria, é algo terrível. Aquelas pessoas de Nova York, elas lhe servem comida, mas ao mesmo tempo o estão enganando, fazem você pensar que está entrando pela porta da frente da casa deles quando na verdade está entrando pelos fundos. Todos esses nortistas, ele sentia, com aquela conversa toda sobre raça, eram os mesmos que pelas costas chamavam você de *nigger* ["preto, crioulo"]. No sul, explicava ele, uma atitude dessas era indigna. O branco sulista dizia o que queria dizer na sua cara. "Você pode confiar num branco do sul, você sempre vai saber o que ele está pensando", Brown declarou.

"Existem alguns brancos horríveis lá em Augusta", disse Alan Leeds, "mas eles rezam para o mesmo deus batista e comem o mesmo *grits and gravy*[2] e veneram o mesmo barro vermelho dos negros. Eles até falam do mesmo jeito arrastado, usam alguns dos mesmos coloquialismos. Há algo em comum que os do norte nunca conseguem ter conosco; a gente simplesmente nunca tem essa experiência com eles."

Para entender James Brown, Leeds explicou, você precisa levar em conta que ele era sulista, do mesmo jeito que era qualquer outra coisa. "Ele *era* um *good old boy*[3]. A gente saía do Learjet dele quando ele voltava para casa e então entrava na sua picape."

Havia forças sendo reunidas atrás do portão de Beech Island, e a família dele também começou a se reunir lá. Na década de 1980, Brown

---

vidas aos brancos, seus proprietários originais. A expressão acabou virando sinônimo do fracasso da Reconstrução em assegurar aos afro-americanos os frutos de seu trabalho. (N. do T.)

2 Comida típica do sul dos EUA, à base de cubos de carne, molho de pimenta e farinha de milho. (N. do T.)

3 *Good old boy* é uma expressão que designa um garoto branco do sul, simples, sociável, conservador, com forte sentido de amizade e lealdade para com os membros do seu grupo. (N. do T.)

trouxe a mãe para morar com ele. Ela era uma presença independente, um pouco irascível, que sempre retrucava na mesma moeda. Susie reclamava que ele não respeitava a mãe; ele dizia para a mãe se recolher ao quarto dela. "Ela era parecida com ele", disse o guitarrista Ron Laster. "James deu a ela tudo o que podia depois que já estava criado e agora ela nem ligava. Ela costumava dizer 'Eu não dou a mínima pra essa história de Sex Machine'. Ela não se impressionava com todos aqueles programas de tevê."

Mas o comportamento dela era errático, e Brown decidiu que não poderia deixá-la na casa por conta dela. Susie falava sozinha quando não tinha com quem conversar e adotava alguns comportamentos obsessivos, como arrumar a cama umas três ou mais vezes por dia, ou ficar recolhendo objetos invisíveis. Deanna Brown disse que ela tinha água no cérebro, e que depois de ter sofrido uma cirurgia, "ela nunca conseguia estar inteiramente presente". Mais tarde, Brown enviou Susie para morar com a irmã dela em Smoaks, Carolina do Sul. Brown mandava um carro ir pegá-la para as visitas, mas ela recusava, preferia vir de ônibus.

Joe Brown estava morando em Augusta, mas vinha regularmente até a casa. Pops usava uns óculos sempre sujos, chapéu de feltro e macacão. Ele chamava o filho de Júnior, e tinha uma dificuldade de fala. "Ele trabalhava com as mãos, adorava o filho, não era instruído", disse Sharpton. "Foi a única pessoa que eu vi o senhor Brown tratar com alguma deferência. Ele podia discutir com ele mas sempre acabava dizendo: 'Esse é o meu pai'. Ele amava o pai." Pops via a si mesmo como um faz-tudo, e estava sempre disposto a ajudar James em Beech Island. "Era um cara engraçado, e era capaz de bagunçar até mesmo um depósito de ferro-velho", disse Daviss. Um dia Pops estava aparando um gramado com um tratorzinho, descendo por uma encosta bem íngreme, e o trator começou a deslizar, até que escorregou e caiu dentro de um laguinho. De lá de baixo subiam borbulhas. James veio correndo e começou a gritar com o pai dele. Joe ficou indignado: "Mas o que é isso, J-J-J-Júnior, vão vocês todos ver se est-t-tou na esquina!".

Um albanês-americano e um canadense estavam indo de Nova York a Los Angeles dirigindo um velho Oldsmobile 88. Eles não tinham nada para fazer a não ser tocar e conversar, e quando chegaram à costa oeste, tinham bolado uma ideia. Esses dois homens eram John Belushi e Dan Aykroyd, e a ideia deles era para um quadro do programa *Saturday Night Live*, um sucesso da tevê americana, do qual eles participavam regularmente. Eles fariam o papel de dois irmãos, os Blues Brothers, vestidos como o policial Jack Webb [da série de tevê *Dragnet*] e tocando uma ótima música rhythm and blues. Não ficava muito claro onde estava exatamente a graça do número dos Blues Brothers, e talvez até por isso ele tenha durado tanto. As pessoas não se cansavam deles. O humor estava na exuberante estupidez daqueles homens de terno escuro, absolutamente fascinados pela música negra.

As músicas que Belushi e Aykroyd interpretavam eram muito bem escolhidas. Eram inteligentes e engraçadas e não as velhas canções de sempre, aqueles estilos pré-rock com tratamento dirigido à geração branca dos *baby boomers*. Os irmãos abriram o show de Steve Martin no verão de 1978 em Los Angeles, e, depois de definirem que eram uma dupla de cantores "de verdade", lançaram *Briefcase Full of Blues* naquele ano, um álbum que vendeu dois milhões de cópias.

Quando o inevitável filme surgiu em junho de 1980, *The Blues Brothers* [no Brasil, *Os Irmãos Cara de* Pau] tinha duas horas de duração, custara 30 milhões de dólares, e continha mais perseguições de carro e explosões do que quaisquer outras vinte comédias do gênero provavelmente poderiam ter. Tão cheio de gags e de explosões, o filme quase não tinha forma.

A história mostrava os irmãos tentando reunir sua antiga banda para levantar dinheiro para o orfanato onde haviam sido criados. Aykroyd e Belushi adoravam de verdade os músicos que imitavam, e trouxeram alguns de seus heróis para o elenco do filme. Cab Calloway era um faxineiro; Aretha Franklin, uma garçonete de um restaurante barato; e James Brown um alucinado pregador que acaba destruindo sua igreja com seus sermões e sua dança. A crítica Pauline Kael viu nessa escolha de elenco "um pouco de arrogância", o que era uma afirmação de certo modo contida. O enredo deixava você imaginando se eles realmente compreendiam aquela cultura que diziam admirar.

Brown fez o papel do reverendo Cleophus James, pastor da Igreja Batista da Rocha Tripla. Aykroyd e Belushi ficam atrás da sua igreja enquanto a missa está sendo celebrada. O reverendo parece estar dirigindo-se diretamente a eles quando fala à congregação sobre "as almas perdidas procurando a luz divina", e então aponta para Belushi, que olha nervosamente para o relógio. "Você está vendo a luz?", Brown grita, e depois de repetir a pergunta algumas vezes, Belushi de fato *começa* a vê-la, e por fim grita: "Sim, sim, meu Jesus Cristo sapateador, eu estou vendo a luz!"

Plantado atrás de Brown, o Coro da Comunidade de Cleveland no Sul da Califórnia canta um número gospel, e a igreja explode numa dança. O roteiro original destaca com mais ênfase a questão racial, com o reverendo referindo-se a Belushi como "meu pequeno e perdido cordeiro branco", mas isso no filme é transmitido de maneira igualmente clara. Brown, e todos os que se apresentam no filme, irão levar a América branca para a terra prometida.

"Louvemos o Senhor", diz o reverendo; "E que o Senhor louve os Estados Unidos da América", Aykroyd grita de volta, enquanto ele dança pela nave. Através de todos os estereótipos desse filme, os Blues Brothers tentam evocar a visão da era dos direitos civis – negros e brancos juntos, unidos por Deus e pela música.

O filme foi lançado no verão de 1980, e em dezembro daquele ano Brown foi um dos convidados do *Saturday Night Live*, onde cantou seu novo single, "Rapp Payback", e um medley de seus sucessos anteriores.

Tanto o filme quanto a aparição num programa de tevê badalado e orientado para os jovens ajudaram muito a apresentar Brown para os brancos jovens que estavam fazendo o salto do Police e do Talking Heads para os artistas que os haviam inspirado. A atenção estava sendo redirecionada. O público negro mais velho não só havia deixado para trás os blues e o soul com os quais os Blues Brothers estavam agora fazendo sua bagunça, como por volta de 1980 também já haviam deixado para trás o próprio James Brown. O que era curioso, porque, ao mesmo tempo, plateias mais jovens estavam pegando muito gosto por Brown através do hip-hop. No final da década de 1970, DJs em festas de quarteirão faziam loopings para batidas de break – momentos escolhidos de músicas como "Mother Popcorn" e "Funky President", extraídos e depois estendidos – e no início da década de 1980, conforme os artistas começaram a fazer discos de rap, James Brown estava a caminho de se tornar o artista mais sampleado da história do hip-hop. Em Washington, D.C., a *go-go music* estava em alta, usando os números de funk mais agressivos de Brown como padrão. "Quando tem uma batida forte, que faz você querer mexer os quadris e sair dançando e se exercitar de algum jeito, isso é funk", disse Chuck Brown, o chefão do go-go. "James Brown, é daí que eu tirei muito da minha inspiração." Hip-hop, go-go: em círculos fora da tendência predominante, Brown era a luz. Isso queria dizer alguma coisa, mas não iria pagar as suas contas. Lá em pé, de peito nu, com seu macacão de paraquedista no *Saturday Night Live*, olhando para a câmera de tevê, ele era um ícone familiarizando-se com aqueles que iriam sustentá-lo naquela década: pessoas brancas, jovens e velhas.

Havia mais razões para otimismo. Como ele contou a um colunista do *Los Angeles Sentinel*, ele estava livre da Polydor e a América tinha um novo presidente, e ambos lhe permitiam "começar vida nova". Brown chamou Reagan de "Meu caubói número um". Ele *simplesmente* gostava de Reagan, explicou. "O homem tem um aspecto excelente. Ele poderia ainda trabalhar como ator se quisesse. Mas colocou a vida para ajudar o país a se recuperar. Pense no seu avô voltando e dirigindo o país – a gente precisa tirar o chapéu para ele."

Ao contrário do circunspecto Carter, Reagan respondeu quando Brown entrou em contato com ele. Quando Brown mandou uma nota congratulando-se com o novo presidente, Reagan escreveu de volta, em papel timbrado da Casa Branca. Numa espécie de aceno cúmplice, ele louva o Deus que nos deu Brown, um homem que sabe todos os sentidos da palavra "soul". Reagan termina agradecendo Brown por sua contribuição à nação. Assim como o novo presidente, Brown tinha uma fé quase mágica no poder do indivíduo; ambos haviam vindo do nada e acreditavam que seu sucesso era o sucesso da América – eles haviam chegado lá, então qualquer um poderia chegar também. Garry Wills tem uma expressão para definir Reagan, que se aplica igualmente bem a Brown: ele havia se tornado um "apaziguador das massas", um ex-rebelde que agora usava aquela retórica para louvar os valores da massa. Brown, cauteloso, disse aos jornalistas brancos que não se metia mais com política, uma mensagem que só podia ajudar a aproximá-lo dos seus novos fãs. Agora ele enfatizava a grandeza da nação, e deixava que a música dissesse o resto.

Os membros da sua banda puderam ver a plateia mudando diante de seus olhos. "Você percebia isso. Ela se tornara mais branca", disse Hollie Farris. "Quando toquei da primeira vez com ele em 1975, era noventa e nove por cento de plateia negra. Aí começou a mudar, e, antes que você pudesse se dar conta, já era uma maioria branca. Eles estavam descobrindo-o; os negros já o haviam descoberto. Os brancos sabiam quem ele era, mas aí eles o viram naquele filme e decidiram que queriam conhecê-lo melhor."

Ron Laster era um guitarrista que entrara na banda no final de 1979, pouco antes de eles ganharem novo impulso a partir do *The Blues Brothers*. Ele lembrou que uma vez tinham tocado no Beacon Theatre em Nova York para quarenta e quatro pessoas antes do lançamento do filme. Depois, já era possível lotar um local de espetáculos pequeno. "Era como um *chitlin circuit* melhorado, a gente fazia os melhores clubes pequenos das cidades, o Lone Star em Nova York, o Sugar Shack em Boston, o Lupo's em Providence, o First Avenue em Minneapolis, o Front Row em Cleveland, o Park West in Chicago... A gente arrebentava nesses lugares, porque ficavam lotados, e as meninas bem perto de você. A gente costumava *adorar* isso, adorar mesmo", comentou Laster.

O show concentrava-se no seu disco mais recente e nas velhas músicas, porque Brown achava que era isso que seus fãs brancos queriam. No geral, ele estava certo, embora às vezes, quando o público queria o funk e ele não tocava nenhum, as coisas podiam se complicar. "Eles jogaram sapatos e tênis na gente na Suíça – eles queriam 'Hot Pants' e 'Soul Power', e ele punha a gente lá fazendo aquele showzinho para o Holiday Inn.

"Não importava para ele se a casa era grande ou pequena, ele ia continuar tocando do mesmo jeito", disse Laster. "Se vinha gente ou não, tanto fazia. E eles demoraram um tempão para voltar."

Era um declínio, e Brown fez o que o seu ego precisava para amortecer a queda. Quando chegavam a um hotel, ele mandava Henry Stallings na frente, para fazer o check-in na recepção. Aí entrava com tudo e começava a gritar ordens para o seu assistente desde a entrada, procurando certificar-se de que todo mundo ficara sabendo que um artista havia chegado.

As mulheres ainda caíam pro lado dele. "Eu estava com Brown numa noite em que ele ficou com umas seis no hotel", lembra Laster. "A gente costumava dar uma ajuda. Ele nos dava dinheiro para a gente ficar entretendo as mulheres, contando piadas enquanto elas esperavam por ele. Ele ria e chegava pra mim dizendo: 'Senhor Laster – hoje eu fiz um níquel'. Isso queria dizer que tinha comido cinco. Outra noite ele dizia 'Hoje eu dei três'. 'Estou livre, solteiro e gosto de me relacionar.' Esse era o negócio dele."

Esses shows em casas noturnas não eram as sessões maratônicas da década anterior. Seus movimentos no palco eram mais contidos, em função do tamanho do local, mas isso não quer dizer que ele evitasse os passos que o haviam tornado famoso. "O cantor James Brown descobriu que não consegue mais fazer aqueles saltos atléticos incríveis que fazia outrora", comentou o *Los Angeles Sentinel* em 1981. Sobre o show do New York's Lone Star, o colunista do *Sentinel* escreveu que ele tentara uma abertura de pernas que "o deixou de bruços, e ao que parece machucado demais para poder participar de um concerto agendado para o Ripley Music Hall em Filadélfia". Outra vez ele fez uma daquelas suas aberturas de pernas, perdeu o equilíbrio e aterrissou esparramado em cima da bateria.

No entanto, as performances nunca eram cautelosas ou sonolentas, e onde alguns detectavam um escorregão outros viam um habilidoso ajuste das coisas à idade e ao tipo de palco. Numa resenha de um show no vale de San Fernando em 1982, o crítico do *Los Angeles Times*, Robert Hilburn, avaliou que a "plateia era principalmente de brancos, tanto de fãs jovens querendo conhecer sua história pop como de mais velhos, desejosos de reviver algumas memórias...

"Brown usa seus anos de sabedoria de palco para maximizar seus movimentos mais limitados, construindo uma lenta e constante tensão ao longo do show... Ele de fato deu *mais*, perfazendo uma série de movimentos inspirados que faziam você sentir por alguns poucos e inebriantes minutos que estava de volta aos anos 1960... Basta uma palavra para descrever esse artista – seja em 1982 ou em 1962 – ele é grandioso."

Foi nesse momento, em que suas finanças estavam bagunçadas e sua capacidade de ganhar dinheiro severamente comprometida, que Brown começou a usar regularmente a droga sintética PCP. Também chamada de "pó de anjo", ela já havia sido usada como calmante em animais e testada como anestésico humano havia décadas, mas fora descartada devido aos efeitos psicóticos que produzia. Brown partia os pedacinhos amarelo-esverdeados da droga e espalhava por cima da maconha. Durante anos referiu-se a isso fazendo crer que estivesse apenas fumando maconha, e ele mesmo parecia quase acreditar nisso. Bob Patton, um agente e auxiliar de Brown, uma vez por acaso dividiu com ele um baseado que continha PCP, em meados dos anos 1970, e ficou alucinado algumas horas. Vicki Anderson, que cantava no show de Brown, relatou ao escritor Barney Hoskyns que Brown já fumava PCP antes de 1982. Seu uso da droga ficou bem conhecido no círculo íntimo de Brown em meados da década de 1980, e afetou o andamento dos negócios.

"Uma vez eu estava em Augusta e a gente ficou esperando para receber o pagamento", lembra Clayton Fillyau Jr. "Meu pai estava debaixo de uma árvore tomando uma bebida. Ele liga para o Danny Ray e pergunta se o James Brown estava em casa; 'Cara, ele está sim, mas eu não sei se ele quer ir, ele tomou aquele negócio', Danny contou ao pai.

"O pai imaginou que era melhor a gente tentar receber antes que Brown ficasse doidão demais. A gente vinha dirigindo rápido e de repente aquele Seville preto passou por nós em sentido contrário a 200 quilômetros por hora. Era James Brown. Meu pai pegou o retorno e fez ele encostar no acostamento, mas antes que a gente pudesse chegar perto ele ficou pulando em volta do carro, fez uma dancinha ou algo no gênero, e depois simplesmente entrou de novo no carro e saiu voando de volta para a Carolina do Sul. A gente não conseguiu mais alcançá-lo."

O pó de anjo deixa as pernas bambas, dá náuseas e tontura; um dos efeitos mentais é uma sensação de dissociação do próprio corpo. Ele às vezes é classificado como anestésico, mas ao contrário da maioria dos anestésicos o PCP não é um depressor – ele aumenta o batimento cardíaco e pode permitir grandes façanhas físicas. O cantor não quis saber de drogas a sua carreira inteira, e raramente ia além de uns dois drinques antes de deitar. O que o levara, na faixa dos cinquenta, a insistir com o PCP? Talvez Brown tivesse sido atraído para essa droga porque, depois de uma vida inteira exercendo uma disciplina rigorosa em todos os aspectos da vida, o fato de se entregar àquela perda de controle que ela produzia exercesse uma forte atração.

Talvez fosse por causa de todas as coisas que ele costumava fazer e que não podia fazer mais. Levi Rasbury acha que Brown travava uma luta contra a diminuição de suas habilidades naturais. "Você é um perfeccionista e você aprimorou sua habilidade até o ponto de se tornar singularmente bem-sucedido. E então, sem qualquer culpa da sua parte, a coisa não está mais lá disponível. [O uso da droga] foi resultado, eu acho, de ele não ter sido capaz de lidar com as consequências de tudo o que aconteceu.

"Perder popularidade é uma coisa. Mas e quanto a ser um perfeccionista e ter que encarar o fracasso? Isso é uma provação. Essas são situações que levam alguém ao suicídio, acho que é isso."

No tradicional Groundhogs Day [Dia da Marmota, 2 de fevereiro] de 1982, ele estava gravando uma participação no programa de televisão *Solid Gold.* Brown iria cantar "I Got You (I Feel Good)" e fazer uma cena de humor com o ventríloquo Wayland Flowers e seu boneco, Madame. Andando por um corredor antes da gravação, Brown viu a cabeleireira do programa por uma porta aberta. "Meu Deus", ele disse, "olha só o *rabão* dessa mulher." Brown pediu a Sharpton para pegar o número de telefone dela e perguntar se ela não toparia sair com ele.

Os dois começaram a passar um monte de tempo juntos. Adrienne Lois Rodriguez, trinta e dois anos, era uma mulher de aparência exótica, que uma vez havia namorado Elvis Presley. Era italiana, negra, judia e latina, e em algumas fotos parecia uma Cleópatra dos dias atuais, com uma sombra forte nos olhos e cabelo preto liso. Havia sido criada no South Central em Los Angeles, morado em lares adotivos e depois com uma avó que fazia Adrienne e dois irmãos dela pagarem pela comida que ela lhes dava.

Eles se casaram em 1984. Brown sentiu desde o início que eles tinham uma ligação especial, e acreditava que ambos compartilhavam uma conexão com uma terra muito distante – que os dois não eram daqui, e estavam geneticamente distantes do que chamavam de lar. "Nossa alma se encontrou há muito tempo. Nós nos encontramos visualmente no *Solid Gold*. Mas já estávamos na realidade juntos, por sermos pessoas do Terceiro Mundo. Ninguém neste país é como a gente", disse ele. "Todos os que parecem conosco são do Meio-Leste e do Extremo-Leste e depois alguns foram para a América do Sul. A gente tem aquela outra aparência..."

Era assim que Brown e Adrienne se viam: quanto a muitos brancos de Augusta, ele era negro e ela era o oposto. "Ele ficou muito falado", lembrou Sharpton. "Ele me contou que as pessoas dirigiam comentários a ela – chamavam-na de 'amante de preto'."

Deidre curtiu uma casa cheia de crianças e a vida boa da Walton Way. Adrienne – Alfie, como era chamada – adorava o show business, e queria sair em turnê, quem sabe fazendo backing vocal – *qualquer coisa* que a pusesse sob os holofotes, também. A vida que Brown vivia acabou levando mais de uma esposa dele à loucura, mas Alfie estava equipada para compartilhar esse tipo de vida com ele.

The Blues Brothers havia trazido um novo público para Brown, e ele também fez outro filme, no papel dele mesmo, chamado *Doctor Detroit*, de Dan Aykroyd, em 1983. Dinheiro entrando, dinheiro saindo. A Receita Federal continuava a persegui-lo, e leiloou três de seus automóveis, entre os quais sua amada perua Dodge, em 1983. No mesmo ano, ele deixou a banda a ver navios em Sacramento, no Dia de Ação de Graças, sem dinheiro nem para a gasolina da volta para casa.

Havia um tumulto, e várias rupturas repentinas. Nesse clima de mudanças imprevistas, o destino lhe trouxe mais uma perturbação. O coração de Jimmy Nolen parou de funcionar.

Nolen fez um teste para entrar na banda de Brown na Costa Oeste em 1965, e foi ele que bolou a batida "chanka-chanka", ou "raspa-raspa da galinha", como era chamada, e que foi a base de inúmeros discos de Brown. Nolen era magro e tranquilo e sobreviveu na banda mais tempo do que qualquer outro músico, exceto o mais tranquilo ainda St. Clair Pinckney. Com os anos, ele acabou conhecendo tão bem o jeito de Brown que era capaz de adivinhar quando o chefe estava prestes a esquecer alguma letra, e então rapidamente preenchia o vazio fazendo um "raspa-raspa de galinha" com sua guitarra. Brown puxava-o de lado e eles ficavam horas ensaiando juntos. Não era um guitarrista de ritmo, era o *próprio ritmo*, quase tanto quanto os bateristas.

Sabendo o que tinha em mãos, Brown insistiu para que Nolen se mudasse com ele quando saiu de Nova York para Augusta, e Nolen arrumou um lugar em Atlanta. Ficar perto de Brown tornava mais fácil ensaiar; e ficar onde Brown pudesse estar de olho nele evitava que Nolen pudesse aceitar outras ofertas. Embora sua contribuição fosse imensa, Nolen discretamente queixava-se de que Brown não incluía seu nome nas capas dos álbuns. Em Macon, Brown apontara uma arma contra ele e dera-lhe um tapa. Ele o multou várias vezes por causa de uma corda quebrada na guitarra. Nolen é o mais famoso astro secreto da guitarra do mundo: quando Eric Clapton passou por Atlanta, chamou Jimmy para um encontro. Nolen até aceitou, mas implorou a Clapton para manter isso em sigilo, se não Brown poderia achar que alguém estava tentando roubá-lo dele.

Um par de ataques cardíacos em turnê; Brown e a banda não deixaram que a notícia chegasse à mulher dele, mas ela ficou sabendo quando encontrou seus comprimidos para pressão sanguínea.

Ele adorava crianças, e às vezes, quando estava em casa, juntava umas crianças do bairro e iam todos para o Adams Park. Eles atravessavam uma ponte, e paravam perto de uma imensa pedra que parecia ter rolado de uma montanha. Nolen então subia na pedra, ajeitava com cuidado suas garrafas térmicas de Manischewitz branco. Então tirava a guitarra do estojo e tocava "Popcorn with a Feeling".

Ele morreu em casa, numa ocasião em que deixara de viajar para o Canadá porque não estava se sentindo bem. Lunetha, a esposa, contou à banda que ele sofrera um ataque cardíaco; mas depois teve que encontrar alguém para dar a notícia a Brown. Isso não ia ser fácil. Danny Ray contou a Brown depois do seu show daquela noite, e Brown ligou para Lunetha. A primeira coisa que ele quis saber: tinha mais alguém no quarto quando ele morreu? Brown pensou que talvez alguém tivesse matado seu guitarrista, mas Lunetha disse que não, ninguém havia assassinado seu marido.

Pouco antes de morrer, Nolen chamou Ron Laster de lado e ensinou-lhe seus segredos, dizendo: "Agora é *você* que vai liderar a banda". Ele também pediu a Lunetha para dar um recado a Brown assim que ele estivesse enterrado. Como se costuma dizer, foi como se ele soubesse o que estava para acontecer. Ele havia assistido a um programa de tevê sobre grandes nomes do rock and roll e constatado quantos deles haviam morrido antes dos cinquenta. A vida simplesmente os havia reduzido a pó.

Ela foi levar as palavras do marido até Brown. "Você precisava ser forte e olhar James bem nos olhos – você tinha que deixar claro pra ele, 'James, eu não tenho medo de você... você precisa ouvir isso'", Lunetha relembra. "Ele estava curioso – ele queria ouvir o que era e ao mesmo tempo *não* queria ouvir."

St. Clair Pinckney sabia do que se tratava e não queria que Lunetha encontrasse com Brown. Mas o que é que ela podia fazer? Jimmy deixara isso como seu último pedido: "'Você diga ao James o seguinte', Jimmy disse pra mim, 'A próxima pessoa que você for pegar pra trabalhar com você, eu espero que você a trate melhor do que tratou a gente.' Eu completei: 'Eu não estou acusando você, estou só repetindo o que Jimmy me disse'".

Quando ela contou isso a Brown, ele colocou seu braço em volta dela e pediu desculpas. "Desculpe ter magoado seu marido desse jeito", Brown disse. "Ele me afagou e disse que sentia muito; e que tinha medo que alguém fosse tirar Jimmy dele."

Dividido entre uma postura rebelde do tipo "não vou mudar" e um desejo de emplacar mais um sucesso, Brown mostrava um novo interesse em assumir riscos criativos, em fazer discos de outros jeitos. O assunto Polydor fazia parte do passado e ele havia assinado um acordo com a Island Records, o lar de Bob Marley. Em 1982, foi até Nassau gravar com os brilhantes produtores jamaicanos Sly e Robbie. Eles produziram algum material, mas não o suficiente para um álbum, e logo Brown acabou caindo fora. Mais frutífero foi um single de 1984 com Afrika Bambaataa, "Unity", pela Tommy Boy. Bambaataa era um cara enorme do South Bronx, que como DJ, produtor e mediador de conflitos havia desempenhado um importante papel no nascimento do hip-hop. Ao se associar a Brown, esse artista em voga, popular entre os roqueiros independentes, estava publicamente pagando um tributo. O seu eletro funk futurista, e a palavra de ordem "*peace, unity, love, and having fun!*" ["paz, unidade, amor e diversão!"] expressa em "Unity", construíram pontes entre gerações e subculturas. Roqueiros punk e pessoal da new wave estavam entrando no hip-hop por meio dos discos de Bambaataa, e também se identificando com a crueza e o apelo direto de Brown. "Unity" simbolizou um momento no qual, pelos flancos das comunidades marginais e pelos pontos de contato entre os bairros, as pessoas estavam cruzando fronteiras.

Assim como Aykroyd e Belushi antes dele, Sylvester Stallone teve também uma visão no deserto. O ator e diretor tinha uma cena em mente para o seu futuro *Rocky IV*, uma cena insana, patriótica, um grande momento ambientado no coração de Las Vegas. Em seu sonho louco, Stallone imaginou James Brown cantando uma nova música, e o seu lutador negro Apollo Creed dançando ao som dela vestido de Tio Sam. Haveria aquelas garotas de Las Vegas e bandeiras tremulando, coristas e dançarinas de cartola e fraque. Stallone via tudo aquilo de maneira muito vívida, e agora precisava que outras pessoas o vissem também.

Rocky III já havia ido fundo no quesito canções fortes, aquelas de fazer o coração acelerar, entupir as artérias, como aquela sua cena construída em torno da música "Eye of the Tiger", do Survivor. A canção de sucesso aumentou as vendas do filme de sucesso, e o filme de sucesso fez vender a música de sucesso. Stallone levou sua ideia de uma nova música até Dan Hartman, um veterano de estúdio, que era capaz de compor coisas em rock pesado, metal, disco ou pop convencional, e que havia se especializado em canções bombásticas para filmes de Hollywood de grande orçamento.

A aposta de Stallone não poderia ter sido mais direta: ele queria um sucesso entre as dez mais, cantado por James Brown, com uma forte mensagem patriótica. *Rocky IV* contrapunha o lutador de Stallone a uma mula moscovita cruel e trapaceira chamada Ivan Drago. O presidente Reagan intensificava a Guerra Fria e fazia dela uma pedra de toque patriótica; Stallone tinha intenção de fazer um filme de sucesso que vendesse o conflito, para que este por sua vez vendesse o filme. Hartman ficou em dúvida quanto à parte patriótica, talvez nem tanto pelo aspecto político, mas porque seus sucessos tipicamente criavam um sentido de "nós", e uma canção patriótica provavelmente iria dividir o mercado potencial. Ele também ficou em dúvida a respeito do cacife de Brown para produzir um disco capaz de vender um milhão de cópias. "Acho que James Brown fez um monte de discos excelentes, mas era aquela coisa purista do James Brown que ele fazia no início, e as pessoas não vão deixar que ele faça mais isso porque o tempo andou. Essas coisas para mim são clássicas, mas outras pessoas podem achar chato", disse Hartman ao *Los Angeles Times*.

"Eu disse que, se fosse escrever alguma coisa para o James Brown, seria uma coisa orgânica demais para que tivesse chance de chegar às dez mais. Eu tinha respeito demais por ele para diluir seu estilo." Nesse ponto a visão deu uma parada por um tempo, até que Hartman e seu parceiro compositor Charlie Midnight apareceram com uma ideia geral de uma música que contivesse elementos de "Working for the Weekend", do Loverboy, e de "Born in the USA", do Springsteen: o patriotismo aliado a uma celebração da cultura pop americana, ao mesmo tempo em que se gritava "everybody's working overtime" ["todo mundo fazendo hora extra"] tentando "to make the prime" ["fazer o melhor"]. Com Brown como a imagem do esforço americano, a música na verdade dizia: "Todos nós estamos nisso juntos, então vamos lá batalhar".

Brown estava animado, tanto assim que pediu a Hartman para sentar ao lado dele no estúdio, dizendo: "quando eu faço, acabo fazendo como James Brown, mas você devia ter alguma coisa em mente quando escreveu a música e eu quero saber do que se trata". Juntos acabaram com a quantidade suficiente de gritos e comentários de James e mais do que o suficiente das melodias de banda marcial de Hartman para criar "Living in America", o sucesso entre as dez mais que Brown, e Stallone também, tanto almejavam. A música ficou nas paradas pop por onze semanas no inverno de 1986 e chegou a quarto lugar; foi seu primeiro sucesso pop em dez anos. "Living" propiciou a Brown sua primeira aparição entre as dez mais britânicas. Recebeu a homenagem de uma paródia de "Weird Al" Yankovic, "Living With a Hernia", e ganhou um Grammy em 1987 como melhor cantor de R&B. Mas, principalmente, a música recolocou Brown na cena da cultura americana dominante.

Ele usou suas botas de caubói na cena que fez em *Rocky IV*: ele simbolizava a América, a sua celebração do sobrevivente na era Reagan. Era uma transformação impressionante para uma figura que muitos no país nunca haviam visto como americana.

Com *The Blues Brothers* e agora com *Rocky IV*, os brancos passaram a celebrá-lo como um ícone. Na turnê que veio em seguida, o robô mecânico Sico de *Rocky IV* apresentava o Chefão do Soul à plateia. Quanto ao sucesso, sem ênfase no Um e sem tensão rítmica, era um desafio para a banda encaixá-lo no seu show. "A gente costumava abrir com ela toda noite porque quer ele gostasse dela ou não era a música que tinha trazido a plateia de volta", disse Laster. "Experimentamos umas doze versões diferentes para tentar enfiar algum tipo de *groove* de funk nela. A gente tinha algumas versões que eram mais James Brown – mas aí você perguntava, 'porra, mas isso é "Living in America"?' Mas ele precisava do seu rosto de volta para o público e *Rocky IV* conseguiu isso."

Na sequência vieram um novo selo, Scotti Brothers, e um álbum, *Gravity*, de 1987, que continha "Living in America", produzida por Hartman. Ele disse que sua carreira estava decolando de novo, e contou a um escritor: "A Coca-Cola e a Pepsi estão brigando para ter James Brown. Todas as marcas de carros estão me procurando". Suas finanças podiam estar melhorando, mas não muito. Brown perdeu sua casa de Beech Island em 1987, mas depois seu advogado, Albert "Buddy" Dallas, comprou-a e deu-lhe de volta.

Foi uma época de rupturas bruscas e reinícios do zero, pontuada por loucos trajetos de carro pelo pinheiral. Sua primeira autobiografia, *The Godfather of Soul*, de Brown e Bruce Tucker, saiu em 1986. Com "Living in America" ainda bombando nas rádios, Brown estava no primeiro time dos indicados ao Hall da Fama do Rock and Roll. Ao lado dele no Hall estavam Elvis Presley, Little Richard, Ray Charles, Sam Cooke, Buddy Holly, Fats Domino, Jerry Lee Lewis e os Everly Brothers. Esses eram seus pares, alguns deles velhos conhecidos seus. Mas, ao contrário deles, Brown tinha um disco de sucesso na época de sua indicação.

Na cerimônia no Waldorf Astoria de Nova York, ele usou uma camisa de seda carmesim, cachecol verde-limão e casaco preto. Depois de pegar seu prêmio, tendo ainda pela frente uma noite e um show recheado de celebridades, Brown virou-se para Sharpton e disse: "Vamos embora". Rodeado por astros e gente da elite da indústria do disco, mesmo assim ele resolveu seguir a lição que havia aprendido há muito tempo. Nunca seja arroz de festa. Nunca deixe que eles se cansem de você.

Eles caíram fora.

UM TUMULTO O TEMPO INTEIRO

Capítulo Vinte e Três

Ele sempre abria a porta do carro para ela.

Ela arrumava o cabelo dele melhor do que ninguém.

Ele visitou os lugares sagrados em Jerusalém com sua esposa judia.

Ela foi batizada sabendo que ele iria gostar disso.

Eles chamavam um ao outro de "Suga Wooga".

James e Adrienne já haviam se apaixonado por outras pessoas antes, mas aquilo era diferente. Era mais louco, e mais imprevisível. O cantor tomava conta da esposa de um jeito muito intenso. Ele interrompeu uma sessão de gravação com Dan Hartman para perguntar explicitamente por que ele estava olhando para Adrienne. Ela tinha uma ponta de ciúmes também, e logo virou um leão de chácara, controlando quem é que ia ver seu marido. Aquelas pessoas do círculo mais íntimo precisavam tomar cuidado para não ofendê-la. James já havia sido casado duas vezes antes e trazia muitas mulheres com ele nas turnês, mas esta, muito possivelmente, era como se fosse a primeira: quando você passava da linha, ela sabia dar o troco.

Enquanto isso, o uso recreacional de PCP por parte de Brown já estava virando dependência, e Alfie também vinha fazendo uso da droga. Muitos dependentes têm relatado como essa droga parece fazer o tempo se acelerar, e as horas e dias darem a impressão de passarem num instante. Para James e Adrienne, de qualquer modo, as coisas estavam se precipitando, e as drogas criaram um tipo de ritmo inteiramente novo na vida deles, fazendo-os oscilar entre surtos de raiva e exibições teatrais de afeto.

Ela ligou para o 911 para denunciar violência doméstica uma vez em 1984.

Três vezes em 1985.

Uma vez em 1987.

E, por fim, sete vezes em 1988.

Algo disso ficou oculto atrás dos portões de Beech Island, mas em turnê os incidentes eram mais difíceis de esconder. Numa oportunidade em que o casal estava no Plaza Hotel em Nova York, Adrienne ficou convencida de que James havia estado com outra mulher, e foi tirar satisfações com ela, ferindo-a no traseiro. O advogado de Brown, Buddy Dallas, negociou com o hotel, e mais tarde declarou: "Consegui resolver o assunto pagando uma pequena quantia àquela senhora amiga, que levou uma tesourada nas nádegas".

Em outra ocasião, Brown fazia shows em Las Vegas, e Adrienne estava com ele. Eles chegaram ao aeroporto junto com Dallas, que lembrou: "Como eu sou um garoto do Sul, minha mãe sempre me ensinou a ser educado com as mulheres, e a então senhora Brown estava com duas malas grandes, pesadas. Estiquei o braço para pegar as malas dela e quando levantei eu disse, 'Meu Deus, cada uma dessas deve pesar mais de vinte quilos'. O senhor Brown então veio e *pediu* que eu deixasse as malas no chão.

"'Senhor Dallas', disse ele, 'o que o senhor não sabe a respeito dessas malas pode levá-lo à prisão. Ela insistiu em trazer essas malas, então ela pode carregá-las.'"

Talvez elas contivessem utensílios de mesa – Dallas disse que Adrienne tinha uma coleção de prataria impressionante, sempre em expansão. Ou talvez fosse uma substância de uso controlado, uma droga. Seja lá o que estivesse naquelas malas, Dallas fez do jeito que foi aconselhado.

"Precisei repensar aquela atitude cavalheiresca com a qual fora criado. A partir daí era 'Sim, senhora Brown', 'Não, senhora Brown...'. Eu nem abria mais a porta do carro para ela."

O PCP entrara na vida deles antes de os dois se conhecerem, mas a partir daí é que o uso da droga por parte de Brown passou a ser do conhecimento público. Provavelmente, ele estava fumando mais do que nunca, e, provavelmente, o controle dela sobre quem deveria estar perto do marido conseguiu manter alguns de seus protetores a distância. Essas são variáveis desconhecidas, mas uma coisa é certa: os dois gostavam de ficar doidos e depois ir dar uma volta de carro. Em setembro de 1987, Brown pôs a polícia atrás dele numa perseguição em alta velocidade pelo centro de Augusta, que incluiu até uma cortada de caminho de tirar o fôlego pelo estacionamento de um fast-food IHOP. Naquele mesmo mês, Adrienne foi parada num Lincoln Town Car às quatro da manhã por estar a cento e vinte por hora numa rua cujo limite de velocidade era setenta. Quando a polícia colocou Alfie numa viatura policial, ela tentou abrir a porta a chutes. Naquele mês de novembro, Brown bateu em carros estacionados em duas diferentes lojas de conveniência da Todd's Shop N Go, e depois fugiu. Ele foi detido por resistir à prisão e abandonar o local de um acidente. Duas vezes.

As coisas pareciam estar piorando na primavera seguinte. No fim de semana de Páscoa de 1988, Adrienne ligou para o 911 e relatou que Brown batera nela e ameaçara matá-la. Ele desapareceu, e só foi dar as caras no dia seguinte. Adrienne contou aos repórteres que queria o divórcio. Uma semana depois ela foi detida no aeroporto Bush Fiel de Augusta quando a segurança encontrou com ela e uma amiga quatro cigarros saturados de PCP e quatro frascos de spray nasal da substância. Um mês depois, ela foi detida por atear fogo às roupas de Brown num quarto de hotel de Bedford, New Hampshire, e por estar de posse de um quilo e duzentos gramas de PCP.

Numa entrevista ao *Augusta Chronicle*, ele parecia estranhamente em paz: "Todo mundo ama o Chefão do Soul", disse ele. "A América está preocupada com o Chefão do Soul porque a América é o Chefão do Soul."

E ele também parecia um pouco perdido: "Minha fé em Deus é a única coisa que me faz seguir adiante. A fé é a única coisa real que me mantém vivo".

Acima de tudo, ele parecia seguro, convencido de que a história de James e Adrienne Brown era uma história de duas pessoas complexas, que gostavam muito uma da outra. "O amor é uma coisa engraçada", disse ele.

As oscilações entre raiva e amor estavam acontecendo com tamanha rapidez agora que era difícil dizer em qual dos dois extremos eles estavam em determinado momento. Em maio, ele passou a noite na cadeia depois que ela ligou para a polícia e ele fugiu – quando Brown foi finalmente detido, as acusações eram por posse de PCP, agressão, desobedecer à ordem policial e porte de arma sem licença legal. Agora era *ele* que dizia querer o divórcio. Pouco depois, o advogado de Alfie entrava na justiça tentando derrubar uma acusação de uso de drogas com uma nova defesa: Augusta havia uma vez designado oficialmente James Brown como "embaixador do soul", portanto ele tinha imunidade diplomática –, o que pelas normas da política deveria ser estendido à esposa dele.

A qualquer pessoa que tivesse ousadia suficiente para levantar a questão, Brown negava até mesmo que usasse drogas, quanto mais que fosse dependente. De jeito nenhum iria envenenar a carne que lhe havia dado tantos dons. "Meu nariz, meus ouvidos, meus olhos, meu reto, minhas partes privadas, são partes do meu corpo com as quais não quero fazer bobagem. E meu braço."

E então ele foi dar uma volta.

Tudo começou no seu escritório comercial de Augusta, em 24 de setembro, depois que Brown concluiu que alguém havia usado seu banheiro sem autorização. Carregando uma arma, ele entrou num seminário de seguros que estava sendo realizado ao lado do seu escritório.

Ele parecia muito alterado. As pessoas escolheram muito bem as palavras quando ele inquiriu quem havia usado o banheiro. Brown saiu – deixando sua arma (é bom registrar, sem munição) encostada contra a parede ao sair da sala – e parece ter criado não só confusão mas também medo entre os presentes.

Quando um delegado fora de serviço, presente ao seminário, ligou pedindo ajuda à polícia, Brown já estava na sua picape Ford vermelha e branca. Quando notou a chegada dos policiais, fez um retorno em U no estacionamento e saiu a toda velocidade.

Assim começou uma perseguição maluca pelas marginais de Georgialina, com Brown cruzando o Savannah e entrando na Carolina do Sul, e depois voltando para a Geórgia e por fim parando devagar com as rodas já no aro – seus pneus da frente esvaziados a tiros, com faíscas saltando, a picape perfurada de balas –, enquanto uma fileira de policiais finalmente detinha sua fuga. Um dos membros da polícia rodoviária da Geórgia disse que ao ser preso Brown cantou "Georgia" e fez os passos da sua dança Good Foot.

Ele foi declarado culpado por desrespeitar as ordens policiais de "parar para uma luz azul" (o jargão da Carolina do Sul para "fugir da polícia", um delito grave) e tentativa de atropelar dois agentes de segurança. A acusação de porte de arma foi descartada por insuficiência de provas. Ele foi condenado a seis anos na Geórgia e seis e meio na Carolina do Sul, penas a serem cumpridas simultaneamente.

Ao descrever sua situação àqueles que foram vê-lo na prisão, o presidiário de número 155413 parecia aturdido, indignado, amargurado. "Eu fui escravizado a vida inteira, isso não é nenhuma novidade", disse ele a respeito da sua condenação. "Isso quer dizer apenas que eu não vou precisar atender um monte de telefonemas. Nada mudou para mim, a não ser o endereço."

Tudo o que ele queria era ir para casa, botar uma calça de brim e brincar com seus cachorros. Ele poderia estar fazendo essas coisas, também, teria bastado admitir as acusações de estar drogado, afirmou ele. Mas isso ele não iria fazer, porque teria sido mentira. Ele declarava sempre que não tinha problemas de abuso de drogas. Alan Leeds: "Naquele sentido algo distorcido que James Brown tinha do que significa ser um homem, ele imaginava que seus fãs iriam achar uma fraqueza maior ele admitir que tinha problemas com drogas. Na cabeça dele, ir para a cadeia fazia dele um mártir; ir para um hospital, faria dele um homem fraco".

Todas essas complicações, Brown explicou, vieram de um evento muito simples. "Deus disse, 'Garoto, vá para casa'. Peguei minha picape e tentei ir para casa. Então a polícia começou a me perseguir."

Ele tentou ir para casa, mas não conseguiu.

Um ano depois de Brown ter ido para a prisão, foi noticiada outra perseguição alucinada: em Beverly Hills, Califórnia, Zsa Zsa Gabor saiu dirigindo a toda velocidade depois que um carro de polícia fez sinal para ela encostar. Quando ela finalmente parou, acertou um tapa na cara de um policial que se inclinara em direção à janela do carro dela. Gabor estava dirigindo sem habilitação, e uma garrafa aberta de Jack Daniels foi entrevista dentro do seu Rolls Royce de 215 mil dólares. A atriz ficou três dias na cadeia. Brown foi condenado por ter fugido da polícia, e por agressão a dois policiais ao tentar atropelá-los – ele disse que estava tentando contornar uma barreira de estrada para fugir de uma situação aterradora.

A sentença severa de Brown alimentou uma crença entre muitos de seus fãs de que a condenação configurava um caso típico de "Dirigir Sendo Preto". Alguns chegaram a considerá-lo um preso político. Outros notaram que ele escapara de ser preso numerosas vezes por ter agredido a esposa e dirigido louco de PCP. "Se você quer saber a verdade, a gente ficou imaginando por que eles levaram tanto tempo para prendê-lo", disse o guitarrista Ron Laster.

Na instituição penal da Carolina do Sul, deve ter sido frustrante para ele estar rodeado por um grande número de homens jovens que tinham pouco ou nenhum interesse por quem ele era. Do lado de fora, ele não conseguia fazer uma boquinha no TBonz de Augusta sem que os habitantes locais e pessoas mais velhas viessem dar um alô e colocar um guardanapo de papel na sua mão para ele autografar. Agora era apenas o coroa de cabelo esquisito que ficava andando por ali como um navio fantasma.

Ele queria ficar sozinho. Em abril de 1989, um juiz da cidade de Columbia, Carolina do Sul, a fim de fazer bonito com os amigos, colocou o cantor fora da prisão por algumas horas para que ele pudesse dar autógrafos numa sala do tribunal. Três meses mais tarde, a mundialmente famosa banda marcial da Florida A&M University, uma instituição historicamente negra, recebeu uma honraria sem precedentes. Eles foram selecionados como únicos representantes dos Estados Unidos numa celebração em Paris do bicentenário da Revolução Francesa. Qual foi a única música que eles tocaram ao marchar pela Champs-Élysées e parar diante do Arco do Triunfo? As músicas de James Brown.

Eis aonde ele chegara em 1989: um símbolo global da arte americana; um troféu a ser exibido por um juiz da Carolina do Sul.

Foi então que nasceu um "Movimento Libertem James Brown", incubado e anunciado na MTV e na imprensa especializada de música. Vários DJs distribuíram *buttons* e rappers se pronunciaram contra a sua prisão. Mike Tyson foi fotografado vestindo uma camiseta na qual se lia "Free James Brown" ["Libertem James Brown"]. Maceo Parker gravou uma música com Bobby Byrd e Bootsy intitulada "Let 'Em Out" ["Soltem-nos"].

Designado para trabalhar na cozinha, Brown preparava o café da manhã para várias centenas de presidiários numa instalação de segurança mínima. Isso mudou depois que foram encontrados em sua cela 48 mil dólares em cheques ao portador. Como punição, ele foi transferido para uma prisão de segurança mínima-máxima, em Columbia. A Receita Federal apreendeu os cheques, junto com setecentos dólares em dinheiro.

Ficar sozinho não era problema, ele dizia, as pessoas não precisavam sentir pena dele. Quando Herb Kent, um DJ de Chicago, o visitou, Brown mostrou-lhe um cartão dourado, explicando que com ele podia contatar o presidente por telefone. Ele era um cara de sorte, era essa a mensagem. Não como os demais dali.

Em outras épocas, ele encarava sua situação com uma branda ruminação, um lento balançar de cabeça por aquilo que haviam feito com ele. "Eles voltaram lá atrás com isso, antes dos direitos civis, antes de Martin Luther King", contou a Bruce Tucker.

"Até a sua infância?", Tucker perguntou.

"Acho que sim", Brown respondeu. "Acho que sim."

Alfie angustiava-se, lamentava a situação dela e dele. Ela escreveu para Brown na prisão, sugerindo que cortasse os vínculos com o pessoal da sua equipe, gente como Danny Ray e a chefe de guarda-roupa Gertrude Sanders, pessoas que acompanhavam Brown havia décadas.

O amor é uma coisa engraçada. Alguns meses antes de sua prisão, Adrienne fornecera fotos à *National Enquirer* mostrando as lesões de sua briga com Brown. Agora estava ligando para o FBI dizendo que a prisão de seu marido tinha motivações racistas.

Ela o visitava regularmente, assim como Sharpton. Little Richard ligou, mas, segundo Sharpton, nenhum artista que assumisse ter sido influenciado por Brown foi vê-lo na prisão.

Os membros da banda e todo o resto do pessoal dele, ficaram todos de fora. "Onde estão os amigos dele?", perguntava Bobby Byrd. "Estão o mais longe possível."

Uma das pessoas que tomou a decisão de ir lá visitá-lo foi o estrategista republicano Lee Atwater. Criado em Aiken, Carolina do Sul, logo depois do rio Savannah ao sair de Augusta, Atwater era um quadro essencial do partido republicano. Quando jovem, foi uma vez até a casa do vizinho pedir doces no dia de Halloween e criou um vínculo que duraria pelo resto da vida. O vizinho era o senador da Carolina do Sul Strom Thurmond (ele dava barrinhas de chocolate Snickers às crianças). Atwater virou um protegido de Thurmond, e um malandro, charlatão e trapaceiro, arquiteto da "Estratégia Sulista", que difamava os afro-americanos a fim de assustar os eleitores brancos e conseguir com isso trazê-los para o lado dos republicanos.

Atwater explicou a Estratégia Sulista numa entrevista de 1981, resumindo a história de uma ideia que ele havia herdado, mas que apresentava como sendo sua. "Você começa em 1954 dizendo 'Nigger, nigger, nigger' ["Preto, preto, preto", em sentido pejorativo]. Por volta de 1968, você não pode mais dizer 'preto' – isso fere você. Isso se volta contra você. Então passa a falar de coisas como 'forced busing'[1], 'direitos políticos dos Estados', e tudo isso. Aí começa a ficar bem abstrato, você fala sobre corte de impostos, e tudo o que compõe o seu discurso fica no plano puramente econômico e uma das consequências é que os negros são mais prejudicados do que os brancos. E subconscientemente talvez isso faça parte. Não estou afirmando que seja intencional. Mas estou dizendo que se a coisa chega a ficar tão abstrata e tão codificada, então estamos acabando com o problema racial de um jeito ou de outro. Você me entende – porque obviamente ficar por aí dizendo 'nós queremos cortar isso' é muito mais abstrato até do que a questão do transporte escolar e absolutamente mais abstrato ainda do que dizer 'Preto, preto'."

Fã de Brown desde a primeira vez em que ouviu o cativante lamento de "Please, Please, Please", Atwater era um apreciador de rhythm and

1 O *forced busing* foi uma reorganização do transporte escolar nos estados do sul dos EUA na década de 1950, que obrigava a juntar crianças brancas e negras no mesmo ônibus, como uma forma de mudar a condição vigente de segregação. (N. do T.)

blues e fanático pelo cantor. Na sexta série, sentou num setor segregado da plateia para assistir a uma performance de Brown, usando binóculos para poder observar o que o guitarrista fazia. Em pouco tempo Atwater virou um bom imitador de Brown no circuito de clubes de praia da Carolina do Sul, e fez parte de várias compenetradas bandas brancas de R&B.

Assim como Brown, Atwater olhava para o sul não do jeito que ele poderia ser um dia, mas do jeito que era – e encontrou uma maneira de explorar a condição passada do seu estado até chegar à capital. Atwater apreciava a arte de Brown e demonstrou empatia por seus problemas. Ele pode até ter usado seus contatos políticos para proteger Brown nesse período. O cantor apreciava seu apadrinhamento. Quando Atwater caiu durante um discurso em 1990 e foi diagnosticado com um tumor no cérebro, Brown mandou-lhe um telegrama: "Aguente firme, minha mulher e eu estamos torcendo por você, não há ninguém maior do que Deus, ele lhe dará paz". Quando o assessor presidencial morreu em 1991, Brown compareceu ao seu enterro.

Ele tinha mais amizade ainda com o mentor de Atwater, Strom Thurmond. Brown disse uma vez, numa carta ao senador Phil Gramm, que seu pai havia trabalhado para o ex-governador e então senador pela Carolina do Sul, e Brown se referiu a Thurmond dizendo que "ele conheceu o pai do meu pai e me conheceu antes que eu conhecesse a mim mesmo". O segregacionista ruivo estava na plateia quando Brown obteve uma licença para realizar dois shows gratuitos no início de 1991 para soldados do exército no Forte Jackson, Carolina do Sul. Ele abriu com "I've Got You (I Feel Good)" e terminou com "Living in America", e segundo a *Jet*, "Ele disse aos soldados que estava orgulhoso deles e orgulhoso por viver na América". Nos bastidores do Forte Jackson, Brown e sua esposa foram calorosamente cumprimentados por Thurmond e pelas patentes militares.

Depois de cumprir pena por dois anos e dois meses, ele teve sua primeira audiência no conselho de concessão de liberdade condicional, no início de 1991. Dirigindo-se aos juízes da Carolina do Sul, o advogado de Brown, Buddy Dallas, apresentou-o a eles anunciando: "Tenho o prazer de apresentar os senhores do conselho a James Brown; um homem conhecido local, nacional e internacionalmente". O presidiário e seus representantes falaram ao conselho de estado, e em vinte minutos Brown obteve sua liberdade condicional, em 27 de fevereiro de 1991.

"Acho que o seu futuro, todo o seu futuro, sua carreira, irão ofuscar tremendamente o seu passado", foram as palavras de incentivo do presidente do Conselho da Condicional.

"Nós vamos ficar mais próximos agora", Alfie contou à revista *Jet*, "e eu simplesmente vou devorá-lo."

Ao sair da prisão, Brown deu uma coletiva de imprensa e depois foi até Washington agradecer a algumas poucas pessoas que o haviam ajudado. Ele visitou o reduto negro no Congresso, cujos membros haviam assinado uma petição reclamando sua soltura. Então ele disse a Sharpton: "Preciso visitar o senador Thurmond."

"Por que você precisa fazer isso?", o reverendo perguntou.

"Não tem que ser só preto. Ele é meu amigo também."

Então foram ver o senador – Sharpton, Brown e Adrienne, e o político insistiu em bater fotos dele com o grupo, junto à sua mesa de trabalho.

Ambos eram definidos por Georgialina, e isso era uma das coisas que os aproximara. Mas seus laços também eram táticos. "James havia tomado porrada desses crackers; havia ganhado dinheiro com esses crackers. Ele teve todo tipo de relação com esses crackers", disse Leeds."E tinha confiança suficiente nele mesmo para saber quais eram os bons e quais eram os maus, e sabia levá-los muito bem, como quem toca um violino. Sabia que era uma mercadoria útil para aqueles caras."

Naqueles mês foi anunciada uma turnê de verão de Brown. A Polydor lançou *Star Time*, uma compilação de quatro CDs, com setenta e uma faixas, abrangendo sua carreira toda. Era a síntese mais abrangente de sua vasta obra disponível. Junto com a onda de entusiasmo ligada à sua condicional, e uma série de vigorosas apresentações, *Star Time* foi um grande avanço em apresentar a arte de Brown a muitos que talvez só o conhecessem a partir do noticiário recente.

Nas semanas e meses após sua libertação, Brown deve ter dito "I feel good" mais vezes do que em todos os anos anteriores. A música virou sinônimo do seu sorriso reluzente de show business, da sua máscara. A essa altura ele era um ícone e uma raridade, uma figura com a qual os americanos haviam crescido e para a qual sorriam agora. Os comediantes de fim de noite faziam piada com a ideia de ele ser um "prisioneiro político". Eddie Murphy interpretou Brown como um pai do funk gemendo dentro de uma banheira de hidromassagem. Um anúncio da marca de calçados Kenneth Cole exibido por todo o país mostrava uma foto do cantor ao lado da foto de um par de sapatos Cole: "*Two great things with sole under lock and key*"[2], dizia a legenda. (Ah, esses nortistas: os racistas do sul achavam que o pessoal do norte estava acima desse tipo de coisa.) Brown atingira um ápice dentro do show business americano: havia se tornado exuberante, quase irreal.

Brown comemorou sua libertação com um show pay-per-view no dia 10 de junho, promovido pelo empresário de boxe Butch Lewis, e destacando MC Hammer, Kool Moe Dee, En Vogue e outros que assumiam a influência de Brown. "Todos os grandes artistas que você possa imaginar estavam na plateia", disse Sharpton. O reverendo estava no camarim, recebendo os

---

2 Como é muito comum com frases publicitárias, esta tem sentido ambíguo. A tradução poderia ser: "Duas coisas ótimas, com sola muito bem guardada". Ou seja, num nível literal, a frase declara que o solado ("sole") dos calçados Cole deixa os pés muito bem protegidos (essa marca tem um sistema de amortecimento com tecnologia Nike). Mas, ao mesmo tempo, "sole" tem o mesmo som de "soul" e a frase afirma também que Brown tem sua "alma" muito bem guardada, ou trancada a sete chaves, numa alusão sutil à prisão do cantor. (N. do T.)

bilhetes daqueles que chegavam em suas limusines. Tal artista queria dar um pulo nos bastidores para vê-lo: Brown fazia que não com a cabeça. Outro e mais outro: não, não, não. Por fim, Brown disse: “Reverendo, diga a eles que eu receberei qualquer um que tenha ido me ver na prisão”.

Dan Aykroyd estava se preparando para fazer uma apoteótica apresentação de Brown quando este mandou Sharpton ir buscar um dos produtores do show. Ele perguntou ao produtor se havia espaço junto à lateral do palco, e uma câmera, para que, além do reverendo, ele e sua família pudessem ser vistos pela tevê rezando a Deus e agradecendo pela libertação. A banda já começava a tocar a primeira música de Brown; não havia tempo para isso agora, disse o produtor.

“Você sabe cantar ‘Get on the Good Foot’?”, perguntou Brown.

O produtor olhou sem entender.

“Você sabe cantar ‘Get on the Good Foot’? Porque hoje você vai cantar essa música, a não ser que deixe esse homem nos conduzir em oração.”

Ele teve seu desejo atendido. Ele e Alfie rezaram. E depois Brown vestiu um casaco de couro e entrou no palco. Ele estava de volta.

Na turnê daquele verão, muitos dos membros da banda disseram que Brown se mostrava mais relaxado e era mais divertido agora conviver com ele, coisa que havia muito tempo não acontecia. Ele se movimentava melhor e parecia mais saudável. Mas ainda estava casado com Adrienne, e os dois viviam disputando controle, e querendo vingança. Estavam usando PCP de novo, também, o que deixava tudo mais enlouquecido.

Uma noite, depois de uma briga, ele acabou colocando-a para fora de casa. Pouco depois, Fred Daviss foi enviado para checar se Alfie achara algum lugar para ficar naquela noite, algum lugar que não fosse Beech Island. Fred a encontrou andando à beira da estrada, e quando parou e abriu a porta do carro para ela, ouviu-a murmurar entredentes: “Eu vou voltar para aquela casa um dia. E quando fizer isso – vou colocar aquele preto de joelhos”.

Alguém que trabalhava na cozinha de Brown contou a Daviss que Adrienne estava colocando escondido PCP no sorvete de café e no creme de milho de Brown. "Ele adorava creme de milho. E eu acredito mesmo que Alfie tenha feito isso."

Ela se internou para fazer uma lipoaspiração numa clínica de Beverly Hills no início de 1996. O procedimento durou oito horas e a deixou exausta, e ela passou os dois dias seguintes em casa recuperando-se, com auxílio de prescrições de Demerol, Valium, Vicodin e morfina. A certa altura, ficou inconsciente e foi levada por paramédicos até um hospital da Century City, onde foi declarada morta. Um médico legista apontou como causas que contribuíram para a sua morte uma doença cardíaca, e também o PCP encontrado no seu sistema. Adrienne Brown tinha quarenta e cinco anos. "Ela provavelmente o conhecia melhor do que qualquer outra mulher que ele teve", disse Daviss.

Little Richard, Dan Aykroyd e Casey Kasem compareceram ao seu funeral. Parte da cerimônia foi em hebreu, porque Adrienne era judia. Do programa do funeral constava uma mensagem de Brown: "Querida Adrienne, Meu Amor, minha vida jamais será a mesma, espere por mim. Quero ser seu primeiro convidado em seu programa de TV no céu. Sempre seu, James".

Após a cerimônia, Brown, Sharpton e outros saíram para comer. "Em dez minutos ele estava sorrindo e batendo papo com seus admiradores", disse Leeds. "Brown já havia superado a morbidez da situação e era hora de seguir em frente. Aqueles de nós que o conheciam sabiam que ele estava sofrendo terrivelmente, mas ele era um garoto que havia sido obrigado na escola primária, ou talvez já no jardim da infância, a aprender a pôr a dor de lado. Sua própria sobrevivência como criança dependera disso. Ele tinha um lugar onde conseguia colocar aquela dor."

Em Washington, Strom Thurmond mandou inserir uma homenagem a Alfie na sessão do Congresso.

Dois anos mais tarde, depois de passar a noite toda fumando pó de anjo e pensando na mulher morta, Brown foi até o gramado da frente da casa, de roupa íntima. E começou a disparar uma calibre .22 semiautomática e um rifle calibre .30 para o céu.

Sua filha Deanna chamou a polícia, e ele foi internado numa clínica, ficando em observação. Brown expediu um comunicado à imprensa dizendo que a hospitalização se devia a uma dependência de analgésicos, enquanto seu advogado Buddy Dallas divulgou que ele estava simplesmente cansado por excesso de shows. "Ele tem estado em turnê direto há seis anos e está apenas exausto", declarou Dallas. "Ele acredita muito que irá voltar e mais forte."

O jornalista Barney Hoskyns esteve com Brown, e perguntou se era difícil para ele pedir ajuda. Brown assumiu a pergunta como hipotética. "Bem, você pede ajuda quando precisa dela. Se precisasse, eu provavelmente pediria ajuda. Não sou bom em retórica, entende o que eu digo?"

O jornalista tentou de novo, e Brown ficou irritado, dizendo: "Quando você me vê, olha nos meus olhos e observa meu jeito de me comportar... Eu tenho sessenta e cinco anos de idade e posso fazer todos os meus passos. Posso até fazer aquela abertura de pernas se quiser. A maioria do pessoal de *vinte e cinco* anos não é capaz disso. Estou em boa forma, e qualquer dessas coisas que eu faço, não é tomando drogas que você vai conseguir fazer igual, portanto agora você já sabe se eu tomo drogas ou não".

Enquanto isso, a Receita Federal ainda queria 9 milhões de dólares. Sobre essa questão, ele se dispunha a pedir ajuda pelo menos a uma pessoa: o presidente dos Estados Unidos.

Os noticiários vinham dando grande destaque à visita de Bill Clinton à África, onde ele expressara arrependimento oficial pela história americana de escravidão. Seja lá o que ele tenha visto mais no noticiário, o fato é que em março de 1998 Brown encontrou uma abertura. Ele escreveu ao homem no topo do comando.

"Quero me congratular com o senhor. Parabéns... Parabéns. Vejo que a história do doutor Martin Luther King está sendo resgatada. Ela sempre irá causar alvoroço", Brown afirma a respeito da declaração de Clinton. A carta continua por várias páginas, falando do ensino de música nas escolas e da idiotice que é ensinar ópera, sobre animais em cativeiro e sobre o estado da América negra. Ele elogia Clinton, diz que já esteve em Little Rock e que já se apresentou para o presidente. Aos poucos, ele vai entrando no assunto em questão: agora que Clinton reconhece o passado da América, ele deve estender sua declaração à esfera doméstica e criar uma forma de reparação aos afro-americanos. Brown revela com simplicidade o tipo de coisa que tem em mente: Clinton deveria declarar que os afro-americanos não precisam pagar impostos. Como ele relembra ao presidente, "taxação sem representação" é contra a lei.

É um *tour de force* impressionante, mais um *groove* elíptico, devastador. Não há registro de que Clinton tenha respondido.

O presidente não tinha como ajudar, então Brown voltou-se para Wall Street. Um jovem que trabalhava na área de investimentos, David Pullman, teve uma ideia atraente: criar títulos que fossem securitizados pelos royalties futuros de um músico. Em 1997, David Bowie virou o peixe graúdo de Pullman, e os "Títulos Bowie" se transformaram numa febre. Dois anos mais tarde, Brown foi bater à porta dele. Ele recebeu 30 milhões de dólares de adiantamento na forma de um empréstimo (com rendimentos não tributáveis). A instituição financeira que investiu em seu futuro possuía um título que supostamente rendia mais do que os papéis convencionais.

Jeff Allen, um empresário que trabalhava com o cantor, acompanhou-o quando ele foi assinar o negócio com Pullman. Allen conta que na reunião Brown perguntou a um assustado Pullman se ele gostaria de experimentar PCP. "Você já fumou *gorilla* alguma vez?", Brown perguntou. Era assim que ele chamava o pó de anjo: *gorilla*, pronunciando *go-rilla*. "O presidente fuma *gorilla*. Todo mundo devia fumar *gorilla*."

Ele assinou o contrato. Após a reunião, Brown entrou numa limusine branca com Allen e entregou-se a fumar um *gorilla* como celebração.

Pullman havia lhe proporcionado uma sensação repentina de estabilidade financeira que ele nunca conhecera antes na vida. Ele foi diagnosticado com diabete. Mais tarde, no final de 1999, Brown passou por uma cirurgia de próstata bem-sucedida.

O tempo todo ele continuou dependente de uma substância que exaure homens com a metade da idade que ele tinha. Duas funcionárias entraram na justiça contra ele, uma alegando assédio sexual e demissão sem justa causa e a outra estupro (só a demissão sem justa causa foi acolhida). Em 2002, suas filhas Deanna e Yamma processaram-no por uma questão de royalties de discos. Ele colocara os nomes delas como autoras de músicas quando elas eram crianças, talvez para esconder dinheiro da Receita Federal. Até aquela data os nomes continuavam nas músicas, e elas insistiam em cobrar seus direitos.

Ele não estava na cadeia, mas estava onde então?

Ao se apresentar ao Departamento de Serviços de Sursis, Condicional e Indulto da Carolina do Sul em maio de 2003, Brown obteve o perdão pelos crimes de 1988, quando daquela perseguição de carros, e pelas acusações relacionadas a drogas de 1998. Depois que a decisão foi anunciada, do seu banco no tribunal ele cantou "God Bless America".

"Estou ficando muito cansado, e adoraria ter caído fora ontem. Tenho diabete, quase quebrei os pés, danifiquei meus tendões, machuquei todas as minhas costas – mas continuo trabalhando. Eu não conto [aos fãs] o quanto isso é difícil. Eu sorrio quando os vejo", disse ele. Falando a um repórter sobre sua infância, Brown foi questionado: O quanto sua infância o havia moldado?

"Se eu tivesse sido livre, totalmente livre, não seria quem sou", respondeu ele.

O DANÇARINO

Capítulo Vinte e Quatro

James Brown teve sua iniciação quando ainda batia na cintura de um adulto em altura e ficava divertindo soldados, incentivando-os a jogarem moedas enquanto ele fazia passos de sapateado. "Comecei a dançar por necessidade em 1941. Eu morava em Augusta, Geórgia", contou ele uma vez. Havia uma ponte modesta de concreto e tijolo que cruzava o terceiro nível do canal de Augusta, perto do gasômetro. Foi lá que ele teve talvez a maior ideia da sua vida. Havia muitos soldados vagando por ali, não muito longe da estação de trem. Ele dançava, e todas aquelas moedas, de 5, 10 e 25 centavos, atiradas aos seus pés, o convenceram: "Eu percebi que a dança iria ser para mim uma maneira de ganhar a vida".

Num lampejo junto à ponte, a dança deixou de ser uma mera necessidade. Movimente o seu corpo do jeito certo e as pessoas vão lhe atirar um monte de moedas, e o que fazia a coisa dar certo era se mover de acordo com um ritmo que fosse do agrado das pessoas – cantando ou batendo palmas enquanto você dançava, ou seguindo algum ritmo que você ouvisse dentro da sua cabeça. Dava para perceber que quanto mais você pontuava de jeitos diferentes o ritmo e brincasse com ele, mais ele alegrava os rostos das pessoas à sua volta. E mais elas atiravam moedas. Desde uma idade bem precoce – ele devia ter uns oito anos em 1941 –, Brown começou a ensinar a si mesmo que o ritmo significava atenção; significava atrair adultos hostis para uma fantasia, trazê-los para o seu lado. Significava nutrição, em todos os sentidos da palavra. Brown nascera morto: agora renascia.

A dança de sapateado era feita com os pés planos e baixos, junto ao chão. Portanto, muito da dança de Brown era uma dança com os pés. Ele foi engraxate, foi um boxeador que gostava de observar os pés de Beau Jack quando ele dançava pelo ringue, e era um homem que tendia a manter a parte superior do corpo em cheque – não congelada, mas tranquila, reservada, deixando apenas que um pequeno balanço ou um mexer de ombros telegrafasse uma riqueza de insinuações. Ele viveu mais na sua parte de baixo.

Os homens que o viam dançar eram os mesmos que ele levava até sua tia Honey, onde iam buscar sexo e uísque ilegal. Ele era um guia do ilícito; isso é bem óbvio quando pensamos no bordel, mas para que lugar não autorizado estaria ele escoltando os rapazes quando dançava às margens do Terceiro Canal? Para um lugar mais cativante e poderoso do que a xoxota de tia Honey e um copo de uísque "ferro-velho". Conduzindo-os ali às margens do canal – com os trouxas ridiculamente achando que eram eles que *o* estavam dirigindo –, Brown deve ter se sentido enorme, conectado com algo fora dele, uma força que o fazia se sentir mais poderoso do que qualquer outra coisa conseguiria fazê-lo sentir no resto do dia.

Depois ele observava os garotos mais velhos e copiava alguns de seus passos. Observava os soldados também. Uma coisa engraçada é que, quando as pessoas estão lhe fazendo alguma caridade, dando-lhe seu apoio, elas se sentem à vontade para inspecioná-lo e esquadrinhá-lo. Aquele pequeno menor carente era o objeto, e eles eram os atores. Mas Brown era o mais observador de todos: ele observava e aprendia o que fazia chover moedas, o que fazia com que seu fluxo empacasse. Era bom nisso, conseguia sentir, saber quando as mãos iriam entrar nos bolsos mesmo antes que aqueles recrutas soubessem o que elas estavam tentando alcançar. Ele aprendeu mais um passo.

James Brown tinha vários disfarces, vários nomes: Crip, Music Box, O Cara que Mais Trabalha no Show Business, Mr. Please Please Please,

Butane James, Negão Número Um, Skates, Chefão do Soul – Johnny Carson uma vez o apresentou como "The Godfather of Soil" ["O Chefão do Solo"]. Ele era *His Own Bad Self* ["O Seu Próprio Lado Ruim"], uma Sex Machine, Black Elvis, o Ministro de um Novo Novo Super Funk Pesado, Disco Man Original, James Universal. Mas muito mais do que qualquer um desses, ele era simplesmente um dançarino, que sabia dançar um passo chamado James Brown.

Você não podia lhe dizer nada, não diretamente. Mas se ele ouvisse você dizendo a alguém, ou se pudesse *ver* você fazendo, então ele aprendia a fazer melhor do que você. Ele ficava vendo os artistas no palco do Lenox. Via os dançarinos itinerantes negros descendo do trem e montando uma caixa de charutos para dançar em cima dela na frente do Douglass Theater em Macon. E aprendia outro passo.

Estamos em 1959, e a banda de Brown começa a soar mais forte conforme os músicos se encaminham para o final da primeira parte do show. O pessoal de J. C. Davis está tocando arranjos de músicas de Thin Man Watts e Bill Doggett, aqueles blues shuffle arrastados, com os metais disputando a atenção, e todo mundo de olho nos dançarinos na pista. Se os dançarinos demonstram que estão gostando, a banda toca um pouco mais daquilo. A banda de Davis está definindo que aquele não é um show para assistir sentado, e tudo o que vai acontecer até o fim da noite tem o intuito de manter você se mexendo. Mover-se junto com a plateia, isso era Brown em seu disfarce de festeiro. Conforme eles foram traçando seu caminho pelo Sul – o lugar onde eles mais tocavam e de onde vinham todos os melhores dançarinos –, Brown tomava nota mentalmente dos passos que eles estavam fazendo numa cidade e que não haviam feito na última. Quando finalmente ele subia ao palco, mostrava como havia assumido bem os passos locais, fazendo uma demonstração soberba e criando forte vínculo com a plateia.

James Brown era um Johnny Appleseed[1] da dança. "Ele aprendia os passos diretamente do seu público, indo de cidade em cidade", disse Davis. "Como a gente percorria esse circuito todo a cada seis meses ou um ano, acabava levando coisas de uma cidade à outra – as pessoas de Washington não sabiam o que era uma dança chamada *mashed potatoes* e estávamos fazendo isso por eles, levando em conta que seis meses atrás a *gente* também não sabia o que era. E a gente arrasava com isso naqueles lugares."

Os passos inspiraram a música – você queria inspirar as pessoas na pista de dança, por isso tocava uma música que pudesse alimentar aquela corrente. Por outro lado, quando você voltava para o quarto do hotel, podia inventar uma canção que tivesse o dom de plasmar ao movimento que você havia observado na casa de shows há apenas uma hora. Uma canção inspirada por uma ação, uma maneira de dar sua pequena contribuição àquilo que eles haviam feito. Mas em primeiro lugar vinha a dança.

"O *mashed potatoes* era popular na Flórida, era lá que ele agradava. Mas em Washington eles podiam estar fazendo o "cavalo", ou o "watusi", alguma dança diferente. Então a gente aprendia a fazer o "watusi", o "homem melancia", o "cavalo", o *mashed potatoes*, o "raspa-raspa da galinha", e então sua dança se tornava parte também do "cavalo", do "raspa-raspa", do "homem melancia", conta Davis. "Quando você vai de cidade a cidade fazendo essas coisas todo dia, o que você aprende em Washington é uma novidade total para as pessoas de Miami, e o que a gente leva para New Jersey ou Nova York é totalmente novo e diferente para eles. Você faz isso dia a dia e vai aperfeiçoando. Misturando essas

---

1 Johnny Appleseed (1774-1845) foi um legendário pioneiro americano que viajou pelas regiões inóspitas de Ohio, Indiana e Illinois, plantando macieiras. Ele atribuía às maçãs propriedades medicinas e ficou conhecido por seu temperamento afável e seu estilo de vida frugal. (N. do T.)

danças todas, a gente agora está fazendo um pouco da dança de cada um, tudo junto."

Estamos em 1959, e já tarde da noite, a caminho do próximo show, uma luz vermelha faz o ônibus parar no acostamento e todo mundo sai e fica lá, à beira da estrada deserta. Um dos policiais pergunta quem é o encarregado, e Brown dá um passo adiante e então lhe perguntam quem ele acha que é e o que pensa estar fazendo em Yazoo City. Brown diz que ele é um showman, que trabalha à frente daqueles músicos toda noite. Eles acabaram de se apresentar no Pythian Hall e estão agora indo para Jackson.

"Vejam só que coisa. Você é um dançarino? Vamos ver o que você sabe fazer." Bem ali, em cima do cascalho do acostamento, os dois xerifes põem Brown para trabalhar, e ele faz algo simples, sem levantar muito os pés do cascalho sob seus pés. Os policiais mesmos se encarregam de fornecer o ritmo sobre a estrada oleosa, com cinco disparos de revólver, cujos reflexos iluminam o rosto de Brown. É o tipo de performance intimista que ele costumava fazer no canal de Augusta. Esses dois xerifes, no entanto, não dão nenhum dinheiro. No começo, parecem interessados, mas terminam com uma expressão de tédio e mandando todo mundo entrar na porra do ônibus e tomar o rumo da estrada de novo.

A dança era uma declaração de quem ele era. Ele fazia isso de cidade em cidade.

Os cinco minutos são a melhor hora do surrealismo. Um jovenzinho magro cambaleia em cima de um palco como um robô espasmódico – um robô com uma sacola esportiva na cabeça. Ele cai, contorce-se, fica rolando no chão tentando tirar a sacola da cabeça, o tempo todo se movimentando ao som de uma música de James Brown. Ele levanta, livra-se da sacola, e... talvez... esteja... dançando ou retorcendo o corpo dentro e fora do ritmo. Ou algo assim. Num instante, ele é Don Knotts, e, no instante seguinte, um dos maiores dançarinos de rua que você já viu. Ele mergulha de barriga no chão e desliza, ficando completamente fora de enquadramento já que a câmera fixa mostra agora apenas o chão branco por um longo tempo. Quando a gente o vê de novo ele está correndo pelo palco, quase derrubando um dançarino do lugar, e depois faz uma pose bizarra estilo GQ[2], o tempo todo disparando movimentos "da hora" em todas as direções.

Em 1976, Brown produziu, dirigiu e apresentou *Future Shock*, um espetáculo de dança filmado em Atlanta, que passou num canal de tevê UHF de propriedade do então jovem Ted Turner. Foi ideia de Brown, mas os astros de *Future Shock* são um impressionante elenco de dançarinos, selecionados de faculdades, colégios e festas da região de Atlanta, que dançam numa incrível variedade de estilos.

Não importa: vamos voltar ao nosso convulsivo robô. Brown o chama de "Bojangles", e lhe confere o primeiro prêmio no concurso em que ele simplesmente arrasou. O prêmio o inspira a se atirar no chão de novo, zigue zaguear e beijar o pé de Brown, e então saltar, fazer vários *spaccati*, pular e disparar toda uma linguagem esquecida de sinais com a mão. A cena é inconcebível, como quaisquer cinco minutos de *Um Cão Andaluz* ou como um filme de David Lynch. *Future Shock* foi o maior programa de dança na tevê de todos os tempos. Ele funcionou porque, embora Brown fosse uma presença constante, teve a sabedoria de se conter e dar espaço aos dançarinos. Ele deixa a incrível mistura de *popping, locking*, primórdios da *break dance* e *vintage disco*[3] levarem o programa adiante.

---

2 Referência à GQ (*Gentlemen's Quarterly*), revista americana mensal para o público masculino, sobre moda, estilo e cultura. (N. do T.)

3 O *popping* é um dos estilos originais de dança do funk, baseado numa rápida contração e relaxamento dos músculos, que provoca espasmos no corpo do dançarino, combinados com outros movimentos e poses. O *locking* é outro estilo de funk e dança de rua, com movimentos rápidos de braço e mão e outros mais relaxados de quadris e pernas. São movimentos em geral amplos e exagerados, alguns deles cômicos, outros acrobáticos. A *break dance* acabou virando um termo genérico para

Ele anuncia os segmentos, e em todos eles há dança.

A ideia de Brown era vender os episódios de *Future Shock* a redes de televisão americanas e ao mercado africano; ele o via como um programa no qual os negros podiam ser eles mesmos, sem ter que orientar sua atuação para o gosto das plateias brancas. Ele o via como uma extensão do programa *Soul Train*, o que ele de certa forma era, no sentido em que John Wilkes Booth foi uma continuação de Abraham Lincoln. *Future Shock* foi um espetáculo de vida curta, turbulento, irrepetível.

Os dançarinos do programa não seguem o ritmo, eles expressam um novo ritmo que se sobrepõe àquele que estamos ouvindo. "Quando você dança contra a corrente, a coisa fica mais dinâmica. Mas, se você ficar meio hesitante, então não acontece nada", Brown disse uma vez. Assistir aos velhos clipes de *Future Shock* que circulam pela internet é como espiar pela janela de um batiscafo para ver um mundo jamais visto. Quem são aqueles dançarinos incríveis, e o que eles estão fazendo hoje? Trabalhando de frentista num posto? Fazendo jardinagem hidropônica numa lua de Júpiter? Tudo é possível.

Tudo começa com o dançarino. A música veio dele.

Toni Basil era dançarina e coreógrafa do *T.A.M.I. Show*, o filme que permitiu à América ver Brown se movimentar. "Hoje, a gente tem que coreografar a partir de um disco ou de uma música", disse Basil. O que ela quer dizer é que os coreógrafos profissionais recebem uma música e são pagos para conceber uma rotina de dança a partir dela. "No entanto, o que Brown fez foi o que Astaire e todos os velhos astros faziam. Eles criavam uma dança, com um baterista e um pianista, e

---

dança de rua em geral, mas tem sua própria história e passos, e costuma ser associada ao hip-hop. Os movimentos da disco são os clássicos da era das discotecas. (N. do T.)

então esses músicos interpretavam essa dança musicalmente." Era da dança que a música falava.

Brown tinha uma capacidade de expressar diferentes ritmos em sua forma física. "Cada parte do seu corpo tinha uma batida, tinha um ritmo rolando, seus pés, sua cabeça, seu pescoço, seu peito – sua bunda", disse Lola Love, uma dançarina do show. "E todas essas batidas eram diferentes e era isso que o deixava funky."

Ele não era um virtuoso. A gente reage não ao que ele faz, mas ao que ele promete. O homem era um mestre em se manter contido, e em fazer uma demonstração de seu trabalho – ele está se expressando em cada gesto que faz, um gesto que precisa de nós para ser completado.

Ele é bem mais do que apenas suficientemente bom, é uma personificação daquilo que Zora Neale Hurston chamou de "sugestão dinâmica", uma qualidade que ela considerava a essência da dança negra. Por mais explosivos ou furiosos que fossem seus movimentos, Brown telegrafa que há mais coisas que *não* conseguimos ver – suas ações exercem o máximo impacto com um mínimo de esforço (frieza), uma contenção que leva o observador a continuar acompanhando o gesto em sua própria imaginação. Sua dança não era para ser apreciada com distanciamento. Era para puxar você até onde ele estava, envolvê-lo na performance. Não dá para você ficar quieto sentado.

Quando lhe pediram para fazer uma demonstração do *boogaloo* num programa de televisão, Brown dançou em volta do estúdio de uma maneira que parecia exatamente um boxeador soltando golpes e se apoderando do ringue. Para Brown, dança era competição – "Can *you* jerk? Watch *me* work/ Can *you* do the slide? Then watch *me* glide..." ["Você é *capaz* de sacudir? Veja como *eu* faço/ *Sabe* fazer o escorregão? Então veja *eu* deslizando...]". Sua ideia de dançar contra a corrente era uma maneira de se impor ao ritmo – uma maneira de lutar para encontrar seu lugar no fluxo, de lutar para encontrar seu caminho na existência. "O ritmo é tudo no boxe", disse Sugar Ray Robinson, que gostava de treinar ouvindo a música de Brown. "Todo movimento que você faz começa com o coração, e tem que ser no ritmo ou então você está em maus lençóis."

Dançarino... baterista... lutador. Aí está o espírito da Rebelião de Stono, em que músicos, dançarinos e guerreiros saíram marchando da fazenda da Carolina do Sul.

BATE E SAI

Capítulo Vinte e Cinco

Tomi Rae Hynie estava trabalhando nos salões de Las Vegas em 1998, jogando seus longos cabelos para trás por ali, cantando um tributo a Janis Joplin na "Dead Legends Live Revue". Quando eles se conheceram, depois de um dos shows dela, eis o que Brown viu: uma ruiva estonteante, de corpo atraente, com um rosto quase tão cuidadosamente construído quanto o dele. Ele a convidou para cantar no seu show. Em pouco tempo já eram um casal; e o jovem James II tinha seis meses de idade quando, em 2001, os dois se casaram em Beech Island. Ele com sessenta e oito anos, ela com trinta e dois. Na festa de casamento, os recém-casados fizeram um dueto cantando a música de Brook Benton e Dinah Washington "Baby (You Got What it Takes)". Enquanto o casal dançava, alguém ouviu uma das filhas dele comentar a respeito da madrasta: "Eu a odeio. Eu a odeio. Eu a odeio". Todo mundo ainda estava se conhecendo melhor.

Eles moraram juntos em Beech Island. Ela o via sob um prisma complicado: como patrão e marido, como mentor e amante. "Brown não tinha ninguém para cuidar dele. Ninguém queria ficar perto porque ele era muito intratável, mas eu o amava e o entendia e me dediquei a ele", disse Tomi. "As coisas que ele me ensinou eu nunca poderia aprender por mim mesma. No início, achei que aquilo poderia ser muito benéfico para mim se eu conseguisse simplesmente ouvir – e depois acabei me apaixonando por ele."

Tomi Rae tinha uma inclinação para a teatralidade, e sua presença foi recebida com suspeita por algumas das pessoas próximas a Brown. Com dificuldade, ela procurou se adequar ao círculo de Brown e estabelecer uma vida doméstica. Ela lhe preparava o jantar e massageava suas pernas cinco vezes por dia com óleo, para aliviar a dor do seu diabete. "Eu cozinhava fígado com cebola para ele, ele adorava isso. E ele adorava repolho e folhas de nabo, e torta e sorvete de batata-doce, mas, por causa do diabete, eu tive que começar a fazer tortas sem açúcar para ele. E todo domingo a gente ia visitar a mãe dele em Bamberg e então eu escovava o cabelo dela. Depois a gente ia à igreja e depois disso passava no melhor restaurante de frango do sul, aquela pequena loja de conveniência chamada *Quick Stop* que servia peixe-gato e frango. Todo domingo a gente não via a hora de fazer isso. A gente ia de limusine até a igreja dele e depois saía para comer frango."

Em Beech Island ele ficava assistindo a filmes de faroeste e o Canal Playboy, ou sentado lá fora na parte de trás da casa à noite, onde podia dar uns tiros de revólver sem incomodar ninguém. Tomando Viagra, Brown não tinha problemas em chamar mulheres para passar a noite inteira e o dia seguinte. Ele não queria ficar sozinho.

"O que ele fazia em casa?", declarou Gloria Daniel, uma amante dele desde 1968. "*Nada*. Foder, foder, foder, foder, foder. Ele ficava operando o controle remoto – só filme de caubói. E aí você engolia o que ele queria que você engolisse."

O uso de PCP não diminuiu. Paranoico desde sempre, Brown ficou ainda mais nos últimos anos de sua vida. "Se a gente passava por algumas árvores viajando de carro, ele dizia: 'Viu aquelas árvores? Eu vi elas se mexerem, isso é o governo me espionando'", contou Gloria Daniel. Ele disse a entrevistadores que a televisão o estava observando, e que satélites do governo monitoravam seus pensamentos. Quanto a isso, Tomi Rae acredita que pessoas não identificadas colocaram câmeras na propriedade de Beech Island para espioná-la e ao seu marido.

Nos velhos tempos, Brown chamava a si mesmo de Papai Noel, aquele que traz alegria às massas. Agora ele vinha se identificando muito com Moisés, contando às visitas que Deus falava com ele, e que havia sido escolhido para conduzir as pessoas pelo mundo.

A droga destacava aspectos de sua personalidade e deixava-os imensos e deformados. Segundo Tomi Rae, ele costumava sentar na sua cama e ficar falando que havia sido escravo a vida inteira. E então ele chorava, dizendo que nunca conseguiria escapar disso.

Quando o escritor de um livro sobre Tiger Woods perguntou a Brown que conselho ele daria ao golfista, o cantor deu-lhe mais do que ele esperava. "Faça-o entender o quanto este mundo é perverso", Brown aconselhou. "Tudo neste mundo desaparece e se desocupa."

Ele também estava ficando cada vez mais voltado à espiritualidade, lendo a Bíblia em casa, citando as escrituras e discutindo-as com um reverendo de Augusta. Sua fé, disse Buddy Dallas, "não era fingida, não era só da boca para fora. O senhor Brown era sincero, acreditava profundamente em Deus pai. Ele não conseguia ter um entendimento da Trindade, porque, como o senhor Brown costumava dizer, 'Preciso chegar ao chefe, senhor Dallas. O filho não é o chefe. O aluno nunca pode ser maior do que o professor'. Isso era James Brown".

Quando se tratava de alunos, era capaz pelo menos de reconhecê-los como tais, mas Brown reconhecia muito poucos pares na cena artística. Quando uma das raras vozes que poderiam dar a ele o que pensar pediu-lhe para cantar com ele em 2002, isso deve ter parecido uma oportunidade irresistível. Luciano Pavarotti tinha sessenta e sete anos, dois anos mais novo que Brown. O tenor perdera ambos os pais havia poucos meses, por isso quando chegou a hora de produzir seu concerto anual de verão *Pavarotti & Friends* em sua cidade natal de Módena, talvez aquela oportunidade de cantar para amigos e para a família representasse um conforto especial.

Sting, Lou Reed e Andrea Bocelli, um cantor na fronteira entre clássico e popular, estavam todos naquele concerto, cantando em dueto com seu anfitrião. Para cantar com Pavarotti, Brown escolheu "Man's World". Foi um momento muito rico, com uma música grandiosa. Uma imensa orquestra forneceu o acompanhamento, com cantores intercalando a "Ave Maria" com a canção popular.

No dia do concerto, Brown soube que o arranjo da canção para cordas e vozes estava baseado na versão de sucesso de três décadas e meia atrás. Com a idade, a extensão vocal de Brown havia se reduzido um pouco, e ele fizera um novo arranjo meio tom abaixo, mais fácil de cantar. Os organizadores do festival tocaram seu arranjo para Brown, e ele disse: "Está fantástico, mas a gente vai fazer um arranjo totalmente novo agora que realmente vai ficar demais", e passou a insistir que a orquestra usasse a sua versão, como se todas as partituras da orquestra pudessem ser escritas ali na hora. Estava quase virando um impasse, mas o jovem diretor musical de Brown, o guitarrista Keith Jenkins, muito delicadamente sugeriu a Brown que seria muito mais fácil para a banda se adaptar à orquestra do que o contrário.

No dueto, Pavarotti faz mais do que simplesmente cantar a letra original, ele contribuiu com novos versos meditativos, cantados em italiano, sugerindo que um homem que busca poder a vida inteira vai acabar perdido. Sentado num banquinho, Pavarotti observa com olhos tristes, que parecem atravessar a multidão diante dele. As vozes dos astros não se entrelaçam, nem se supõe que devessem fazê-lo. Esses são grandes pilares lado a lado, sustentando o céu. A soberba masculinidade da canção mostra-se maior do que nunca, reinterpretada por dois caras velhos que já viram demais para tratá-la como mera ostentação. Agora, ela é um tributo aos mortos.

"Os metais não tocavam nessa música, nós ficamos fora do palco", disse Hollie Farris. "Eu fiquei em pé lá na frente, e chorei de verdade. Cara, como ele cantou, a que nível o Pavarotti o fez chegar... Eles foram para um patamar totalmente diferente."

Nos bastidores, Brown cruzou com Lou Reed, que ele conhecera anos atrás. Tratando Reed como um colega veterano, Brown disse enfaticamente, "Sabe de uma coisa, Lou...". O roqueiro nova-iorquino respondeu, "Sim, senhor Brown?".

"Bem, Lou, você sabe qual é a diferença?"

Interessado e um pouco sem saber do que se tratava, Reed disse, "Não, não sei, senhor Brown, qual é a diferença?".

"A diferença é que agora a gente sabe por que estamos fazendo o que fazemos."

O cara tinha setenta anos. Uma equipe de gênios em efeitos digitais do sul da Califórnia observou-o dançar no estúdio deles, escaneou e fez uma animação em 3-D, usando tecnologia de registro de movimentos para sintetizar a essência de seus passos para uma instalação de museu. Quando ficou pronta, sua imagem saltava de um cartaz no Experience Music Project de Seattle e ensinava às crianças o significado do funk.

Um boneco de James Brown foi lançado no mercado. Ele se mexia de um jeito maníaco e gritava "I Feel Good", repetindo isso à exaustão. Sua capa e coroa estavam preservadas no Hard Rock Cafe de Las Vegas. Como personalidade, Brown era maior do que na vida real, uma força que merecia ser preservada. Mas, como artista do entretenimento, recebera a mais odiosa das designações: um *ícone do passado*. Como se fosse uma marca de gelatina do tempo da vovó, que todo mundo na festa tinha o dever de experimentar. A ironia específica no caso de Brown era que ele nunca poderia se satisfazer em reduzir o ritmo e ficar apenas sentindo a admiração dos outros, do jeito que se supõe que um ícone do passado deva fazer. Ele ainda estava convencido de que tinha que conquistar o público realizando uma apresentação que o deixasse exaurido. Ele não via nenhuma glória em descansar sobre os louros.

A turnê continuava, era um *groove* que se repetia. E ele seguia dentro desse groove porque era isso o que ele sabia fazer. Fizera isso a maior parte da vida e se parasse agora sua vida iria parar também. "Ele era uma pessoa muito sozinha", disse Emma Austin, que crescera no Terry. "E dentro da sua solidão havia só uma coisa que o aliviava. Era quando ele subia num palco na frente de uma grande plateia."

Quando lhe perguntaram quando ele iria parar, Brown foi categoricamente desafiador: "Eu vou parar quando George Burns voltar e nascer de novo. Eu vou parar quando Bob Hope começar a dançar sapateado. Vou parar quando Sinatra trouxer de volta o *Rat Pack*[1], e todos aqueles que foram embora. Não estou pensando em parar".

O cara tinha setenta anos, e as pessoas queriam lhe prestar homenagens. No prêmio Black Entertainment Television de 2003, Brown recebeu um prêmio pelo conjunto da obra. No exato momento em que estava apresentando "Sex Machine", alguém chegou para jogar a capa em cima dele e ele se curvou na expectativa, só quando Brown olhou para cima viu, que surpresa, Michael Jackson, como valete convidado. Ele deu um largo sorriso e os dois dançaram um pouco. Jackson, o Rei do Pop, dançando o *shimmy* na ponta dos pés pelo palco; Brown – quando foi a última vez que um novo apelido se fez necessário? – ao contrário, continuou grudado à terra. Se tudo tivesse parado ali, a legenda seria: "jovem ícone rouba a cena do coroa no dia em que este era homenageado". Mas Brown fez um sinal a Danny Ray, que tirou a capa de Brown enquanto este ordenava, "Coloque-a nele!", e agora era Michael que vestia a capa. O sentido daquele momento se transformou, tornou-se uma cena em que Brown, benevolente, entregou seu presente a um garoto. Agora *Brown* era o dono do momento.

Embora Michael Jackson a esta altura já tivesse desenvolvido seu próprio estilo inato, para chegar a isso ele havia estudado e absorvido os movimentos de Brown: as aberturas de perna, o deslizamento de uma

---

1 O *Rat Pack* era um grupo de atores composto por Frank Sinatra, Dean Martin, Sammy Davis Jr., Peter Lawford e Joey Bishop, que participaram juntos de vários filmes da década de 1960. (N. do T.)

das pernas, a essência do *moonwalk*. Numa entrevista de 1970, Jackson contou sobre uma vez que Brown o chamara de lado e lhe demonstrara alguns truques com o microfone. No teste que o Jackson 5 fez para a Motown Records, a primeira música que eles apresentaram foi "I Got the Feelin", de Brown, e o jovem Michael fez então sua melhor homenagem para os caçadores de talentos da gravadora.

Eles se conheciam bem, e tempos mais tarde, quando Jackson estava deprimido ou em dificuldades, ele ligava para Brown procurando conselho ou apoio. Apesar de tudo, eram superastros, competitivos e solitários, e, depois que Jackson virou adulto, os dois ficavam rodeando um ao outro com ansiedade, desajeitamento. Fred Wesley: "Eu uma vez estava com os dois juntos, e foi a coisa mais impressionante que você já viu na vida. Michael ficava olhando para o James como se estivesse olhando para Deus, e James ficava falando rápido de nervosismo porque Michael Jackson estava na sala com ele. Eu não acreditei! Pensei, aí estão dois dos maiores artistas do entretenimento do mundo e eles afetam um ao outro desse jeito. Mas eu acho que a insegurança é inerente a todos os astros...".

Um anúncio de página inteira apareceu na *Variety* em junho de 2003, dizendo que, "Devido à agenda de shows muito apertada do senhor James Brown e da senhora Tomi Rae Brown, eles decidiram seguir por caminhos separados. Não há quaisquer ressentimentos...". Uma coisa difícil de entender, pois, se os dois estavam na mesma turnê, como isso poderia criar problemas de "conflito de agendas"?

Não importa qual era a questão, no final do ano eles estavam juntos de novo quando Brown recebeu um prêmio do Kennedy Center em Washington, D.C. Foi uma noite auspiciosa: os outros premiados (Carol Burnett, Loretta Lynn, Mike Nichols e Itzhak Perlman) e mais aqueles notáveis todos, perfilados para a cerimônia em Washington. Quando Brown se aproximou do general Colin Powell, os dois se cumprimentaram batendo as palmas das mãos.

Um mês depois desse ponto alto na carreira, outra complicação. James e Tomi Rae estavam discutindo no quarto de dormir. Houve uma briga e ela chamou a polícia. Ela tinha arranhões e contusões no braço direito e no quadril e disse aos policiais que ele ameaçara acertá-la com uma cadeira de ferro. Houve um corpo a corpo com a polícia, no qual o roupão verde de toalha de Brown ficou rasgado. A foto de identificação policial que foi passada ao público naquele janeiro de 2004 mostrava um homem com ar de desorientado, o cabelo todo desalinhado, barba por fazer, com aquela palidez da exaustão estampada no rosto. A imagem foi publicada por vários jornais e revistas do mundo inteiro.

Todos os dias da sua vida desde 1956, antes de colocar o pé para fora de sua casa, Brown fazia a si mesmo uma pergunta simples: eu pareço alguém que as pessoas iriam pagar algum dinheiro para ver? Seu cabelo havia sido tão bem cuidado ao longo dos anos, embebido em loção relaxante, que ele convidava as pessoas a tocá-lo, vangloriando-se de que "parecia algodão de hospital". Quando ele punha o pé para fora de casa, seus dentes reluziam, seu rosto era imperial. Ele era *expoobident*. A deplorável foto de identificação policial gerou risadas de escárnio, assim como um puro espanto de ver que um homem de setenta anos estava passando maus bocados. Oito dias depois, ele e Tomi Rae estavam no palco do B. B. King Blues Club and Grill, em Nova York, e ele cantava para ela "You Send Me."

Ainda um disciplinador rígido, Brown mantinha sua banda, que agora tinha o nome de Soul Generals, sempre sob pressão e prontidão. Quando alguém fazia algo de que ele não gostava, sua reprovação vinha na hora. "Às vezes como punição ele fazia você sentar no canto do palco com a roupa do show. Ele só dizia para você ficar lá sentado e a plateia inteira já sabia do que se tratava", disse Tomi Rae. "Então ele dizia, 'Você aprendeu sua lição?'. E a gente dizia que tinha aprendido."

O diretor musical da banda era Keith Jenkins, um ruivo da Geórgia que tinha os pés bem plantados no chão. "Minha atitude era pensar que éramos a última banda do James Brown, então tínhamos que ser os mais tolerantes", disse Jenkins. "Provavelmente a gente não iria produzir sucessos que fossem nossos, nem seríamos conhecidos por nós mesmos, então tínhamos que ser o mais perfeitos possível." Jenkins e a banda aprenderam dezenas e dezenas das melodias menos tocadas de Brown, e tentavam reintroduzi-las no show. Brown ouvia a banda tocar, mas se aquilo era uma homenagem, ele não sentia muito a coisa dessa forma.

Ele gritava, "Por que é que vocês estão tocando tal e tal música?" e Jenkins então tocava um solo de guitarra. "Nada disso", Brown dizia com desdém.

"Eu estou tocando do jeito que foi gravado, senhor Brown."

"Bem, então eles *gravaram* errado."

Um dia Brown chegou enquanto eles estavam ensaiando "Cold Sweat", e ele ficou com uma cara de limão azedo, gritando, "Em que tom vocês estão tocando isso?". "Em ré, senhor Brown", veio a resposta. "Não admira que vocês estejam tocando errado", disse ele em tom triunfal. "'Cold Sweat' é em sol."

"Mas, senhor Brown, na gravação está em ré também."

"Eles gravaram a música errado!"

Então a banda passou um ensaio inteiro transportando todas as partes musicais de "Cold Sweat" para a nova tonalidade. "Você sabe o quanto isso é complicado, especialmente para os metais?", disse Jenkins. No camarim, antes de um show, eles fizeram uma pequena reunião no camarim, nervosos, porque a versão transposta de "Cold Sweat" para o outro tom não estava funcionando direito. Por precaução, decidiram tocá-la do antigo jeito, na tonalidade de sempre.

Na metade da música, Brown, todo sorridente, virou-se para a banda e fez sinal de positivo com o polegar. E continuou em frente cantando.

Ele acabara de encerrar uma turnê de duas semanas pelo Canadá no outono de 2004 quando uma consulta ao médico revelou um aumento de sua próstata. Em dezembro ele fez a cirurgia, que declarou bem-sucedida. Depois de três semanas em casa, estava de volta à estrada. Numa coletiva de imprensa para o concerto *Live 8* em Edimburgo, Escócia, no verão seguinte, perguntaram a Brown de que maneira o câncer o afetara. Ele agiu como se isso fosse outra questão hipotética. "Quando estou na correria, não tenho tempo de me preocupar com a situação", ele respondeu. "Um monte de gente tem o mesmo problema e eu rezo por eles." Próxima pergunta.

O aeroporto de Augusta não é um lugar tão grande assim, e Brown era fácil de localizar sempre que passava por ali. Um garoto estava esperando o avião da mãe dele chegar quando viu Brown. Começou a conversar com o cantor, e conversa vai, conversa vem, quando a mãe dele finalmente saiu do avião, lá estava Brown, segurando um cartazinho onde se lia, "Bem-vinda, Mãe". Ele disse então à mulher que Augusta havia sobrevivido bem na ausência dela, mas estava melhor ainda agora que ela havia voltado.

Ele também tinha atitudes desse tipo em outros lugares. Mas Augusta era uma cidade cheia dessas histórias, e nem todas podem ser atribuídas meramente a relações públicas – Augusta era *importante* para ele. Ele queria o respeito de seus vizinhos, e queria sentir que era amado quando saía pela rua. Mas era complicado. Brown tinha uma reputação na cidade de não pagar suas contas, de prometer coisas e depois esquecer de cumprir. E havia muita gente que nunca iria gostar dele porque ele era o negro mais famoso da cidade.

No centro de Augusta, há uma estátua em homenagem ao fundador da colônia da Geórgia, um memorial confederado, e ao lado o chamado "pilar maldito", um obelisco que segundo a lenda foi um pelourinho onde escravos eram chicoteados. Conforme Brown se aproximava dos setenta anos, o prefeito Bob Young tentou obter a concordância da cidade para erguer uma estátua com verbas privadas na Broad Street, que iria colocar Brown entre aqueles monumentos. Young foi um DJ popular em meados da decada de 1960, e tinha voado em helicópteros no Vietnã com "Mother Popcorn" escrito no seu capacete. Agora ele argumentava com segmentos da cidade que Brown era merecedor daquela homenagem.

O cantor posou para um escultor e a peça fora mandada para a Flórida, para ser fundida, quando a sua foto de identificação policial apareceu em todos os jornais. "Eu quase tive um infarto. Pensei, quem é que vai dar dinheiro para a estátua de alguém que acabou de ser preso", lembra Young. Ele aguardou o caso de Brown seguir seu caminho pelos tribunais – Brown não foi para a prisão – antes de discutir alguma data para a inauguração da estátua. Nesse meio-tempo, descobriu que precisava de mais 18 mil dólares para concluir a obra, e o prefeito sentiu necessidade de levantar esse dinheiro logo, antes que mais alguma coisa de ruim acontecesse.

Finalmente, em maio de 2005, três dias depois de Brown completar 72 anos, o reverendo Sharpton fez uma bênção à estátua, não muito longe do lugar onde Brown havia engraxado sapatos seis décadas antes. Depois que a estátua teve o pano removido, os convidados dobraram a esquina até a antiga mansão do governador para uma recepção. "Nós fomos os dois andando juntos", lembra Sharpton. "Ele disse, 'Reverendo, muito obrigado por ter vindo'. Eu disse, 'Você *sabia* que eu viria. Bem, eles estão saldando uma imensa dívida'.

"'Sim.'

"'Nunca imaginei que eles fossem fazer uma estátua sua em Augusta – e na frente de um marco confederado!'"

Ele pôs a mão no braço de Sharpton. "E não esqueça do que eu lhe disse – Fiz isso nos meus próprios termos", disse ele. "Eu nunca me amoldei a Augusta; eles tiveram que se amoldar a mim."

Nos seus últimos anos de vida, Brown tinha uma nova equipe de administração, um grupo de pessoas ativamente envolvido em controlar seu dinheiro e marcar suas turnês. Em 2000, ele criou uma fundação para proteger seus bens, e depois, em documentos assinados, transferiu a administração de seus bens a esse trust. Os três curadores eram o advogado Buddy Dallas, o administrador de negócios e contador David Cannon e Alford "Judge" Bradley, que conheceu Brown em 1990 na condição de seu "padrinho" legal, designado quando o cantor foi solto da prisão da Carolina do Sul. A fundação trabalhava em conjunto com "SuperFrank" Copsidas, um empresário de Nova York, e Joel Katz, advogado de Atlanta especializado no setor de entretenimento, quando se tratava de agendar shows e tomar certas decisões de negócios.

Em 2006, Brown tinha uma agenda consideravelmente fatigante para um homem na casa dos setenta. Segundo um cômputo de sua turnê postado no site de um fã, o cantor fez oitenta e oito shows naquele ano. Só em julho foram dezoito, fez quatro apresentações em quatro dias numa viagem pela Europa em novembro e tocou no Marrocos, em Tóquio, Estônia, Turquia e por todos os Estados Unidos.

Os fãs de longa data na plateia dos shows de 2006 disseram que eles estavam tão bons como nas duas décadas anteriores. "Estou lhe dizendo, foram alguns dos melhores shows que eu já havia feito com ele", declarou o trompetista Hollie Farris. "Ele já estava doente àquela altura, a gente podia perceber, estava perdendo peso, mas foram grandes shows. Na verdade, algumas vezes eles precisavam levá-lo até a coxia do palco em cadeira de rodas, e aí ele levantava e fazia o show.

"Uma vez estávamos na América do Sul, na Argentina eu acho, ele estava muito doente, acabara de chegar dos Estados Unidos e o médico precisou vir e aplicar-lhe algumas injeções e uma sonda de soro. Ele levantou da cama, arrancou a sonda e fez o show, depois voltou e pôs a sonda de novo. Eles disseram que ele estava realmente perto da morte, mas então ele fez um show inteiro de uma hora e meia. Era incrível o que aquele cara conseguia fazer... mas ele estava bem mais doente do que a gente imaginava, obviamente."

Alguns dizem que a única pessoa que fazia Brown trabalhar demais era ele mesmo. Segundo Dallas, ninguém conseguia obrigá-lo a fazer alguma coisa que ele não quisesse fazer. Roosevelt Johnson, um valete e assistente, disse, “Se ele quisesse uma folga, eles agendavam as coisas para isso. Ele não iria deixar ninguém obrigá-lo a trabalhar além da conta”.

Ele pegara uma tosse estertorante, cavernosa, que não cedia. “A última turnê foi uma coisa completamente ridícula”, disse Amy Christian, uma cantora do show. “Ficamos na Europa doze dias e fizemos dez shows em nove países diferentes, fomos da Escócia para Moscou e depois para Londres, Tessalônica, Helsinque e Letônia.

“Não era só o fato de ficar pipocando de lá para cá. No último show a gente tocou na Croácia mas ficou hospedado em Praga, e ia de jatinho particular até lá e voava de volta, era muito quente naquele clube, totalmente lotado, e eu lembro, no final, do senhor Brown, ele simplesmente me passou o microfone e falou ‘toma’, ele ficou balançando a cabeça, como quem diz, ‘É isso. Pra mim deu’.

“Era óbvio. Eu tenho a metade da idade dele e estava exausta. Mas, meu Deus, havia um monte de dinheiro para ser ganhado. E eles simplesmente ficavam acrescentando mais um show, e mais outro...”

Em Tbilisi, Geórgia, na antiga União Soviética, eles tocaram num complexo de natação, nos moldes olímpicos. Ergueram um palco de três metros e meio de altura, à beira da piscina, e a plateia ficava sentada do outro lado dela.

A banda chamou aquela noite de “Georgia out of my mind”[2]. Na passagem de som, ele ficou andando na beira do palco e olhando para a água lá embaixo. Deu aquela sua risada cacarejante e perguntou, “Quem vai pular lá dentro? Quem vai pular lá dentro comigo?”.

---

2 Trocadilho com o nome da célebre música “Georgia on My Mind”, só que neste caso “Geórgia na Minha Memória” vira “Geórgia *fora* da Minha Memória”, como quem comenta que aquela noite merecia ser esquecida. (N. do T.)

Eles fizeram o show, um bom show, terminando com "Sex Machine", e justo quando a música estava chegando ao clímax, Brown tomou impulso, correu e pulou na parte mais funda da piscina. "Bem, ele estava de roupa, e com aquelas suas botas de caubói, e afundou que nem uma pedra. Alguns de nós quase tiveram um ataque do coração", relembrou Keith Jenkins. Hollie Farris foi o primeiro a chegar até ele. "Ele começou a tentar nadar, mas não nadou nem três metros e afundou", disse Farris. "Eu mergulhei e arrastei-o de volta até a borda da piscina – quase consegui levá-lo até lá, mas aí afundei." De qualquer modo, passei-o para outra pessoa e eles o pegaram e puxaram para fora da piscina.

"Ele tinha uma expressão de terror no rosto. Dois dos dançarinos, eu e o saxofonista, ao todo uns cinco ou seis de nós pulamos. Era um homem se afogando, despencando lá pra baixo."

Ele voltou ao palco, ensopado, com seu cabelo totalmente aplastado. A seção rítmica ainda estava tocando, e Brown terminou a música.

Todo mundo que pulou na piscina ganhou duzentos dólares de gratificação.

Ao voltar para casa na segunda quinzena de novembro de 2006, Brown teve pouco tempo para descansar. Era preciso planejar sua habitual folga anual para o peru do Dia de Ação de Graças, e uma distribuição de brinquedos em dezembro. Ele tinha reuniões com promotores locais de um espetáculo beneficente.

Como era procedimento padrão em seu tempo ocioso, Brown aproveitava para ir aos médicos, receber cuidados. "Ele vinha tendo alguns problemas. Estava muito doente", lembrou Leon Austin. "Ele disse, 'Estou cansado. Gostaria de me aposentar, mas não posso. Não sei se vou ser capaz de me aposentar um dia, porque estou movimentando dinheiro, e as pessoas precisam de mim para trabalhar'. Ele disse para mim, 'Meus joelhos doem... meus joelhos doem. Não sei quanto tempo mais eu vou conseguir aguentar'". Isso foi um dia antes da distribuição de brinquedos, no dia 22 de dezembro.

Cabelo e dentes, o homem havia dito: se você tem isso, tem tudo. Ele tinha uma hora marcada com seu dentista em Atlanta. Mas quando chegou, depois da distribuição de brinquedos, o dentista deu uma olhada naquele paciente meio tocado, semicoerente, e chamou um médico. Após um breve exame, Brown foi mandado para o Emory Crawford Long Hospital em Atlanta, onde no sábado recebeu diagnóstico de falência cardíaca congestiva e pneumonia.

Naquela noite, Sharpton ligou para Brown de Nova York, sem saber que o cantor estava num hospital. Ele percebeu na hora que Brown estava doente pelo tom da voz. Mesmo assim, Brown queria falar e estava com um humor expansivo. Ele estava comentando com Sharpton a questão das obscenidades nas músicas de rap.

Um pouco depois, enquanto Sharpton fazia os preparativos para uma viagem marcada para África do Sul com Oprah Winfrey, um auxiliar dele disse, "Sinto muito pelo seu pai, reverendo".

"Como assim?", perguntou Sharpton. O auxiliar explicou que acabara de ver no noticiário da CNN que Brown havia sido hospitalizado.

Sharpton ligou para a filha do cantor, Deanna, e perguntou a respeito. Ela não estava sabendo de nada.

Mais tarde naquela noite, quando Sharpton já estava dormindo, o seu celular começou a chamar. Ele achou que fosse algum familiar querendo lhe desejar Feliz Natal, e deixou tocar. Mas o celular tocou de novo, e quando ele atendeu era Bobbit:

"Ele foi embora. Seu pai foi embora."

"O quê?"

"James Brown morreu."

"O que você está dizendo?"

"Reverendo, James Brown morreu." Sharpton deitou achando que estivesse tendo um pesadelo.

Alguém que era a personificação da invencibilidade, que ele sabia estar em entendimentos para tocar em Nova York na véspera de Ano Novo... não fazia sentido.

Ligando de volta para Bobbit, Sharpton perguntou de novo: "O que você disse?".

Tomi Rae havia falado com ele por telefone naquele sábado, ligando de um centro de tratamento do sul da Califórnia, onde ela passava por um tratamento de dependência de analgésicos. Bobbit calmamente fez o que vinha fazendo havia décadas: controlou a situação. Ligou para os membros da banda, a viúva atual e as anteriores, os membros da fundação. Em Nova York, Sharpton pegou um avião para Atlanta e foi até a casa de Yamma, filha de Brown, onde a ex-mulher Deidre e Deanna estavam esperando. Foram momentos difíceis, mas o reverendo falou da necessidade de planejar uma cerimônia.

Uma coisa Sharpton percebeu imediatamente: eles deviam levá-lo para o Apollo. Deanna concordou, mas achou que era preciso haver uma cerimônia privada em Augusta, e alguém mais falou que era preciso fazer uma cerimônia pública ali, também, por todos os anos que ele havia morado em Augusta e cantado o lugar. Assim, começaram a preparar um plano improvável e fatigante de realizar três cerimônias em três lugares diferentes como despedida ao Chefão do Soul.

As filhas, Sharpton, e Charles Reid Jr., amigo da família de longa data e diretor de funerais, olhavam para o homem, deitado em paz. "De um jeito estranho parecia que ele simplesmente acabara de fazer um show e ainda não tinha arrumado o cabelo", Sharpton lembrou. Só naquele momento ele começou a cair em si de que o homem tinha realmente ido embora.

O Apollo foi contatado e foram feitos os arranjos para um evento no palco que ele dominou durante décadas. A certa altura, Reid chamou o reverendo e disse que a família havia mudado de ideia a respeito da escolha do caixão, querendo um de ouro sólido. Tudo bem, ele disse, eles tinham dinheiro para isso. Mas havia um problema, explicou Reid – o caixão de mais de duzentos quilos era pesado demais para o Learjet que Sharpton tinha arrumado para voar até Nova York. Sharpton ligou para Donald Trump, mas o jato dele estava em reparos. O jato do advogado Willie E. Gary estava em Los Angeles, e o último voo da Delta saindo de Atlanta já havia decolado aquela noite.

Reid, no entanto, não se perturbou. As filhas haviam escolhido três mudas de roupa para ele levar junto com o corpo de Brown. O diretor de funerais carregou o caixão de ouro com o cantor numa de suas vans, foi pegar Sharpton e mais duas pessoas, e começou a viagem da Geórgia até o Harlem. Realmente não havia outro jeito. James Brown tinha um compromisso a cumprir.

"O clima era do tipo 'você não pode perder um compromisso no Apollo'", disse Reid.

"A viagem foi... foi longa. Mas não foi cansativa", disse ele. "Rodamos a noite inteira."

Conforme seguiam pela I-95, as placas e indicações luminosas iam surgindo diante deles. Sharpton as ficava lendo em silêncio, e muitas delas tinham um sentido especial. Havia Greenville, Carolina do Sul, onde Brown produzira o single de Sharpton; e Raleigh, Charlottesville e Baltimore, onde Brown era dono da estação de rádio onde Sharpton trabalhara; Washington, D.C. e o Howard Theatre – cada lugar despertava uma memória. Como num trem noturno.

"Eu fiquei com minha mão em cima dele a maior parte do tempo", disse Sharpton, "Eu não queria deixá-lo."

Eles pararam para um café e para abastecer, e as pessoas reconheciam o reverendo, mas, antes que pudessem entender o que estava acontecendo, os homens já estavam de volta à van, na estrada. Ficaram batendo papo dentro do carro, e Reid começou a zoar com o reverendo, dizendo: "Shh, eu acho que o James está tentando lhe dizer alguma coisa". Eles brincaram sobre o que Brown teria a dizer a eles naquela hora se pudesse. Mas principalmente ficaram bebericando café e olhando para o relógio.

Ao chegar perto da cidade de Nova York, o grupo ligou o rádio e ouviu no noticiário que um monte de gente fizera fila a noite inteira no Apollo Theater para o adeus final.

Em novembro, Sharpton assumira o caso de Sean Bell, um homem negro do Queens que havia sido baleado cinquenta vezes por policiais de Nova York. Ligando para a casa funerária que ele usara para Bell, Sharpton explicou que precisava de um carro fúnebre e de uma carruagem puxada a cavalo. A carruagem refletia a gravidade do acontecimento; o carro funerário era para levar Brown até a carruagem, porque se Brown *tivesse* podido falar com eles teria dito que de jeito nenhum ele iria ser despachado em público da traseira daquela velha van.

O carro funerário foi até a casa de Sharpton na rua 145, e a carruagem, puxada por dois cavalos Percheron emplumados, conduziu o corpo pelo Malcolm X Boulevard até a rua 125. Amigos, fãs e músicos, todos passaram pelo cantor no palco do Apollo. A missa foi realizada naquele começo de noite, mas, com tanta gente fazendo fila para ver Brown, o Apollo permaneceu aberto até onze da noite aquele dia.

Depois que o evento foi encerrado, eles carregaram Brown de novo na van e Reid vez a viagem de volta até Augusta, chegando por volta das 11h30 da manhã seguinte. Eles o trouxeram para dentro, mudaram suas roupas, e então seguiram para a missa em North Augusta, para a família e os amigos mais próximos.

A cerimônia privada, familiar, foi na pequena igreja batista de tijolo vermelho de Carpentersville, logo após a fronteira, na Carolina do Sul. Sharpton fez o discurso fúnebre, dizendo aos presentes, "Quando ele começou a cantar, nós estávamos sentados na parte dos fundos do ônibus. Quando ele parou de cantar, nós estávamos voando de Learjet". Discussões por questões de dinheiro e mágoas guardadas há décadas foram coisas que transbordaram nos dias seguintes àquele em que o coração de Brown parou de bater, com viúvas e filhos e curadores da fundação disparando uns contra os outros pela mídia. Do púlpito da igreja de Carpentersville, Sharpton fez uma declaração ostensivamente dirigida a todos aqueles que estavam travando batalhas diante das câmeras, mas fixou seu olhar em Tomi Rae enquanto falava.

"Se realmente vocês são tudo isso que dizem ser, então não serão vocês que irão se colocar na história, mas sim a história é que irá colocá-los no seu devido lugar", disse Sharpton. "Não queremos ouvir a sua história ou o seu problema; estamos aqui por causa de James Brown."

O homem que todo mundo em Carpentersville se reunira para lembrar tinha um hábito antigo, invariável: aonde quer que fosse, antes de subir ao palco, fazia questão de ser pago. Pondo a cabeça para fora do camarim, Brown localizava quem quer que fosse o encarregado de pegar o dinheiro e perguntava, "Pegou meu dinheiro?". Era como dizer "Estamos prontos para continuar?". No final da cerimônia, Sharpton foi andando lentamente pelo centro da igreja, o caixão sendo empurrado atrás dele. Ao localizar Fred Daviss sentado no fundo da igreja, Sharpton inclinou-se para ele ao passar e cochichou no seu ouvido sua melhor imitação de Brown: "Fred, você pegou meu dinheiro?".

"Eu quase achei que Brown iria levantar do caixão e soltar uma risada", disse Daviss.

O show agora podia continuar.

"Foi como estar na turnê com papai", contou Deanna Brown. "Chegar e sair de cidades diferentes. Vou lhe contar, quando a gente conseguiu sentar e olhar para a coisa toda, foi realmente impressionante, eu sei que só pode ter sido Deus que nos deu força para superar tudo aquilo. A gente só precisou das pernas e mãos para fazer a coisa acontecer."

A cerimônia pública foi marcada para a noite de sábado num local de Augusta que havia acabado de ser rebatizado como James Brown Arena. Brown teve sua terceira troca de roupa e foi colocado no palco diante de mais de 8.500 fãs do país todo.

Nas laterais, nos assentos, em qualquer lugar para o qual alguém se desse o trabalho de olhar, havia drama à vontade. Entre Buddy Dallas e Deanna Brown, a disputa era sobre quem deveria controlar o espólio; entre Deanna e Tomi Rae, sobre quem representava "a família". Tomi Rae apresentou uma versão esquisita e emocional de "Hold On, I'm Coming" diante das câmeras, e o filho de Brown, Darryl, exercitou seus músculos na banda que iria carregar seu legado adiante, os Soul Generals. E todo mundo tentando agir como se ninguém notasse a presença ali de Michael Jackson, que chorava.

Farris ficou encarregado da solene tarefa de escrever a última *set list* para uma *gig* de James Brown, e os Soul Generals o acompanharam. Veteranos da banda estavam todos lá: Bootsy Collins e Bobby Byrd, Johnny Terry e J. C. Davis. Enquanto os Soul Generals tocavam, Farris olhou para o corpo à sua frente, e depois de Brown viu Jesse Jackson, Don King, Michael Jackson e o resto nos assentos. Simplesmente não parecia real.

Na noite em que Brown morreu, Bobbit ligou para Marva Whitney, que havia sido cantora do show, e comunicou-lhe que Brown a escolhera para ser a última cantora do último show. No funeral, Whitney andou até o caixão e disse baixinho, "Você *ainda* está mandando em mim", e então cantou "Kansas City".

I'm gonna pack my clothes
Leave at the break of dawn
I'm gonna pack my clothes
Everybody will be sleeping
Nobody will know where I've gone[3]

3 Numa tradução literal: "Vou pegar minhas roupas / Sair ao raiar do dia / Vou pegar minhas roupas/ Todo mundo vai estar dormindo/ Ninguém vai saber para onde eu fui". (N. do T.)

EPÍLOGO

James Brown tinha obsessão por Elvis Presley. Nas conversas informais, ele tirava o máximo partido das poucas vezes em que haviam se encontrado, e até criava a impressão de que ambos eram confidentes. Dizia-se que a esposa de Brown, Adrienne, uma vez havia saído com Elvis, e pode ter sido Brown quem espalhou a história: isso o colocava na companhia adequada. Talvez ambos reconhecessem alguma coisa de si mesmos no outro, sulistas pobres, sem *finesse*, com raízes rurais, que partiram para a cidade grande e não foram engolidos por ela.

Mas não era do homem que ele gostava. Não exatamente. Era da coroa. E se Brown tivesse aparecido algumas décadas mais tarde, poderia muito bem ter espalhado a história de que sua mulher havia ido para a cama uma vez com Michael Jackson. Elvis era chamado de "O Rei", e Brown perseguiu esse seu reinado desde muito cedo, pois almejava a supremacia. Como artistas, só eram comparáveis um ao outro. Apenas Elvis colocou mais singles nas paradas da Billboard do que Brown enquanto ambos estavam vivos. Brown dominou sempre na lista da música negra, as chamadas paradas de "rhythm & blues". Eram como o rei e o manto, separados e diferentes.

Elvis morreu em 16 de agosto de 1977, e na hora em que Brown ouviu a notícia entrou em ação. Fretando um Learjet, levou Fred Daviss e Danny Ray para Memphis, onde a polícia os escoltou até Graceland. Os três foram levados a uma entrada lateral para terem uma visão privilegiada de Presley. "Elvis, seu danado", Brown chorava inclinado junto ao seu corpo. "Eu não sou mais o número dois..."

"Eu fui até o funeral dele, você sabe, e toquei seu corpo", disse Brown algumas semanas mais tarde. "Foi difícil acreditar que era ele. Eu o vira cinco anos atrás no Havaí e ele parecia ótimo. Eu continuei dizendo, 'O que aconteceu? O que aconteceu?'. Eles nunca o deixavam sozinho. Eles nunca entenderam." Só Brown havia entendido, pelo menos assim pensava ele, e agora ele estava sozinho. O Número Um.

Pelo resto da vida, Brown iria ter Elvis como medida, e ficaria tentando medir o quanto o público amava cada um. Numa introdução falada ao seu cover de "Love Me Tender", postumamente dedicada a Presley, Brown se dirige aos seus ouvintes como um advogado do interior apelando a um júri: "Quero falar de um grande amigo que eu tive por muito tempo e de um homem que eu ainda amo, meu irmão Elvis Presley. Sabem, se ele estivesse aqui agora, tenho certeza de que diria o mesmo de mim. Eu amei o cara porque ele era realmente o Rei do Rock and Roll. Sempre houve uma espécie de cara ou coroa entre Elvis e eu, o Rei do Rock And Roll e eu, o Rei do Soul. Por isso quero cantar isso para as pessoas, para o Elvis e para mim..." *O Rei foi embora, e eu sou seu único Rei. Agora o amor de vocês é meu.*

Num telefone da prisão em 1989, Brown comentou com alguém que ligara para ele que seu verdadeiro crime tinha sido a fama, que a América tentava diminuí-lo porque ele era grande demais. Ele relembrou de quando vira Elvis no caixão e disse: "Bem, agora estou sendo alvo das críticas feitas a *ele* e a mim".

Tocar seu corpo morto foi o mais próximo que Brown conseguiria chegar de algo que ele queria desesperadamente. Ele queria a adoração que as pessoas reservavam ao seu Rei, mas o máximo que ele conseguiu foi a atenção que se reserva às celebridades, do tipo que acaba virando ciúme, e depois ódio. Ele ansiou por amor, mas estava preparado para a sentença do júri. "Se a América pode suportar ter James Brown na prisão, James Brown também pode suportar isso", é como ele colocou a coisa.

"Eu sei o que é a loucura. É não saber como outro homem se sente", escreveu María Irene Fornés. Incapaz de se colocar no lugar de outra pessoa, Brown desesperava-se para se conectar da melhor maneira que podia, trazendo os outros para o seu mundo. Ele fez da sua arte uma experiência total, o oposto da mistura de estilos do pop – só que com a *plateia* se misturando, indo para um mundo que não existia até que ele o levasse a ser daquele jeito. Ainda não estamos perto do cerne da sua música. As canções de Elvis ou da Motown ou a maioria das músicas de seus pares, por melhores que sejam, tendem a soar acabadas aos nossos ouvidos. Elas chegaram ao seu destino. Mas a música de James Brown ainda causa perplexidade, e ainda temos que chegar ao cerne dela. Sua música ainda soa viva.

Como artista, como um regente da energia americana, como um mestre do nervo – uma técnica de controle que faz o corpo inteiro tremer –, Brown foi simplesmente esplêndido. Ele só nunca conseguiu fazer com que a América o amasse como amamos Elvis. Ele era quem ele era, e a América era o que era também.

O dinheiro não vai mudá-lo, mas o tempo vai tirá-lo de cena. Ele disse isso e, sem dúvida, estava falando sério. Você aproveita ao máximo aquilo que tem nesse exato momento, um filé um dia e um lombo defumado no dia seguinte, porque o prazer é tudo o que você consegue. De resto, a vida é feita de forças que brincam com você, de caos que você precisa enfrentar com mais caos para não ser levado de enxurrada pelo canal de Augusta.

A arte foi uma parte do que ele nos deixou. A outra parte foi o caos. O cantor uma vez comentou com seu baterista que quando morresse uma pessoa teria que passar uma vida inteira para poder entender onde todo o dinheiro tinha ido parar. Ele devia estar com um sorriso no rosto quando disse isso. "O senhor Brown era um homem excepcionalmente astuto, liso, brilhante. E ele se certificava – *certificava-se* – de que estivesse sendo mal compreendido", contou seu parceiro mais próximo, Charles Bobbit, a um jornalista. Na morte esses mal-entendidos começaram a ser desmontados.

Num tribunal da Carolina do Sul, cheio de quadros de juízes célebres da Carolina do Sul de outras eras, um grupo de advogados vinha se reunindo. Eles haviam saído das sombras para falar por Brown, contra ele, e para falar a favor e contra o dinheiro que ele havia deixado. Eles vinham de Savannah e Atlanta, Nova York e outros lugares. Seus dentes e cabelos eram impecáveis.

Em 2000, Brown redigiu um testamento, com a assistência de H. Dewain Herring, um de seus vários advogados. Herring ficou mais conhecido tempos depois por assassinar um funcionário de uma casa de striptease, o que lhe valeu uma sentença de trinta anos em 2006. Dando assistência a Brown nesse período estava o advogado de inventários Strom Thurmond Jr., mais conhecido por ser filho de Strom Thurmond.

O testamento dividia os pertences pessoais do cantor entre um pequeno grupo de seus filhos. A riqueza importante, porém, as contas em banco, os royalties, os seus direitos de imagem e suas músicas, era tudo controlado por duas fundações, uma delas tendo como beneficiários seus netos e a outra as crianças carentes da região. Esses trusts eram administrados por três homens indicados por Brown: o magistrado do condado de Aiken, Alford Bradley, o advogado Buddy Dallas e o contabilista David Cannon. Eles haviam gerenciado as finanças de Brown em seus últimos anos, atribuindo-lhe um salário mensal de cem mil dólares. Para as turnês, esse trio trabalhara naqueles últimos anos com um empresário sediado em Nova York que se autodenominava "SuperFrank" Copsidas e com o advogado do setor de entretenimento Joel Katz. E eles vinham supervisionamdo as finanças de Brown desde que ele fora embora.

Copsidas foi responsável por uma das mais pitorescas declarações na época dos funerais. Quando lhe perguntaram o que iria fazer agora que

Brown estava morto, SuperFrank disse que, do seu ponto de vista, nada havia mudado. "Nós ainda o estamos gerenciando", disse o agente. "Há muito que fazer."

Se o verdadeiro desejo de Brown era criar esses trusts em vez de dar todo o seu dinheiro aos seus herdeiros, não se sabe. E esse é o cerne de uma batalha ainda em andamento. Os adversários dos diretores do trust sugerem que Brown não estava de posse de suas faculdades mentais quando criou suas fundações. Buddy Dallas contesta energicamente essa afirmação.

"Diante de uma declaração como essa... a resposta óbvia seria, é claro que você não conhece James Brown, o Chefão do Soul", disse ele. "Para citar o senhor Brown, *Papa don't take no mess! Papa didn't cuss and papa didn't raise a fuss!*[1] Mas se a gente fizesse bobagem, papai enchia a cara de todos nós de porrada! O senhor Brown era seu próprio conselheiro quando se tratava dos seus negócios. O senhor Brown tomava suas próprias decisões, certo?"

Ao longo dos meses e depois dos anos que se seguiram à sua morte, os advogados cobraram altas somas tentando explicar como a riqueza de Brown teria sido gasta. Grande parte da batalha legal teve lugar no tribunal do juiz da Carolina do Sul, Doyet A. Early, III, um nativo da mesma região onde Brown nascera. Early gritou com os diretores do trust, e no final acabou incentivando-os a saírem do controle do espólio de Brown, o que eles fizeram. Mas à parte todas as suas tiradas mordazes e sua vaidosa exibição de atitudes bizarras no tribunal, Early batalhou para chegar ao núcleo de uma questão essencial, que dizia respeito à sua corte judicial: exatamente quanto dinheiro Brown tinha ao morrer?

---

1 Citações de letras de músicas de James Brown, o sentido geral é "Papai não engole sapo! Papai não fica praguejando e papai não cria confusão!". (N. do T.)

O controle contábil que Brown deixou era difícil de acompanhar. Quando o diretor da fundação David Cannon testemunhou durante seis horas a respeito de seu papel, foi-lhe perguntado repetidas vezes o quanto ele havia ganhado a partir de sua associação com Brown. Ah se eu pudesse recorrer à Quinta Emenda, explicou o contabilista, a respeito desta e de outras questões. Early colocou Cannon na cadeia por seis meses por não seguir sua ordem de devolver mais de 300 mil dólares ao espólio.

O que Brown teria pensado de seu amigo de longa data ser mandado para a prisão depois de ter se apropriado indevidamente de seu dinheiro? Parece que Brown não confiava em gente honesta. "James Brown gostava de ladrões", disse Bob Patton. Não se sabe se era por que entendia melhor essa gente, ou porque essas pessoas eram mais fáceis de controlar. Mas, pelo menos quando não estava doidão, Brown ficava atento aos seus negócios, e por essa razão é difícil acreditar que não soubesse, ou pelo menos que não esperasse que houvesse alguma ou muitas maracutaias.

"Ele lidou com isso sua carreira inteira", disse Hollie Farris. "Acho que a maneira de ele racionalizar a questão era pensar que desde que eles não viessem realmente tirar o dinheiro do bolso dele, estava tudo certo. Era essa a mentalidade dele, a de alguém que crescera como um ladrão, vivendo do jeito que dava. Todo mundo que ele conhecia era ladrão – então ser ladrão para ele não era problema."

A família e os amigos que se reuniam na sala de tribunal de Early estavam focados em dinheiro, e no quanto poderia sobrar para eles, mas as discussões iam muito além dessa questão central. Os advogados representando o estado da Carolina do Sul argumentavam contra os advogados da Geórgia, e depois havia os grupos que achavam que haviam levado um cano de Brown. Eles mandaram representantes a Aiken só para manter alguma chance no jogo. Em certos dias havia mais de trinta advogados na sala de tribunal de Early – tantos que o juiz permitiu que eles ocupassem a bancada do júri, os únicos assentos disponíveis na casa.

Depois que os diretores do trust de Brown abriram mão de seu espólio em novembro de 2007, Early selecionou novos diretores para tomarem pé das suas contas e conduziu seu espólio adiante. O grande ativo ali eram os direitos sobre suas músicas e sua imagem, no valor de milhões. Desde então, Early substituiu essa segunda equipe de diretores do trust nomeada pelo tribunal por um novo beneficiário, e os procedimentos têm se encaminhado para uma conclusão.

Apareceram crianças dizendo que Brown era pai delas. Velma Brown, a primeira mulher de Brown e que ainda mora em Toccoa, fez uma notificação à corte de que Brown nunca havia se divorciado legalmente dela. Esse desdobramento provocou uma breve agitação das águas, até que os papéis de divórcio que ela havia registrado em 1969 foram desencavados de um arquivo da Geórgia.

Há mais coisas. E haverá ainda. Na esteira da morte de Brown, foi como se todas as discordâncias e rompimentos que ele criara entre os mais próximos dele tivessem sido liberados. Esses demônios finalmente podiam ver-se soltos, e dançar na abafada sala de audiências de Aiken. Talvez, enquanto estejam dançando o *mashed potatoes* diante da pintura de Strom Thurmond dependurada na parede do juiz Early eles se revezem, fazendo aquela abertura de pernas rápida até o chão, um após o outro, com todos sincronizados no Um.

Antes que Early os liberasse, os dois diretores de trust nomeados por ele conseguiram fazer uma grande coisa: esvaziar parte da casa de Brown em Beech Island. Eles sugeriram uma maneira de ajudar a cobrir seus honorários, cada vez maiores, e ao mesmo tempo pagar alguns dos credores que aguardavam na fila pelo dinheiro de Brown. A ideia era leiloar objetos de valor que estavam na casa de Brown.

Assim, acompanhados por representantes da casa de leilões Christie's de Manhattan, eles selecionaram as peças mais adequadas de sua casa de Beech Island. Colocaram em leilão capas, troféus, discos de ouro, roupas, cartas e mobília, o que deu como fruto uma decepcionante quantia de 857.688 dólares pela venda de mais de trezentos itens. Depois do leilão, o desejo de Brown de ter um museu dedicado à sua memória parecia bem menos viável (pelo menos, a picape furada de balas continuou estacionada no terreno.)

Enquanto isso, a casa que ele deixou permanece guardada e bem trancada. Há muitos boatos: que dezenas de buracos têm sido cavados naqueles 25 hectares por visitantes atrás de algo para roubar; que um compartimento atrás de um quadro numa parede guarda várias centenas de milhares de dólares para a criança que tiver a sorte de encontrá-lo.

Os elepês que James Brown deixou em Beech Island:

The Six Thousand Dollar Nigger, de Wildman Steve
The Isaac Hayes Movement, de Isaac Hayes
Hollyridge Strings Play the Nat King Cole Songbook
All Time Great Bloopers, de Kermit Schafer
Magic Moments with Johnny Mathis and Ray Coniff
Back at the Chicken Shack, de Jimmy Smith
Memphis Slim's Messin' Around with the Blues

Era isso que ele ouvia quando não estava trabalhando. Quase tão revelador é o material de leitura encontrado na casa de Brown após sua morte:

The Autobiography of Malcolm X

How to Speak Southern, um livro de piadas

Legend Dies, a edição especial do *Augusta Chronicle* em homenagem ao falecimento de Strom Thurmond

Bury My Heart at Wounded Knee [no Brasil, *Enterrem meu coração na curva do rio*], de Dee Brown.

"State Laws and Published Ordinances – Firearms", um guia sobre as leis referentes a armas, publicado pelo Bureau of Alcohol, Tobacco and Firearms.

Estúdiosos acadêmicos da cultura ficarão analisando esse material durante anos. Mas mais interessantes ainda são as outras coisas que Brown deixou espalhadas pela casa. Elas não estavam lá para serem apreciadas pelas visitas; poucos estranhos alguma vez chegaram perto delas.

Uma dessas coisas era um pesado conjunto de algemas de ferro para as pernas, um artefato usado no comércio de escravos, que ele trouxe do Senegal. São correntes e algemas grossas, corroídas, que mantinham ligados os escravos qual mercadorias, contenções oxidadas presas a pesos. Isso era para *ele* ficar olhando.

Também havia outra coisa exibida no local, algo mais próximo do festivo: algodão em todos os quartos. Ramos num vaso dentro de um arranjo, bolas de algodão dentro de tigelas, e caules deixados em cima de superfícies. Era parte do passado no Sul, e parte de Brown também, pois ele colhia algodão quando garoto. Ele usava o algodão como decoração em casa, mas, sem dúvida, era algo muito diferente das algemas e correntes. Se bem que, no final, ambos equivaliam à mesma coisa: uma lembrança de quem ele era.

"Quero dizer uma coisa a respeito do mundo", Brown uma vez declarou, "Cristo pediu justiça e obteve morte. Eu quero misericórdia, e quero viver como Moisés, feliz para sempre".

"Se a gente pede justiça, então a gente morre. Se a gente pede misericórdia, a gente pode viver por um tempo. Cristo nos trouxe misericórdia. Ele pagou a dívida da justiça."

Tudo na vida era medido por aquilo pelo qual podia ser trocado. As caixas de dinheiro ficaram rodando e rodando. Aqui ele vivia, numa casa muito bonita, com a sua mulher ocupada em algum outro lugar, sua amante em algum quarto, seu Viagra a postos, e o canal Playboy ligado. As caixas de dinheiro continuaram em movimento, e talvez continuem para sempre, mas, depois que Brown encontrou seu descanso, aqui podemos vê-lo de novo, sozinho, com seu algodão e suas algemas de ferro.

"Eles podem matar meu corpo, mas não podem matar minha alma. Deus conseguiu isso", disse ele uma vez. "Eu vou servir bem a humanidade, e não tenho raiva de nada. Mas não quero que ninguém me perturbe. Não é pedir muito, não é mesmo?"

LISTA DE ENTREVISTADOS

Haji Ahkba, Steve Alaimo, Jeff Allen, Tony Allen, Emma e Leon Austin, Afrika Bambaataa, Amiri Baraka, Jack Bart, Toni Basil, Bobby Bennett, Steve Binder, Big Black, Cody Black, Darren Blase, Solomon Blatt Jr., Jerry Blavat, Chuck Brown, Ray Brown, Tomi Rae Brown, Tommy Brown, Young James Brown, Chris Burgan, David Butts, Emily Carder, James E. Carter, Devin Christy, Larry Cohen, Newton Collier, Bootsy Collins, Catfish Collins, Charles Connor, Albert Dallas, Gloria Daniel, Billy Davis, J. C. Davis, Ofield Dukes, Hollie Farris, Anthony Fillyau, Clayton Fillyau Jr., Sarah Byrd Giglio, Robert Gordon, Steve Halper, Erik Hargrove, Lee Hay, Roy Head, Stan Hertzman, Martha High, Hermon Hitson, Orangie Ray Hubbard, James Hudson, Keith Jenkins, Mack Johnson, Roosevelt Johnson, Leroy Jones, Willie Mae Keels, Gwen Kesler, Ronald Laster, Allyn Lee, Alan Leeds, Lola Love, Frank McCrae, Khalid Abdullah Tariq al-Mansour, David Matthews, Hal Neely, Betty Jean Newsome, Lunetha Nolen, Bob Patton, Philip e Juanita Paul, Danny Ray, Jimie Railey, Levi Rasbury, Charles Reid, Roy Rifkind, Bobby Roach, Chuck Seitz, Ron Selico, Al Sharpton, James Shaw também conhecido como Mighty Hannibal, Clay Smith, Charles Spurling, Henry Stallings, Frank Stanford, Ralph Stanley, Seymour Stein, Henry Stone, Reppard Stone, Clyde Stubblefield, Bob Sullivan, Hamp Swain, Deanna Brown Thomas, Shawn Thomas, Robert Thompson, Frankie Waddy, Charles Walker, Melvin Webb, Fred Wesley, Otis Williams, Tony Wilson, Bob Young.

OUTRAS ENTREVISTAS USADAS

Bobby Byrd, entrevistado por Portia Maultsby, Archives of African American Music and Culture, Indiana University, Bloomington, Indiana.

Bobby Byrd, Emily Acree, Jim Andrews, Sarah Byrd Giglio, M. Carter, Sylvester Keels, Willie Mae Byrd Keels, J. C. Lawson, M. Perry, Nafloyd Scott, Johnny Terry, M. Tabor, entrevistados por Fred Hay, Center for Appalachian Studies na Appalachian State University, Boone, Carolina do Norte.

Bobby Byrd, Richard Kush Griffith, Danny Ray, entrevistados por Howard Burchette.

Henry Glover, Colonel Jim Wilson, entrevistados por John Rumble, Frist Library, Country Music Hall of Fame, Nashville, Tennessee.

Hal Neely, entrevistado por Jeff Yaw.

Jim Deak, entrevistado por Jon Hartley Fox.

NOTAS

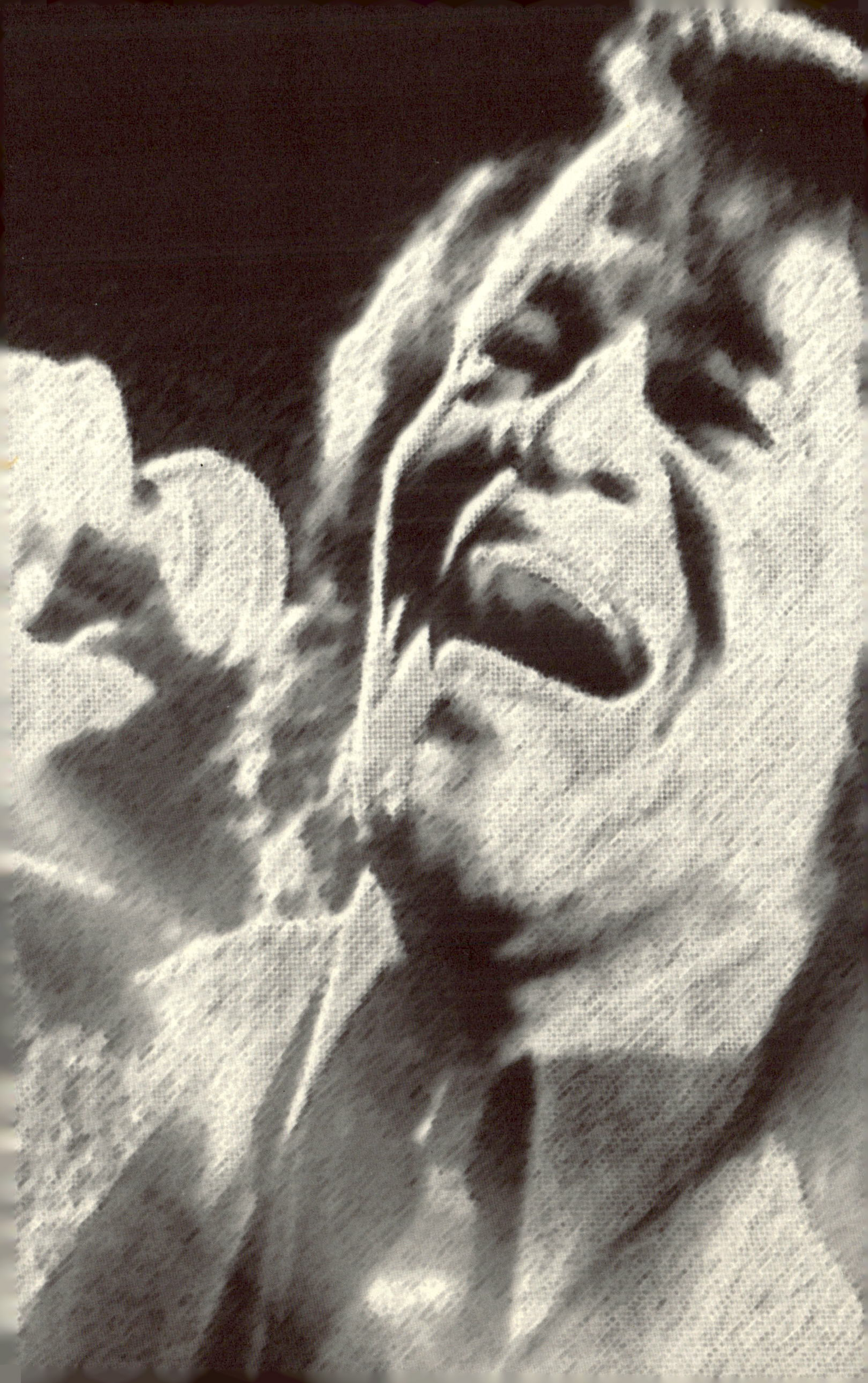

INTRODUÇÃO

Rebelião de Stono: "General Oglethorpe to the Accotant, Mr. Harman Verelst", 9 out. de 1739, in Candler, Allen D. etc., *The Colonial Records of the State of Georgia*, vol. XXII, pt. 2 (Charles P. Byrd, 1913); Dena J. Epstein, *Sinful Tunes and Spirituals: Black Folk Music to the Civil War* (University of Illinois Press, 1997); Mark M. Smith, Ed., *Stono: Documenting and Interpreting a Southern Slave Revolt* (University of South Carolina Press, 2005); Richard Cullen Rath, "Drums and Power: Ways of Creolizing Music in Coastal South Carolina and Georgia, 1730-1790", in *Creolization in the Americas*, David Buisseret e Steven G. Reinhardt, Ed. (TAMU Press, 2000).

Escravos da Carolina do Sul entrando em Augusta: Edward J. Cashin, *The Story of Augusta* (Richmond County Board of Education, 1980).

Debulhação de milho em Barnwell: William Cullen Bryant, *Letters of a Traveller*; ou *Notes of Things Seen in Europe and America* (Putnam, 1850). Sobre tambores e dança na Carolina do Sul, ver também, Henry William Ravenel, "Recollections of Southern Plantation Life", Yale Review, 26 de junho de 1936.

"O 'Um' vem da própria Terra." James Brown e Marc Eliot, *I Feel Good: A Memoir of a Life in Soul* (New American Library, 2005).

CAPÍTULO UM: UMA CERTA SELVAGERIA ELEMENTAR

James Brown: James Brown e Bruce Tucker, *James Brown: The Godfather of Soul* (Macmillan, 1986); Geoff Brown, *The Life of James Brown: A Biography* (Omnibus Press, 2008); Don Rhodes, *Say It Loud!: My Memories of James Brown, Soul Brother N.1* (The Lyons Press, 2008); James Sullivan, *The Hardest Working Man: How James Brown Saved the Soul of America* (Gotham, 2008); Nelson George e Alan Leeds, eds. *The James Brown Reader: Fifty Years of Writing About the Godfather of Soul* (Plume, 2008); Cynthia Rose, *Living in America: The Soul Saga of James Brown* (Serpent's Tail, 1991). Também, capítulos sobre Brown *in* Peter Guralnick, *Sweet Soul Music: Rhythm and Blues and the Southern Dream of Freedom* (Perennial, 1994); Gerri Hirschey, *Nowhere to Run: The Story of Soul Music* (Southbank, 2006).

"Revirar lama para pegar peixe": "The Red Sea", in *Barnwell County Heritage* (Barnwell County Heritage Book Committee, 1994); Mamie Garvin Fields, *Lemon Swamp and Other Places: A Carolina Memoir* (Free Press, 1970); William A. Owens, *This Stubborn Soil* (The Lyons Press, 1999).

Fazenda Bella Vista: Michael J. Heitzler, *Goose Creek: A Definitive History vol. 1* (History Press, 2005). Havia tantos Behlings na região, segundo relatou o *Atlanta Constitution* em 1901, que houve uma iniciativa de criar uma colônia para aqueles que tinham esse sobrenome perto de Augusta, onde eles se dedicariam a fazer queijo e vinho. Infelizmente, ela nunca foi adiante.

Árvore genealógica de James Brown: extraído de Brown e Tucker, The Godfather *of Soul*; Arquivos Bruce Tucker; entrevista com Deanna Brown Thomas.

"Eu fui um bebê natimorto." *Godfather of Soul*; para outra interpretação do termo, ver Phillip Gourevitch, "Mr. Brown", *The New Yorker*, 29 de julho de 2002.

"Alguma coisa manchou a brancura do leite." Entrevista com Brown, Arquivos Tucker.

"Ela morou em Smoakes." Entrevista com Deanna Brown Thomas.

Morando numa cabana: Phillip T. South e Wesley Drotning, *Up From the Ghetto* (Washington Square Press, 1972).

Barnwell e o Barnwell District: *Barnwell County Heritage*; Tom Downey, *Planting a Capitalist South: Masters, Merchants and Manufacturers in the Southern Interior 1790-1860* (Louisiana State University Press, 2005); John Caldwell Guilds ed., *Simms: A Literary Life* (University of Arkansas Press, 1995); Richard David Brooks e David Colin Crass, *A Desperate Poor Country: History and Settlement Patterning on the Savannah River Site, Aiken and Barnwell Counties, South Carolina* (University of South Carolina, 1991); Margaret Spann Lawrence, *History of Bamberg County, South Carolina Commemorating 100 Years 1897-1997* (The Reprint Company, 2003); F. Stuart Chapin et al., *In the Shadow of a Defense Plant: A Study of Urbanization in Rural South Carolina* (University of North Carolina, 1954); Steve Gaither, William Henry, J. W. Joseph, Mary Beth Reed e MarkT. Swanson, *Savannah River Site at Fifty* (U.S. Government Printing Office, 2002); Lucius Sydney O'Berry, *Ellenton, South Carolina: My Life... Its Death* (University of South Carolina, 1999); Tonya A. Browder e Richard D. Brooks, *Memories of Home: Reminiscences of Ellenton* (University of South Carolina Press, 1996); Stephanie McCurry, *Masters of Small Worlds: Yeoman Households, Gender Relations, and the Political Culture of the Antebellum South*

Carolina Low Country (Oxford University Press, 1997); Jean Martin Flynn, *A History of the Barnwell First Baptist Church and Antebellum Barnwell* (Barnwell First Baptist Church, 2002); "Court Orders New Trial For 17-Year-Old Farmer in S.C.", *Pittsburgh Courier*, 16 de julho de 1942.

Paisagens da Carolina do Sul: Walter B. Edgar, *South Carolina: A History* (University of South Carolina Press, 1998); Edgar, *The South Carolina Encyclopedia* (University of South Carolina Press, 2006); Downey, *Planting a Capitalist South*; *The WPA Guide to the Palmetto State* (University of South Carolina Press, 1988).

Forasteiros conhecidos como "crackers": Cashin, *The Story of Augusta*; Cashin, "Paternalism in Augusta", in *Paternalism in a Southern City: Race, Religion and Gender in Augusta, Georgia*, Edward J. Cashin e Glenn T. Eskew, eds. (University of Georgia Press, 2001); Charles Woodmason, *The Carolina Backcountry on the Eve of the Revolution: The Journal and Other Writings of Charles Woodmason, Anglican Itinerant* (University of North Carolina Press, 1969); William Bartram, *The Travels of William Bartram* (University of Georgia Press, 1998).

Tradição de violência na Carolina do Sul: Michael Stephen Hindus, *Prison and Plantation: Crime, Justice and Authority in Massachusetts and South Carolina, 1767-1878* (University of North Carolina Press, 1980); Jack Kenny Williams, *Vogues in Villainy: Crime and Retribution in Ante-Bellum South Carolina* (University of South Carolina Press, 1959); Fox Butterfield, *All God's Children: The Bosket Family and the American Tradition of Violence* (Alfred A. Knopf, 1995); John Hammond Moore, *Carnival of Blood: Dueling, Lynching, and Murder in South Carolina, 1880-1920* (University of South Carolina Press, 2006); Orville Vernon Burton, *In My Father's House Are Many Mansions: Family and Community in Edgefield, South Carolina* (University of North

Carolina Press, 1987); C. Vann Woodward, "District of Devils", *New York Review of Books*, 10 de outubro de 1985; Elliot J. Gorn, "Gouge and Bite, Pull Hair and Scratch: The Social Significance of Fighting in the Southern Backcountry", *The American Historical Review*, vol.90, nº (fevereiro de 1985); Mark M. Smith, "'All Is Not Quiet In Our Hellish County': Facts, Fiction, Politics, and Race –The Ellenton Riot of 1876", *South Carolina Historical Magazine*, vol. 95 n. 2 (abril de 1994).

"Vivemos nos campos, entre o algodão viçoso e o milho verde." Ben Robertson, *Red Hills and Cotton: An Upcountry Memory* (University of South Carolina Press, 1983).

O linchamento na Broxton Bridge: "An Ugly Lynching", *Atlanta Constitution*, 6 de dezembro de 1895; "The Colleton Horror", *Atlanta Constitution*, 11 de janeiro de 1896; "Letting Light on a Lynching", 21 de fevereiro de 1896; "They Were Dumb", 24 de fevereiro de 1896; "White Men May Hang", *Atlanta Constitution*, 18 de outubro de 1896; "Rose Told the Story Again", *Atlanta Constitution*, 29 de outubro de 1896; "Two Negroes Beaten to Death", *The New York Times*, 6 de dezembro de 1895; "A Failure of Justice", *The New York Times*, 1º de março de 1896.

Oito linchados em Barnwell: "Eight Men Lynched by Maskers", *Atlanta Constitution*, 29 de dezembro de 1889: "Eight Hanging Bodies", *The New York Times*, 30 de dezembro de 1889; "Negroes Shot to Death", *Chicago Daily Tribune*, 29 de dezembro de 1889.

Afro-americanos na Carolina do Sul: I. A. Newby, *Black Carolinians: A History of Blacks in South Carolina From 1895 to 1968* (University of South Carolina Press, 1973); George B. Tindall, *South Carolina Negroes 1877-1900* (University of South Carolina Press, 1952); Richard Zuczek,

State of Rebellion: Reconstruction in South Carolina (University of South Carolina Press, 2009); Philip G. Grose, *South Carolina at the Brink: Robert McNair and the Politics of Civil Rights* (University of South Carolina Press, 2006); Kari Frederickson, "'The Slowest State' and 'Most Backward Community': Racial Violence in South Carolina and Federal Civil-Rights Legislation, 1946-1948", *South Carolina Historical Magazine*, 98 (abril de 1997); Paul Lofton "The Columbia Black Community in the 1930s", in *The Proceedings of the South Carolina Historical Association* (1984); Robert W. Bagnall, "Light and Shadows in the South", *The Crisis*, abril de 1932; Edwin D. Hoffman, "The Genesis of the Modern Movement for Equal Rights inSouth Carolina,1930-1939." *Journal of Negro History* 44 (1959).

Terebintina: Robert B. Outland, *Tapping the Pines: The Naval Stores Industry in the American South* (LSU Press, 2004); George Brown Tindall, *The Emergence of the New South, 1913–1945* (LSU Press, 1992); William Powell Jones, "Cutting through Jim Crow: African American Lumber Workers in the Jim Crow South, 1919-1960" (Ph.D. diss., University of North Carolina at Chapel Hill, 2000); Cassandra Y. Johnson e Josh McDaniel, "Turpentine Negro", in *To Love the Wind and the Rain: African Americans and Environmental History*, Dianne D. Glave e Mark Stoll, eds. (University of Pittsburgh Press, 2006); "Pulling Streaks: Voices from the Turpentine Woods", Josh McDaniel, Southern Quarterly, Outono 2008, vol. 46; "Faces of the Piney Woods: Traditions of Turpentining in South Georgia" é um site impressionante criado pela Valdosta State University, que apresenta histórias orais, explanações de técnicas e muito mais: <http://www.valdosta.edu/turpentine/index.htm>; as entrevistas com trabalhadores na terebintina feitas por Zora Neale Hurston para a WPA estão preservadas na State Library and Archives of Florida,<http://www.floridamemory.com/onlineclassroom/zora_hurston/lesson_2.cfm>.

Esgotamento do solo e economia agrícola de Barnwell: Melanie A. Cabak e Mary M. Inkrot, *Old Farm, New Farm: An Archaeology of Rural Modernization in the Aiken Plateau, 1875-1950* (University of South Carolina, 1997); Chapin, *In the Shadow of a Defense Plant*; Brooks e Crass, *A Desperate Poor Country*.

Pobreza na região de Barnwell: Tonya A. Browder, Richard D. Brooks e David C. Crass, *Memories of Home: Dunbarton and Meyers Mill Remembered* (University of South Carolina, 1993); *Annual Report of the Barnwell County Department of Public Welfare*, ano fiscal encerrado em 30 de junho de 1938.

CAPÍTULO DOIS: O TERRY

"Uma região do vale do rio Savannah." Strom Thurmond, *Congressional Record* Volume 142, Number 7 (segunda-feira, 22 de janeiro de 1996).

Augusta, Geórgia: Edward J. Cashin, *General Sherman's Girlfriend and Other Stories About Augusta* (Augusta College History Department, 2001); Cashin, *The Quest: A History of Public Education in Richmond County, Georgia* (R. L. Bryan, 1985); Cashin e Eskew, eds. *Paternalism in a Southern City*; Cashin, *The Story of Augusta*; Cashin foi o maior historiador da cidade, e sinto nunca ter tido a oportunidade de conhecê-lo. Foram úteis também as "Cashin's Notes", um conjunto de citações do *Augusta Chronicle*, no arquivo da Reese Library, Georgia State University; Federal Writers' Project, *Augusta* (Tidwell Printing Company, 1938); Vicki H. Greene, Scott Loehr, Erick D. Montgomery, *An Augusta Scrapbook: Twentieth Century Memories* (Arcadia Publishing, 2000); Don Rhodes, *Entertainment in Augusta and the CSRA* (Arcadia Publishing, 2004); Curt Samson, *The Masters: Golf, Money, and Power in Augusta, Georgia* (Villard, 1999); James C. Cobb, "Politics in a New South City, Augusta, Georgia, 1946-1971", Ph.D. diss., University of Georgia, 1975.

"Uma cidade com um fascinante caso de esquizofrenia." Dorothy Kilgallen, "A Big Night in Augusta", *Good Housekeeping*, maio de 1953.

Afro-americanos em Augusta: Carl Lavert McCoy, "A Historical Sketch of Black Augusta, Georgia, From Emancipation to the Brown Decision: 1865- 1954", tese de mestrado, University of Georgia, 1984; Cashin, *Old Springfield: Race and Religion in Augusta Georgia* (Springfield Village Park Foundation, 1995); WPA *Guide to Augusta*; Sean Joiner, Gerard Smith, *Black America Series: Augusta Georgia* (Arcadia Publishing, 2004); "I Go Back Home After Thirty years", Lucius Harper, *Chicago Defender*, 18 de junho de 1949; "Hooded Georgia Mob Tries to Abduct Negro After He Applies for Job on Police Force", *Los Angeles Sentinel*, 16 de setembro de 1948.

O Terry: Diane Harvey, "The Terri, Augusta's Black Enclave", *Richmond County History*, verão de 1973; John Mills, "Black Businesses Thrived in City's Golden Blocks", *Augusta Chronicle*, 24 de abril de 1995; *Augusta Chronicle*, 7 de agosto de 1941. "The Terry" era um termo que às vezes definia a maior comunidade de afro-americanos de Augusta, e outras vezes uma área geográfica bem menor. Ninguém nunca estabeleceu formalmente seus limites.

Lenox Theater: "Lenox Theater Gives Blacks Seat up Front, Opens Door to Growth", *Augusta Chronicle*, 5 de fevereiro de 1990; entrevista com James Carter.

Primeiros anos de Brown em Augusta: Rhodes, *Say it Loud!*; Hirshey, *Nowhere to Run*; South e Drotning, *Up From the Ghetto*; Gourevitch, "Mr. Brown"; Simon Witter, "James Brown", *Sky*, setembro de 1990; entrevistas com Carter, Allyn Lee, Emma Austin, Leon Austin, Henry Stallings.

Susie Brown morando em Augusta: listas telefônicas variadas de R. L. Polk & Co.; Don Rhodes, entrevistas com Emma Austin.

"Os caras eram realmente maus ali." Arquivos Tucker.

"Se você quiser ser homem, precisa brigar para conseguir respeito." Butterfield, *All God's Children*.

Silas X. Floyd School: "Augusta: City Whose Negro Leaders Point the Way", *Augusta Chronicle*, 26 de novembro de 1939, ver também *Chronicle*, 26 de agosto de 1934; Butterfield, *All God's Children*; entrevista com Laura Garvin nos Arquivos Tucker; entrevista com Henry Stallings.

"Augusta é um bom lugar para viver." *Augusta Chronicle*, 19 de abril de 1936. "Um pobre largado nas ruas de Augusta." "Resposta a um 'James Brown Editorial'", *Augusta News-Review*, 22 de novembro de 1973.

O Swanee Quintet e o gospel em Augusta: Carrie A. Allen, "'When We Send Up the Praises': Race, Identity, and Gospel Music in Augusta, Georgia", *Black Music Research Journal*, outono de 2007; "Gospel Group 'Walked in the Light' for Half a Century", *Augusta Chronicle*, 29 de dezembro de 1990; "Lord Provides All, Gospel Singers Say", *Augusta Chronicle*, 5 de outubro de 1985; "Singing the Gospel", *Augusta Chronicle*, 4 de outubro de 1997; entrevista com Percy Griffin.

Arthur Lee Simpkins: "Arthur Lee Simpkins Sings", *Augusta Chronicle*, 1º de agosto de 1934; "Foster Tops Revue", *Los Angeles Times*, 6 de dezembro de 1947.

Camp Gordon: "Augusta May Get Cantonment of 20,000 Draftees", *Augusta Chronicle*, 11 de outubro de 1940; "Pay Roll Totals $190,000 As Camp Work Nears Peak", *Augusta Chronicle*, 12 de outubro de 1941.

Cremona Trio: "Singer's Career Launched in Augusta", *Augusta Chronicle*, 3 de maio de 1993; entrevista com Brown, Arquivos Tucker.

Marginalidade e pânico no Terry: " Night-Sticks Come Into Own in Quelling Negro Soldiers", *Augusta Chronicle*, 7 de agosto de 1941; "Blame for Spread of Disease Denied by Negro Civic Group", *Augusta Chronicle*, 8 de novembro de 1941; "Defends Race Women From insulting Rap", *Pittsburgh Courier*, 15 de novembro de 1941; "White Soldiers Override Social Lines in Augusta", *Chicago Defender*, 22 de novembro de 1941; "Georgia Cops Nab Women With Soldiers", *Pittsburgh Courier*, 24 de outubro de 1942.

Planos secretos para reprimir o Terry: "Army Service Forces – Distr. 4, Fourth Service Command – Racial Disturbance Plan, Augusta, 9 Oct 1944", Defense – Adjutant General – Arquivos variados, Georgia Archives, Morrow, Geórgia.

O incidente do compressor de ar: entrevista com Willie Glenn, Arquivos Tucker; entrevista com Fred Daviss.

"Se ninguém mais gostasse dele, ele gostava." Stanley Booth, "James Brown 1933-2006", *Georgia Music*, primavera de 2007.

"Eu sabia de uma coisa – que eu era diferente." Rose, *Living in America*.

CAPÍTULO TRÊS: A MALA PRETA

"O Bon Air contempla, como a Esfinge, a cidade de Augusta." Dan Jenkins, "Augusta: Where Georgia Retaliates for Sherman's March", *Sports Illustrated*, 6 de abril de 1964.

O Bon Air: Stan Byrdy, *Augusta and Aiken in Golf's Golden Age* (Arcadia Publishing, 2002); Jeanne M. McDaniel, *North Augusta: James U. Jackson's Dream* (Arcadia, 2006); Samson, *The Masters*; Descrição de Augusta: cartões-postais históricos do acervo da East Central Georgia Regional Library; "Brighter Days Fill History of City Landmark", *Augusta Chronicle*, 11 de junho de 2011.

Battle royals: Geoffrey C. Ward, *Unforgivable Blackness: The Rise and Fall of Jack Johnson* (Knopf, 2004); Andrew M. Kaye, *The Pussycat of Prizefighting: Tiger Flowers and the Politics of Black Celebrity* (University of Georgia Press, 2004); "The Milk-Ice Fund FIGHT", *Pittsburgh Courier*, 14 de julho de 1923; "Fighters, Keep Out of Those 'Battle Royals'", *Pittsburgh Courier*, 11 de fevereiro de 1928.

Brown, o boxeador: "Bax Hardy to Weigh 160 Pounds for Bout", *Augusta Chronicle*, 26 de janeiro de 1946; "Hardy Captures Decision", *Chronicle*, 29 de janeiro de 1946; "Buddy Rose After Knockout", *Chronicle*, 12 de fevereiro de 1946; "Soul Searching", *Chronicle*, 3 de maio de 1969.

"O senhor Brown gostava de ter ídolos." Entrevista com Emma Austin.

Beau Jack: "Stork Club Champ", *Time*, 23 de novembro de 1942; "Beau Jack Kayoes Tippy Larkin", *Augusta Chronicle*, 19 de dezembro de 1942; Grantland Rice, "Concerning Beau Jack", *Chronicle*, 20 de janeiro de 1943; "Crack O' Dawn", *Chronicle*, 15 de fevereiro de 1943; "Dan Burley's 'Confidentially Yours'", *New York Amsterdam News*, 26 de dezembro de 1942 e 29 de maio de 1943; "Beau Jack Learns to Read and Write", *Chronicle*, 7 de outubro de 1944; "The Tragic Case of Beau Jack", *Pittsburgh Courier*, 29 de janeiro de 1955; Gary Smith, "Still Fighting Old Wars", *Sports Illustrated*, 15 de fevereiro de 1988; "Beau Jack, 78, Lightweight Boxing Champion in the 1940s", *The New York Times*, 12 de fevereiro de 2000; "Jack Always Packed Exciting Punch", *New York Daily News*, 13 de fevereiro de 2000; entrevista com Carter.

Daddy Grace: Marie W. Dallam, *Daddy Grace: A Celebrity Preacher and His House of Prayer* (NYU Press, 2007); Sherri Marcia Damon, "The Trombone in the Shout Band of the United House of Prayer for All People", dissertação de doutorado, University of North Carolina Greensboro, 1999; Federal Writers Project, *Augusta*; "Negro 'Bishop Who Cures both White and Black' Tells Judge of his Troubles From the City", *Augusta Chronicle*, 28 de abril de 1927; "Order House of Prayer Reopened", *Atlanta Daily World*, 5 de agosto de 1932; "Bishop Grace Hailed by His Augusta 'Children'", *Chronicle*, 25 de abril de 1934; "Owner of 'Harlem Heaven' to Insist on 'Good Rent'", *Chronicle*, 11 de março de 1938; "Thousands See Daddy Grace Ride", *Atlanta Daily World*, 27 de setembro de 1938; "Is He Charlatan or Saint?", *Augusta Herald*, 26 de setembro de 1956; "Marching, Music and Memories", *Charlotte Observer*, 3 de janeiro de 1990; "Sweet Soul Music: The Trombone-Drive 'Shout' Sound", *Charlotte Observer*, 4 de julho de 1993; entrevista com Al Sharpton.

Partido Cracker: Cobb, "Politics in a New South City"; James C. Cobb, "Colonel Effingham Crushes the Crackers: Political Reform in Postwar Augusta", *South Atlantic Quarterly*, 78, outono de 1979; "Negroes Indorse McDonald... ", *Augusta Chronicle*, 19 de dezembro de 1932; "How Augustans Lost Their Democratic Government", *Augusta Chronicle*, 25 de janeiro de 1939; "Campaign 'Pay-Off' System is Revealed in Probe Testimony", *Chronicle*, 16 de maio de 1934; "Ninety Arrested as Federal Men Descend on Augusta Liquor Dives", *Chronicle*, 23 de maio de 1931; "Municipal Race Not Necessary", *Chronicle*, 4 de novembro de 1937.

"Ele roubava qualquer coisa que estivesse dando sopa." Entrevista com Carter.

Julgamento de Brown em 1949: Record of Indictments Superior Court Richmond County Book 11, edifício de armazenamento de registros de Augusta.

Julgamento da corrupção de 1949: "Two Police Commissioners Arrested on Bribe Charge", *Chronicle*, 4 de maio de 1949; "Bitter Court Battle is Indicated...", *Chronicle*, 12 de junho de 1949; "Bribe Trials Delayed Till July 18", *Chronicle*, 14 de junho de 1949.

"Conte para o pai, tente me tirar disso." Entrevista com Willie Glenn, Arquivos Tucker.

CAPÍTULO QUATRO: TOCCOA

Herman Talmadge: Donald L. Grant e Jonathan Grant, *The Way it Was in the South: the Black Experience in Georgia* (University of Georgia

Press, 2003); “Springfield Spectacle”, *Time*, 24 de fevereiro de 1936; “Georgia: Death of the Wild Man”, *Time*, 30 de dezembro de 1946.

Eugene Talmadge e a reforma presidiária na Geórgia: William Anderson, *The Wild Man from Sugar Creek: The Political Career of Eugene Talmadge* (Louisiana State University Press, 1975); Harold P. Henderson, *The Politics of Change in Georgia: a Political Biography of Ellis Arnall* (University of Georgia Press, 1991); “Prisons – Director's Office - Director's Subject Files, 1940-1975”, Georgia Archives; *Augusta Chronicle*, 23 de abril de 1948 e 16 de dezembro de 1948.

Discurso de Talmadge em Rome: “Speech by Governor Herman Talmadge, 1949”, pasta, Prison Director's Subject Files, Georgia Archives.

O estabelecimento de Rome: “Juvenile Training Institute Formed”, *Augusta Chronicle*, 20 de novembro de 1946; “Statewide Search Launched for “Honor Roll' Escapees”, *Chronicle*, 25 de novembro de 1946; “Battey General Hospital Transferred to State”, *Chronicle*, 11 de fevereiro de 1947; “Battey Expansion is Well Underway”, *Chronicle*, 20 de novembro de 1949; “Georgia Juvenile Training Institute Rome 1950-51” e “Speech by J. B. Hatchett”, pastas, Prison Director's Subject Files, Georgia Archives.

O acampamento de Toccoa: *Toccoa Record*, 31 de janeiro de 1952; *Rome News-Tribune*, 6 de abril de 1953; *Toccoa Record*, 23 de abril de 1953; “Memo from Walter Matthews”, pasta, Prison Director's Subject Files, 1940-1975, Georgia Archives.

Johnny Terry: entrevista com Bobby Roach; entrevista com Roach, Hays; Brown e Tucker, *Godfather of Soul*; Brown, *The Life of James Brown*.

Toccoa: Stephens County, *Georgia: Its People, Vol. 1* (Stephens County Historical Society, 1996); Wilber W. Caldwell, *The Courthouse and the Depot: A Narrative Guide to Railroad Expansion and Its Impact on Public Architecture in Georgia, 1833-1910* (Mercer University Press, 2001); Fred J. Hay, Music Box Meets the Toccoa Band: The Godfather of Soul in Appalachia, *Black Music Research Journal*, Vol. 23, n. 1-2 (primavera-outono de 2003); "Another Large Liquor Still Cut in Gum Log Last Friday", *Toccoa Record*, 12 de junho de 1952; "Liquor Car Nabbed By Officers Yields Over 100 Gallons in Wild Chase", *Toccoa Record*, 7 de maio de 1953; "Godfather of Soul Attends Local Funeral", *Toccoa Record*, 6 de janeiro de 2004; "Georgia (Mountains) On My Mind", *The Washington Post*, 16 de maio de 1993.

Música em Toccoa: O exemplar inteiro do *Black Music Research Journal* volume 23, n. 1-2, 2003, é dedicado à música afro-americana da região, e moldou meu enfoque da música que era feita em Toccoa.

James Brown em Toccoa: Hay, "Music Box Meets the Toccoa Band." Fred J. Hay descreve a época e o lugar que Brown encontrou ao sair da prisão. É uma região que ele conhece melhor do que a maioria. Brown, *The Life of James Brown*; Cliff White, "The Roots of James Brown, Part One", *Now Dig This*, maio de 1993; entrevistas com James Shaw, Sarah Byrd Giglio, Willie Mae Keels; as entrevistas com Bobby Byrd realizadas por Hay, Howard Burchette e Portia Maultsby foram de valor inestimável. Muito do que sabemos sobre os progressos musicais de Brown em Toccoa, e dos grupos dos quais participou, vem de Byrd. Ele foi generoso com seu tempo e histórias da época de Toccoa, e, às vezes, as histórias e as datas mudam. As memórias são intercambiáveis.

Velma Brown: entrevistas realizadas por Hay; Rhodes, *Say It Loud!*

"Na época a gente não ligava muito", entrevista com Byrd Giglio.

“Eles não tinham banda, ficavam lá só batendo o ritmo com as mãos nas pernas.” Entrevista com James Shaw, também conhecido como The Mighty Hannibal.

CAPÍTULO CINCO: UMA LOCOMOTIVA “CHOO-CHOO” DE NEW ORLEANS

Macon: Candice Dyer, *Street Singers, Soul Shakers, Rebels With a Cause: Music From Macon* (Indigo, 2008); Andrew M. Manis, *Macon Black and White: An Unutterable Separation in the American Century* (Mercer University Press, 2004); *Macon's Black Heritage: The Untold Story* (Tubman African American Museum, 1997); Preston Lauterbach, *The Chitlin Circuit: And the Road to Rock 'n' Roll* (W.W. Norton & Company, 2011); Scott Freeman, *Otis! The Otis Redding Story* (St. Martins, 2001); acervo do Douglass Theater, Middle Georgia Regional Library Macon; pasta James Brown, Middle Georgia Regional Library.

Clint Brantley: pasta Clint Brantley, Middle Georgia Regional Library; Scott Freeman, “James Brown: Soul Brother N. 1”, *Creative Loafing Atlanta*, 10 de janeiro de 2007; Scott Freeman, entrevista com Newton Collier.

Charles Connor: manuscrito não publicado, Charles Connor Collection, Archives of African American Music and Culture (AAAMC), Indiana University; entrevista com Connor.

The Upsetters: blog *Home of the Groove*, postado em 20 de abril de 2008 (“Tracking Lee Diamond”) e 3 de dezembro de 2004; entrevista com Connor; entrevista com Grady Gaines, Alan B. Govenar, *Texas Blues: the Rise of a Contemporary Sound* (TAMU Press, 2008).

Little Richard: David Kirby, *Little Richard: The Birth of Rock 'n' Roll* (Continuum 2009); Charles White, *The Life and Times of Little Richard* (Da Capo Press, 1994); pasta "Little Richard Penniman", Middle Georgia Regional Library, folheto sobre *Little Richard: The Specialty Records Sessions* (Specialty, 1990); "I've Quit Show Business", *Puget Sound Observer*, 25 de dezembro de 1957; "Rappin' With a Rock 'n Roll Pioneer", *Pittsburgh Courier*, 19 de janeiro de 1985; "Little Richard Touched Macon", *Charlotte Observer*, 4 de setembro de 2005; entrevista com Connor.

Tradição de espetáculos de circo: entrevista com Esquerita, *Kicks* (1983); Marybeth Hamilton, "Sexual Politics and African-American Music; or, Placing Little Richard in History", *History Workshop*, n. 46 (outono de 1998).

Billy Wright: *The Hound Blog*, entrada postada em 15 de junho de 2009; notas e entrevista encontram-se em *Billy Wright: Stacked Deck* (Route 66, 1980); entrevista com Tommy Brown.

"Nunca vi um cara se empenhar tanto na minha vida." Brown, *The Life of James Brown*.

Funk: Tony Scherman, *Back Beat: Earl Palmer's Story* (Da Capo, 2000); Robert Farris Thompson, *Flash of the Spirit: African and Afro-American Art and Philosophy* (Vintage, 1984); entrevista com Connor.

"Please, Please, Please" em Macon: arquivo "James Brown", Middle Georgia Regional Library; "Radio History 'Pioneer' WIBB" e "WIBB Founders Faced Uphill Battle", *Macon Telegraph*, 31 de maio de 1998; Hamp Swain, entrevista com Satellite Papa.

"Rapaz! Desse jeito fica bem melhor." Entrevista com Byrd, AAA-MC.

"Uma espécie de sétimo filho, nascido com um véu." David Levering Lewis, ed., *W.E.B. Du Bois: A Reader* (Holt, 1995).

A mãe de santo: entrevista com Terry, Hay; Brown, *The Life of James Brown*.

Ralph Bass e assinatura de contrato com os Flames: Lauterbach, *The Chitlin Circuit*; Michael Lydon, *Boogie Lightning* (Dial Press, 1974); Norbert Hess, "I Didn't Give a Damn If Whites Bought It!", *Blues Unlimited* n. 119, maio/junho de 1976; arquivo Brantley, Middle Georgia Regional Library; Henry Stone, entrevistas com Gwen Kesler.

A primeira sessão de gravação: Jon Hartley Fox, *King of the Queen City: The Story of King Records* (University of Illinois Press, 2009); entrevista com Hal Neely, realizada por Jeff Yaw; entrevista com Philip Paul; Sylvester Keels, entrevistas com Nafloyd Scott, Hay.

"Levou tanto tempo para a música finalmente ser lançada." Entrevista com Byrd, Burchette.

CAPÍTULO SEIS: COBERTURA DE BANANA

King Records: Fox, *King of the Queen City*; Richard Kennedy e Randy McNutt, *Little Labels, Big Sound: Small Record Companies and the Rise of American Music* (Indiana University Press, 2001); John Broven, *Record Makers and Breakers: Voices of the Independent Rock 'n' Roll Pioneers* (University of Illinois Press, 2010); Brian F. X. Powers, *A King*

Records Scrapbook (Terra Incognita Press, 2008); Steven C. Tracy, *Going to Cincinnati: A History of the Blues in the Queen City* (University of Illinois Press, 1993); Darren Blase, *King Records: The Story* (sem data, Cincinnati Public Library); Colin Escott, *Tattooed On Their Tongues: A Journey Through the Backrooms of American Music* (Schirmer Trade Books, 2000); John W. Rumble, "Roots of Rock & Roll: Henry Glover at King Records", *Journal of Country Music*, vol. 14, n. 2 (1992); Larry Nager, "The King is Dead, Long Live the King", *Cincinnati*, março de 2008; Billy Vera, "The Henry Glover Story", Blues & Rhythm, outubro de 2008; "Cincinnati Manufacturer Proves that Integration Will Work", edição de Cincinnati da *Cleveland Call and Post*, 13 de dezembro de 1947; "Records Are Biscuits", *Pittsburgh Courier*, 19 de junho de 1948; "Strummin' 'Geetar' is Music to Millions", *Cincinnati Enquirer*, 27 de novembro de 1948; "Standout – In Business", *Cleveland Call and Post*, 26 de março de 1949; "King, Apollo Denounce Wax Race Tags", *Pittsburgh Courier*, 14 de maio de 1949; arquivos privados de Steve Halper; arquivo Cincinnati Music, Cincinnati Public Library; histórias orais de Henry Glover e do coronel Jim Wilson, recolhidas por John Rumble, Country Music Hall of Fame; entrevistas com Darren Blase, Steve Halper, Lee Hay, Orangie Ray Hubbard, Leroy Jones, Philip Paul, Ralph Stanley, Marion Thomson, Otis Williams; foram indispensáveis várias publicações sobre a King de Brian Powers, na Cincinnati Public Library, e também a presente pesquisa de Powers e sua orientação.

Syd Nathan: Nelson Burton, *My Life in Jazz* (Clifton Hills Press, 2000); Tommy Scott, *Snake Oil, Superstars and Me* (Author House, 2007); Darren Blase, "The Man Who Was King", *CityBeat*, 19 de março de 1997; "King of King's 25th Year", *Cincinnati Post and Times-Star*, 21 de julho de 1967; "Rock and Roll Hall of Famer Syd Nathan Brought R&B, Country to Cincinnati", *The American Israelite*, 25 de julho de 2002; entrevista com Seymour Stein.

"Hoje de manhã eu era um *kike*, agora à noite sou um judeu elegante." Entrevista com Hank Penny, *JEMF Quarterly*, primavera/verão de 1982.

O *chitlin circuit*: adotei o coloquial "chitlin", em vez do formal "chitterling". Lauterbach, *The Chitlin Circuit*; Steven Roby e Brad Schreiber, *Becoming Jimi Hendrix: From Southern Crossroads to Psychedelic London* (Da Capo, 2010.) Uma das histórias do circuito que ainda está para ser contada é a da ascenção e declínio de Charles Sullivan, que ficou à beira da servidão em sua juventude durante a Depressão, para depois virar um dos chefões de casas noturnas da Costa Oeste até sua misteriosa morte no final da década de 1960.

James Brown e os Famous Flames no *chitlin circuit*: Cliff White, "The Roots of James Brown Part Two", *Now Dig This*, junho de 1993; Opal Louis Nations, "Louis Madison and the Famous Flames", *Now Dig This*, março de 2004; Dante Carfagna, "The Journeyman: Saxman J. C. Davis", *Wax Poetics*, n. 28, 2008; Bobby Roach, entrevistas com J. C. Davis. Para um retrato indelével da política racial às vezes complexa desses clubes nos arredores da Carolina do Sul de Brown, ver a obra de Frank Beachum, *Whitewash: A Southern Journey Through Music, Mayhem and Murder* (Beacham Story Studio, 2007).

"Eu conheci bem a batalha." Entrevista com Byrd, AAAMC.

"Eu paro por aqui." Notas de capas de CD, *The Singles Volume One: The Federal Years 1956-1960* (Hip-O Select, 2006).

Nat Kendrick: Davis, entrevistas com Lee. "He is an OG" ["Ele é macaco velho"], afirmou Ahmir ?uestlove Thompson a respeito de Kendrick. "Ele era muito eficaz nessas músicas. Com um swing ambíguo, impressionante."

"Ah, aquilo deixou todo mundo arrasado." Entrevista com Byrd, Hay.

"James era diferente de nós." Entrevista com Scott, Hay.

"A melhor fase que tivemos." Entrevista com Byrd, Hay.

"Ele não grava a música de ninguém a não ser que tenha uma porcentagem." Entrevista com Glover, Rumble.

"Eu quero saber da *música*." Registro vazado de uma reunião da equipe de vendas interna da King.

"Tocar acompanhando Sam Cooke era como tocar para pessoas numa casa de repouso." Manuscrito de Connor, AAAMC.

A estreia no Apollo: Frank Schiffman Apollo Theater Collection, Smithsonian; Bobby Bennett, Davis, entrevistas com Connor; entrevista com Byrd, AAAMC. A história fabulosa sobre Brown ter vencido um concurso de calouros em meados da década de 1950 parece ter surgido primeiro em artigos da imprensa de Nova York enaltecendo o significado do Apollo, décadas depois da real estreia de Brown e os Famous Flames.

CAPÍTULO SETE: O VIAJANTE

Terminal de ônibus Birmingham Trailways: Tucker, *The Godfather of Soul*; Raymond Arsenault, *Freedom Riders: 1961 and the Struggle for Racial Justice* (Oxford University Press, 2006); David J. Garrow, *Birmingham Alabama 1956-1963: The Black Struggle for Civil Rights* (Carlson, 1989); entrevista com Bobby Roach. Para uma reflexão sobre a mobilidade dos negros e como ela era contestada nas estradas, ver Cotten Seiler, "'So

That We as a Race Might Have Something Authentic to Travel By': African America Automobility and Cold-War Liberalism", *American Quarterly*, vol. 58, n. 4 (dezembro de 2006). Numa época em que os brancos aplicavam restrições à mobilidade dos negros como uma maneira de restringir outras liberdades, é possível encarar a viagem de Brown pelo Sul, com seu nome ostentado na lateral do carro ou ônibus, como um desafio simbólico a obstáculos colocados à liberdade dos afro-americanos.

Tempos difíceis para músicas negros que viajavam pelo Sul: Peter Guralnick, *Dream Boogie: The Triumph of Sam Cooke* (Little, Brown & Co., 2005); Brian Ward, *Just My Soul Responding: Rhythm and Blues, Black Consciousness, and Race Relations* (University of California Press, 1998); "How Dixie Race Tension is Killing Mixed Shows", *Jet*, 22 de dezembro de 1960 e 8 de junho de 1961; "The Strange, Flaming Death of Jesse Belvin", *Sepia*, junho de 1960.

O papel do DJ negro: Magnificent Montague com Bob Baker, *Burn Baby! Burn! The Autobiography of Magnificent Montague* (University of Illinois Press, 2009); Richard E. Stamz e Patrick A. Roberts, *Give 'Em Soul, Richard! Race Radio and Rhythm and Blues in Chicago* (University of Illinois Press, 2010); Shelley Stewart com Nathan Hale Turner, *The Road South: A Memoir* (Grand Central Publishing, 2002); Lee, Bob Patton, Swain, entrevistas com Satellite Papa.

Ben Bart e a Universal Productions: "Tiny Bradshaw's New Ork Hailed as Season's Greatest Swing Find", *Pittsburgh Courier*, 19 de junho de 1937; "Four Scottsboro Boys Starting Theatre Tour", *Pittsburgh Courier*, 21 de agosto de 1937; "They Traveled 10,000 Miles in Eight Weeks", *Pittsburgh Courier*, 2 de abril de 1938; "'Nevermore', Quoth Ravens", *Pittsburgh Courier*, 26 de julho de 1947; "One Night Stands Get Barnum Touch", *New York Amsterdam News*, 26 de fevereiro de 1949;

"Packages Among the Things Fans Liked Best", Chicago Defender, 24 de janeiro de 1953; "Well, Oh Well! Tiny Bradshaw Very Much Alive", *Pittsburgh Courier*, 12 de março de 1955; entrevistas com Jack Bart, Steve Alaimo, Stone, Patton.

"Um cara branco já mais velho, com um 45 enorme na cintura." Etta James e David Ritz, *Rage to Survive: The Etta James Story* (Da Capo, 2003). "Jimmie is dying!", *Jet*, 16 de novembro de 1961. "Outro incidente do tipo Jackie Wilson." *Pittsburgh Courier*, 4 de novembro de 1961.

O incidente do 5-4 Ballroom: entrevista de 1995 com Brown, AAAMC; Taylor Branch, *Pillar of Fire: America in the King Years 1963-1965* (Simon & Schuster, 1998).

CAPÍTULO OITO: VIRANDO UM ASTRO

Apollo Theater: Douglas Wolk, *James Brown's Live at the Apollo* (Continuum, 2004); Ted Fox, *Showtime at the Apollo: The Story of Harlem's World Famous Theater* (Holt, Rinehart and Winston, 1983); *New York Amsterdam News*, 26 de outubro de 1974; Apollo Theater Collection, Smithsonian.

Intenções de Brown de gravar no Apollo: Brown, *The Life of James Brown*; Wolk, *Live at the Apollo*; entrevista com Chuck Seitz.

"Ninguém acreditava em nós." Entrevista com Byrd, AAAMC.
"As pessoas estão falando... Sobre o projeto 'secreto' de James Brown." *Pittsburgh Courier*, 28 de julho de 1962.

O show do Apollo: *Live at the Apollo 1962* (Polygram, 1990). "Como você define o soul, James?" *David Frost Show*, 30 de março de 1970.

Lewis Hamlin: Tonya Taliafierro e Rosa Pryor-Trusty, *African American Entertainment in Baltimore* (Arcadia Publishing, 2003); notas na capa do disco *James Brown, Soul Pride: Instrumentals 1960-1969* (Polygram, 1993); entrevistas com Devin Christy, Reppard Stone.

Clayton Fillyau: Jim Payne, *Give the Drummers Some! The Great Drummers of R&B, Funk and Soul* (Face the Music Productions, 1996); entrevistas com Clayton Fillyau Jr., Anthony Fillyau, Jim Payne, Melvin Webb.

Bateria de funk em New Orleans: *Backbeat*, de Scherman, é uma história bem contada, narrada por um verdadeiro pioneiro, embora ao ouvir Earl Palmer você possa achar que ele inventou tudo de New Orleans. O livro de Antoon Aukes, *Second Line: 100 Years of New Orleans Drumming* (C. L. Barnhouse, 2003), presta um grande serviço ao dividir a história e os estilos da região e tornar a informação acessível aos não músicos. O rico livro de Stanton Moore, *Groove Alchemy* (Hudson Music, 2010) e as entrevistas com Ahmir ?uestlove Thompson e Moore também foram utilizados como fonte.

A criação musical de Fillyau: Ela tem outro elemento surpreendente. No colegial em Tampa, Fillyau foi aluno de Reynold Davis, e por meio de Davis aprendeu os ritmos de bateria que foram introduzidos de modo pioneiro pela Florida Agricultural and Mechanical University. Conhecida como FAMU, a excelente seção de percussão da banda marcial dessa escola iria tocar sua legendária "cadência da morte", durante a qual seus mais de cem integrantes se moviam um passo a cada três segundos, e depois explodiam numa cadência que exigia seis passos por segundo. A FAMU tinha a reputação de ter incorporado os ritmos do jazz e depois do R&B no formato da banda marcial a partir da década de 1940, e eles se apresentavam em Tampa. O colega de escola Melvin Webb lembrou, "A gente tocava muita coisa jazzística. Reynold Davis estava em dia com todas as músicas da época. Mesmo nos desfiles a gente parava e fazia números especiais de dança – com base em algum disco de sucesso na época. O que Davis fazia era tirar a música de ouvido, arranjá-la para a banda, e a gente então a executava num desfile junto com as nossas marchas – e nessa hora a gente parava e fazia alguns passos de dança no meio do desfile". Não só em New Orleans, mas em vários enclaves do Sul, marchar, tocar percussão e dançar estavam se misturando e combinando.

"I've Got Money": James Brown, *The Singles Volume Two: 1960-1963* (Hip-O Select, 2007).

Na esteira da gravação ao vivo: Wolk, *Live at the Apollo*; entrevistas com Blavat, Lee e Seitz.

"Comecei a pensar como alguém de cidade grande." Cliff White, "The Man Who Never Left", *Black Music*, abril de 1977.

CAPÍTULO NOVE: CONTINUE LUTANDO

Tiroteio no Club 15 e briga com Joe Tex: Freeman, "Soul Brother N. 1"; entrevistas com Freeman, Satellite Papa, Allyn Lee.

A casa em St. Albans, Queens: "Cootie Williams, Queens" in "Know Your Boroughs", *New York Amsterdam News*, 30 de abril de 1949; Doon

Arbus, "James Brown is Out of Sight", in Leeds e George, *James Brown Reader*; entrevistas com Betty Jean Newsome, Roach.

"James Brown, que está faturando mais de meio milhão este ano." "New York Beat", *Jet*, 19 de setembro de 1963.

"Quando você é uma criança que não foi desejada ou bem-vinda." Marlon Brando e Robert Lindsey, *Songs My Mother Taught Me* (Random House, 1994).

"É o macete final." Shana Alexander, "The Grandfather of All Cool Actors Becomes the Godfather", *Life*, 10 de março de 1972.

"Cabelo e dentes." Brown e Tucker, *The Godfather of Soul*. Interessante é que na transcrição original, a citação aparece um pouco diferente: "Você faz implantes de cabelo e implantes de dentes e isso resume bem. Se um homem tem essas duas coisas, ele tem tudo". A valorização que Booker T. Washington fazia dos dentes é exposta em *Up From Slavery* (Penguin Classics, 1986), quando ele se refere à escova dental dizendo: "Estou convencido de que há poucos agentes de civilização que tenham um alcance maior". Ver também Robin D. G. Kelley, "Nap Time: Historicizing the Afro" (Fashion Theory, v. 1, exemplar 4, novembro de 1997), em que o autor vai longe a ponto de colocar no mesmo nível o pente e o tambor como "parte essencial da cultura africana".

"Existe uma relação muito estreita entre dentes ruins e dispepsia." Richard Carroll, "The Negro Church as the Guardian of Public Health", in James Edward McCulloch, *Democracy in Earnest: Southern Sociological Congress, 1916-1918* (BiblioLife, 2009).

Expoobident: Dizem que foi o pianista e camareiro Babs Gonzales que cunhou o termo, talvez na década de 1950. Uma interpretação no *Jazz Journal* talvez seja a melhor definição: "Está tudo bem. Ele está aqui". Ver também: *Expoobident*, um bom álbum do trompetista Lee Morgan (Vee-Jay, 1960).

A discussão a respeito de "Oh Baby Don't You Weep": Alan Leeds, notas da capa do álbum *The Singles Volume Two*; entrevista com Leeds.

"Ele não lia música mas sabia exatamente o que queria." Fillyau in Payne, *Give the Drummers Some!*

"Ninguém consegue dizer por que num dia quer comer filé e no outro lombo." Markus Schmidt, entrevista com James Brown, *Wax Poetics*, 21, fevereiro/março de 2007.

Fair Deal e o negócio com a Smash: Brown e Tucker, *Godfather of Soul*; notas de Leeds para a capa do album *Singles Vol. 3, 1964-1965*; "King Wins Brown Suit", *Billboard*, 24 de outubro de 1964; entrevista com Leeds.

"Papa's Got a Brand New Bag": "First Recording of Papa's Bag was in Charlotte", *Charlotte Observer*, 25 de fevereiro de 1992; "Give Him a Little Thanks for a Great Song", *Charlotte Observer*, 3 de janeiro de 2007; "'Guitar Boogie' Launched Legend", *Charlotte Observer*, 8 de abril de 2007; Clay Smith, entrevistas com Levi Rasbury.

"Eu estava tentando só ser diferente." Payne, *Give the Drummers Some!*

"Sabe, quando o Maceo toca, é quase como se fosse uma extensão de mim." Sarah Bryan, entrevista com Parker, para o North Carolina Arts

Council, postado em <http://www.ncarts.org/elements/project_specs/MaceoParker.pdf>.

"Não há nada mais pessoal do que o suor da sua testa." Entrevista com Schmidt, *Wax Poetics*, fevereiro/março de 2007.

"Era o início de um novo mundo." Entrevista não publicada feita por Christina Patoski.

Batida policial num antro de drogas: "Bronx Raid", *New York Amsterdam News*, 13 de novembro de 1965.

Tammi Terrell: Ludie Montgomery e Vickie Wright, *My Sister Tommie: The Real Tammi Terrell* (Bank House Books, 2005); série de documentários para a TV *Unsung*, produzida pela TV One, programa sobre Terrell transmitido em 20 de setembro de 2010; David Butts, entrevistas com Lee, Bennett.

CAPÍTULO DEZ: O NÚMERO DA CAPA

O show do Rockland Palace: Stella Comeaux, "The Amazing Power of James Brown", *Sepia*, janeiro de 1961.

"Ninguém fez qualquer comentário." "Interview With Edward Bishop", Box 4, pasta 84, trabalhos de Mura Dehn sobre dança social afro-americana, circa 1869-1987, Jerome Robbins Dance Division, New York Public Library.

Ostiaques e xamanismo: V. M. Mikhailovskii, tradução de Oliver Wardrop, "Shamanism in Siberia and European Russia, being the second part of 'Shamanstvo'". Ensaio publicado no *The Journal of the Anthropological Institute of Great Britain and Ireland Vol. XXIV*. Londres, 1895; Fridtjof Nansen, *Through Siberia: The Land of the Future* (Yokai Publishing, 2010); *Encyclopedia Britannica, Eleventh Edition* (Cambridge University Press, 1910).

"Talvez o artista mais estranhamente xamânico de todos." Rogan Taylor, *The Death and Resurrection Show* (Frederick Muller Ltd., 1983).

Gorgeous George: John Capouya, *Gorgeous George: The Outrageous Bad-Boy Wrestler Who Created American Pop Culture* (Harper Entertainment, 2008).

Danny Ray: Ray David Hoekstra, "James Brown's Cape", *Chicago Sun Times*, 25 de dezembro de 2006; entrevista com Danny Ray. O guitarrista Keith Jenkins diz que Ray guardava um terno perfeito, impecável para os dias finais de uma longa turnê; enquanto o resto da banda estava usando uma roupa toda suja, Ray saía do ônibus com um casaco reluzente de cor creme, desafiando toda compreensão.

TAMI Show: *The T.A.M.I. Show Collector's Edition DVD*, ensaio de Don Waller (Shout! Factory, 2010); Greil Marcus, "Rock Films", in *The Rolling Stone Illustrated History of Rock & Roll*, Jim Milled ed. (Random House/Rolling Stone Press, 1980); "Star-Studded TAMI Rock n' Roll Show Thrills Teens" e "The Inside Story", *Los Angeles Sentinel*, 5 de novembro de 1964; entrevistas com Steve Binder, Toni Basil, Lee, Bennett.

"É um sentimento divino – como uma coisa batista." *Soul Illustrated*, verão de 1968.

Outros homens de capa: Opal Nations, "The Story of His Grace King Louis Narcisse", *Blues and Rhythm*, 150, junho-julho 2000; sobre Brother Joe May, ver Guralnick, *Dream Boogie*.

"Eu não tenho palavras para falar a respeito desse homem." Carta de Buster Brown, copiada por Dehn.

"Sua ênfase no ego rompe todos os limites." Mura Dehn, *Sounds & Fury*, junho de 1966.

"Eu dancei tanto que meu empresário chorou." Rose, *Living in America*.

CAPÍTULO ONZE: UM MUNDO DOS HOMENS

James Meredith: *Meredith, Three Years in Mississippi* (Indiana University Press, 1966); Charles W. Eagles, *The Pride of Defiance: James Meredith and the Integration of Ole Miss* (University of North Carolina Press, 2009); Meredith, "Black Leaders and the Wish to Die", *Ebony*, maio de 1973; Paul Hendrickson, "The Dilemmas and Demons of James Meredith", *Journal of Blacks in Higher Education*, n. 40 (verão de 2003).

A Marcha Contra o Medo: Taylor Branch, *At Canaan's Edge: America in the King Years, 1965-68* (Simon & Schuster, 2006).

Carmichael e o Black Power: Chester Higgins, "Divided on Tactics, Leaders Agree March A Success", *Jet*, 14 de julho de 1966; Robert E. Johnson, "Black Power: What it Really Means", *Jet*, 28 de julho de 1966. Para interpretações do movimento Black Power, ver William L. Van Deburg, *New Day in Babylon: The Black Power Movement and American Culture, 1965-1975* (University of Chicago Press, 1992); Peniel E. Joseph, *Waiting 'Til the Midnight Hour: A Narrative History of*

Black Power in America (Henry Holt and Co., 2006); e Joseph Ed., *The Black Power Movement: Rethinking the Civil Rights Black Power Era* (Routledge, 2006).

"O 'Negro' não deverá voltar." Dick Gregory, *Up From Nigger* (Stein and Day, 1977).

"Peço desculpas a todos. James Brown chegou. Estou indo." Jonathan Rieder, *The Word of the Lord is Upon Me: The Righteous Performance of Martin Luther King Jr.* (Belknap Press, 2008).

Brown em Tougaloo: clipes de noticiários; *Jet*, 14 de julho de 1966.

Os trabalhadores de Canton, Mississippi, e "Papa's Brand New Bag": Marty Jezer, *Abbie Hoffman: American Rebel* (Rutgers University Press, 1992); "Mississippi Woodworking, Leather Cooperatives Formed", *The Movement*, novembro de 1965.

"James Brown tem uma genialidade musical maior que a de Bach, Beethoven e Mozart os três juntos." Trecho do Newark Evening News, 26 de agosto 1966, dos arquivos on-line da Mississippi State Sovereignty Commission, <http://mdah.state.ms.us/arrec/digital_archives/sovcom/>.

"Não havia dúvida de que ele estava dirigindo esse apelo aos Freedom Marchers." "Brando Shouts 'Black Power,' James Brown Cries on Miss. Stage", *Philadelphia Tribune*, 28 de junho de 1966.

"It's a Man's, Man's, Man's World": *James Brown, the Singles: Volume 4, 1966-1967* (Hip-O Select, 2007); Michael Clancy, "It's A Woman's World", *Village Voice*, 18 de dezembro de 2007; Betty Jean Newsome, entrevistas a Carl Kaminsky. Depois de anos batalhando por seu processo, e após numerosos comparecimentos ao tribunal, Newsome conseguiu ter seu nome colocado como coautora da música.

Frank McRae: coluna de Mainstem, *Philadelphia Tribune*, 19 de fevereiro de 1966; "Singer James Brown Sues Phila. Process Artist for Million", *Philadelphia Tribune*, 19 de julho de 1966; *Tribune*, 23 de julho de 1966; *New York Amsterdam News*, 23 de julho de 1966; Masco Young, coluna "The Notebook", *Philadelphia Tribune*, 30 de julho de 1966; entrevista com McRae.

Boatos sobre mudança de sexo: *Houston Forward Times*, 13 e 27 de novembro de 1965; "James Brown Sex Shift Denied in Houston", *Philadelphia Tribune*, 21 de dezembro de 1965; *Michigan Chronicle*, 26 de outubro de 2005; Brown e Tucker, *Godfather of Soul*; Stallings, entrevista com Fred Wesley.

"A 'música racial' está talvez finalmente se tornando inter-racial." "The biggest cat", *Time*, 1º de abril de 1966.

Divergências com Jackie Wilson: entrevista com Brown, Arquivos Tucker; entrevista com McRae.

"Por ser mulato, ele não tinha a mesma energia e força que eu." Brown, Arquivos Tucker.

Transição na King Records: Fox, *King of the Queen City*; Darren Blase, entrevistas com Leeds.

"James então ficou à vontade." Entrevista com Glover, *Country Music Hall of Fame*.

Brown monta sua equipe na King: Charles Spurling, entrevistas com Leeds, Patton; entrevista com Jim Deak.

Bud Hobgood: entrevistas com David Matthews, Patton, Spurling.
El Dorados: entrevistas com Leeds, Patton.

Distúrbios em Kansas City: "Sexy Dance Triggers Wild Riot", *Philadelphia Tribune*, 1º de outubro de 1966; "James Brown Dance Broken Up as 8,000 Riot", *Jet*, 8 de dezembro de 1966.

Rockefeller, Javits e Hampton visitam o Apollo: coluna Theatricals, "Campaign Sidelights", *New York Amsterdam News*, 12 de novembro de 1966; entrevista com Brown, Arquivos Tucker.

CAPÍTULO DOZE: NOTAS-FANTASMA

John "Jabo" Starks: Payne, *Give the Drummers Some!*; Ken Micallef, "Stubblefield & Starks: The Funkiest Men Alive", *Modern Drummer*, setembro de 1999; "Funk Equation = Starks + Stubblefield n. 2", *Wax Poetics* nº 5, verão de 2003; "Red Bar Drummer Plays With the Best of Them", *Walton Sun*, 3 de setembro de 2009; Susan Kepecs, "Cue Up the Funk", *Isthmus*, 13 de julho de 2007; *Soul of the Funky Drummers DVD* (Rittor Music, 2004).

"O Mardi Gras começou em Mobile. Eu costumava ver as bandas desfilando." Starks, *Wax Poetics*, verão de 2003.

"Nas igrejas pentecostais eles não têm baterias completas." Payne, *Give the Drummers Some!*

O shuffle e o que veio depois: Alexander Stewart, "'Funky Drummer': New Orleans, James Brown and the Rhythmic Transformation of American Popular Music", *Popular Music*, vol. 19, n. 3 (outubro de 2000); blog *Home of the Groove*, 10 de maio de 2007 ("Funky to a Fault"); Geoff Brown, "Slave to the Rhythm: Earl Palmer Invented Rock Drumming", *London Independent*, 18 de junho de 1999; John Broven, "Charles 'Hungry' Williams – An Appreciation", *Juke Blues*, edição 7, inverno de 1986-87.

Clyde Stubblefield: Payne, *Give the Drummers Some!*; "Funkiest Men Alive", *Modern Drummer*, setembro de 1999; "Funky Drummer is Home to Stay", *Wisconsin State Journal*, 16 de abril de 1995; "Funk Equation = Stubblefeild + Starks", *Wax Poetics*, n. 4, primavera de 2003; Ben Sisario entrevista Ahmir ?uestlove Thompson, blog *Crimes Against Music*, <http://charmicarmicat.blogspot.com/2011/03/questlove-on-clyde-stubblefield.html>, 29 de março de 2011.

"Cold Sweat" e a história de como foi feita; Aaron Cohen, "James Brown's Musicians Reflect on His Legacy", *Down Beat*, 15 de fevereiro de 2007; entrevista com Stanton Moore.

A segunda gravação no Apollo: *Live at the Apollo Volume Two*, notas no CD e na capa do álbum (Polydor, 2001); entrevistas com Leeds, Stubblefield.

"There Was a Time": *Down Beat*, 15 de fevereiro de2007; Para uma impressionante análise dessa música, ver o texto de Manthia Diawara, "The 1960s in Bamako: Malick Sidibe and James Brown", in *Black Cultural Traffic: Crossroads in Global Performance and Popular Culture*, edição Harry J. Elam Jr. e Kennall Jackson (University of Michigan Press, 2005). Junto com o trabalho de Mura Dehn, é o que de melhor já se escreveu sobre Brown.

"Eu costumava ficar apenas tocando e tentando manter meu ritmo firme, o máximo possível, como uma bateria." Lee Hildebrand e Henry Kaiser, "Jimmy Nolen: A Rare Interview with James Brown's Longtime Sideman", *Guitar Player*, abril de 1984.

"Combine o passo *applejack*, o *dolo*, que é um deslizamento, quase como o skate, e o *scallyhop*, que é uma variação do *lindy hop*." Scott Cohen, *Yakety Yak: Midnight Confessions and Revelations of 37 Rock Stars and Legends* (Fireside, 1994).

"Você alguma vez se sentiu incomodado por causa de preconceito?", *Philadelphia Tribune*, 26 de abril de 1966.

"Doze horas depois de sair dos Estados Unidos rumo à Europa, me tornei um homem", "Treated Like a Man in Europe", *Jet*, 19 de outubro de 1967.

Donald Warden: Sullivan, *The Hardest Working Man*; Donna Jean Murch, *Living for the City: Migration, Education and the Rise of the Black Panther Party in Oakland, California* (University of North Carolina Press, 2010); Thomas Barry, "The Importance of Being Mr. James Brown", *Look*, 18 de fevereiro de 1969; *The New York Times*, 21 de maio de 1963; entrevista com Al-Mansour.

Brown e o rádio: Wolfman Jack com Byron Laursen, *Have Mercy!: Confessions of the Original Rock 'N' Roll Animal* (Warner Books, 1995); *Los Angeles Sentinel*, 6 de outubro de 1966; entrevista com Clay Smith

"A sua mãe morreu quando ele tinha quatro anos de idade." "James Brown Stands Alone", *New York Amsterdam News*, 20 de maio de 1967.

Tocando doente, boatos de aposentadoria: "People Are Talking About...", *Jet*, 11 de agosto de 1966; "James Brown's 'Retirement'", *Jet*,

30 de março de 1966. Sobre o caixão de Sarah Bernhardt, ver Bernhardt, *My Double Life* (State University of New York Press, 1999).

"Como é que eu vou fazer para vender isso aos meus distribuidores caipiras do Sul?" Entrevista com Glover, *Country Music Hall of Fame*.

CAPÍTULO TREZE: AMÉRICA

Vida na estrada: Alan Leeds, "James Brown and His First Family of Soul", *Wax Poetics*, fevereiro/março de 2007; entrevistas com Leeds, Rasbury, Patton, Alaimo.

"Se for uma magrinha só pode ser minha irmã." Entrevista com Brown, Arquivos Tucker.

Charles Bobbit: entrevistas com Leeds, Patton, Daviss, Sharpton, Roach; entrevista de Tim Drummond feita por Bruce Tucker, Arquivos Tucker.

"Tenho medo do que está à nossa frente. Podemos terminar com uma guerra racial em larga escala neste país." David J. Garrow, *Bearing the Cross: Martin Luther King Jr., and the Southern Christian Leadership Conference* (William Morrow & Co., 1986).

O concerto no Boston Garden: David Leaf e Morgan Neville, *The Night James Brown Saved Boston DVD* (Shout! Factory, 2009); Sullivan, *The Hardest Working Man*; J. Anthony Lukas, *Common Ground: A Turbulent Decade in the Lives of Three American Families* (Knopf, 1985); só o clipe de Brown cantando "I Can't Stand It", com frequência visível no YouTube, já vale por um livro. E, durante toda essa intensidade capaz de mudar a vida, outro momento: com a política e vidas humanas na corda bamba, Brown ouve alguma coisa que não lhe soa bem, pensa, sorri para si mesmo e faz um sinal para o baterista Clyde Stubblefield de que ele acabou de ganhar uma multa. Sem dúvida, o cara de cabeça mais tranquila do mundo.

Distúrbios de Washington, D.C.: "National Dateline", *The Pittsburgh Courier*, 22 de junho de 1968; "The Wreckage of a Dream", *Washington Post*, 24 de agosto de 2004.

A América é o meu lar: *James Brown: The Singles, Volume 5, 1967-1969* (Hip-O Select, 2008).

O desejo de Brown de tocar no Vietnã: bilhetes e cartas escritos por Ofield Dukes, pastas marcadas por mês e ano, nos papéis de Hubert Humphrey, Minnesota Historical Society, St. Paul, Minnesota; "'Want to Take Soul to Vietnam,' Says James Brown", *Jet*, 30 de novembro de 1967; "So This is Washington", *Pittsburgh Courier*, 16 de dezembro de 1967; "James Brown Tunes Up For Vietnam", *Los Angeles Sentinel*, 16 de maio de 1968; "Lack of Negroes in USO Shows Hit", *Los Angeles Times*, 25 de junho de 1968; "Despite Criticism, State Department Road Blocks, Brown Set to Go", *Jet*, 6 de junho de 1968; entrevista com Ofield Dukes.

"Tenho tentado ir para o Vietnã nos últimos dezoito meses." *Jet*, 30 de novembro de 1967.

"Com uma batida forte que soa primitiva e um pouco selvagem." Press release, James Brown Clipping File, New York Public Library, Lincoln Center.

Pressão antiguerra dos ativistas de direitos civis sobre os artistas negros: "Dr. King's Views Keeping Negro Entertainers Out of Vietnam?" *Soul*, 13 de novembro de 1967; "Charge Negro Entertainers Won't Go to Vietnam", *Soul*, 26 de outubro de 1967.

"Nossos artistas negros têm sido atacados na imprensa branca." *Jet*, 6 de junho 1968.

Brown no Vietnã: James Maycock, "Death or Glory: James Brown in Vietnam", *Mojo*, julho de 2003; "James Brown Entertains the Troops", *Ebony*, agosto de 1968; Michael C. McDonald, "James Brown Comes Home for his First Farewell", *Village Voice*, 27 de junho de 1968; "James Brown Runs Into U.S. Bias on Vietnam Tour", *Jet*, 4 de julho de 1968; The Night James Brown Saved Boston; Marva Whitney, entrevista com o DJ Pari <http://www.wefunkradio.com/extra/marva>); entrevistas com Danny Ray, Stubblefield; entrevista com Drummond, Arquivos Tucker.

"A gente não fez como o Bob Hope fazia. A gente foi até lá onde os caras andavam armados!" "James Brown, the Sultan of Sweat and Soul", *Washington Post*, 7 de dezembro de 2003.

"Muitos negros achavam que não tinham uma verdadeira razão para ir para lá porque não estavam conseguindo seus direitos aqui." Christian G. Appy, *Patriots: The Vietnam War Remembered From All Sides* (Viking, 2003).

CAPÍTULO CATORZE: COMO VOCÊ VAI CONSEGUIR RESPEITO?

"Eu sou um negro." *Washington Afro-American*, 7 de maio de, 1968.

Humphrey cortejando os afro-americanos em sua campanha de 1968: "Humphrey Visits Cleveland Bearing Gifts for Ghetto", *Cleveland Call and Post*, 6 de julho de 1968; um editorial do *Chicago Defender*, de 18 de maio de 1968, aprovava a maneira pela qual Humphrey havia combatido o preconceito numa discurso recente em Chicago; a *Jet*, de 30 de maio de 1968, destacou que Humphrey era o primeiro candidato a visitar a Resurrection City, na capital do país, uma comunidade erigida no Mall pela Poor People's Campaign, o último projeto de Martin Luther King; a viagem à África do vice-presidente em 1968, acompanhado pelo juiz da Suprema Corte Thurgood Marshall, teve ampla cobertura da imprensa negra.

Robert Kennedy como o "negro de olhos azuis": Thurston Clarke, *The Last Campaign: Robert F. Kennedy and 82 Days That Inspired America* (Henry Holt & Co., 2008); na coluna política dela, que era publicada também na imprensa afro-americana, Ethel Payne elogiou Kennedy por ter recebido o apoio de Rosey Grier e Rafer Johnson, dois destacados atletas negros.

Brown no Yankee Stadium: *Village Voice*, 27 de junho de 1968.

"Que tal nossos artistas negros?" 16 de julho de 1968, memorando de Humphrey. Caixa dois, pasta intitulada "Vice President Hubert Humphrey; Presidential Campaign, July 1968". Papéis de Ofield Dukes, Reuther Library, Wayne State University, Detroit, Michigan.

O acordo para manter a paz em Watts: entrevistas com Ofield Dukes. Baraka contesta o relato de Dukes, chamando-o de uma "História da Carochinha" que "não tem validade". Para complicar o quadro há um memorando de 8 de janeiro de 1969, de Dukes para Humphrey. É uma avaliação da campanha malsucedida de Humphrey, na qual Dukes diz a ele: "Também é inconcebível para mim que devamos começar a pensar em termos de 'pecadores políticos negros', quando em sua campanha nós tínhamos montes de 'caras maus', 'pessoas arriscadas, imprevisíveis', segundo os padrões brancos, 'fazendo a coisa deles' para a sua eleição... o militante negro Ron Karenga, que assegurou que suas visitas a Newark, Harlem e Watts não fossem perturbadas. Até Leroi Jones cooperou" (Jones havia mudado seu nome para Baraka em 1967; pasta "Hubert Humphrey; corresp., dezembro de 1968-janeiro de 1969", nos papéis de Dukes, Wayne State University). Humphrey vaiado em Watts: "Humphrey in 'Hoot Out'", *Los Angeles Sentinel*, 1º de agosto de 1968.

Brown apoia Humphrey: memorando de Dukes para Humphrey, datado de 24 de julho de 1968, Pasta "Dukes. By date: July 1968", papéis de Humphrey; "Singer James Brown Endorses HHH", *Washington Post*, 30 de julho de 1968; "Humphrey Joins in but Rock Singer Steals the Show", *Los Angeles Times*, 30 de julho de 1968; "'Soul Brother N. 1' in Watts", *Los Angeles Sentinel*, 1º de agosto de 1968; "HHH Bares His Soul in Watts", *Jet*, 15 de agosto de 1968.

"James Brown vai entrar para o Black Power." Entrevista de Carmichael no *Baltimore Afro American*, 11 de maio de 1968.

"A América é o meu Lar": Jordan Kessler, "The Political Impact of James Brown, 1967-1972", trabalho não publicado; "James Brown Waxes Tune Aimed at Uniting Blacks, Whites", *Jet*, 23 de maio de 1968; *Muhammad Speaks*, 19 de julho de 1968; entrevista com Byrd, AAAMC; entrevista com Byrd, Arquivos Tucker.

"Esperamos que esse disco, se manejado direito, preste um serviço público." *Jet*, 23 de maio de 1968.

"Todo mundo caiu em cima da gente [por causa da música]." Entrevista com Byrd, AAAMC.

"O Roy Wilkins do mundo da música." *Look*, 18 de fevereiro de 1969.

"Que disco poderia vir depois de algo como 'America'?" *Muhammad Speaks*, 19 de julho de 1968.

"Você tem um cara branco tocando com você, isso quer dizer que um cara negro está sem emprego." Entrevista com Drummond, Arquivos Tucker.

Brown e o conflito cultural a respeito do seu penteado: entrevista com Bobbitem *The Night James Brown Saved Boston*; entrevista com Leeds. Ver também uma série de colunas que Brown escreveu para a revista *Soul* nessa época, nas quais de uma hora para outra ele passa a defender apaixonadamente o cabelo afro.

"Se James Brown é tão sensível por que ainda usa aquela coisa aplastada no seu cabelo?" *Baltimore Afro American*, 25 de maio de 1968.

Bomba falsa deixada em frente à porta do hotel: Brown e Tucker, *Godfather of Soul*; entrevista com Patton.

"Os Black Panthers estavam aumentando a violência contra nós." Painel de discussão com Bobbit, David Leaf e outros em Boston, 31 de março de 2008.

"Say It Loud–I'm Black and I'm Proud": *James Brown: The Singles Volume Five 1967-1969* (Hip-O Select, 2008); *The Night James Brown Saved Boston*; entrevista com Wesley, Red Bull Music Academy, postado em radio.com/shows/1402/; Matt Rowland, "For Sweet People From Sweet Charles", *Wax Poetics*, n. 5, verão de 2003; papéis de C. L. Franklin Papers, Bentley Historical Library, University of Michigan;

dois anúncios de página inteira, *Los Angeles Sentinel*, 29 de agosto de 1968; "California, Here I Come?", *Cleveland Call & Post*, 5 de outubro de 1968; "Black Deejay Quits Station In Fuss Over Record", *Jet*, 25 de outubro de 1968; *Jet*, 31 de outubro de 1968; "Singer Explains 'White and Proud' Song", *Baltimore Afro American*, 20 de dezembro de 1975; "Say it Loud: Black Anthem Turns 40", *South Florida Sun-Sentinel*, 10 de agosto de 2008; entrevista com Wesley, Patton.

"Uma luta violenta na qual nós negros vamos nos pôr de pé e morrer como homens." Steve Estes, *I Am a Man!: Race, Manhood and the Civil Rights Movement* (University of North Carolina Press, 2005).

A respeito da autoidentificação como "negro": "Jet Opinion Survey Reveals What Names That Readers Want to be Called", *Jet*, 11 de janeiro de 1968; "Thurman: The Word 'Black' has Changed its Meaning", *Muhammad Speaks*, 21 de junho de 1968.

"Depois de ouvir a letra da música, fiquei meio assustado." *Wax Poetics*, verão de 2003.

Falecimento de Ben Bart: entrevista com Jack Bart.

Promotores negros tentando manter influência no território do Sul: "James Brown Cancels, Not Due to 'Soul Power'", *Jet*, 18 de julho de 1968.

O Fair Play Committee, na Filadélfia: *Philadelphia Tribune*, 14 e 21 de dezembro de 1968.

Brown toca na posse de Nixon: "James Brown, Lionel Hamp Headline Inaugural Gala", *Jet*, 23 de janeiro de 1969; "P.S.", *New York Amsterdam*

News, 25 de janeiro de 1969; "Hamp's Harlem, Brown's Soul Score!", *Jet*, 6 de fevereiro de 1969.

O negro mais importante da América?: *Look*, 18 de fevereiro de 1969.

CAPÍTULO QUINZE: TEVÊS COLORIDAS E DASHIKIS

Nixon, Black Power e capitalismo negro: Manning Marable, *Dispatches From the Ebony Tower: Intellectuals Confront the African American Experience* (Columbia University Press, 2000); "Nixon on Racial Accommodation", *Time*, 3 de maio de 1968; Alex Poinsett, "The Economics of Liberation", *Ebony*, agosto de 1969; Robert Weems Jr. e Lewis A. Randolph, "The Ideological Origins of Richard M. Nixon's 'Black Capitalism' Initiative", *The Review of Black Political Economy*, vol. 29, 2001; Earl Ofari, "The Dilemma of the Black Middle Class", *Ebony*, agosto de 1973. Carl Stokes no palco com Brown em Cleveland: "People Are Talking About", *Jet*, 17 de abril de 1969.

Encontros secretos de Nixon com ativistas negros: Robert Weems, *Business in Black and White: American Presidents and Black Entrepreneurs in the Twentieth Century* (NYU Press, 2009).

"Eu aprendi a fazer... aquilo que o senhor Brown chamava de 'em cima do Um'". Entrevista de Marva Whitney com o DJ Peri, postada em <http://www.wefunkradio.com/extra/marva>.

O conceito do Um de Brown se aprofunda: Brenda Danielsen, *Presence and Pleasure: The Funk Grooves of James Brown and Parliament* (Wesleyan, 2006); *Soul of the Funky Drummers DVD*, no qual Jabo Starks mostra Brown expondo o conceito – agora ele poderia ser sentido mesmo em sua ausência.

O Popcorn: Douglas Wolk, "Popcorn Unlimited", ensaio postado em wfmu.org/LCD/25/popcorn.html, é uma obra-prima. Sobre "popcorn" como uma referência de Brown ao traseiro feminino, eu me apoiei em observações feitas por Pee Wee Ellis no simpósio "Ain't That a Groove: the Genius of James Brown", Princeton, 29-30 de novembro de 2007; Payne, em *Give the Drummers Some!*, acha que Stubblefield basicamente chegou com uma batida inteiramente nova em "Mother Popcorn".

O prefeito Yorty cria o Dia de James Brown em Los Angeles: "Singer James Brown in 'Mixup' at City Hall", *Los Angeles Times*, 12 de julho de 1969; "Hear This: Brown Won't Accept Citations From Aides", *Jet*, 31 de julho de 1969. Os membros da equipe de Yorty mostraram-se perplexos, dizendo que havia sido o próprio Brown que pedira que fosse criado um dia em sua homenagem.

Selos da Black & Brown: *Los Angeles Times*, 23 de março de 1969; *Los Angeles Sentinel*, 24 de julho de 1969; *Atlanta Daily World*, 10 de maio de 1970; anúncio na *Jet*, 25 de março de 1971; entrevista com Al-Mansour.

Gold Platter: "Singer Has Food for Thought", *Los Angeles Times*, 10 de janeiro de 1969; "Inside Story", *Los Angeles Sentinel*, 16 de janeiro de 1969; "Soul King in Restaurant Venture", *Chicago Defender*, 24 de fevereiro de 1969; "Retailing: Soul Stamps", *Time*, 11 de julho de 1969; livreta de selos Gold Platter, exposta em "Preserving the Legacy", Stanback Museum and Planetarium, South Carolina State University, Orangeburg, Carolina do Sul, fevereiro-setembro de 2009.

"Esta é pioneira, como Daniel Boone e Davy Crockett." *Philadelphia Tribune*, 2 de setembro de 1969.

"É um pouco como o capitalismo negro que o senhor Nixon vem enfatizando." *Los Angeles Times*, 10 de janeiro de 1969. Nixon e a Estratégia Sulista: Rick Perlstein, *Nixonland: The Rise of a President and the Fracturing of America* (Scribner, 2008); Garry Wills, *Nixon Agonistes: The Crisis of the Self-Made Man* (Cherokee Publishing Company, 1990).

"Meu entendimento do *black power* é o de um homem se apoderando de si mesmo." Kessler, "The Political Impact of James Brown, 1967-1972."

"Houve um tempo em que se um negro saía da linha, eles o trancavam na cadeia ou tornavam-no juiz." *Philadelphia Tribune*, 15 de fevereiro de 1969.

Negócios afro-americanos: Robert C. Kenzer, *Enterprising Southerners: Black Economic Success in North Carolina 1865-1915* (University of Virginia Press, 1997); A'Lelia Bundles, *On Her Own Ground: The Life and Times of Madam C. J. Walker* (Scribner, 2002); Weems, *Business in Black and White*; Bayard Rustin, "The Myth of Black Capitalism", *Ebony Special Edition*, 1970; Linda Horton, "Pilgrim's Progress", *Black Enterprise*, junho de 1983.

O processo de Mary Florence Brown: "Lawyers Will Bring Baby to Courtin Brown Paternity Hearing", *Sacramento Bee*, 13 de setembro de 1969; "Paternity Case Hearing is Told of $25,000 Payment", *Sacramento Bee*, 15 de setembro de 1969; "James Brown's Accuser Tells of Tryst in Motel", *Baltimore Afro-American*, 20 de setembro de 1969; "Senator Negotiates Paternity Settlement for Brown", *Jet*, 16 de outubro de 1969.

Problemas com os selos Black and Brown: "Black Stamp Firm Seeks $10.4 Billion in Suit Against 21 White Companies", *Jet*, 5 de agosto de 1971; *Los Angeles Times*, 27 de junho de 1972.

Gold Platter em dificuldades: "Jim Brown's Chain Fading", *Baltimore Afro-American*, 21 de fevereiro de 1970; "It Takes More Than a Star to Sell Goods", *The New York Times*, 25 de outubro de 1970.

O show de Filadélfia: entrevista com David Matthews.

CAPÍTULO DEZESSEIS: UM PASSO ADIANTE

A morte de Bud Hobgood: "Reccord Exec Hopgood Dies of Cerebral Hemorrhage", *Jet*, 13 de agosto de 1970; Dennis Wholey, "Thinking About Bud Hobgood", *Cincinnati Enquirer*, 9 de agosto de 1970. Persistem até hoje rumores de que ele sofreu alguma violência no Kentucky; seu atestado de óbito indica uma hemorragia cerebral.

A King é vendida para a Starday: Blase, *King Records: The Story*; Fox, *King of the Queen City*; entrevista com o coronel Jim Wilson, *Country Music Hall of Fame*; entrevista com Hal Neely.

Os Pacesetters: Dave Marsh ed., *George Clinton and P-Funk: An Oral History* (Avon Books, 1998); entrevistas com Bootsy Collins, Frankie Waddy.

A banda de Brown desintegra-se... em 1970: "Maceo & All The King's Men", *Blues & Soul*, edição 78, fevereiro de 1972; a entrevista de Maceo Parker para a BBC estava disponívelo à época em que esse livro foi escrito em <http://YouTube.com/watch?v=nvY5ZYzQOqw&feature=related> entrevista de Starks in Payne, *Give the Drummer Some!*; entrevistas com Stubblefield, Wesley.

"Ele se opunha à gente tentar resolver os problemas enquanto grupo, eu suponho porque como grupo a gente ficava mais forte." Maceo Parker, entrevista à BBC.

A turma de Cincinnati chega: entrevistas com Waddy, Bootsy Collins, Wesley, Patton; Byrd, AAAMC; Starks in Payne, *Give the Drummer Some!*; "Bootsy Tells Life Story to TV's 'Unsung", *Cincinnati Enquirer*, 5 de novembro de 2009.

"Foi aí que o funk passou da bateria para o baixo." Melvin Parker entrevistado in Payne, *Give the Drummers Some!*

Os JBs: "The Life and Soul", *Evening Herald* (Irlanda), 26 de junho de 2008; "Inside the World of a P-Funk Time Lord", entrevista com Kash Waddy, postada na internet em <http://www.hollywood!veo.com/exclusive/funk/kash_waddy.shtml>; entrevista com Catfish Collins; Terri Gross, *All I Did Was Ask: Conversations With Writers, Actors, Musicians and Artists* (Hyperion, 2004); Craig Charles, "Funk & Soul Show", BBC, transmitido em 23 de abril de 2011; "James Brown's Bassists", *Bass Player*, março de 2005.

"Sex Machine": *James Brown: The Singles Volume 7, 1970-1973* (Hip-O Select, 2009); Byrd, AAAMC.

"Combinar a livre expressão dos velhos 'shouts' ["gritos"]... o som um passo adiante!" Extraído de "What You Mean, Du Wop?", Amiri Baraka, em *Digging: The Afro-American Soul of American Classical Music* (University of California Press, 2009).

Distúrbios de Augusta, 10 de maio de 1970: Noticiário sobre os distúrbios, preparado pela WJBF, videotape na Augusta State University, coleções especiais; dois livros com recortes de jornal de notícias relacionadas aos distúrbios, Augusta State University; John M. Smith, "The Riot of May 1970: A Humanistic Perspective", *Richmond County History*, verão de 1975; Steven Tuck, *Beyond Atlanta: The Struggle for Racial Equality in Georgia 1940-1980* (University of Georgia Press, 2003);

a história oral de Lester Maddox, entrevista concedida a John Allen, *Georgia Governors Series*, Georgia State University.

"Governador, eu sou de Augusta, Geórgia. Os negros aqui não têm igualdade." *Atlanta Constitution*, 13 de maio de 1970.

"Vocês não pensaram que isso podia acontecer em Augusta." Trechos de filme documentário da WJBF.

A política da WRDW e as acusações de incitamento feitas a ela: *Baltimore Afro-American*, 23 de maio de 1970; entrevistas de Gordon e Carter; recortes sem data do *Atlanta Journal-Constitution* sobre o distúrbio, Augusta State University.

CAPÍTULO DEZESSETE: O MESTRE DO TEMPO

Casamento com Diedre Jenkins: "Soul Brother N. 1 in Surprise Wedding", *Jet*, 12 de novembro de 1970; "James Brown Wed to Baltimore Girl", *Washington Afro-American*, 27 de outubro de 1970; entrevista com Brown Thomas.

Mudando de volta para Augusta: *Augusta News-Review*, 11 de novembro de 1971.

A casa na Walton Way: "$116,000 Mansion is James Brown's Gift to Bride", *Baltimore Afro-American*, 7 de novembro de 1970; Rhodes, *Say it Loud!*

"Augusta ficou um pouco mais civilizada do que quando eu era criança." Frank Yerby, *Augusta Chronicle*, 11 de março de 1975.

A viagem à Nigéria e à Zâmbia: entrevista com Bootsy Collins in Tony Bolden Ed., *The Funk Era and Beyond: New Perspectives on Black Popular Culture* (Palgrave Macmillan, 2008); "James Brown Returns From Tour of Nigeria", *Atlanta Daily World*, 25 de dezembro de 1970; "James Brown Tours Africa", *Soul*, 22 de março de 1971; "A Soulful Welcome for Brown in Africa", *Augusta News-Review*, 19 de agosto de 1971; entrevista com Matthews.

Fela Kuti: Jay Babcock, "Bootsy Collins on Fela Kuti", *Arthur*, outubro de 1999; Trevor Schoonmaker Ed., *Fela: From West Africa to West Broadway* (Palgrave Macmillan, 2003); Michael Veal, *Fela: The Life and Times of an African Music Icon* (Temple University Press, 2000).

"Vocês têm o seu orgulho. Vocês têm sua cultura. Os brancos não podem roubar isso de vocês." Mike Ogbeide, "James Brown Speaks to 'Observer", *Nigerian Observer*, 13 de dezembro de 1970, in *The James Brown Reader*.

"Ele fez aquilo tão rápido e de modo tão decidido, que eu vou lhe contar uma coisa, ele levitou." Entrevista com Waddy.

Os últimos meses do pessoal de Cincinnati: Tiger Martin entrevistado in Payne, *Give the Drummers Some!*; entrevistas com Waddy, Collins.

O pessoal de Collins sai: Starks entrevistado in Payne; Bootsy Collins in "James Brown: Say it Proud", documentário da CNN de 2007; "Funk & Soul Show", BBC, 23 de abril de 2011; entrevistas com Bootsy e Catfish Collins, Waddy.

"Colocar uma gravata no Bootsy era como colocar rédeas num cavalo bravo." Brown, Arquivos Tucker.

Uma nova banda é montada: Fred Wesley, *Hit Me Fred: Recollections of a Sideman* (Duke University Press, 2002); Wesley, entrevista na Red Bull Academy; entrevista com o autor.

A história de Turk: entrevista com Matthews.

"Controle eu preciso ter de tudo, de mim mesmo." Brown entrevistado pelo *Detroit Black Journal*, 1978, disponível on-line em <http://abj.matrix.msu.edu/ videofull.php?id=29-DF-22>.

O show no Philadelphia Spectrum: entrevista com Leeds.

"Tínhamos um jogador que só marcava golaços." Entrevista com o coronel Jim Wilson, *Country Music Hall of Fame*.

Saída da King, a Polydor entra em cena: o livro de Randy McNutt, *Little Labels, Big Sound*, faz um bom resumo da saída de Brown; o de Russell Sanjek, *American Popular Music and its Business Vol. 2* (Oxford University Press, 1980) e o de Fredric Dannen, *Hit Men: Power Brokers and Fast Money Inside the Music Business* (Crown, 1990), descrevem como a Polygram criou a Polydor.

Sobre a assinatura de contrato com a Polydor: "Soul Brother N. 1 Signs $910,000 Record Deal With New disc Company", *Jet*, 5 de agosto de 1971; "Brown to Polydor in 5-Yr. Pact: Buys Pub", *Billboard*, 24 de julho de 1971: "James Brown Signs with Polydor Records", *New York Amsterdam News*, 21 de outubro de 1971; Arquivos Tucker; entrevistas com Roy Rifkin, Daviss, Leeds, Stone, Neely.

"King Heroin": notas da capa do *James Brown The Singes Vol. 8: 1972-1973* (Hip-O Select, 2009); "Brown to Give Third of Sales of Record to Fight Drug Abuse", *Jet*, 2 de março de 1972.

Doação ao programa de tratamento de dependentes de drogas do governador da Geórgia Jimmy Carter: *Augusta Chronicle*, 13 de julho de 1972.

CAPÍTULO DEZOITO: SOUL POWER

Rádios brancas boicotam músicas negras depois de "Say It Loud": Rickey Vincent, *Funk: The Music, The People and the Rhythm of the One* (St. Martin's Grif!n, 1996); Charley Gillett, in *Record Mirror* (6 de setembro de 1966), disse que a música foi tocada exatamente uma vez na BBC, e depois arquivada.

O Black Arts Movement confronta Brown: Stephen E. Henderson, "Inside the Funk Shop", in *African American Literary Theory: a Reader*, Winston Napier Ed. (NYU Press, 2000); Cecil Brown, "James Brown, Hoodoo and Black Culture", n. 1, *The Black Review* (1971); Larry Neal, "And Shine Swam On", in *Black Fire: An Anthology of Afro-American Writing*, Amiri Baraka e Larry Neal Ed. (Black Classic Press, 2007); o ensaio de Neal "Suppose James Brown read Fanon", em "The Social Background to the Black Arts Movement", *The Black Scholar*, 18 n. 1 (1987); o poema de Amiri Baraka "The Funk World", in Baraka, *Digging*; "The Changing Same (R&B and New Black Music)", *The Leroi Jones/Amiri Baraka Reader* (Basic Books, 1999); "James Brown", The Last Poets, no CD *Right On*; Mel Watkins, "The Lyrics of James Brown: Ain't it Funky Now, or Money Won't Change Your Licking Stick", in *Amistad 2: Writings on Black History and Culture*, John A. Williams e Charles F. Harris eds. (Random House, 1971).

"Sou racista quando se trata de liberdade." "James Brown Goes Through Some New Changes", *Jet*, 30 de dezembro de 1971.

Soul City: Devin Fergus, "Black Power, Soft Power: Floyd McKissick, Soul City and the Death of Moderate Black Republicanism", *Journal of Policy History*, n. 2 (2010); "McKissick's New Town for Blacks Called 'Soul City'", *Jet*, 30 de janeiro de 1969; "Soul City Makes Changes: Receives Federal Help", *Jet*, 9 de março de 1972.

Floyd McKissick: relato oral de Floyd B. McKissick Sr., Wilson Library, University of North Carolina at Chapel Hill; *Cleveland Call & Post*, 5 de julho de 1972; *California Voice*, 31 de agosto de 1972; carta de McKissick a James Brown, datada de 3 de janeiro de 1973, McKissick Papers, Chapel Hill.

"Um homem negro que costume se posicionar como supermilitante" e "políticos prostitutos." Coluna de Carl Rown, 16 de agosto de 1972.

"Eu não posso jogar uma corda para você a não ser que eu me salve primeiro. Perto da margem é um lugar muito escorregadio." *Newsweek*, 1º de julho de 1968.

Sammy Davis Jr. abraça Nixon: Wil Haygood, "The Hug", *Washington Post*, 14 de setembro de 2003; a foto apareceu na *Jet*, 7 de *setembro* de 1972.

"Se você já viu uma favela urbana, já viu todas." Agnew citado em Perlstein, *Nixonland*.

"Há pessoas na nossa sociedade que deveriam ser separadas e descartadas." Agnew no *Chicago Tribune*, 1º de julho de 1970.

Robert Brown: entrevista com Bruce Tucker, Arquivos Tucker; "Robert Brown Puts Black Consciousness in the White House", *Jet*, 4 de março de 1971; "Nixon Shines at Brown's Bash", *New York Amsterdam News*, 12 fevereiro de 1972; "Testimonial for Brown Benefits Sickle Cell Anemia Drive", *Jet*, 17 de fevereiro de 1972.

Encontro de Nixon com James Brown: gravação da Casa Branca feita em 10 de outubro de 1972, conversação 7958, National Archives, College Park, Maryland.

Brown apoia Nixon: "Brown Urges Nixon to Help Blacks and Endorses President", *Jet*, 26 de outubro de 1972; "Black Entertainers Say Every Voter Has the Right to his Opinion", *Atlanta Daily World*, 5 de novembro de 1972.

Críticas ao apoio de Brown a Nixon: "Brailey Accuses James Brown of Soul Sell-Out for Backing Nixon", *Baltimore Sun*, 12 de outubro de 1972; "Black Supporters of President Under Fire", *The New York Times*, 17 de outubro de 1972; "Brown Says Nixon Backs King 'Day'", *Augusta Herald*, 20 de outubro de 1972; "Stars for Nixon Camp Assailed", *Chicago Defender*, 23 de outubro de 1972; "White House Delegation Meets With James Brown", *Atlanta Daily World*, 24 de outubro de 1972; Charles Green, "The People Speak" *Newark Afro-American*, 28 de outubro de 1972; "Down the Big Road", *Cleveland Call & Post*, 28 de outubro de 1972; "Say James Brown is no Soul Brother", William Marable, *New York Amsterdam News*, 28 de outubro de 1972; "Has James Brown Sold Black People Out or Sold Them In?" *Jet*, 2 de novembro de 1972; "Angela Calls Sammy Traitor to Black People", *Cleveland Call & Post*, 18 de novembro de 1972; "Davis and Brown Prod President Nixon to Help Blacks", *Jet*, 23 de novembro de 1972; "Right On by Pamala Haynes", *Pittsburgh Courier*, 2 de dezembro de 1972.

Noite da eleição em Washington: Ethel Payne, "So This is Washington", *Pittsburgh Courier*, 25 de novembro de 1972.

Espancamento em Knoxville: *Knoxville Sentinel*, 11 de dezembro de 1972; também 12, 13, 27 e 28 de dezembro. Entrevista com Daviss.

"Ele descobriu que esse país não é tão livre como ele imaginava." Carta, *Jet*, 11 de janeiro de 1973.

Posse de Nixon: "The Nixon Inauguration", *Ebony*, março de 1973.

"Não me torne igual. Eu não posso sobreviver na igualdade." *Newsweek*, 1º de julho de 1968.

CAPÍTULO DEZENOVE: VÁ ATRÁS DO DINHEIRO

"Tem um monte de dinheiro aqui." Entrevista com Brown, Arquivos Tucker.

O Terceiro Mundo: *Augusta Chronicle*, 17 de abril de 2008, 9 de setembro de 1973; *Augusta News-Review*, 18 de outubro de 1973; entrevista com Charles Reid.

"Você nunca viu um blindado da Brink's atrás de um carro funerário indo para o cemitério, não é?" Entrevista com Danny Ray.

James Brown Motor Inn: *Baltimore Sun*, 6 de junho de 1970; *Baltimore Afro-American*, 30 de maio e 6 de junho de 1970; 27 de março e 3 de abril de 1971.

Projetos de cinema de James Brown: *Jet*, 25 de julho de 1968, 13 de março e 5 de outubro de 1972; *Philadelphia Tribune*, 26 de março de 1969; "People, Places 'n' Situwayshuns", *Los Angeles Sentinel*, 26 de abril de 1973. Filmes no estilo *Blaxploitation*: Darius James, *That's Blaxploitation!: Roots of the Baadasssss 'Tude* (St. Martin's Griffin, 1995); David Walker, Chris Watson, Andrew J. Rausch, *Reflections on Blaxploitation: Actors and Directors Speak* (Scarecrow Press, 2009); Richard Simon, "The Stigmatization of 'Blaxploitation'", in *Soul: Black Power, Politics and Pleasure*, Richard C. Green e Monique Guillory eds. (NYU Press, 1997); "Isaac Hayes and the Volatile Black Image", *Soul*, 25 de janeiro de 1971; "Sara Speaking", *New York Amsterdam News*, 7 de agosto de 1971; "College Marching Bands Get 'Shaft Theme' Sheet Music", *Jet*, 23 de dezembro de 1971; "Isaac Hayes, Sammy Davis and 'Shaft' Steal Oscar Show", *Jet*, 27 de abril de 1972; James Brown sobre *Blacula*: "New York Beat", *Jet*, 5 de outubro de 1972.

"Devemos esquecer a moralidade e qualificar isso como esforço e negritude."

"Superfly, New Super Flic", *Soul*, 11 de setembro de 1972.

Black Caesar: *Black Caesar, MGM* (1973; 2001 DVD); Wesley, *Hit Me Fred*; Leeds, notas na capa do álbum *James Brown The Singles Vol. 8: 1972-1973* (Hip-O Select, 2009); Rhodes, *Say it Loud!*; "'Black Caesar,' Inverted American Dream", *Pittsburgh Courier*, 30 de junho de 1973; Larry Cohen, entrevistas com Wesley.

"The Godfather of Soul": Bobbit, entrevistado no documentário inglês de 1978 *Soul Brother Number One*.

Bob Marley e Brown: John Masouri, *Wailing Blues: The Story of Bob Marley's Wailers* (Omnibus Press, 2010); Christopher John Farley, *Before the Legend: The Rise of Bob Marley* (Harper Paperbacks, 2007).

As prensas de discos da King vendidas para a Jamaica: entrevista com o coronel Jim Wilson, *Country Music Hall of Fame*.

Brown no Brazil: Anna Scott, "It's All in the Timing: The Latest Moves, James Brown's Grooves and the 70s Race Consciousness Movement in Salvador, Bahia-Brazil", in *Soul*, Green e Guillory eds.; Livo Sansone, "In Bahia and Rio", in *Brazilian Popular Music and Globalization*, Charles A. Perrone, Christopher Dunn ed. (Routledge, 2001).

"Não havia banda no Benin que não tivesse alguma coisa em seu repertório influenciada por James Brown." *Wax Poetics*, n. 39, 2010.

"Get on the good foot" e início do hip-hop: Michael Holman, "Breaking: The History", in *That's the Joint!: The Hip-Hop Studies Reader*, Murray Forman e Mark Anthony Neal eds. (Routledge, 2004); Frank Owen, "Back in the Days: Most of What You Know About the Old School is Wrong", *Vibe*, dezembro de 1994.

"James Brown Nixon's Clown": *New York Amsterdam News*, 26 de maio de 1973; *Baltimore Afro-American*, 2 de junho de 1973.

Nixon presta ajuda a Brown: entrevistas com Daviss, Leeds.

James Palmer: entrevistas com Martha High, Wesley, Leeds; e-mail de Leeds.

Brown e o Watergate: "You Can Have Watergate Just Gimme Some Bucks and I'll Be Straight", os J.B.'s, em *James Brown the Singles Volume*

Eight: 1972-1973 (Hip-O Select, 2009); "Brown Calls $94,000 Tax Case A Fraud 'By a White Man's Nigger'; Discusses His Views On Nixon Since Watergate", *Augusta News-Review*, 24 de janeiro de 1974.

A Receita Federal espiona Brown: "Top Blacks Among Persons Spied On by Tax Officials", *Jet*, 23 de outubro de 1975; *Augusta Chronicle*, 3 de outubro de 1975; *Time*, 13 de outubro de 1975.

Teddy Brown: "James Brown's Son Killed; Star Goes on With His Show", *New York Amsterdam News*, 23 de junho de 1973; entrevistas com Roach, Danny Ray, Daviss, Patton, Sharpton e Leeds.

Slaughter's Big Rip-Off: DVD 2001 (MGM, 1973); Rhodes, *Say it Loud!*; Wesley, *Hit Me Fred*; entrevista com Wesley na Red Bull Music Academy.

"The Payback": Adam White e Fred Bronson, *The Billboard Book of Number One Rhythm & Blues Hits* (Billboard Books, 1993); notas de Leeds na capa, *James Brown the Singles Volume Nine: 1973-1975* (Hip-O Select, 2010); entrevista com Byrd, AAAMC; entrevistas com High, Wesley, Cohen.

CAPÍTULO VINTE: EMULSIFICADO

A Vida na Walton Way: entrevistas com Brown Thomas, Daviss, Sharpton, Austin, Roach.

A morte de Poojie: entrevista com Daviss.

Al Sharpton: Sharpton, *Go and Tell Pharaoh* (Doubleday, 1996); "The Gospel According to James Brown and Reverend Al Sharpton", *Jet*, 26 de agosto de 1991; entrevista com Sharpton.

Submarinos espiões no rio Savannah: entrevista com Daviss. A região onde Brown nasceu foi varrida do mapa pelo governo federal na década de 1950 e transformada no Savannah River Nuclear Reactor Site, uma instalação de alta segurança onde se enriquece urano para utilização em armas nucleares.

"Era como se eles estivessem me vendo como um deus." M. Cordell Thompson, *Black Stars*, outubro de 1972. Nesse artigo Brown faz questão de definir, embora trace limites em torno deles, seus sentimentos em relação à África. "Somos irmãos espirituais e eles querem fortalecer esses laços ainda mais", disse ele a respeito dos negros da América e da África. "Mas mesmo assim somos de outro país, trezentos anos fizeram isso, e até o Honorável Elijah Muhammad diz isso. América ainda será nosso lar. É por isso que eu sou um defensor da Constituição, porque esse é o único trunfo que temos."

Zaire: DVD do documentário *Soul Power* (Sony Pictures Home Entertainment, 2010); Hugh Masekela e D. Michael Cheers, *Still Grazing: The Musical Journey of Hugh Masekela* (Crown, 2004); Gary Steward, *Rhumba on the River: A History of the Popular Music of the Two Congos* (Verso, 2000); James, *Rage to Survive*; Wesley, *Hit Me Fred*; James P. Murray, "A Look at Zaire '74", *Amsterdam News*, 21 de setembro de 1974; "Festival in Zaire", *Blues & Soul*, 5 de novembro de 1974; entrevista com Roach.

Ali e Brown: o poema consta do catálogo do leilão da Christie's sobre o acervo de James Brown, 17 de julho de 2008; a respeito dos dois competindo para ver quem parava o trânsito em Manhattan, ver Hirshey, *Nowhere to Run*.

Senegal: documentário *Soul Brother Number One*; Wesley, *Hit Me Fred*; entrevistas com Lola Love, Daviss.

Omar Bongo: "African President Pays $160,000 for James Brown Concert", *Augusta News-Review*, 23 de janeiro de 1975; entrevistas com Love, Patton, Stone.

"Star Spangled Banner" cantado em Cleveland: *Augusta Chronicle*, 26 de marco de 1975.

George Clinton e P-Funk: Greg Tate, *Flyboy in the Buttermilk: Essays on Contemporary America* (Simon & Schuster, 1992); Dave Thompson, *Funk: The Essential Listening Companion* (Backbeat Books, 2001); Marsh, *George Clinton and P-Funk*; Vincent, *Funk*; Joe McEwen, "Funk", in *The Rolling Stone Illustrated History of Rock & Roll*, Anthony DeCurtis, James Henke, Holly George-Warren Ed. (Random House 1992); Archie Ivy, "We'll Just Keep Doin' What Comes Funky", *Soul*, 9 de junho de 1975; JA, "Countdown on Parliament, From Launchpad to Mothership Connection", *Blues & Soul*, 29 de junho de 1976; Steve Ivory, "If All Else Fails... Funk It", e Mike Terry, "Funkadelic", *Soul*, 5 de fevereiro de 1979; Barry Michael Cooper, "The Gospel According to Parliament", *Village Voice*, 14 de janeiro de 1980; "Stuffs + Things: A Motorbooty Rap With George Clinton", *Motorbooty*, 1989; Hank Bordowitz, "The Three Funkateers", *American Visions*, dezembro de 1993; entrevistas com Collins, Waddy. E a obra e a memória de David Mills.

"A gente o chamava de 'Vovô do Soul'." Clinton in *Blues and Soul*, 29 de junho de 1976.

"A música dele tem o ritmo primal..." Clinton in *Soul*, 5 de fevereiro de 1979.

CAPÍTULO VINTE E UM: O "EMPURRÃO"

Disco: Alice Echols, *Hot Stuff: Disco and the Remaking of American Culture* (W.W. Norton & Co., 2010); Tim Lawrence, *Love Saves the Day: A History of American Dance Music Culture 1970-1979* (Duke University Press, 2004); Peter Shapiro, *Turn the Beat Around: The Secret History of Disco* (Faber & Faber, 2005).

James Brown e a *disco*: Alice Echols, "The Land of Somewhere Else: Refiguring James Brown in Seventies Disco", *Criticism*, vol. 50 nº 1 (inverno de 2008); Steve Blush, entrevista, *Soho News*, 28 de junho de 1979; "Funky Godfather is Disco's Daddy", *Amsterdam News*, 30 de junho de 1979; Joe McEwen, "James Brown Scales the Mountain", *Village Voice*, 9 de julho de 1979; "Pop Beat", *Los Angeles Times*, 25 de agosto de 1979; "People, Places 'n' Situwayshuns", *Los Angeles Sentinel*, 19 de junho de 1980.

A *disco* como um "campo de algodão": Brown, entrevistado no *Detroit Black Journal*, 1978, disponível on-line em <http://abj.matrix.msu.edu/videofull.php?id=29-DF-22>.

"James Brown está sendo deixado de fora e se ressente disso." Vernon Gibbs, "Is James Brown Obsolete?", *Village Voice*, 28 de julho de 1975.

"Get Up Offa That Thing": *James Brown the Singles Volume Ten*: 19751979 (Hip-O Select, 2011); entrevista com Hollie Farris.

Copiando outros discos: Wesley no simpósio de Princeton; Wesley, *Hit Me Fred*; Siddhartha Mitter, "Capturing the Cameroon Sound", *Boston Globe*, 26 de junho de 2009.

"Ele estava tropeçando no escuro." Byrd, AAAMC.

"Se eu tivesse que ir trabalhar hoje, não arranjaria emprego." Brown, *Detroit Black Journal*.

Sweet Charles sequestra a banda de Brown: *Wax Poetics* nº 5, verão de 2003.

Surgem problemas com a Polydor: Brown, *The Life of James Brown*; entrevistas com Daviss, Leeds, Stone.

"Os judeus queriam que eu fizesse sucesso, e os alemães não." Entrevista com Brown, Arquivos Tucker.

Jimmy Carter e Brown: a carta de Brown em 1977 ao presidente era parte de uma exposição dedicada à vida de Brown no Stanback Museum and Planetarium, na South Carolina State University, Orangeburg, Carolina do Sul, em 2009. Registros de correspondência na Biblioteca Carter indicam que Carter não respondeu às cartas de Brown, mas em vez disso passou o apelo de Brown à sua equipe de advogados. Brown também mandou um telegrama a Carter oferecendo-se para ajudar a controlar a agitação na África, e procurou o senador Sam Nunn a fim de tentar um contato com Carter; entrevista com Daviss.

Frankie Crocker: Dannen, *Hit Men*; *Amsterdam News*, 31 de julho de 1976, e 5 de março de 1977; "Brown in Court: 'No Crocker Pay,'" *Billboard*, 25 de dezembro de 1976; "N.Y. DJ Frankie Crocker Found Guilty of Perjury", *Jet*, 13 janeiro de 1977; Cynthia Kirk, "Payola vs. the Power of 'Trust': Frankie Crocker", *Soul*, 19 de dezembro de 1977; entrevista com Sharpton.

Problemas nas emissoras de rádio de Brown: a respeito da J. B. Broadcasting sendo processada por não transmitir comerciais, ver *Augusta Chronicle*, 15 de abril de 1972. Quanto às garantias de retenção da Receita Federal implantadas nas emissoras de Brown por causa dos 94 mil dólares não pagos em impostos retidos na folha de pagamento, *Chronicle*, 14 de dezembro de 1973.

Quanto à FCC provando na vara cível que a WEBB havia cometido mais de cem violações das regras, *Baltimore Afro-American*, 19 de janeiro de 1974. Após o processo da ASCAP, soube-se que a WEBB não tinha sequer uma licença adequada para tocar música protegida por direitos: ver *Baltimore Afro-American*, 5 de julho de 1975, e *Amsterdam News*, 16 de julho de 1975. O processo contra a WEBB fica mais lento devido aos procedimentos de concordata: *Baltimore Sun*, 6 de maio de 1978. Sobre a venda da emissora em 1980 a fim de pagar dívidas, ver *Atlanta Daily World*, 31 de janeiro de 1980. Sobre a venda da emissora de Augusta em leilão público, depois que os donos deram o calote num empréstimo de 268 mil dólares, ver *Baltimore Afro-American*, 12 de abril de 1980.

"Não sei se o senhor Brown chegou alguma vez a pagar algo pela estação." Percy Sutton em "Artbeat", *Village Voice*, 13 de novembro de 1979.

"O que é isso, senhor Brown, de tonto o senhor não tem nada." *Baltimore Afro-American*, 21 de outubro de 1978.

William Kunstler e Brown: David Hershkovits, "James Brown: I Was Robbed", *Soho Weekly News*, 15 de novembro de 1979; "Art Beat", *Village Voice*, 13 de novembro de 1979; *Augusta Herald*, 2 de novembro de 1979; *Augusta Chronicle*, 2 de novembro de 1979; entrevista com Sharpton.

Piscina de Webb Pierce em formato de violão: "Row's Guitar Pool Strums Swan Song", *Nashville Banner*, 2 de março de 1979.

Porter Waggoner entra na onda *disco*: "He's the Same Porter But With a Disco Beat", *Banner*, 1º de fevereiro de 1979.

Brown conquista a Music City: "Fiddle Before Politics Senator's Preference", *Nashville Tennessean*, 3 de março de 1979; "'Soul' Spot Angers Opry Regulars", *Banner*, 5 de março de 1979; "James Brown Subject of Protest by Some at Grand Ole Opry", *Atlanta Daily World*, 8 de março de 1979; "Opry Discord Has a Familiar Note", *Banner*, 9 de março de 1979; carta, "'Soul' Music Doesn't Belong With 'Country'", *Banner*, 9 de março de 1979; "James Brown at the Opry", *Tennessean*, 10 de março de 1979; "Brown Fails to Stir Audience", *Banner*, 12 de março de 1979; entrevistas com Daviss, Farris.

CAPÍTULO VINTE E DOIS: POSSO VER A LUZ!

Beech Island: *Augusta Chronicle*, 30 de maio de 1988; fotos em "Preserving the Legacy", Stanback Museum, 2009; entrevista com Sharpton.

Estudando o Corão: entrevista com Hermon Hitson.

"Você pode confiar num branco do sul, você sempre vai saber o que ele está pensando." Entrevista com Daviss.

Blues Brothers: *Blues Brothers* (Universal Studios, 1980; DVD 2009); Tom Shales e James Andrew Miller, *Live From New York: An Uncensored History of Saturday Night Live, as Told By its Stars, Writers and Guests* (Little, Brown & Company, 2002); Pauline Kael, *Taking it All In* (Holt Rinehart and Winston); Gayle Wald, "Soul's Revival: White

Soul, Nostalgia, and the Culturally Constructed Past", in *Soul*, Green e Guillory, eds.

A influência de Brown no hip-hop e no go-go: Jeff Chang, *Can't Stop Won't Stop: A History of the Hip-hop Generation* (St. Martin's Press, 2005); Angus Batey, "DJ Kool Herc DJs His First Block Party", *London Guardian*, 13 de junho de 2011; Kip Lornell e Charles C. Stephenson, Jr., *The Beat! Go-Go Music From Washington DC* (University Press of Mississippi, 2009); entrevistas com Afrika Bambaataa, Chuck Brown.

"O homem tem um aspecto excelente. Ele poderia ainda trabalhar como ator se quisesse." Brown sobre Reagan, in *Los Angeles Times*, 31 de janeiro de 1982. Carta de Reagan de 4 de novembro de 1981: "Preserving the Legacy", exposição de 2009 na South Carolina State University.

"Apaziguador das massas." Garry Wills, *Reagan's America* (Doubleday, 1986).

"O cantor James Brown descobriu que não consegue mais fazer aqueles saltos atléticos incríveis que fazia outrora." *Los Angeles Sentinel*, 23 de abril de 1981.

"Ele de fato deu mais, perfazendo uma série de movimentos inspirados." *Los Angeles Times*, 2 de fevereiro de 1982.

PCP: Brown, *The Life of James Brown*; Barney Hoskyns, *Ragged Glories: City Lights, Country Funk, American Music* (Pimlico, 2003); Michael Goldberg, "Wrestling With the Devil: The Struggle for the Soul of James Brown", *Rolling Stone*, 6 de abril de 1989; entrevistas com Clayton Fillyau Jr., McRae, Rasbury.

Adrienne: entrevistas com Thomas Brown, Sharpton, Daviss, Love.

"Nossas almas se encontraram há muito tempo." Brown, Arquivos Tucker.

Jimmy Nolen: entrevistas com Lunetha Nolen, Ronald Laster, Keith Jenkins.

O negócio com a Island Records: Leeds e George eds., *James Brown Reader*; entrevistas com Sly Dunbar e Wally Badarou, *Red Bull Music Academy* (redbullmusicacademy.com).

Afrika Bambaataa e "Unity": Gavin Martin, "James Brown (and Afrika Bambaataa): Sex Machine Today", NME, 1º de setembro de 1984; entrevista com Bambaataa.

Rocky IV e "Living in America": *Rocky IV* (MGM 1985; 2004 DVD); Ethlie Ann Vare, "Brown's Career Has Punch Thanks to Stallone", *Billboard*, 8 de novembro de 1986.

Dan Hartman: Robert Hilburn, "James Brown's Godson of Soul", *Los Angeles Times*, 19 de outubro de 1986; Linda Kelly, "License to Chill", *Spin*, novembro de 1989; Larry Flick, "Dan Hartman Dies at 43", *Billboard*, 9 de abril de 1994.

"Acho que James Brown fez um monte de discos excelentes, mas era aquela coisa purista do James Brown que ele fazia no início." Hartman in *Los Angeles Times*, 19 de outubro de 1986.

Tocando "Living in America" para plateias grandes e novas: "James Brown: The Godfather's Back, With a Bullet!", Ben Fong-Torres, *Not Fade Away: A Backstage Pass to Twenty Years of Rock & Roll* (Backbeat

Books, 1999); *Chicago Sun Times*, 30 de março de 1986; *Chicago Tribune*, 20 de novembro de 1986; entrevista com Laster.

CAPÍTULO VINTE E TRÊS: UM TUMULTO O TEMPO INTEIRO

"Nós nos encontramos visualmente no *Solid Gold*. Mas já estávamos na realidade juntos, por sermos pessoas do Terceiro Mundo." Entrevista com Brown, Arquivos Tucker.

Brown com ciúmes de Dan Hartman, que olhava para sua esposa: "Full Force discuss James Brown on angel dust", <http:// YouTube.com/ watch?v=E8C_TytrtRc>.

Violência doméstica e outras questões com a lei: "James Brown: Troubled Times in Augusta", *Atlanta Journal and Constitution*, 11 de abril de 1988; Steve Dougherty e Victoria Balfour, "After Allegedly Beating His Wife and Shooting Her Car, James Brown May Have to Face the Music", *People*, 25 de abril de 1988; "James Brown Arrested on Drug and Assault Charges", *Jet*, 6 de junho de 1988; Ivan Solotaroff, "Pleas, Pleas, Pleas: The Tribulations and Trials of James Brown", *Village Voice*, 21 de fevereiro de 1989; "Wrestling With the Devil", *Rolling Stone*, 6 de abril de 1989. A perseguição de setembro de 1987 por um estacionamento da IHOP: *Augusta Chronicle*, 13 de setembro de 1987.

Alfie interceptada pela polícia num Lincoln Town: *People*, 25 de abril de 1988.

Brown descontrolado num Todd's Shop N Go: *Augusta Chronicle*, 9 de novembro de 1987.

Um fim de semana de Páscoa sangrento, 1988: *Augusta Chronicle*, 8 de abril de 1988.

Alfie presa em Bush Field: "James Brown's Wife Arrested On Drug Charge Third Time", *Jet*, 6 de junho de 1988.

Alfie presa por atear fogo às roupas de Brown num quarto de hotel de New Hampshire: *Augusta Chronicle*, 10 de maio de 1988.

"Todo mundo ama o Chefão do Soul... A América é o Chefão do Soul." *Augusta Chronicle*, 14 de maio de 1988.

Brown passa a noite na cadeia, e quer o divórcio: *Augusta Chronicle*, 20 de maio de 1988.

"Imunidade diplomática": "Lawyer Seeks 'immunity' For James Brown's Wife", *Jet*, 20 de junho de 1988.

"Meu nariz, meus ouvidos, meus olhos, meu reto, minhas partes privadas, são partes do meu corpo com as quais não quero fazer bobagem. E meu braço." Entrevista com Brown, Arquivos Tucker.

O incidente do banheiro e a penúltima perseguição: Michael Vitez, "James Brown, Up and Down", *Philadelphia Inquirer*, 9 de fevereiro de 1989; Rhodes, *Say It Loud!*; Solotaroff, *Village Voice*.

"Eu fui escravizado a vida inteira, isso não é nenhuma novidade." *Rhythm and Business*, maio de 1989.

"Ele imaginava que seus fãs iriam achar uma fraqueza maior ele admitir que tinha problemas com drogas." *Rhythm and Business*, maio de 1989.

"Deus disse, 'Garoto, vá para casa'". Solotaroff, *Village Voice*.

Detenção de Zsa Zsa Gabor: " 'I Can't Believe It,' She Says: Zsa Zsa Gabor Convicted of Slapping Police", *Los Angeles Times*, 30 de setembro de 1989; "Judge Sentences Gabor to Three Days in Jail", *The New York Times*, 25 de outubro de 1989.

Juiz de Columbia exibe Brown em sua sala: "Judge Summons James Brown to Court to Sign Autographs", *Spartanburg Herald-Journal*, 28 de abril de 1989.

Os cem alunos da banda marcial da FAMU representam a América: o livro de Jacqui Malone, *Steppin' on the Blues: The Visible Rhythms of African American Dance* (University of Illinois Press, 1996), tem um capítulo muito importante sobre essa banda, no país e no exterior.

Dinheiro e cheques encontrados na cela de Brown: "James Brown Sent to Another Prison for Having $48,000 in Checks in His Possession", *Jet*, 14 de agosto de 1989; Renee D. Turner, "The Ordeal of James Brown", *Ebony*, julho de 1991.

O cartão ouro presidencial de Brown: Herb Kent e David Smallwood, *The Cool Gent: The Nine Lives of Radio Legend Herb Kent* (Lawrence Hill Books, 2009).

"Eles voltaram lá atrás com isso, antes dos direitos civis, antes de Martin Luther King." Anotações de Tucker, Arquivos Tucker.

Fotos de contusões de Adrienne entregues à *National Enquirer*: "Singer James Brown's Battered Wife Tells Her Own Shocking Story: How He Tried to Kill Me", *National Enquirer*, 26 de abril de 1988.

Adrienne liga para o FBI, pedindo que eles investiguem as motivações racistas da detenção de seu marido: arquivos do FBI, abertos ao público logo após a morte de James Brown. Há muitos outros arquivos, do FBI e de outros órgãos do governo, nos National Archives, aguardando receber baixa de classificação.

"Onde estão os amigos dele? Estão o mais longe possível." Bobby Byrd, citado por Michael Vitez, "James Brown, Up and Down", *Philadelphia Inquirer*, 9 de fevereiro de 1989.

Um dos raros visitantes, Lee Atwater: Eric Alterman, "G.O.P. Chairman Lee Atwater: Playing Hardball", *The New York Times*, 30 de abril de 1989; entrevista com Sharpton.

"Você começa em 1954 dizendo 'Nigger, nigger, nigger' ["Preto, preto, preto", em sentido pejorativo]. Por volta de 1968, você não pode mais dizer 'preto' – isso fere você. Isso se volta contra você." Atwater citado no livro de Jack Bass e Marilyn W. Thompson, *Strom: The Complicated Personal and Political Life of Strom Thurmond* (PublicAffairs, 2005).

Atwater, Brown e política da Carolina do Sul: John Brady, *Bad Boy: The Life and Politics of Lee Atwater* (Da Capo Press, 1996); Jerry Shriver, "Lee Atwater: A Blues Bash is Republican Leader's Ideal Grand Old Party", *USA Today*, 13 de março de 1989; No artigo de Roxanne Roberts, "The Very Senior Senator", *Washington Post*, 10 de março de 1993, Brown canta "Happy Birthday" na festa do nonagésimo aniversário de Strom Thurmond; "Generational Change Coming to South Carolina in Graham", *Atlanta Journal-Constitution*, 4 de novembro de 2001, descreve Brown cantando "God Bless America" num evento em que aos 98 anos de idade Thurmond dá sua bênção senatorial a Lindsey Graham.

Uma licença para cantar para os soldados: "James Brown Gets Release From Work Center to Entertain Troops in S.C.", *Jet*, 14 de janeiro de 1991.

A condicional de Brown em 1991: Rhodes, *Say It Loud!*

"Nós vamos ficar mais próximos agora, e eu simplesmente vou devorá-lo." "James Brown Talks about What's Ahead Now That He Has Been Paroled", *Jet*, 18 de março de 1991.

A volta no pay-per-view: Chris Smith, "A Conversation With the Godfather", *New York*, 3 de junho de 1991; Jon Pareles, "James Brown Returns, on Pay-per-View Cable", *The New York Times*, 12 de junho de 1991; Jeff Niesel, "Soul Brother N. 2", *Cleveland Scene*, 15 de setembro de 2010; entrevista com Sharpton.

Problemas com Adrienne: "James Brown Faces new Assault Charges; Says, 'I Never Touched' Wife", *Jet*, 26 de dezembro de 1994; "James Brown's Wife Says He Didn't Hit Her", *Jet*, 4 de dezembro de 1995.

Morte de Adrienne Brown: Rhodes, *Say It Loud!*; "Adrienne Brown Mourned After Mysterious Death Following Liposuction", *Jet*, 29 de janeiro de 1996; "James Brown's Wife Died After Taking PCP and Prescription Drugs, Autopsy Report Says", *Jet*, 26 de fevereiro de 1996.

O incidente com armas de 1998: Hoskyns, *Ragged Glories*.

Internado num hospital psiquiátrico: "Family Members Hospitalize James Brown", *Augusta Chronicle*, 16 de janeiro de 1998; "Soul Singer James Brown Hospitalized", *Chronicle*, 17 de janeiro de 1998; "James Brown Released From Hospital", *Chronicle*, 22 de janeiro de 1998.

Mais problemas: "Police Arrest James Brown", *Augusta Chronicle*, 28 de janeiro de 1998; "James Brown Sentenced to Drug Treatment or Jail", *Chronicle*, 14 de março de 1998; "Singer Attacked Woman, Suit Says", *Chronicle*, 20 de março de 1998; "James Brown Ordered to Undergo Drug Rehab After Firing Rifle at His Home", *Jet*, 6 de abril de 1998; "Ex-backup Singer Sues Brown", *Chronicle*, 9 de agosto de 2000.

"Bem, você pede ajuda quando precisa dela. Se precisasse, eu provavelmente pediria ajuda." Hoskyns, *Ragged Glories*.

"Ela sempre irá causar alvoroço." Carta ao presidente Clinton, 26 de março de 1998, "Preserving the Legacy", South Carolina State University.

As relações com Pullman: Craig Rosen, "Bonds ...James Brown Bonds", *Yahoo Music*, 4 de maio de 1999; "Singer Intends to Issue Bonds", *Augusta Chronicle*, 5 de maio de 1999; Ann Brown, "Royalties 'R' Us", *Black Enterprise*, junho de 1999; "Brown Bags $30 Million Bond", *Chronicle*, 17 de junho de 1999; Stephen Gandel, "False Notes: Banker to Music Legends More Myth Than Reality", *Crain's New York Business*, 11 de junho de 2001; entrevista com Jeff Allen.

Deanna e Yamma processam o pai: "Singer's Daughters Sue Over Royalties", *Augusta Chronicle*, 18 de setembro de 2002; entrevista com Emma Austin.

Indulto a Brown em 2003: "Godfather of Soul is Granted Pardon", *Augusta Chronicle*, 20 de maio de 2003.

"Estou ficando muito cansado, e adoraria ter caído fora ontem." "James Brown Keeps Up the Pace", *Augusta Chronicle*, 22 de maio de 2003.

CAPÍTULO VINTE E QUATRO: O DANÇARINO

James Brown e a dança: James Brown pensava em dança o tempo todo; os entrevistadores é que não lhe faziam muitas perguntas a respeito disso. Em outubro de 1991, a série da PBS *Great Performances* colocou no ar "Everybody Dance Now", um programa sobre estilos de dança de rua, e destacou uma entrevista na qual Brown diz muitas coisas profundas sobre sua arte. Talvez a entrevista toda seja algum dia disponibilizada. Brenda Dixon, in "James Brown: Godfather of Dance", *Dance Magazine*, agosto de 2000, pergunta a vários dançarinos o que pensam a respeito de Brown. Isso seria apenas um começo.

"Eu percebi que a dança iria ser para mim uma maneira de ganhar a vida." "Everybody Dance Now."

Future Shock: Russell Simins, "Future Shock Cannot Be Stopped", *Grand Royal* parte 3. São trinta minutos sacramentais mostrando algo do que sobreviveu: <http:// blog.wfmu.org/freeform/2008/02/post-2.html>.

"Sugestão dinâmica." Zora Neale Hurston, "Characteristics of Negro Expression", in *Signifyin(g), Sanctifyin', and Slam Dunking: A Reader in African American Expressive Culture*, Gena Dagel Caponi ed. (University of Massachusetts Press, 1999).

"O ritmo é tudo no boxe." Sugar Ray Robinson e Dave Anderson, *Sugar Ray* (Da Capo Press 1994).

CAPÍTULO VINTE E CINCO: BATE E SAI

Tomi Rae e seu casamento: "James Brown Weds Sweetheart", *Jet*, 21 de janeiro de 2002; Rhodes, *Say it Loud!*; "Brown's Wife Gets

Clean Slate", *The State*, 18 de abril de 2004; entrevista com Tomi Rae Brown.

A vida em Beech Island: entrevistas com Tomi Rae Brown, Roosevelt Johnson, Gloria Daniel.

"Tudo nesse mundo desaparece e se desocupa." Curt Sampson, *Chasing Tiger* (Atria Books, 2002).

O dueto com Pavarotti: entrevistas com Amy Christian, Keith Jenkins, Farris; a citação de Lou Reed foi extraída do *London Telegraph*, 26 de maio de 2007.

Uma instalação de museu: Michael Marriott, "Project Virtual Funk: The Digitizing of James Brown", *The New York Times*, 13 de abril de 2000; "Artist's Journey catapults riders into psychedelic world", *Seattle Times*, 20 de junho de 2000.

"Eu vou parar quando George Burns voltar e nascer de novo." Hoskyns, *Ragged Glories*.

Michael Jackson e James Brown: J. Randy Taraborrelli, *Michael Jackson: The Magic, the Madness, the Whole Story, 1958-2009* (Hachette, 2009); "Michael Jackson praises James Brown as inspiration", *Reuters*, 30 de dezembro de 2006; entrevista com Wesley, *New Funk Times*, 1991.

Anúncio de página inteira na *Variety*: 21 de julho de 2003. O anúncio do divórcio é ilustrado com uma foto de Brown, Tomi Rae e James Brown Jr., posando na Disneyland com o Pateta.

Eventos que levaram à foto de identificação policial: "James Brown Busted in Spousal Spat", *US*, 20 de janeiro de 2004; "James Brown Released From Jail on Domestic Violence Charge", *Jet*, 16 de fevereiro de 2004; "Singer James Brown Files for Annulment", *Jet*, 23 de fevereiro de 2004; "Holding It Down", *Vibe*, maio de 2004.

O crescimento de sua próstata e a coletiva de imprensa em Edimburgo: Rhodes, *Say it Loud!*

Brown e Augusta: "Editorial: Black and Proud", *Augusta News-Review*, 21 de outubro de 1971; "Editorial: James Brown Loves Augusta", *News-Review*, 15 de novembro de 1973; entrevistas com Frank Christian, Bob Young.

A estátua: Jonathan Lethem, "Being James Brown", *Rolling Stone*, 29 de junho de 2006; entrevistas com Young, Sharpton.

Brown designa curadores para dirigir sua carreira: o Irrevogável Acordo da Fundação de James Brown, 1º de agosto de 2000; Bill Torpy, "James Brown's Road to Wealth was Rocky", *Atlanta Journal-Constitution*, 7 de janeiro de 2007; "Further Disputes are on the Way", *Augusta Chronicle*, 7 de maio de 2007.

A cansativa última turnê: itinerário postado no site do fã clube de James Brown, <http://www.greatest-jamesbrown-videotradinglist.com/JB_09/>; entrevistas com Jenkins, Amy Christian, Farris, Buddy Dallas, Leon Austin, Johnson.

Os últimos dias: Sean Flynn, "Papa", *GQ*, abril de 2009; entrevistas com Austin, Emily Carder, Brown-Thomas.

A viagem de carro: entrevistas com Sharpton, Charles Reid, Brown Thomas, Rhodes.

O último evento no Apollo: "A Loud, Proud Sendoff for an Icon of Soul", *The New York Times*, 29 de dezembro de 2006; "James Brown Laid Out in 24-Karat Gold Coffin", *People*, 29 de dezembro de 2006; entrevistas com Sharpton, Reid.

A pequena missa em Augusta: "Private Service Held for James Brown", *USA Today*, 30 de dezembro de 2006; entrevista com Daviss.

A despedida pública em Augusta: "Hardest Work is Done", *Augusta Chronicle*, 31 de dezembro de 2006; Farris, Leeds, Gordon.

EPÍLOGO

Brown e Elvis: Woody Marshall, "Perry Man Remembers Visit to Graceland After Death of Elvis Presley", extraído de *The James Brown Reader*; Don Rhodes, "The Godfather and the King", *Augusta Chronicle*, 23 de dezembro de 2007; entrevista com Patton.

"Eu fui até o funeral dele, você sabe, e toquei seu corpo." *Columbia Record*, 10 de setembro de 1977.

"Bem, agora estou sendo alvo das críticas feitas a *ele* e a mim." Entrevista com Brown, Arquivos Tucker.

"Eu sei o que é a loucura. É não saber como outro homem se sente." Maria Irene Fornes, *Promenade*, 1965.

STAGE.. ONE NIGHT ONLY
FROM AMERICA - MR DYNAMITE
JAMES
BROWN
and the FAMOUS
AND ALSO FROM AMERICA
MIKE COTTON SOUND

"O senhor Brown era um homem excepcionalmente astuto, liso, brilhante." "Papa", *GQ*, abril de 2009.

H. De Wain Herring: "Last will of James Brown", 1º de agosto de 2000; "Herring Guilty, Murderer Gets 30 Years in Prison", *The State*, 22 de maio de 2007.

O advogado do inventário de Brown, Strom Thurmond Jr.: "Will is On File", *Augusta Chronicle*, 19 de janeiro de 2007.

"Nós ainda o estamos gerenciando. Há muito que fazer." Torpy, *Atlanta Journal-Constitution*, 7 de janeiro de 2007.

A fundação é interrogada no tribunal: eu compareci a cerca de dez audiências de tribunal na Carolina do Sul em 2008 e 2009, e o que colhi de material nessas ocasiões moldou esta parte do livro.

Também: "A Legacy in Limbo", *Augusta Chronicle*, 23 de dezembro de 2007; "Trustee accused of misconduct", *Chronicle*, 2 de agosto de 2007; "Brown Trustee Pays Up, Quits", *Chronicle*, 11 de agosto de 2007; "Brown Team Quits, Judge Hints at Jail for Former Adviser", *Chronicle*, 21 de novembro de 2007. A contabilidade bagunçada que Brown deixou: "Brown Estate Shows Disorder", *Augusta Chronicle*, 14 de junho de 2007; "Brown's Wealth Targeted by Claims", *Chronicle*, 1º de setembro de 2007; "Brown Trustee is Mum on Pay", *Chronicle*, 16 de novembro de 2007; "Brown Auction Will Pay Legal Bills, Estate Taxes", *Chronicle*, 28 de fevereiro de 2008; "Tortured Soul", *Portfolio*, agosto de 2008.

"Cristo pediu justiça e obteve morte. Eu quero misericórdia, e quero viver como Moisés, feliz para sempre." Arquivos Tucker.

AGRADECIMENTOS

Foi muito suado seguir a trilha do Cara que Mais Trabalha no Show Business. Durante três anos de pesquisa e elaboração deste livro, eu me arrastei por um cemitério da Carolina do Sul que mergulhava num brejo, para conseguir ler lápides no escuro tateando-as com as mãos. Fui jogado fora da estrada por um caminhão de dezoito rodas perto de Macon, peguei pneumonia duas vezes e perdi meu emprego. Em Newport, Kentucky, ouvi dois veteranos da King Records cantando num caraoquê de modo comovedor. Em Augusta, Danny Ray mostrou-me a mais bela pintura do mundo em veludo negro, retratando James Brown e seu leal amigo. E um habitante local me serviu um *wienie stew* [um cozido de carne, tomate, cebola e feijão, típico da região]. Em Kinston, Carolina do Norte, foi-me aplicada uma cura espiritual no estacionamento de uma churrascaria Outback. Bem, parece que eu estava precisando. Pessoas maravilhosas como Martha High, J. C. Davis, Ralph Stanley e dezenas de outras abriram-me as portas de suas casas, viajaram comigo de ônibus e compartilharam as histórias que viveram. Don Rhodes e eu fomos os últimos jornalistas a entrevistar Leon Austin, pouco antes da morte desse amigo de infância de Brown. Bob Patton, um Papai Noel moderno que acreditou nesse projeto, morreu enquanto eu fazia planos de ir a Atlanta para conversar com ele de novo. Agradeço a todos aqueles que se mostraram gentis comigo nesse percurso.

Sou grato a Rhodes pelo passeio por Augusta, pelo mapa da perseguição de carro de James Brown em 1989 e por seu próprio livro, excelente. Fred J. Hay, do Center for Appalachian Studies da Appalachian State University in Boone, Carolina do Norte, teve a gentileza não apenas de discutir comigo seu ótimo ensaio sobre a Toccoa de James Brown, mas de me ceder as entrevistas que realizou para o seu estudo, incluindo várias conversas com membros dos Flames originais, falecidos há muitos anos. A primeira autobiografia que Brown escreveu, *James Brown: The Godfather of Soul*, de 1986, é crucial para entender o homem; o coautor desse trabalho junto com Brown foi Bruce Tucker, que conheceu Brown melhor do que a maioria. Aprendi muito a partir de minhas conversas com Tucker, e minha compreensão foi auxiliada de modo incomensurável pelo acesso que ele me concedeu aos seus arquivos, anotações e entrevistas. Alan Leeds é um arquivo humano sobre Brown, King Records e mais outras coisas; tive a sorte de ele ter compartilhado comigo uma parte do que sabe, e a sorte também de contar com suas rigorosas notas de comentários, escritas para a grandiosa série Hip-O Select, dos singles de James Brown. No I. P. Stanback Museum and Planetarium, da South Carolina State University in Orangeburg, Carolina do Sul, Ellen Zisholtz foi curadora de uma abrangente exposição dedicada à vida de Brown. As conversas com bateristas foram cruciais para compreender o Um, e considero-me um felizardo pela oportunidade de poder conversar com Charles Connor, Clyde Stubblefield, Ahmir ?uestlove Thompson, Stanton Moore e Tony Wilson. Qualquer coisa que eu não tenha compreendido bem neste livro será por deficiência minha: eles fizeram seus melhores esforços para que eu enxergasse as coisas direito.

Muitas pessoas expressaram suas ideias, pesquisa e música, e ajudaram a fazer deste livro o que ele é. Todas as incorreções devem ser atribuídas a mim, todos os elogios a eles: Jim Payne, Ned Sublette, Carrie Allen, James C. Cobb, Darren Blase, Oliver Wang, Steve Oney, Dr. Ike Padnos. Um grande volume de informações privilegiadas foi-me passado por Douglas Wolk, Phil Jones, Howard Burchette, Peter Afterman e Inaudible Productions, Eric Mercado, The Hound, Kembrew Mcleod, Lee Hay e David Mills. Alan Leeds, Fred Daviss e Harry Weinger abriram mão do tempo que dedicavam a seus projetos particulares para ajudar com o meu. Vale a pena procurar seus livros e trabalhos, porque com certeza serão importantíssimos.

Uma parte deste livro foi pesquisada na Richard J. Riordan Central Library, no centro de Los Angeles, e a maior parte do resto teria sido impossível sem as bibliotecas públicas de quase todas as cidades que visitei. Numa época em que uma verdadeira agressão política está sendo cometida contra as instituições públicas que todos nós compartilhamos, temos que dar o devido crédito aos bibliotecários. Meus agradecimentos a: Ellen Zisholtz e a toda a equipe do I. P. Stanback Museum and Planetarium, South Carolina State University, Orangeburg, Carolina do Sul; Christine Miller-Betts e Corey Rogers, Lucy Craft Laney Museum of Black History, Augusta, Geórgia; Brian F. X. Powers e a todos da Public Library of Cincinnati and Hamilton County, Cincinnati, Ohio; Portia K. Maultsby e Brenda Nelson-Strauss dos Archives of African American Music and Culture, Indiana University, Bloomington, Indiana; John Rumble e a Frist Library and Archive, Country Music Hall of Fame, Nashville, Tennessee; Christopher Harter no Amistad Research Center, Tulane University, New Orleans, Louisiana.

Sou muito grato igualmente às equipes da: Biblioteca do Congresso, Washington, D.C.; Smithsonian Institution, Washington, D.C.; National Archives, College Park, Maryland; Schomburg Library, Harlem, Nova York; Jerome Robbins Dance Division e Billy Rose Theater Division, New York Public Library for the Performing Arts, Nova York, Nova York. Na Carolina do Sul: South Carolina Historical Society, Charleston; South Caroliniana Library da University of South Carolina, Columbia; ao Strom Thurmond Institute and Department of Special Collections, Clemson University, Clemson. Na Geórgia: Augusta-Richmond Public

Library, Augusta; Department of Special Collections, Reese Library, Augusta State University, Augusta; Jimmy Carter Presidential Library, Atlanta; Auburn Avenue Research Library, Atlanta; Georgia Newspaper Project, University of Georgia Main Library, Athens; Georgia Archives, Morrow; Toccoa–Stephens County Public Library, Toccoa; Washington Memorial Library, Macon.

Outros acervos essenciais para este livro: Southern Historical Collection e Southern Folklife Collection, Wilson Library, University of North Carolina, Chapel Hill, Carolina do Norte; Minnesota Historical Society, St. Paul, Minnesota; Walter P. Reuther Library, Wayne State University, Detroit, Michigan; Bentley Historical Library, University of Michigan, Ann Arbor, Michigan.

"A única coisa que pode resolver a maioria dos nossos problemas é dançar", disse Brown. Para o resto, um bom editor é a solução, e tive a sorte de contar com uma ótima equipe na Gotham Books: William Shinker acreditou no livro desde o início, e minha editora, Jessica Sindler, ajudou-me a não errar o passo. Charles Rappleye manteve a bola rolando, e eu lhe devo outra bebida. Paul Bresnick é um mestre da resposta rápida, uma excelente caixa de ressonância e um ótimo agente também.

Muita canjica de milho e muita gratidão aos amigos e familiares que me ajudaram a tornar este livro possível. Obrigado a Harold e Sally Burman; Bill e Rita Mangione-Smith; Linda Breggin e Michael Vandenbergh; Leann Van Wyck McLeod e Geary McLeod; Mark Schone; Brandi Beck; Carol Mangione. Peter Herdrich é um verdadeiro patrono das artes e um cara excepcional; Dan Spector e Richard Goff continuam a me ajudar a encontrar onde está o primeiro tempo do compasso. Madeleine Echo me ensinou qual o jeito certo de dançar.

Principalmente, agradeço à minha parceira e esposa, Jenny Burman. Ela me manteve na estrada, e quando me perdi em Georgialina, ela me guiou de volta para casa. Não tenho como retribuir toda a sua ajuda e sacrifício. Ficarei muito feliz no dia em que eu me sentir à altura do seu amor.

MOMENTOS

1970. © Michael Ochs Archives/Getty Images.

James Brown e o vice-presidente Hubert H. Humphrey. © Michael Ochs Archives /Getty Images.

James Brown, a atriz francesa Dany Saval (esquerda) e a nadadora Kiki Caron no Olympia Music Hall, Setembro de 1967. © Archive Photos/ Getty Images.

James Brown em estúdio. © Redferns / Getty Images.

Performance em 1970. © Michael Ochs Archives /Getty Images.

James Brown, Gertrude Saunders, Ann Horman e Marva Whitney no USO Pacific Tour, Junho de 1968. © Frank Diggs Collection/ Getty Images.

James Brown e sua esposa Tomi Rae Hynie no UK Music Hall of Fame 2006. © Gianfranco Calcagno/Getty Images

1960. © Michael Ochs Archives/ Getty Images.

Poster do T.A.M.I. Show. © Redferns / Getty Images.

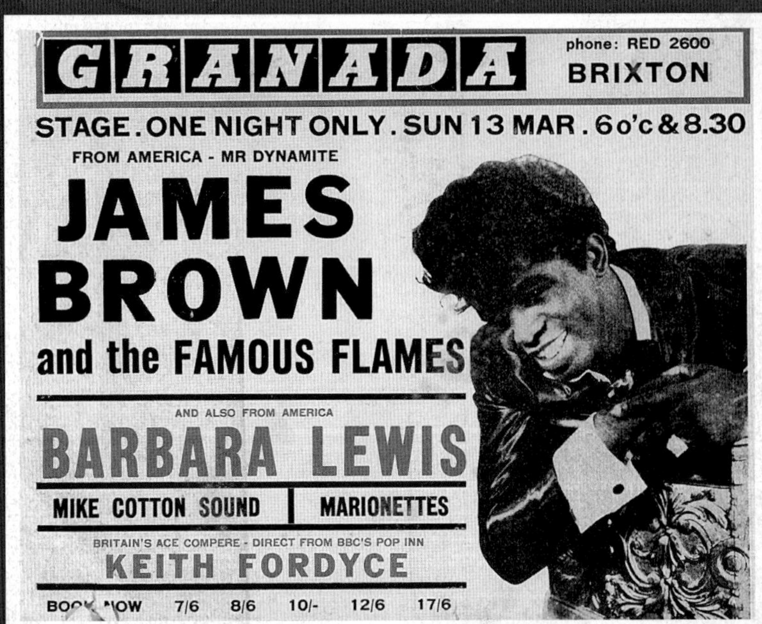

Poster do show no Brixton Granada. © Redferns/ Getty Images.

Performance no UK Music Hall of Fame 2006. © Samir Hussein/ Getty Images.

Este livro foi composto com a fonte
Electra LH light 11,5/17 para Texto
Editores Ltda. em abril de 2012.